中山 武憲 著

韓国独占禁止法の研究

信 山 社

中山榮之助 著

米國に於ける茶業上の諸研究

丸山舎

　　　　はしがき

　私が初めて韓国を訪れたのは，韓国独占禁止法がまさに制定されようとしていた昭和55年（1980年）12月のことである。
　当時公正取引委員会に在職していた私は，後藤英輔委員（当時）にお供して，韓国開発研究院及び韓国政府の方々に対し，我が国独占禁止法について説明する機会を得た。新たに生まれようとする法律について，その運用に燃えるこれらの人々と大いに議論したことは，今となっては懐かしい想い出である。
　また，日本政府高官の訪韓とあって，韓国政府は，我々に対し，独占禁止法に関する業務以外の面でも，最大限の配慮をして下さった。
　当時は，北朝鮮が韓国領内へトンネルを掘り進んだ国際的大事件の直後であったため，戦時下にある現実への理解を求めるべく，我々の予定を変更させてまで，トンネルの最先端へ案内して下さった。延々と続く細く狭い真暗闇の地下道の，その先にある薄暗く重苦しい小さな地下室の中で見た光景は，人間一人がようやく這って通れるトンネルの一方の端で，機関銃の引き金に指をかけ，我々の入室にもかかわらず微動だにせず前方をにらむ一人の兵士の姿であった。あのトンネルのもう一方の端では，北朝鮮の一人の兵士が，南に向け同様に銃を構えていたことであろう。あの発狂しそうなほどの緊張の中で，国の運命を一身に背負って相対峙する南北二人の兵士の指のうち，その一方が動いたときには，必ずや世界を巻き込む戦争が起っていたに違いない。
　また，慶州郊外の石窟庵の山頂近くでは，零下幾十度とも知れぬ12月のまだ明けやらぬ早朝の酷寒の中で，声を大にして土産物を売るアジュモニの姿があった。
　更に，ソウル南大門の地下街では，聞き慣れた曲がいづくともなく流れてくるや，大都会の夕刻の雑踏が物音一つ聞こえぬ静寂に変る瞬間を見た。

はしがき

　それは，戒厳令下にあって，直立不動のまま国歌に聴き入る人々の光景であった。
　このように，あまりにも厳しい状況の中で，強く逞しく必死に生きるこの国の人々に対し，限りない愛情を覚え，いずれの日か，必ずやこの国は世界に大きく飛躍するに違いないことを確信したものである。

　あれから20年以上の年月が経過した。
　韓国競争政策についてみれば，80年代の助走期とも言うべき期間を経て，90年代には，激動の経済の中で，極めてダイナミックな政策の展開が行われた。その内容と程度は，本書が明らかにする如く，我々日本人の感覚をはるかにしのぐものである。

　想えば，私は，幼い頃から，東洋の国々が大好きであった。生まれ故郷である富山県福岡町の西に優しく横たわる山並みの向こうに，赤く沈みゆく太陽の先にある国々は，幼い心を遠く通わす遙かなる憧れの地であった。中学・高校時代は，東洋史・東洋地理が大好きで，大人になったら，この方面の職に就きたいと思ったものである。その私が今ここに，科学研究費（日本学術振興会）を得て，東洋有数の国である韓国の法律について書を著わすことができるのは，少年の日の夢がようやくにして実現したと言ってよいであろう。
　しかし，ここへ来るまでには，実に多くの方々のお世話になった。これらの方々に，心から御礼申し上げる次第である。中でも次のお二方には，そのお名前を記して感謝申し上げなければならない。
　加藤良三教授（元南山大学教授，元関東学院大学法学部長）には，私が公正取引委員会名古屋地方事務所長時代に設置した名古屋独占禁止法研究会の初代幹事をお引き受けいただいた。先生には，公私ともにお世話になり，私が東京へ転勤した直後の昭和63年の晩秋には，学究へのお誘いをいただいた。あの日以降の，先生のあの適切かつ献身的なお導きがなかったなら，今日の私は到底あり得なかった。
　厚谷襄児教授（元北海道大学法学部長，帝京大学教授）は，私の公正取引

はしがき

委員会時代の上司である。先生は，同委員会退職後は北海道大学へ移られ，私を科学研究費（文部省）による日韓比較法文化研究会のメンバーにお誘い下さった。先生のあの時の御厚意がなかったなら，本書を執筆するまでには到らなかった。

また，孫珠瓚法学博士（大韓民国学術院会員）をはじめとする韓国経済法学会の諸先生方，李南基韓国公正取引委員会委員長をはじめとする韓国政府の方々，これらの方々から実に多くをお教えいただいた。厚く感謝申し上げる次第である。

本書の執筆は，一国民として一衣帯水の隣国の言葉を勉強すべき当然の責務を，独学で果たすことから始まった。日韓の過去の不幸な歴史を想うとき，本書が日本の韓国に対する贖罪にいささかなりとも寄与し得るものであるならば，この世に生を受けた者として，また男児として，これに優る光栄と喜びはない。

なお，本書は，日本学術振興会平成13年度科学研究費補助金（研究成果公開促進費）の交付を受けて刊行されるものである。

平成13年（2001年）秋

中　山　武　憲

目　　次

第1編　韓国競争政策 …………………………………………… 1

第1章　経済力集中の抑制 ………………………………… 1
　第1節　大規模企業集団……………………………………… 1
　第2節　相互出資の禁止……………………………………… 5
　第3節　出資総額の制限……………………………………… 7
　第4節　債務保証の制限強化と禁止………………………15
　第5節　大規模内部取引に対する規制……………………19
　第6節　その他の規制………………………………………23

第2章　21世紀への対応 …………………………………27
　第1節　競争政策強化策……………………………………27
　第2節　規制緩和策…………………………………………34
　第3節　競争的環境整備策…………………………………45
　第4節　企業体質強化策……………………………………46

第2編　韓国独占禁止法の沿革 ……………………………51

序　章　原始独占禁止法（1980年）………………………51
第1章　第1次法改正（1986年）…………………………57
第2章　第2次法改正（1990年）…………………………61
第3章　第3次法改正（1992年）…………………………66
第4章　第4次法改正（1994年）…………………………82

目　次

第5章　第5次法改正（1996年）……………………………………… 95
　　第1節　法改正（1996年）………………………………………… 95
　　第2節　施行令改正（1997年）…………………………………… 124
第6章　第6次法改正（1998年）……………………………………… 158
　　第1節　法改正（1998年）………………………………………… 158
　　第2節　施行令改正（1998年）…………………………………… 169
第7章　第7次法改正（1999年）……………………………………… 179
　　第1節　法改正（1999年）………………………………………… 179
　　第2節　施行令改正（1999年）…………………………………… 203
第8章　第8次法改正（1999年）……………………………………… 217
　　第1節　法改正（1999年）………………………………………… 217
　　第2節　施行令改正（2000年）…………………………………… 230
第9章　第9次法改正（2001年）……………………………………… 241
　　第1節　法改正（2001年）………………………………………… 241
　　第2節　施行令改正（2001年）…………………………………… 255

第3編　韓国独占禁止法の内容……………………………… 266
　　第1章　総　則……………………………………………………… 266
　　第2章　市場支配的地位の濫用禁止……………………………… 270
　　第3章　企業結合の制限及び経済力集中の抑制………………… 277
　　第4章　不当な共同行為の制限…………………………………… 306
　　第5章　不公正取引行為の禁止…………………………………… 312
　　第6章　事業者団体………………………………………………… 317
　　第7章　再販売価格維持行為の制限……………………………… 320
　　第8章　国際契約の締結制限……………………………………… 323

目　次

　　第9章　専担機構……………………………………………… 324
　　第10章　調査等の手続………………………………………… 328
　　第10章の2　課徴金の賦課及び徴収等……………………… 335
　　第11章　損害賠償……………………………………………… 338
　　第12章　適用除外……………………………………………… 339
　　第13章　補　　則……………………………………………… 341
　　第14章　罰　　則……………………………………………… 342

第4編　関 係 法 令 ……………………………………………… 350

第1章　独占禁止法施行令 ……………………………………… 350
第2章　下請取引公正化法及び同法施行令…………………… 394
　　　　　◎　下請取引の公正化に関する法律 ………………… 395
　　　　　◎　下請取引の公正化に関する法律施行令 ………… 411
第3章　約款規制法及び同法施行令 …………………………… 421
　　　　　◎　約款の規制に関する法律 ………………………… 423
　　　　　◎　約款の規制に関する法律施行令 ………………… 430
第4章　表示広告公正化法及び同法施行令…………………… 433
　　　　　◎　表示及び広告の公正化に関する法律 …………… 435
　　　　　◎　表示及び広告の公正化に関する法律施行令 …… 443

〈資　料〉

Ⅰ　法令の制定・改正経緯 ………………………………………… 449
　　1　独占禁止法及び同法施行令 ………………………………… 449
　　2　下請取引公正化法及び同法施行令 ………………………… 450
　　3　約款規制法及び同法施行令 ………………………………… 450
　　4　表示広告公正化法及び同法施行令 ………………………… 451
Ⅱ　関係規程 ………………………………………………………… 451

　　　　　　　　　　　　　　　　　　　　　　　目　次

　　1　独占禁止法関係 ……………………………………… 451
　　2　下請取引公正化法関係 ……………………………… 452
　　3　約款規制法 …………………………………………… 452
　　4　表示広告公正化法 …………………………………… 452

〈参　考〉
　　○　著者の学術論文等のうち韓国独占禁止法等に関するもの ……… 454

事項索引

本書の記述にあたって

1 　本書において韓国「独占禁止法」と略称する「独占規制及び公正取引に関する法律」は，同国内では，一般に「公正取引法」又は「独占規制法」と略称されている。
　　しかし，本書においては，我が国独占禁止法との比較に重点をおく立場から，あえて韓国「独占禁止法」の語を用いることとする。

2 　本書における注の記載は，次の方針によっている。
　　　人　名　　　　カタカナ表記のものは，漢字表記を知ることができず，ハングル表記しかわからないものである。
　　　書名・雑誌名　カタカナ表記のものは，元来ハングル表記のみのものである。これらについては，漢字又はひらがなを使用して日本語に訳すことは，あえて行わず，ハングルの発音をカタカナ表記にした。
　　　　　　　　　　一方，漢字とハングルが混在するものは，日本語に訳して表記した。
　　　論文名　　　　元来ハングル表記のみのものも，これを日本語に訳して，漢字又はひらがなを使用して表記した。

第1編　韓国競争政策

第1章　経済力集中の抑制

　韓国競争政策の最大の課題は，経済力集中の抑制にある。競争政策からみた韓国経済の特徴は，財閥による経済力の集中にあり，韓国競争政策の歴史は，常にこれとの戦いであったと言って過言でない。
　韓国独占禁止法は，法律上，財閥を大規模企業集団として定義し，これに対して，特段の規制を行っている。これらの規制は，①相互出資の禁止，②出資総額の制限，③債務保証の禁止，④大規模内部取引に対する規制などである。
　本章では，これらの内容を詳細にみていくことにより，韓国競争政策において最大の課題である経済力集中の抑制政策について明らかにしていきたいと考える。

第1節　大規模企業集団

　(1)　韓国における経済力集中の特徴は，財閥の存在によるものであり，財閥は，少数の特定人が血縁を中心に所有し支配する多数の大規模企業から構成されている。財閥は，国民経済の主要な部分を占め，所有の集中と営業業種の多様化を図ってきた。財閥の発生は，1960年代の政府主導の経済開発計画に起因しており，同計画による限られた資源の集中的活用，特定の産業又は企業に対する金融・税制上の選別的支援，対外競争圧力からの競争制限的施策の結果であるということができる[1]。
　韓国独占禁止法は，財閥による経済力の集中を防止するため，法律上大規模

1

企業集団なる概念を規定し，同法第3章に所要の規定を置いている。

まず法律上，企業集団とは，同一人（個人又は会社）が事実上その事業内容を支配する複数の会社の集団をいう（法2条2号）。右にいう事実上その事業内容を支配する会社の具体的基準は，施行令に詳細に定められており（令3条），それによれば，同一人が単独に若しくは親族等一定の基準に該当する者とともに当該会社の発行済株式総数の30パーセント以上を所有する場合であって最多出資者となる会社（同条1号），又は一定の基準に該当する会社であって当該会社の経営について支配的影響力を行使していると認められるもの（同条2号）とされる。一方，右に該当する会社であっても，一定の基準に該当する会社であって，同一人がその事業内容を支配していないと認められるものについては，企業集団の範囲から除くことができる（令3条の2）。

次に，大規模企業集団とは，企業集団に属する国内会社の資産総額の合計額の順位が1位から30位までの企業集団をいう（法9条1項，令17条1項）。但し，金融・保険業のみを営む企業集団等一定の基準に該当するものは，大規模企業集団の指定から除かれる（令17条1項各号）。

なお，1999年施行令改正前までは，右30位までに入る企業集団にあっても，所有分散優良企業集団に該当するものは，大規模企業集団の指定から除外することになっていた（令17条旧1項）。

所有分散優良企業集団とは，①企業集団内部の者の保有する当該企業集団に属する会社の株式の合計額が同企業集団に属する会社の株式全体の合計額の20パーセント未満であり，かつ，同一人及び特殊関係人（法7条1項，令11条）を合わせた持分率に限ってみれば，10パーセント未満であること（内部持分率要件），②当該企業集団に属する会社の自己資本の額の合計額が資産総額の合計額の20パーセント以上であること（自己資本比率要件），及び③当該企業集団に属する上場会社の資本金額の合計額が同企業集団に属する会社全体の資本金額の60パーセント以上であること（企業公開比率要件）の3要件を満たすものとされていた（令17条旧2項）。

所有分散優良企業集団を大規模企業集団の指定から除外する制度は，95年施行令改正において導入された（令17条旧2項・新設）。その趣旨は，今後のより一層の開放化，国際化の中で，外国の巨大企業と競争していくには，大規模企

業集団においてより一層の所有の分散を図り，財務構造を改善していく必要があると考えられ，これを促進するため，一定の基準に達した企業集団には，大規模企業集団の指定から外して，これに対して課される特段の規制を免除する特典を与えようというものであった[2]。

　しかし，この制度も，前述のとおり，99年施行令改正において，廃止されるにいたった。廃止の理由について，韓国公正取引委員会は，明らかにしていないが，90年代後半における財閥の構造改革は，右の特典によるインセンティブをはるかに越える次元で進まざるを得ず，本制度をおいておく実益がほとんどなかったということではあるまいか。

　大規模企業集団の範囲は，右のとおりであるが，93年施行令改正前は，大規模企業集団の指定要件は，同一企業集団に属する会社の資産総額の合計額が4,000億ウォン以上になっていた（令旧17条）。これが現行の規定へと改正されたのは，旧施行令の指定要件の下では，経済規模の拡大とともに，大規模企業集団の数は増加する一方にあり，これらの中には特段の規制をする必要のないものも少なくなく，これらを除外し，規制は真にこれを行う必要のあるものに限るためである[3]。

　大規模企業集団の指定は，毎年1回，公正取引委員会により行われ，指定基準に該当したものを新たに指定し，該当しなくなったものを除外する（法14条，令21条）。また，大規模企業集団に属する会社は，毎年4月末までに，当該会社の株主の株式所有状況，財務状況及び他の国内会社の株式の所有状況について，必要書類を添付して，公正取引委員会に届け出なければならない（法13条1項，令20条）。

　(2)　大規模企業集団ないしこれに属する会社と類似した概念に，市場支配的事業者がある。

　これは，一定の取引分野において市場を支配し得る地位を有する事業者をいう（法2条7項）。市場支配的事業者は，一般の事業者と同様，法に定める各禁止規定及び制限規定の適用を受けるほか，更に，市場支配的地位の濫用行為をすることが禁止される（法3条，令5条）。したがって，大規模企業集団ないしこれに属する会社は，経済力集中抑制制度の下における一定規模以上の企業集

団ないしこれに属する会社であるのに対し,市場支配的事業者は,個別市場における有力事業者である点に違いがある。

次に,財閥と大規模企業集団との概念上の違いについては,必ずしも明確ではないが,一般には財閥の方が広義の概念であるとされている[4]。また,韓国の財閥の特徴は,①多くの市場で活動する多数の企業から構成されていること,②これらの企業の中には,各市場における独寡占的地位の企業が少なくないこと,③所有者は特定の個人とその家族であること,及び④政府の経済開発に基づく保護・支援により成長・発展してきたこと,にあると言われている[5]。

このような韓国の財閥を,洪復基延世大学校法科大学教授は,総帥とその家族によって所有・支配されている企業集団,即ち族閥と称し,その弊害は,多くの市場において財閥系企業により独寡占的市場構造が形成されている点にあり,一般集中及び市場集中の双方の面で,問題があるとされる[6]。

一方,財閥の改革の方向について,趙炳澤漢陽大学校商経大学経済学部教授は,①取締役会の独立性の確立,②機関投資家の機能の充実,③監査機能の強化をはじめとするいくつかの方策を提言し,その実施の必要性を指摘されている[7]。

韓国の財閥と日本の戦前の財閥とを比較したとき,その違いは,持株会社を中核としているか否かにあると言えよう。日本の戦前の財閥は,持株会社を中核としていたが,韓国は,そうではなく,また,独占禁止法上も,第7次法改正までは,持株会社の設立・転換は,禁止されていた(8条1項)。右の違いの原因は,日本の財閥が①財閥オーナーが一般に経営をいわゆる番頭に委ねた結果,最終意思決定を自己の手許に置いておくには,持株会社が必要であり,②資金調達の限界を克服するには,持株会社が有利であったのに対し,韓国のそれは①財閥オーナーが各企業の経営を直接行っており,あえて持株会社を必要とせず,②政府の経済開発計画の下で,巨額の資金を流入させることができたことにあると言われている[8]。

以上のような大規模企業集団について,2000年度の集団名並びにこれらの系列会社数及び資産総額を示せば,**表1**のとおりである[9]。

これによれば,30の大規模企業集団の平均系列会社数は,18.1社,同じく資産総額は,14兆932億ウォンとなっている。また,現代,三星,LG及びSK

表1
（単位：十億ウォン）

順位	集団名	系列会社数	資産総額	順位	集団名	系列会社数	資産総額
1	現代	35	88,649	16	暁星	13	5,716
2	三星	45	67,384	17	大林	18	5,674
3	LG	43	47,612	18	エス・オイル	2	5,495
4	SK	39	40,147	19	東部	19	5,331
5	韓進	18	20,771	20	コオロン	17	4,616
6	ロッテ	28	15,791	21	東洋	25	4,564
7	大宇	2	13,144	22	高合	6	3,711
8	錦湖	20	11,532	23	第一製糖	18	3,538
9	韓和	23	11,430	24	大宇電子	3	3,525
10	双竜	22	9,749	25	現代産業開発	7	3,420
11	ハンソル	19	9,397	26	亜南	14	3,073
12	斗山	16	7,646	27	セハン	12	3,052
13	現代精油	3	7,150	28	真露	16	2,915
14	東亜	16	6,519	29	新世界	10	2,723
15	東国製鋼	14	5,903	30	英風	21	2,620
					合計	544	422,797

のいわゆる4大財閥に限ってみれば，平均系列会社数は，40.5社，同じく資産総額は，60兆9,480億ウォンとなっている（これまで，大宇を含めて5大財閥というのが一般的であったが，大宇は破綻をきたしたため，2000年度の大規模企業集団の指定では，上位に入っていない。）。

次に，大規模企業集団が国民経済の中で占める地位について，付加価値，資産総額及び売上額でみれば，表2のとおりである（1997年）[10]。

表2

	付加価値	資産総額	売上額
上位5大規模企業集団	8.48%	29.22%	32.29%
上位10大規模企業集団	10.54%	36.29%	38.20%
大規模企業集団全体	13.06%	46.25%	45.86%

第2節　相互出資の禁止

大規模企業集団に属する会社は，自己の株式を取得し又は所有している系列会社の株式を取得し又は所有してはならない（法9条1項）。

これは，大規模企業集団内系列会社間のいわゆる相互出資を禁止する規定である。相互出資は，①実質的な出資がないのに資本金額を見掛け上増加させ，系列会社を拡張する手段となり易く，企業の出資形態中最も不合理なものであること，及び②企業公開を回避し，特定の大株主が多数の系列会社を支配する手段として活用されるおそれがあることの故に禁止される[11]。更に，相互出資は，金融貸出の偏重を招くなどの弊害をもたらす[12]。

　株式の相互保有形態には，①直接的相互保有，②環状的（間接的）相互保有，③放射状的相互保有及び④行列的（複合的）相互保有があるとされるが，法9条の規定により禁止されるのは，系列会社間の直接的相互保有に限られる。その他の相互保有形態については，出資総額制限制度（法10条）が法9条を補完し，間接的にこれを規制している[13]。

　法9条による禁止は，系列会社相互間の規模や持分率の多寡に関係なく行われるものである。韓国の商法においては，親会社が子会社の株式の40パーセント以上を所有している場合にのみ，当該子会社は，親会社の株式を所有することが禁止され（但し，10パーセント以上40パーセント未満の場合には，議決権行使の制限あり。），また，証券取引法においては，証券会社が売買目的（商品株式）で相手会社の株式を相互に所有することとなる場合及び相互に所有する株式の持分比率が発行済株式総数の1パーセント未満である場合には，相互出資を容認している（但し，独占禁止法は，大規模企業集団所属会社を規制対象とし，一方，証券取引法は，上場会社を規制対象としている。また，両法律は，それぞれ立法趣旨が異なっており，したがって，証券取引法による相互出資の容認が，独占禁止法の適用を排除することにはならない。）[14]。右のような商法及び証券取引法による規制に比し，独占禁止法による規制は，全面的禁止であるから，より厳格であるということができる。

　なお，右規制は，大規模企業集団内系列会社相互間のものであるから，非系列会社との間の相互出資は，禁止されない。これは，このような場合，出資の決定が別個の主体により行われるからである[15]。

　相互出資の禁止については，例外があり，①会社の合併又は営業の全部の譲受並びに②担保権の行使又は代物弁済の受領により取得し又は所有している場合は，この限りでない（法9条1項但書）。しかし，この場合であっても，取得

又は所有の日から6ケ月以内に，これを処分しなければならない（法9条2項）。

また，大規模企業集団に属する会社であって，中小企業創業支援法に基づく中小企業創業投資会社は，国内の系列会社の株式を取得し又は所有してはならない（法9条3項）。これは，大企業が中小企業創業投資会社を通じて脱法的に中小企業分野へ参入するのを防ぐとともに，中小企業創業投資会社が持株会社と化すことを防止するため，設けられたものである[16]。

本条による禁止は，大規模企業集団所属会社に対するものであるから，公正取引委員会により毎年行われる大規模企業集団の指定（法14条1項，令21条）により新たに本条の適用を受けることとなったり，また逆に，適用から外れることとなったりする会社が，毎年生じ得る。このため，法は，このような場合における経過規定をおいており（法14条2項，3項），遺漏なきを期している。

なお，大規模企業集団に属する会社は，毎年4月末までに，当該会社の株主の株式所有状況，財務状況及び他の国内会社の株式の所有状況について，公正取引委員会に届け出なければならない（法13条1項，令20条）。これは，相互出資禁止制度及び出資総額制限制度の効率的運用を図るため，公正取引委員会が大規模企業集団に属する会社の出資状況を把握できるようにした規定である[17]。

大規模企業集団所属会社間の相互出資禁止制度は，我が国にはないものであり，財閥規制に重きをおく韓国競争政策の特徴的制度の一つであると言うことができる。

第3節　出資総額の制限

(1)　出資総額制限制度とは，大規模企業集団所属会社による他の会社への出資を，一定の額以下に抑えようというものである。

本制度は，第1次法改正において導入され，第4次法改正により制限内容が強化される等の改正を経てきたが，第6次法改正によりいったん廃止された。しかし，それからほぼ2年後の第8次法改正において復活し，同改正法施行日から1年遅れ（附則1条但書）の第9次改正法の施行日である2001年4月1日から施行されている。

本節では，はじめに，廃止前の旧制度について言及し，次いで，第6次法改正における廃止の理由ないし背景を明らかにし，最後に，復活の理由及び現制度について論述することとする。

(2) 第6次法改正により廃止される以前の出資総額制限制度の内容は，次のとおりであった。

ア 大規模企業集団に属する会社（中小企業創業投資会社を除く。）は，その所有する他の国内会社の株式の帳簿価格の合計額（出資総額）が自己の純資産額の25パーセント相当額を超えてはならない（法10条1項）。他の国内会社には，株式会社のほか，合名会社，合資会社及び有限会社を含み，外国現地法人，個人企業，組合，証券市場安定基金等は含まない[18]。本制度は，大規模企業集団所属の各会社ごとに対する規制であって，企業集団全体で25パーセント以下に抑制すればよいというものではない[19]。

このような出資総額制限制度は，①大規模企業集団所属会社による無分別な系列会社の拡張を抑制し，②他の会社への出資を合理的な能力の範囲内にとどめ，③出資能力拡張のために，企業公開，有償増資，内部留保（剰余金）の増加等の方向へ誘導し，これを通じて所有の分散及び財務構造の改善を図ることを目的とする[20]。

本制度は，第1次法改正において導入され，当時の出資限度額は，当該会社の純資産額の40パーセント相当額とされていた。これは，85年末における上位30企業集団所属会社の出資比率の平均が48.5パーセントであったため，これを改善しようとの趣旨の下に定められたものである[21]。ところが，その後，この出資比率は更に低下したことと，また，経済力の集中を抑制し，競争的市場の確保を図っていくべしとする考えの下に，第4次法改正では，この比率は，25パーセントへと改められた。これは，94年4月現在の比率が26.8パーセントであった点を考慮したものである[22]。

本制度は，我が国独占禁止法の大規模会社の株式保有総額の制限制度（法9条の2）に類似している。両者を比較すれば，規制対象は，韓国法が大規模企業集団所属会社であるのに対し，日本法が資本金額350億円以上又は純資産額1,400億円以上の会社（法9条の2第9項，令11条）であり，規制内容は，韓国

法が純資産額の25パーセントを限度とするのに対し，日本法が資本金額又は純資産額のいずれか多い額（純資産額が多ければ，その100パーセント）を限度としている。このように，規制対象に違いがあるものの，規制内容において，韓国法は，日本法より，より厳格であるということができる。

　イ　出資総額の制限については，適用除外が設けられている。旧制度における適用除外は，次のとおりであった。

① 工業発展法又は租税減免規制法に基づく合理化計画若しくは合理化基準に従い所有する株式（但し，原則として取得時から4年以内）（法旧10条1項1号）

② 新株の割当又は株式配当として取得する株式（但し，取得時から2年以内）（同項2号）

③ 担保権の行使又は代物弁済の受領により取得する株式（但し，取得時から1年以内）（同項3号）

④ 決算の確定により株式評価額が増加して，出資限度額を超過する場合（但し，決算確定時から1年以内）（同項4号）

⑤ 部品生産中小企業との技術協力関係を維持するための出資等，産業の国際競争力強化のために必要な場合（公正取引委員会の承認が必要。但し，取得時から7年以内）（同項5号，令旧17条の2）

　これらのうち①については，対象となる株式発行会社，株式数，金額等が合理化計画等に特定されていなければならず，同計画等を実施するにあたり，財務構造の改善，技術開発向上資金の調達等の過程でたまたま取得することとなった株式は，適用除外とはならなかった[23]。

　また，⑤については，その要件は，次のように定められており（令旧17条の2），これらのうちの一つに該当する場合に，適用除外の対象とされた。

(a) 原料又は部品を生産し供給する中小企業との技術指導及び協力関係を維持するために，当該中小企業の株式を，その10パーセントの範囲内において所有する場合

(b) 国内産業の競争力向上に緊要な技術であって，国内において独自に開発することが困難であり，又は外国から導入することが避けられないものについて，当該技術の共同開発又は導入を目的に設立された会社の株式を，

当該会社と関連する業種を営む会社が所有する場合であって，主務部長官が要請するとき。

(c) （ⅰ）ある企業集団内の上場法人である非主力企業が，同一企業集団内の主力企業（通商産業部長官が作成した業種専門化誘導施策により，業種を専門化するよう選定された企業）の新株を取得する場合，又は（ⅱ）上場法人である主力企業（資産総額の順位が1位から5位までの企業集団に属する会社を除く。）が同一企業集団内の同一業種を営む企業であって，その専業率が70パーセント以上であるものの新株を取得する場合

右(c)は，韓国企業の国際競争力強化を目的とした各財閥ごとの業種専門化政策[24]の一環であり，大規模企業集団内所属会社間の出資について，（ⅰ）非主力企業の資源をできるだけ主力企業に集中するとともに，（ⅱ）主力企業が自己の関連業種に出資するよう誘導するための規定であった[25]。

以上の適用除外のほか，第4次法改正において，更に次の適用除外が追加されていた。

⑥ 大規模企業集団に属する会社が，社会間接資本施設に対する民間資本誘致促進法（民資誘致法）2条2号の規定に基づく第1種施設事業を営むために設立された会社の株式を所有する場合（公正取引委員会の承認が必要。但し，原則として取得時から20年以内）（法旧10条2項，令旧17条の3）

⑦ 所有分散優良会社（令旧17条の4）に対しては，出資総額制限制度を適用しない（法旧10条3項，令旧17条の4）。

これらは，いずれも国際競争力の強化を目的としたものであり，⑥は，社会間接資本に対する投資を出資総額制限の対象からはずすことにより，右の目的を達成しようとするものである。ここにいう第1種施設事業とは，道路，鉄道，港湾等の事業であって，一定期間経過後その所有権が国に帰属するものをいう[26]。適用除外期間が原則20年以内というように長期にわたるのは，社会間接資本への投資は，その性質上莫大な資金を要し，また，懐妊期間も長期にならざるを得ないからである[27]。

⑦は，個々の会社に対し，株式所有の分散及び財務構造改善への誘因を与えるため設けられたものであった。既に述べたように，所有分散優良企業集団（令17条2項）は，資産総額順位がたとえ30位以内であろうとも，大規模企業集

第1章　経済力集中の抑制

団に指定されることはない（令17条1項）。⑦は，企業集団としては，所有分散優良企業集団の要件を満たさないため，大規模企業集団に指定され，各種規制を受ける場合であっても，個々の会社ごとにみれば，優良な会社を本制度の規制の対象からはずそうというものであった。所有分散優良会社とは，ⓐ上場法人であって，内部持分率が15パーセント未満であり，かつ，同一人及び特殊関係人を合わせた持分率に限ってみれば8パーセント未満であること，ⓑ自己資本比率が20パーセント以上であること，及びⓒ主力企業等経済力集中に影響を及ぼすおそれのある会社でないこと，の3要件を満たすものをいう（令17条の4）。

なお，第8次法改正により復活した新制度においては，所有分散優良会社制度はなく，したがって，右⑦に相当する適用除外はない。

(3)　出資総額制限制度は，以上のとおりの内容で運用されてきたが，第6次法改正において，全面的に廃止されることとなった。

その背景には，当時，韓国独占禁止法制について，種々の議論がなされる中で，出資総額制限制度について，その緩和論が主流を占めてきたことが挙げられる。

孫珠瓚法学博士（韓国学術院会員）によれば[28]，出資総額制限制度は，持株会社の禁止及び相互債務保証制限とともに，経済力集中抑制のために設けられたものではあるが，当時のIMFの救済金融を契機に，企業経営環境は変化し，その弊害も減少しており，法によって禁止するまでもないとして，公正取引委員会は法改正を行う意向であったとされる[29]。また，出資総額制限制度を緩和した場合の補完策として，企業買受や合併の完全自由化の必要性を強調する主張も当時みられた[30]。

右のような考え方を背景に，出資総額制限制度は，構造調整を通じた国家としての競争力を強化するため，また，既に制度を維持する実益が少なくなっていることを考慮し，更に，本制度が国内企業を外国企業から逆差別[31]しているとして廃止された。本改正について，韓国公正取引委員会は，大規模企業集団に対する政策基調が，従来の直接形態規制から，より根本的構造改善政策へ移行したものとして位置づけ，競争促進型への転換であると評していた[32]。

11

(4) ところが，第6次改正法が公布され本制度が廃止された1998年2月以降，大規模企業集団所属会社による系列会社に対する出資は，大きく増加し，これに伴い，内部持分率が上昇するにつれ，①同一人が少ない持分で多くの系列会社を支配する構造が深化するとともに，大規模企業集団内系列会社間の循環的出資が増大したことによって，一部の限界企業の経営悪化が企業集団全体の経営に悪影響を及ぼすという船団式経営の弊害が顕在化し，②外部資本の流入による資本の実質的な充実なしに，負債比率を安易に減少させ，③有償増資により不健全な系列会社を支援するという問題が生ずるにいたった(33)。これをより具体的にみれば，計30の大規模企業集団の出資総額は，本制度廃止直後の98年4月における17.7兆ウォンから，1年後の99年4月には29.9兆ウォンへと増加し（増加額12.2兆ウォン，増加率68.9パーセント），右増加額（12.2兆ウォン）に占める系列会社に対する有償増資の割合は，実に3分の2（8.2兆ウォン）に達するまでにいたった。しかも，右8.2兆ウォンの有償増資のうち7.9兆ウォンは，いわゆる5大財閥（大宇の破綻以降は，これを除いて4大財閥とするのが一般的であるが，当時は，まだ5大財閥とするのが慣例）によって占められた。これによって，計30の大規模企業集団の内部持分率は，98年4月の44.5パーセントから，99年4月には50.5パーセントへと上昇した(34)。

このような状況から，第6次法改正により廃止された出資総額制限制度は，第8次法改正において，ほぼ2年ぶりに復活することとなったのである。復活後の規制内容は，廃止前のそれと同一であり，適用除外については，新旧両制度の間にいくつかの相違はあるものの，基本的な部分において，大きな差異はない。以下では，復活後の現制度について，廃止前の旧制度と適宜比較しながら，みていくこととする。

(5) 本制度の柱は，大規模企業集団（法9条1項，令17条1項）に属する会社は，当該会社の純資産額の25パーセント相当額を超えて，他の国内会社の株式を所有してはならないとするものである（法10条1項）。出資限度について，純資産額の25パーセント相当額とする点は，旧制度と同じである。したがって，新制度は，核心的部分において，旧制度と異ならないと言ってよい。

新制度には，旧制度と同様，いくつかの適用除外が設けられている。

まず，新株の配当又は株式配当として新株を保有する場合は，本制度の適用を受けない（法10条1項1号）。これは，旧制度の法旧10条1項2号に対応するものである。適用除外の期間は，2年とされており（同号），この点も，旧制度と同じである。

担保権の行使又は代物弁済の受領により株式を保有する場合も，本制度の適用を受けない（法10条1項2号）。これは，旧制度の法旧10条1項3号に対応するものである。但し，適用除外の期間は，6ケ月とされており（同号），旧制度の1年より短くなっている。

社会間接資本施設に対する民間投資法4条1号又は2号の規定に基づく方式により民間投資事業を営む会社の株式を保有する場合も，本制度の適用を受けない（法10条1項3号）。これは，旧制度の法旧10条2項におおむね対応するものである。但し，旧制度時代の右法律の名称は，社会間接資本施設に対する民間資本誘致促進法であった。この場合の適用除外の期間は，20年となっており，公正取引委員会が必要があると認めるときは，10年以内の範囲において，延長することができることとされている（法10条1項3号）。これらの適用除外の期間も，旧制度と同じである。

更に，本制度は，①企業の競争力を強化するための構造改善，②外国人による投資の誘致，又は③中小企業との技術協力を行うための株式保有であって，大統領令（施行令）に定める要件に該当すると公正取引委員会が認める場合を適用除外としている（法10条1項4号）。旧制度にも，これと同旨の規定があり，その内容は，①部品生産中小企業との技術協力関係を維持するための出資，②その他施行令に定める産業の国際競争力の強化のために必要な場合であって，公正取引委員会が当該株式の保有を認めるときを適用除外とするものであった（法旧10条1項5号）。

また，第9次法改正においては，持株会社を構造改善の手段として利用し易くするため，持株会社への転換等の過程で制限を超過することとなる場合は，一時的に適用除外を認めることとされた（法10条1項5号）。

本適用除外は，前述の新株の配当又は株式配当の場合及び担保権の行使又は代物弁済の受領の場合のように，事柄の性格上，さほど問題なく適用除外とし得るようなものではなく，前述の社会間接資本施設に対する民間投資法の規定

に基づく事業会社の株式保有の場合とともに，韓国競争政策ないし産業政策が色濃く反映されたものであると言えよう。特に，本適用除外の場合は，競争政策と産業政策との接点となる領域について，柔軟な政策展開をし得るよう，その具体的基準を施行令に委ねている。この点も，新旧両制度は，同様であり，新制度においては，施行令17条の2第1項に，9種類にわたってその要件を定めている（同項1号から9号まで）。これら9種類の適用除外を類型別に分類すれば，7種類までが，企業の競争力を強化するため構造改善に属するもの，他は，外国人による投資の誘致のためのもの，及び中小企業との技術協力のためのものがそれぞれ1種類である。企業の競争力を強化するための構造改善に属する適用除外は，いずれも企業の再編を誘導しようとするものであり，金大中政権ないし韓国公正取引委員会が推進する財閥のスリム化政策と軌を一にするということができよう。これらの中には，かつての業種専門化施策を彷彿させるものさえみられる[35]。これらの適用除外の底流にある方向は，新旧両制度とも，大競争時代において，韓国企業がいかに生き抜いていけるかの立場から，これを支援するところにあると言ってよいであろう。

　本適用除外の期間は，新制度においては，5年以内の範囲であって施行令に定める期間を原則とし，3年以内の範囲で公正取引委員会が延長を認めることができることとされている（法10条1項4号）。この規定を受けて，施行令は，右施行令に定める期間を，適用除外の種類により5年又は2年としている（令17条の2第2項1号，2号）。旧制度におけるこの場合の適用除外の期間は，すべて7年以内であったから（法旧10条1項5号），新制度において延長が認められた場合には，旧制度の下の場合より長期にわたるものが生じる可能性がある。したがって，適用除外期間に関する新旧両制度の比較は，専ら新制度の下での今後の運用との対比にかかっていると言えるであろう。

　以上のほか，旧制度においては，工業発展法又は租税減免規制法に基づく合理化計画又は合理化基準に従う株式保有をも適用除外としていたが（法旧10条1項1号），新制度には，このような適用除外はない。

(6)　出資総額制限制度は，以上のとおりの経緯を経て，現在にいたっている。法律上いったん廃止した制度を2年後に復活させるようなことは，我が国で

第1章　経済力集中の抑制

はなかなか考えられないが，これをあえて行うところに，韓国競争政策の柔軟性と大胆さがあると言えるであろう。

第4節　債務保証の制限強化と禁止

(1) 債務保証制限大規模企業集団（法10条の2第1項，令17条4項）に属する会社は，国内の系列会社に対して，債務保証をしてはならないこととされている（法10条の2第1項）。

右債務保証禁止制度は，かつては，一定の限度内でこれを許容する債務保証制限の形態を採っていた。この債務保証制限制度は，第3次法改正により導入されたものであり，当時の債務保証総額の限度額は，当該会社の自己資本金額の200パーセント相当額とされていた（法10条の2旧1項）。

本制度は，我が国独占禁止法にはないものであり，韓国独占禁止法における特徴の一つであると言ってよい。その趣旨は，韓国経済が国際競争力を維持していくためには，企業集団内会社間の過度の相互依存関係を排除していかなければならず，既にある企業結合の制限ないし経済力集中の抑制に関する規定のほかに，債務保証制限の規定をおき，債務保証の額を縮小しようというものであった[36]。このような債務保証に対する規制は，金融行政の範疇でこれを行うことも考えられるが，企業集団内会社間の相互債務保証が，限界企業を温存し，円滑な産業調整を妨げている点が問題とされ，経済力集中の抑制という産業構造上の観点から独占禁止法上の制度として導入された[37]。これを更に詳しくみれば，このような債務保証は，①企業集団内に過度の与信をもたらし，結果的に企業集団に属さない中小企業の与信利用を制約することにより，経済力の集中を深化させ，②競争力を喪失した企業集団内限界企業の市場からの退出を妨げ，その結果，当該企業集団内各社の経営を不健全なものとし，ときには大規模連鎖倒産を招きかねないというものである[38]。

ここにいう債務保証制限大規模企業集団とは，法律上は，大規模企業集団のうち大統領令（施行令）に定める基準に該当する企業集団とされているが（法10条の2第1項），施行令では，債務保証制限大規模企業集団は法9条1項の大規模企業集団とすると規定されている（令17条4項）。すなわち，現行規定上は，

15

大規模企業集団は，そのまま債務保証制限大規模企業集団でもあり，両者の範囲は，全く同一となっている。

本制度の対象となる債務保証とは，一般の銀行，各種特殊銀行，証券会社，保険会社，総合金融会社又はその他施行令に定める金融機関の与信に関連して行う保証をいう（法10条の2第2項各号，令17条の6）。

(2) 本制度導入により，計30の債務保証制限大規模企業集団所属会社の自己資本金額に対する債務保証額の比率は，第3次改正法施行時の93年4月の342.4パーセントから94年4月には169.1パーセント，95年4月には95.2パーセント，96年4月には52.6パーセントへと着実に減少してきた[39]（なお，96年3月までは，第3次改正法の経過規定（附則3条1項）があり，200パーセントを超える個別事例もみられた。）。

右のような債務保証の減少にもかかわらず，韓国公正取引委員会は，その後の金融構造の動向等を考慮し，また，産業構造の健全な構築を図るためには，本制度のより一層の強化を行う必要があるとし[40]，第5次法改正において，右200パーセントの比率を，100パーセントへと引き下げた。右100パーセントへの改正にあたっては，韓国公正取引委員会は，当初，98年3月まではとりあえず100パーセントとし，その後2001年3月までに全面禁止するとの方針を固めていた[41]。しかし，全国経済人連合会をはじめとする業界側の反対は強く，結局，100パーセントへの引下げに落ち着いたものである。

ところが，97年年初の韓宝グループの破綻に始まり，韓国経済は，金融・為替危機の渦中に陥り，ＩＭＦの支援を受ける状態にまでいたった。このような事態を招来した原因は，大規模企業集団所属会社の多くが外部からの借入に依存し，無分別に事業活動を拡張してきた結果，脆弱な財務構造と競争力の低下をもたらしたことにある。第3次法改正における債務保証制限制度の導入及び第5次法改正における制度の強化により，債務保証の状況は，改善されてきたとは言え，なお十分とは言えず，経済の変動に堪え切れなかったということであろう。本制度導入当時，大規模企業集団所属会社間の債務保証の問題点として指摘されていた連鎖倒産のおそれが，まさに現実のものとなったということができる。これを更に詳しくみれば，1997年年初からの大規模企業集団所属会

社間の連鎖不渡が金融機関の不実化と対外信認度の下落を呼び，更にそれがより一層の危機を招くという悪循環があった。それでは，このような連鎖不渡は，いかにして発生したのか。この点について，その原因は，大規模企業集団における非効率的構造とこれに伴う脆弱な企業環境にあるとされる[42]。それは，前近代的オーナー支配構造と専断的経営によって，系列企業の自律化を阻害するものであり，その結果，企業の競争力は低下し，財務構造も極度に脆弱化するにいたった。ここにいたり，ＩＭＦの支援をうけることとなったが，その条件として，経済全般にわたる大々的構造改革，特に企業部門については，財務構造の改善，経営の透明化，外国人株式所有限度の拡大等強力な構造調整が求められた。

(3) 大規模企業集団所属会社の系列会社に対する債務保証を全面的に禁止すること等を内容とする独占禁止法の第6次改正は，このような状況の中で，経済改革の一環として，商法，外国人投資法，証券取引法，退出3法（和議法，会社整理法，破産法）等の改正とともに行われたものである。

この点について，独占禁止法第6次改正の改正理由（1998年2月21日付官報）は，次のように述べている。

企業の構造調整を阻害し，ＩＭＦからも是正を要求されている系列会社間の債務保証を早期に解消するため，新規債務保証を禁止し，既存の債務保証は，2000年3月末までに完全に解消するようにすることにある。

以上のようにして，大規模企業集団所属会社の系列会社に対する新規債務保証は，全面的に禁止されたが，既存の債務保証については，次のとおりの猶予期間を設けて，それまでに解消することとされた（法10条の3）。

① 1997年から98年へ引き続き指定された債務保証制限大規模企業集団に属する会社

2000年3月31日まで

なお，この場合について，98年改正施行令（17条の7）では，被保証会社の合併，売却，有償増資又は会社整理，和議，破産等の手続が進行しているときは，金融監督院長の要請及び公正取引委員会の承認を条件に，1年以内の範囲において，期間を延長できることとしている。

②　1998年から2000年までに新たに指定される債務保証制限大規模企業集団に属する会社
　　　2001年3月31日まで
③　2000年以降新たに指定される債務保証制限大規模企業集団に属する会社
　　　指定の日から1年が経過した日まで
　右①及び②は，経過規定的性格のものであって，2001年4月1日以降は，規定の意義が失われるので，第9次法改正において，法10条の3の規定は，削除された。これにより，③の場合も削除されたので，今後は，債務保証制限大規模企業集団への指定の段階で，系列会社に対する債務保証は，完全に解消しなければならないこととなる。
　一方，債務保証制限制度には，適用除外があり，次の各場合は，制限の対象となる債務保証総額に含まれない（法10条の2第1項但書各号）
　①　工業発展法又は租税減免規制法に基づく合理化計画若しくは合理化基準に従い相手会社の債務と関連して行う保証（同項1号，令17条の5第1項）
　②　企業の国際競争力強化のために必要な場合等における保証（同項3号，令17条の5第2項）
　②の内容は，施行令に具体的に規定されており，次のとおりとなっている（令17条の5第2項）。
　ⓐ　資本財，その他の商品の生産等にあたり，韓国輸出入銀行等が行う貸出に対する保証（同項1号）
　ⓑ　海外における建設工事，輸出船舶の建造その他に関連して，国内金融機関が行う各種保証に対する保証（同項2号）
　ⓒ　技術開発事業を行うために，国内金融機関から支援を受けた資金に対する保証（同項3号）
　ⓓ　輸出手形の国内金融機関による買入等に対する保証（同項4号）
　これらの適用除外は，産業の合理化，技術開発事業，海外での大規模事業への参加等に関するものであり，適用除外とした趣旨は，これらが国際競争力の強化や危険負担の分散のために止むを得ないものであって，国内市場における競争阻害や経済力集中の深化に影響がほとんどないからであるとされている[43]。

(4) 以上のような債務保証の禁止について，孫珠瓚法学博士は，大規模企業集団所属会社に対して「他人資本依存主義からの脱皮」を強く求めたものであると評しておられる(44)。我が国にはない本制度は，韓国特有の経済社会の中から生まれてきたものであるとは言え，財閥規制にかける韓国競争政策の強い意思の表れであるということができよう。

第5節　大規模内部取引に対する規制

(1) 大規模内部取引についての取締役会の議決及び公示制度は，第8次法改正により導入されたものであり，大規模企業集団に対する各種規制の中で，その歴史は，最も新しい。

韓国独占禁止法は，これまで，計30の大規模企業集団に対しては，その規模の大小等により取扱いに差異を設けることなく，等しい規制を行ってきた。ところが，第8次法改正により導入された本制度は，大規模企業集団の中でも，一部のもののみに対して規制を行うものであり，財閥対策の新たな展開とみることもできた。しかし，第9次法改正後の2001年施行令改正において，規制の対象は，大規模企業集団すべてに拡大された。

本制度の内容は，次のとおりである。

大規模企業集団のうち施行令に定める基準に該当する企業集団に属する会社（「内部取引公示対象会社」）は，特殊関係人を相手方とし又は特殊関係人のために，施行令に定める規模以上の①仮払金，貸与金等の資金を提供し若しくは取引する行為，②株式，会社債等の有価証券を提供し若しくは取引する行為又は③不動産，無体財産権等の資産を提供し若しくは取引する行為（「大規模内部取引」）をしようとするときは，あらかじめ，取締役会の議決を経た後，これを公示しなければならない（法11条の2第1項）。また，右に該当する会社が右取引の主要内容を変更しようとするときも，同様に取締役会の議決及び公示を行わなければならない（同項後段）。

このような制度が設けられた背景には，不当支援行為に対する規制の難しさがあったとみることができる。不当支援行為とは，不公正取引行為の一類型であり，独占禁止法23条1項の規定により禁止されている。不当支援行為は，各

財閥内部の企業間で行われるのがほとんどであり，財閥に対して厳しい姿勢を執ってきた韓国公正取引委員会として，これに対する厳格な規制は，最重要課題の一つであり続けてきた。韓国公正取引委員会は，それまで度々不当支援行為の実態調査を行ってきたが，その結果は，不当支援行為は多様化し，かつ，隠密裡に行われる傾向が生じているというものであった。このため，不当支援行為をなくすには，事後の規制のみならず，事前にこれを予防する何らかの方策を講ずる必要があると指摘されるようになってきた。また，これと関連して，当時，韓国では，不当内部取引に対する取締役の責任を強化し（内部統制装置），少数株主，債権者等利害関係人による監視を誘導する（外部統制装置）ための制度を検討する動きもみられるようになってきていた[45]。

本制度は，このような事情を背景に導入されたものであり，これにより，韓国公正取引委員会は，内部取引についての取締役会の責任は重くなり，少数株主，債権者等利害関係人による監視が行き届き，不当支援行為の事前予防に資するのみならず，企業経営における透明性のより一層の増大が期待されるとしている[46]。

(2) 本制度の適用を受ける会社，即ち内部取引公示対象会社は，大規模企業集団のうち施行令に定める基準に該当する企業集団に属する会社とされている。これに基づき，施行令では，右基準につき当該企業集団に属する国内会社の資産総額の合計額の順位が1位から10位までの企業集団，すなわち大規模企業集団中，上位10位までのものとされていたが，2001年施行令改正により，大規模企業集団すべてとされた（令17条の8第1項）。

また，本制度の対象となる施行令に定める規模以上の取引，すなわち大規模内部取引の数量的基準については，取引額が当該会社の資本金額の10パーセント相当額又は100億ウォン以上とされた（令17条の8第2項）。

なお，取引額の算定にあたっては，原則として，次の基準によることとされている（大規模内部取引についての取締役会の議決及び公示に関する規程（「大規模内部取引規程」）（公正取引委員会告示）4条2項）。

① 資金取引については，実際に取引する額（同項1号）
② 有価証券取引については，当該有価証券の券面額。但し，株式取引につ

いては，実際に取引する額（同項2号）
③　資産取引については，実際に取引する額。但し，不動産賃貸借取引については，同項3号に定める方式により算出した額。債務保証又は担保の提供については，保証限度額。保険契約については，保険料総額（同項3号）

取締役会の議決は，商法第3編第4章第3節第2款（取締役及び取締役会）に定める手続及び方法により行うべきこととされており，取締役会内の委員会における議決は，取締役会の議決とはみなされない（大規模内部取引規程5条）。

内部取引公示対象会社が公示をするにあたっては，取引の目的，相手方，規模及び条件等主要内容をこれに含めなければならないとされており（法11条の2第2項），公示の主要内容は，次のとおり定められている（令17条の8第3項）。

①　取引の目的及び対象（同項1号）
②　取引の相手方（同項2号）
③　取引の額及び条件（同項3号）
④　取引の相手方との同一の取引類型の取引残額（同項4号）
⑤　右①から④までに準ずる事項であって，公正取引委員会が定めて告示するもの（同項5号）

本法に基づく公示と関連する業務は，公正取引委員会が証券取引法に基づく届出受理機関に委託することができるとされており（法11条の2第3項），大規模内部取引規程では，右委託を受ける機関を，金融監督委員会とするとしている（同規程2条3項）。

受託機関である金融監督委員会は，自らが運用する電子公示システムを利用して，内部取引公示対象会社が提供した電子文書を，関連機関である公正取引委員会，証券取引所及び証券業協会に電送し，一般人の閲覧の用に供さなければならない（大規模内部取引規程12条1項）。これは，電子公示システムにおける一定の様式により処理し電送することが，関係機関のみならず，一般投資者，利害関係人等に，インターネット，ＰＣ通信等を通じて，即時に検索の機会を与えることができるからである[47]。

また，内部取引公示対象会社が，既に公示した事項のうち主要内容を変更しようとするときは，これを取締役会において議決し，その内容を公示しなけれ

ばならない（大規模内部取引規程8条1項）。

　右にいう主要内容の変更とは，次のいずれかに該当する場合をいうとされている（同条2項）。

① 取引の目的又は取引の対象の変更（同項1号）
② 取引の相手方の変更。但し，商号の変更，営業譲受等，合併等によるものであって，実質的に取引の相手方が変更にならない場合は，取締役会の議決対象から除かれる（同項2号）。
③ 取引額及び取引条件の変更。但し，取引額，取引単価，約定利子率等が，当初議決し公示した内容より20パーセント以上増加し又は減少した場合には，取引額又は取引条件の変更があったものとみなされる（同項3号）。
④ その他契約期間の変更等当事者間の契約関係に重大な影響を及ぼす取引内容の変更（同項4号）

　内部取引公示対象会社に該当する会社であっても金融業又は保険業を営むものが，約款に従い定型化された取引であって，一定の基準に該当する取引をしようとする場合は，取締役会の議決は必要とされない（法11条の2第4項）。但し，この場合であっても，取引内容の公示は，行わなければならない（同項但書）。

　右規定に基づき，施行令は，取締役会の議決を経ないですることのできる取引行為を，次のとおり定めている（令17条の8第4項）。

① 約款の規制に関する法律2条の規定に基づく約款による取引行為であること（同項1号）。
② 当該会社の日常的取引分野における取引行為であること（同項2号）。

(3) 大規模内部取引についての取締役会の議決及び公示制度の内容は，以上のとおりである。

　本制度は，伝統的ないし本来的競争法規に照らしてやや異質の感を覚えなくもないが，財閥の経済力に鑑み導入された韓国競争政策の特徴的制度の一つとしてみることができよう。

第6節　その他の規制

1　持株会社と大規模企業集団

　第7次法改正により容認された持株会社制度は，ひとり大規模企業集団についてのものではなく，法の適用を受けるすべての者に適用される制度である。
　しかし，本制度は，債務保証制限大規模企業集団（法10条の2第1項）について，持株会社の設立又は転換を行うためには，集団内会社間の既存債務保証を解消しなければならないとしており（法8条の3），この部分に関しては，同企業集団固有の問題である。債務保証制限大規模企業集団は，その範囲が大規模企業集団と全く同一とされているから（法9条1項，10条の2第1項，14条1項，令17条1項，同条4項），右規定は，大規模企業集団そのものに適用されるものであることにほかならない。
　右にいう既存債務保証（法10条の3）とは，具体的には，①持株会社と子会社間（8条の3第1号），②持株会社と他の国内の系列会社間（同条2号），③子会社相互間（同条3号）及び④子会社と他の国内の系列会社間（同条4号）のものである。
　債務保証制限大規模企業集団に対する本制度の趣旨は，分社化を通じた事業部門の分離及び売却，海外資本の誘致等を通じて，構造調整が効果的に行われるためには，債務保証が解消され，独立した経営が行われ得る環境が整備されていなければならないとの考え方に基づくものであり[48]，大規模企業集団に対して，このことを特に求めるものであるということができる。

2　金融・保険会社と大規模企業集団

　大規模企業集団に属する金融業又は保険業を営む会社は，その所有する国内の系列会社の株式について議決権を行使することはできない（法11条）。但し，①金融業又は保険業を営む会社が，金融業又は保険業を営む系列会社に出資している場合に，金融産業の発展のためにその所有する株式について議決権を行使するとき，及び②保険会社が，保険資産の効率的運用又は管理のために，それぞれ関係法令の承認を得て株式を所有する場合において，議決権を行使する

ときは，この限りでない（法11条但書）[49]。

これらの会社は，出資総額制限制度の適用を受けないこととされているため（法10条1項），その本来の事業目的からはずれ，他の系列会社の株式を所有してその事業を支配することを防止することに，本制度の意義があるとされる[50]。また，これらの会社も，系列会社間相互の出資を行うことが禁止されているので（法9条1項），本条は，相互出資関係にない系列会社の株式を所有している場合に，その議決権行使を禁止することにその実質的意味があるとされる[51]。

ところで，韓国独占禁止法において金融業及び保険業を営む事業者は，同法の多くの規定の適用除外を受けてきた（法旧61条）。このような適用除外の多さは，金融業及び保険業が各事業法令により個別に規制を受けるためであるとされてきたが[52]，識者の中には，このような適用除外の多さを「立法上の誤認」とするものや[53]，これらの制度を立法的に解決すべきであるとするものがみられた[54]。

このため，第5次法改正においては，金融・保険会社の適用除外に関する一般規定であった旧61条の規定が削除された。これにより，金融・保険会社に対する適用除外は，各個別規定によるもののみとなり，これらは，10条（出資総額の制限）及び10条の2（系列会社に対する新規債務保証の禁止）の2ケ条である。

（1）　韓国公正去来委員会「公正去来年報1995年版」63頁以下
（2）　「公正去来年報1995年版」前掲，71頁
（3）　拙稿「韓国独占禁止法の第4次改正〔上〕」国際商事法務Vol. 23, No. 3, 283頁
（4）　イジョンファ『コンジョンコレヨンゴサジョン』ソンリム出版社，187頁
（5）　イジョンファ，前掲，187頁
（6）　洪復基「最近の韓国の独占規制法における大規模企業集団規制の変化」（日本語論文），日韓比較法文化研究会報告『東アジア文化と近代法』232頁
（7）　趙炳澤「韓国「5大財閥」の所有・支配構造の特徴と問題点〔下〕」（日本語論文），公正取引596号，67頁
（8）　渡辺利夫『韓国経済』有斐閣選書，114頁（服部民夫担当部分）

（9） ㈳韓国公正去来協会「コンジョンキョンジェン」56号，42頁
（10） 趙炳澤教授が引用される（公正取引595号，39頁）崔昇魯『1998年韓国の大規模企業集団』自由企業センター，1998年10月，20・21頁
（11） ㈳韓国公正競争協会「公正去来法上経済力集中抑制制度内容」2頁
（12） 洪復基，前掲，237頁
（13） 洪復基，前掲，237頁
（14） ㈳韓国公正競争協会「公正去来法上経済力集中抑制制度内容」前掲，13頁
（15） ㈳韓国公正競争協会「公正去来法上経済力集中抑制制度内容」前掲，13頁
（16） ㈳韓国公正競争協会「公正去来法上経済力集中抑制制度内容」前掲，5頁
（17） ㈳韓国公正競争協会「公正去来法上経済力集中抑制制度内容」前掲，9頁
（18） ㈳韓国公正競争協会「公正去来法上経済力集中抑制制度内容」前掲，19頁
（19） ㈳韓国公正競争協会「公正去来法上経済力集中抑制制度内容」前掲，16頁
（20） 「公正去来年報1995年版」前掲，72頁
（21） 「公正去来年報1995年版」前掲，72頁
（22） 拙稿「韓国独占禁止法の第4次改正〔上〕」前掲，282頁
（23） ㈳韓国公正競争協会「公正去来法上経済力集中抑制制度内容」前掲，21頁
（24） 各財閥ごとの業種専門化政策は，金泳三政権（当時）の主要な経済政策の一つであった。専門業種を営む主力企業に対しては，本法による出資総額制限制度の適用除外のほか，海外での資金調達，工場立地等の面で優遇政策が講じられた。
　　　 1994年当時の5大財閥の専門業種（主力業種）は，次のとおりであった（94年1月18日，商工資源省発表）。
　　　　　　現代　　　　電機・電子，自動車，エネルギー
　　　　　　大宇　　　　機械，自動車，商業・運送
　　　　　　三星　　　　電機・電子，機械，化学
　　　　　　ラッキー金星　電機・電子，化学，エネルギー
　　　　　　鮮京　　　　エネルギー，化学，商業・運送
　　　 5大財閥以外の財閥については，商業・運送等を専門業種としたものが比較的多い（平成6年1月19日付日本経済新聞）。
（25） 「公正去来年報1995年版」前掲，79頁
（26） ㈳韓国公正競争協会「公正去来法上経済力集中抑制制度内容」前掲，16頁
（27） 拙稿「韓国独占禁止法の第4次改正〔上〕」前掲，284頁
（28） 孫珠瓚「韓国に於ける企業の経済力集中の抑制―最近の公正去来（取引）委員会の審決例を中心に―」日韓比較法文化研究会，1998年2月3日，於延世

大学校，16頁
- (29) 孫珠瓚，前掲注（28）が引用される，1998年1月20日付韓国・毎日経済新聞
- (30) 孫珠瓚，前掲注（28）が引用される，韓国公正去来委員会，朴吉俊他「公正去来制度の運用実績―評価及び改善方向―」1996年11月，32頁
- (31) チョンビョンギ「98年改正公正取引法施行令の主要内容」㈳韓国公正競争協会「コンジョンキョンジェン」32号，11頁
- (32) チョフィカッフ「公正取引制度の運用成果と今後の課題」㈳韓国公正競争協会「コンジョンキョンジェン」31号，6頁
- (33) 洪復基「韓国独占禁止法の改正案（1999・9・18，立法予告）」（日本語論文）日韓比較法文化研究会，1999年10月20日，於延世大学校，2頁
- (34) 洪復基「韓国独占禁止法の改正案（1999・9・18，立法予告）」前掲，3頁
- (35) イジョンファ，前掲，161頁
- (36) 拙稿「韓国独占禁止法の第3次改正〔上〕」国際商事法務Vol. 22, No. 4, 383頁
- (37) 拙稿「韓国独占禁止法の第3次改正〔上〕」前掲，383頁
- (38) 「公正去来年報1995年版」前掲，79頁
- (39) ハンジョンギル（韓国公正去来委員会事務処長）「公正取引政策の推進課題」㈳韓国公正競争協会「コンジョンキョンジェン」6号，17頁
- (40) ハンジョンギル，前掲，17頁
- (41) ㈳韓国公正競争協会「公正協会報」17号，2頁
- (42) チョハッグク「大企業の構造調整をいかに成すべきか」㈳韓国公正競争協会「コンジョンキョンジェン」31号，24頁
- (43) 「公正去来年報1995年版」前掲，80頁
- (44) 孫珠瓚「韓国に於ける企業の経済力集中の抑制―最近の公正去来（取引）委員会の審決例を中心に―」前掲，19頁
- (45) 洪復基「韓国独占禁止法の改正案（1999・9・18，立法予告）」前掲，6頁
- (46) ㈳韓国公正去来協会「コンジョンキョンジェン」49号，32頁
- (47) ㈳韓国公正去来協会「コンジョンキョンジェン」56号，32頁
- (48) キムハッキョン「持株会社禁止制度改善方案」㈳韓国公正競争協会「コンジョンキョンジェン」33号，11頁
- (49) ㈳韓国公正競争協会「公正去来法上経済力集中抑制制度内容」前掲，27頁
- (50) ㈳韓国公正競争協会「公正去来法上経済力集中抑制制度内容」前掲，4頁
- (51) 洪復基「最近の韓国の独占規制法における大規模企業集団規制の変化」前

掲，242頁
(52) 李東揆『独占規制及び公正去来に関する法律』韓国・行政経営資料社, 562頁
(53) 李南基『新訂版新公正去来法』韓国・学研社，580頁
(54) 李東揆，前掲，563頁

第2章　21世紀への対応

　韓国独占禁止法は，1980年12月に制定され，翌年4月に施行されて以降，約20年の年月を経てきた。この間，1986年には，第1次法改正が行われ，その後現在まで，計9回の法改正が行われてきている。特に，90年代半ば以降は，改正頻度は極めて高く，また，法改正の直後には，施行令改正も必ず行われている。このように，韓国独占禁止法制の内容は，経済の変遷とともに，常に変化しており，その方向は，韓国競争政策を21世紀の経済社会にいかに対応させていくかにあると言ってよいであろう。

　本章では，このような観点から，特に90年代半ば以降の法改正及び施行令改正の内容に焦点をあて，これらを①競争政策強化策，②規制緩和策，③競争的環境整備策及び④企業体質強化策に分けて，整理し分析したいと考える。

第1節　競争政策強化策

　競争政策の強化は，世界の趨勢であるが，韓国においても，法改正の度に強化の一途を辿り，現在にいたっている。

　韓国競争政策の最大の課題は，言うまでもなく財閥規制にあり，これまでの法改正の多くも，これの強化のために行われてきた。また，競争政策の実現は，執行力を伴って，初めて達成し得るものであり，これまでの法改正において，執行力に関する規定も多く改正されてきた。

　本節では，このような観点から，①財閥規制の強化及び②執行力の強化についてみていくこととする。

　なお，①財閥規制の強化のうち構造規制に関する部分については，既に第1

章でみたとおりであるので，本節では，これ以外の内容について論述する。

第1款　財閥規制の強化

　韓国独占禁止法上，財閥に関する規制は，主として同法第3章の企業結合の制限及び経済力集中の抑制に関する規定により行われている。

　しかし，韓国競争政策の財閥に対する強い姿勢は，右法第3章の規定にとどまらず，他の章の規定をも含めて，財閥の規制に積極的に取り組もうとしている。その典型的事例は，第5次法改正において，新たに，不当な資金，資産又は人力の支援を，不公正取引行為の一類型として規定したことである。

　韓国独占禁止法において不公正取引行為とは，法23条1項各号の一に該当する行為であって，公正な取引を阻害するおそれがある行為をいう（同条1項柱書）。また，不公正取引行為の類型又は基準は，大統領令（施行令）により定めることとされている（法23条2項）。この規定に基づき，施行令は，いわゆる一般指定を，令36条1項の別表1に定めている。なお，一般指定は，第5次法改正前は，公正取引委員会の告示により定めることとされていたが（法23条旧2項），同改正により，右の形式をとることとなったものである。また，再販売価格維持行為は，我が国独占禁止法の場合と異なり，不公正取引行為（法23条）のうちに含まれず，法29条の規定に基づき別途禁止されている。

　一般指定は，我が国のそれと同様，あらゆる者に対して適用されるが，韓国公正取引委員会は，第5次法改正にいたる過程で，財閥のみを対象に，親族会社間の株式，不動産等資産又は資金に関連する不当な内部取引について，新たな規定を設けて規制することを検討していた[1]。この案は，最終的には，財閥のみに限ることなく，あらゆる者を対象に規制することとし[2]，法23条1項各号の不公正取引行為に新たな行為類型が追加された。右行為類型（法23条1項7号）は，系列会社間において，株式や不動産等を著しく低いか又は高い価格で取引することにより，系列会社を不当に支援する等不当な内部取引を規制するためのものであり[3]，その内容は，次のとおりとなっている。

　　不当に，特殊関係人又は他の会社に対して，仮支給金，貸与金，人力，不動産，有価証券，無体財産権等を提供し，又は著しく有利な条件で取引して，特殊関係人又は他の会社を支援する行為

第5次法改正における右規定の新設により，97年施行令改正では，一般指定の中に右行為内容の類型及び基準が盛り込まれた（令36条1項別表1第10号）。その内容は，次のとおりである。

① 不当な資金の支援

不当に，特殊関係人又は他の会社に対して，仮支給金，貸与金等の資金を著しく低く若しくは高い対価で提供し若しくは取引し，又は著しい規模で提供し若しくは取引して，過大な経済上の利益を提供することにより，特殊関係人又は他の会社を支援する行為（令36条1項別表1第10号(1)）

② 不当な資産の支援

不当に，特殊関係人又は他の会社に対して，不動産，有価証券，無体財産権等の資産を著しく低く若しくは高い対価で提供し若しくは取引し，又は著しい規模で提供し若しくは取引して，過大な経済上の利益を提供することにより，特殊関係人又は他の会社を支援する行為（同号(2)）

③ 不当な人力の支援

不当に，特殊関係人又は他の会社に対して，人力を著しく低く若しくは高い対価で提供し，又は著しい規模で提供して，過大な経済上の利益を提供することにより，特殊関係人又は他の会社を支援する行為（同号(3)）

このように，右規定は，あらゆる者を規制の対象にしているとは言え，財閥規制を主眼においていることは，右制定経緯から明らかである。

また，不公正取引行為に対しては，他の違反行為の場合と同様に，課徴金が賦課されることとなっており，その率は，売上額の2パーセント相当額以内とされている（法24条の2）。

しかるに，第8次法改正においては，多くの不公正取引行為の類型の中で，不当な資金，資産又は人力の支援についてのみ，課徴金賦課率を5パーセントに引き上げる改正が行われた（法24条の2）。これは，このような不当支援行為のほとんどが財閥内企業間で行われており，財閥改革を最大の課題とする韓国競争政策において，これにかける強い姿勢を示すためであろうと考えられる。

一方，不当な支援行為規制に関し，第7次法改正においては，大規模企業集団所属会社による系列会社に対する右行為の調査を円滑に遂行し得るよう，金融取引情報要求権制度が新設された（法50条5項）。右制度は，公正取引委員会

が，不公正取引行為（法23条1項各号）のうち不当支援行為（同項7号）の疑いがある大規模企業集団の系列会社の調査において，金融取引情報を得なければ，その事実を確認できないときは，金融機関の長に右情報を要求し得るとするものである（法50条5項）。

これは，財閥内系列会社間相互の資金，資産等の支援行為の多くが，金融機関を媒介にして迂回的に行われ，その手法も極めて巧妙化し，金融取引情報なくしては，調査を行うことが事実上不可能となっていたため，このような事態を打開することに，その目的がある。しかし，本制度の創設は，第7次法改正において最も議論の多かった点であり，金融取引秘密保護の観点から制度濫用の弊害を防止するため[4]，2001年2月4日までの時限立法とされていたが（第7次改正法附則2条），第9次法改正において，これを更に延長し，2004年2月4日までとされた（第9次法改正—第7次改正法附則2条・改正）。このように，時限立法であるとは言え，本制度を創設すること自体に，財閥規制にかける韓国競争政策の強い意志を読みとることができる。

以上は，不公正取引行為のうち不当支援行為と財閥規制に関する内容であるが，前述したとおり，財閥規制の中核は，言うまでもなく第3章企業結合の制限及び経済力集中の抑制に関する諸規定である。韓国独占禁止法における法改正のほとんどは，これまで，これらの諸規定に関して行われてきたが，特に90年代後半以降の動きをここに要約して列挙するならば，次のとおりである。

① 出資総額制限制度（法10条）について，第6次法改正においていったんは廃止されたものの，第8次法改正において復活された。
② 系列会社間債務保証（法10条の2）について，第5次法改正において制限内容が強化され，第6次法改正においては全面的に禁止された。
③ 第8次法改正においては，大規模内部取引について，取締役会の議決と公示を義務づけることとされた（法11条の2）。

第2款　執行力の強化

独占禁止法の執行は，韓国においても我が国と同様，行政的規制である違反行為の是正措置命令（5条，16条，21条，24条，27条，31条，34条）を中心に，課徴金制度（6条，17条，22条，24条の2，28条，31条の2，34条の2，55条の3

から55条の5まで），刑事罰（66条から71条まで）及び損害賠償請求制度（56条，57条）により行われている。

　これら法の執行に関する規定は，法制定以降今日まで，一貫して強化の方向にあり，法改正の都度，罰則の強化や課徴金制度適用対象行為の拡大などが図られてきた。

　ここでは，これらの動きを1990年代後半以降の法改正の中から，みていくこととする。

　まず，第5次法改正においては，課徴金制度について，これまでの課徴金制度適用対象行為の拡大等を背景に，課徴金の賦課及び徴収等と題する第10章の2が新設され，ここに関連の規定がまとめておかれた。韓国独占禁止法における課徴金制度は，我が国の場合と異なり，その対象となる行為が価格カルテル等に限られることなく，また，これを賦課するか否かにつき，裁量が許されている。

　課徴金制度は，制定法において既に，経済企画院長官の価格引下げ命令に従わない市場支配的事業者に適用されることとなっていたが，その後，法改正の都度，その適用範囲が拡大されてきた。すなわち，同制度は，第1次法改正（86年）において，不当な共同行為（カルテル）に対して，第2次法改正（90年）において，事業者団体の禁止行為のうち競争制限行為，大規模企業集団に属する会社についての相互出資の禁止違反，及び同じく出資総額の制限違反に対して，第3次法改正（92年）において，新たに導入された大規模企業集団（債務保証制限大規模企業集団）内系列会社間における債務保証制限違反及び不公正取引行為に対して，更に，第4次法改正（94年）においては，再販売価格維持行為，不当な国際契約の締結及び市場支配的事業者の不当な対価の決定以外の地位濫用行為に対して，順次適用されることとなり，また，この間，賦課率の引上げ等制度の強化が図られてきた。

　第5次法改正では，このような流れと運用の活発化[5]を背景に，課徴金を賦課するにあたり参酌すべき事項，課徴金の賦課徴収手続，課徴金納付期限の延長及び分割納付，未納付に対する滞納処分及び延滞に伴う加算金の徴収等に関する規定がおかれた（法55条の3から55条の5まで）。これらの条項は，独占禁止法に「課徴金の賦課及び徴収等」と題して新設された第10章の2におかれた

規定であり，これにより，賦課・徴収に関する手続が整備された。また，第5次法改正では，各違反行為に対して課徴金を賦課するにあたり，対象となる売上額がない場合又は売上額の算定が困難な場合においても，一定の額の範囲内で賦課し得ることとする改正等が行われている。

次に，罰則については，課徴金の場合と同様，これまで一貫して制度の強化が図られてきており，また，その運用も我が国とは比較にならないほど活発である[6]。

第5次法改正では，重大な法違反行為について，公正取引委員会に更に積極的な告発を促すため[7]，法務当局との協調体制を強化すること等を内容とする規定が新設された（法71条2項から4項まで）。これらの規定は，①公正取引委員会は，一定の罪（法66条及び67条）のうち，その違反の程度が客観的にみて明らかに重大であり，競争秩序を著しく阻害すると認めるときは，検察総長に告発しなければならないこと（法71条2項），②検察総長は，右告発要件に該当する事実がある旨を，公正取引委員会に通報し，告発を求めることができること（法71条3項）等を内容とするものである。

損害賠償請求訴訟については，これまでも我が国と同様，無過失損害賠償責任制度がおかれていたが（法56条），第5次法改正では，本制度にかかわらず，民法750条（不法行為の内容）の規定に基づく損害賠償請求訴訟の提起は妨げられないことが明記された（法57条1項但書）。また，独占禁止法に基づく損害賠償請求訴訟の消滅時効は，同改正において，1年から3年に延長されている（法57条2項）。

一方，是正措置命令については，第5次法改正において，公正取引委員会は，是正措置命令を受けた者が異議申立てを提起した場合に，その是正措置の履行等により，当該命令を受けた者に，回復し難い損害が生ずるおそれがあると認めるときは，同命令の執行を暫定的に停止させることができることとされた（法53条の2第1項）。この執行停止制度は，是正措置命令の受命者の利益を保護しようとするものである。

その後，第7次法改正においては，企業結合の制限違反に対して，履行強制金制度が新設された（法17条の2）。履行強制金とは，公正取引委員会が，是正措置を履行しない者に対し，一日当たり一定の率による金額又は一定額を賦課

するものであり，履行が遅れれば遅れる程，納付すべき額が増加することとなり，これによる速やかな履行の確保を目的とする[8]。本制度は，是正措置を速やかに履行させるには，これまでの課徴金制度によるよりも，履行強制金による方が効果的であるとの考え方に基づいている[9]。

また，企業結合の制限違反に対する是正措置は，株式の売却，営業譲渡，当該結合行為の禁止等を，その内容としていたが，これらの措置のみでは，必ずしも十分であるとは言えないとして，更に，企業結合に伴う競争制限の弊害を防止し得る営業方式又は営業範囲の制限が追加された（16条1項7号・新設，旧7号は8号へ）。この追加措置により予定されている具体的内容は，価格の変更の禁止，原料購入時における競争入札方式の採用等である[10]。

第7次法改正においては，財閥規制の一環として，新たに金融取引情報要求権制度が設けられた（法50条5項）。本制度は，財閥内系列会社間相互の資金，資産等の不当支援行為（法23条1項7号）について，金融取引情報なくしては，調査を行うことができないときは，公正取引委員会が金融機関の長に対してこれを要求することができるとするものである。但し，本制度は，金融取引秘密保護の趣旨を考慮し，2001年2月4日（第7次改正法公布日から，2年間）までの時限立法とされていたが（第7次改正法附則2条），第9次法改正において，2004年2月4日までに延長された（第9次法改正—第7次改正法附則2条・改正）。

法違反被疑行為調査のための公正取引委員会の権限については，従来から規定がおかれていたが（50条），本規定が同委員会による積極的な立入権限までも付与したものであるか否かについては，必ずしも明らかではなかった。このため，第7次法改正においては，立入権限を明記し（50条2項），効果的な調査を行い得るよう改正が行われた。

更に，第7次法改正においては，持株会社の制限的許容及び金融取引情報要求権制度の新設に伴い，罰則規定にも，所要の改正が行われている。

これら一連の執行力の強化に関する改正の一方で，第7次法改正において，事件関係者に事件記録閲覧複写権を認めることとされた（52条の2）。これは，当事者又は利害関係人の権利の救済を図り，事件処理の透明性を高めるためのものである。

次いで，第8次法改正においては，財閥規制をより強化するために，不公正

取引行為（法23条1項各号）に対する課徴金賦課率は，不当な支援行為（法23条1項7号）に対してのみ，他の不公正取引行為とは別に，従来の売上額の2パーセント相当額から5パーセント相当額へと引き上げられた（法24条の2）。

直近の第9次法改正においては，公正取引委員会が滞納された課徴金を徴収するために必要があるときは，国税庁長に対して，課徴金滞納者の国税課税に関する情報提供を求め得る国税課税情報要求権制度が創設された（法55条の5第4項）。

第2節　規制緩和策

規制緩和は，前節の競争政策の強化とともに，世界の趨勢である。韓国においても，競争政策の強化が図られる一方で，いくつかの規制緩和も行われている。

本節では，これらの中から，①市場支配的事業者に関する改正，②企業結合規制制度等の緩和，③持株会社の制限的許容及び④国際契約審査要請制度の導入を取り上げ，それぞれの内容について検討し，規制緩和の状況をみていくこととする。

第1款　市場支配的事業者の範囲の改正

日韓両国独占禁止法を比較したとき，韓国独占禁止法の特徴の一つは，一定の市場において市場支配力を有する事業者を市場支配的事業者として推定し，これに対して特段の規制を課している点である。この制度は，1980年の独占禁止法制定時に既に導入されたものであり，同法第1章総則に次いで，第2章に市場支配的地位の濫用禁止と題する章が設けられ，ここに3条から6条まで所要の規定がおかれていた[11]。当時は，現在のような市場支配的事業者の推定規定ではなく，一定の要件を満たす事業者を市場支配的事業者として明確に規定するものであった。

その後，この市場支配的地位濫用禁止制度は，法律又は施行令の改正の際に，実体規定及び手続規定に幾度かの改正が加えられ，今日にいたっている。

以上の経緯を経て，現行の本制度は，次のとおりとなっている。

市場支配的事業者は，次の各号の一に該当する行為（「濫用行為」）をしてはならない（法3条の2第1項）。
① 商品の価格又は役務の代価（「価格」）を不当に決定し，維持し又は変更する行為（同項1号）
② 商品の販売又は役務の提供を不当に調節する行為（同項2号）
③ 他の事業者の事業活動を不当に妨害する行為（同項3号）
④ 新たな競争事業者の参入を不当に妨害する行為（同項4号）
⑤ 不当に競争事業者を排除するために取引し，又は消費者の利益を著しく阻害するおそれがある行為（同項5号）

右にいう市場支配的事業者については，定義規定がおかれ（法2条7号），その内容は，要約すれば，市場占拠率，参入障壁の有無及びその程度，競争事業者の相対的規模等を総合的に考慮して，一定の取引分野においてこれを支配し得る事業者（但し，年間売上額等が10億ウォン未満の事業者を除く。）とされる。

また，市場支配的事業者に当たるか否かについては，推定規定がおかれ（法4条），次の基準を満たす事業者がこれに当たると推定される。
① 1の事業者の市場占拠率が100分の50以上
② 3以下の事業者の市場占拠率の合計が100分の75以上。但し，この場合において市場占拠率が100分の10未満の者を除く。

市場支配的事業者の定義に関しては，第7次法改正前は，右に述べた制度ではなく，指定・告示制度を採っていた（法2条旧7号，旧4条）。すなわち，市場支配的事業者の定義につき，明確な数量基準（その内容は，現行推定基準（現4条）に同じ。）をおき（法2条旧7号），これを満たす事業者を市場支配的事業者として，毎年，指定し告示して（法旧4条，令旧7号），法の適用を行うというものであった。

しかし，この方式は，指定及び告示を行うために，事業者が資料を提出すべき負担が大きく，行政側のコストも膨大なものとなっていた。更に，指定及び告示は，その時点から2年前の資料を基になされるため，その後の市場の変化を反映させ得ないという難点も生じていた[12]。

このため，第7次法改正においては，それまでの指定・告示制度を廃止し，市場支配的事業者に当たるか否かについては，推定規定はおくものの，基本的

には，個別事件ごとに実質的に判断することとされたのである。この第7次法改正における右改正は，規制緩和の一環として評価することができよう。

　市場支配的事業者の定義については，右経緯のとおりの改正が行われたが，改正前の定義規定（法2条旧7号）は，1位又は3位までの事業者の市場占拠率について定めるのみで，その余の内容は，施行令に委ねていた。このため，施行令では，法2条旧7号の規定に基づく市場支配的事業者の要件について規定しており，その内容は，次のとおりとなっていた。

　右要件に該当する事業者とは，商品又は役務の最近1年間に国内に供給された金額が1,000億ウォン以上である市場において，当該商品又は役務を供給する事業者をいう。但し，次の各号の要件を備えた事業者であって，法3条の2の規定による濫用行為のおそれがないと公正取引委員会が認めた事業者を除く（令旧4条1項）。

① 充分に開放されており，参入制限のない市場において，商品又は役務を供給すること（同項1号）。

② 令7条（市場支配的事業者の指定及び告示）の規定による市場支配的事業者としての指定告示日以前2年間に，実質的に価格引上げをした事実がないこと（同項2号）。

③ 指定告示日以前2年間に，市場支配的地位の濫用（法3条の2），不当な共同行為（法19条）又は優越的地位の濫用（法23条1項4号。不公正取引行為の一類型）の各禁止行為を行い，是正措置を命じられた事実がないこと（同項3号）。

　施行令の右旧4条の規定は，97年施行令改正により定められたものであり，同改正の要点は，次のとおりであった。

① 市場支配的事業者の市場規模要件について，従来の500億ウォンから，1,000億ウォンへ引き上げたこと（令旧4条1項本文の改正）。

② 一定の要件を満たしその地位の濫用行為のおそれがないと公正取引委員会が認めた事業者について，市場支配的事業者の指定から除外する制度を，新たに導入したこと（令旧4条1項但書各号の追加）。

　施行令の右改正に基づき，公正取引委員会は，97年4月1日，「市場支配的事業者指定除外指針」を定めて，令旧4条1項但書各号の具体的基準を明らか

にするとともに，併せて「市場支配的事業者指定除外申請要領」を定めて告示した。

右指定除外指針により具体化された令旧4条1項但書各号の市場支配的事業者指定除外選別基準は，次のとおりとなっていた。

① 市場の開放性及び参入制限要件（令旧4条1項1号）

次の要件を満たすこと。

ア　輸入品の国内市場占拠率が

(ｱ)　10パーセント以上，又は

(ｲ)　5パーセント以上であって，最近6ケ月間において，月別輸入増加率が継続して国内供給額増加率を超過していること。

イ　当該品目が輸入先多角化品目に該当しないこと。

ウ　当該品目の市場において，許可又は認可，政府の関与，行政指導，事業者団体による自主規制等事業者の新規参入を制限する制度が存在しないこと。

② 価格引上げ要件（令旧4条1項2号）

市場支配的事業者指定告示日以前2年間に，税引前工場渡出荷価格を引き上げていないこと。但し，当該製品の価格を維持している場合であっても，容量等を減少させたときは，実質的に価格を引き上げたものとみなす。

③ 法違反事実要件（令旧4条1項3号）

市場支配的事業者指定告示日以前2年間に，市場支配的地位の濫用行為（法3条の2），不当な共同行為（法19条）又は優越的地位の濫用行為（法23条1項4号）を行い，公正取引委員会から是正措置命令を受けた事実がないこと。

97年施行令改正における市場支配的事業者の範囲に関する主要な改正点は，右に述べたとおり，①市場規模要件を500億ウォンから1,000億ウォンへ引き上げたこと，及び②市場の開放性及び参入制限の状況を指定除外要件としたこと，にあったと言ってよい。これは，公正な競争を行っている国内事業者が市場支配的事業者として指定されないようにすることにより，国内事業者が外国事業者と自由に競争できるようにし，企業の活力回復の環境を整備するためのもの

であったとされる[13]。換言すれば，本改正内容は，今後，国際的競争が更に活発化する中にあって，過度の規制はできるだけ廃止ないしは軽減しようとするものであり，韓国競争政策における最近の特徴の一つをみることができると思われる。

第2款　企業結合規制制度の緩和

韓国独占禁止法上，企業結合に対する規制は，一定の取引分野における競争を実質的に制限する行為を禁止するとともに（法7条1項），企業結合の届出を通じて行われている（法12条1項，令18条1項）。

第5次法改正まで，企業結合の規制対象は，一定規模以上の会社（資本金額50億ウォン以上又は資産総額200億ウォン以上の会社（法7条旧1項，令旧11条1項））に限られており，同改正によりすべての者へと拡大された（法7条新1項）。このこと自体は，規制の強化として評価することができる。

しかし，その一方で，企業結合の届出義務は，第5次法改正前は，規制対象となる者すべてに及んでいたため（法12条旧1項），企業結合の規制対象と届出義務に関する両規定の関係をそのままにしておいたのでは，あらゆる者が届出義務を課されることとなりかねない。したがって，同改正では，右改正と併せて，届出義務を課す対象については，一定規模以上の会社に限ることとされた。

右改正後の届出義務者は，資産総額又は売上額の規模（系列会社の資産総額又は売上額を合わせたものをいう。）が施行令に定める基準に該当する会社（「企業結合届出対象会社」）又はその特殊関係人（法7条1項，令12条）とされ（法12条1項），右法改正直後の97年施行令改正では，企業結合届出対象会社は，資産総額又は売上額が1,000億ウォン以上の会社とされた（令18条1項）。これは，従来の届出義務が資本金額50億ウォン以上又は資産総額200億ウォン以上の会社であったことと比較して，資本金額に代えて，新たに売上額基準を採用しているものの，実質的に届出基準を引き上げたものと言ってよいであろう。

また，第5次法改正では，企業結合の届出について，新たに，関係行政機関の長が，他の法律の規定に基づき，あらかじめ当該企業結合に関して，公正取引委員会に協議する場合には，届出を要しないこととされた（法12条2項）。

このような届出基準の実質的引上げ及び一定の場合における届出義務の廃止

は，規制緩和の一環として評価することができるであろう。

　その後，第7次法改正においては，規制対象となる企業結合についても，現実には，ほとんど問題となり得ない行為類型を，規制の対象から除外することとされた。

　まず，役員兼任（7条1項2号）については，規制の対象は，大規模会社（法7条1項本文但書，令12条の2）が行う場合のみに限られ，また，会社新設への参加（7条1項5号）については，一定の要件に該当する場合（同号(1)及び(2)）は，規制対象から除外された（同号但書）。

　これは，役員兼任については，通常株式取得に随伴する行為であって，これを独立した企業結合の一類型とみるのは難しく，また，一の会社又は企業集団による会社新設の場合は，むしろ競争促進効果さえ有しており，規制すべきものとは考えられないからである[14]。

　また，これと併せて，企業結合の届出（12条）に関しても，改正が行われ，役員兼任の場合については（同条1項2号），大規模会社以外の者は，届出義務が免除された（同条1項本文）。

　このほか，企業結合の届出期間について（12条4項），通常の場合（同項柱書）より，より厳格な規定が適用されるもの（同項但書）の中から，市場支配的事業者が除外された。

　更に，企業結合規制制度以外にも，第7次法改正においては，事業者団体の届出について定めていた法25条の規定が削除され，また，再販売価格維持契約の届出について定めていた法30条の規定が全文改正されて，届出義務が廃止された。

　これら第7次法改正における企業結合規制対象の縮小及び各種届出制度の範囲の縮小又は廃止は，いずれも規制緩和の一環として位置づけることができる。

　更に，第9次法改正においても，一定の企業結合については，届出の対象から除外された（12条2項・新設）。

　このように企業結合の届出については，規制緩和の流れの中で推移してきている。

第3款　持株会社の制限的許容

　持株会社については，我が国及び韓国のみが長らくこれを禁止してきたが，我が国においては，平成9年の独占禁止法改正により，これが認められたのに続き，韓国においても，第7次法改正により，一定の制限の下，これが許容され，第9次法改正においては，更にこれをより設立し易くするための改正が行われた。

　韓国独占禁止法は，それまで，持株会社の設立及び転換につき，①他の法律に基づき設立する場合（旧8条2項1号），及び②外資導入法に基づき外国人投資事業を営むために設立する場合であって，大統領令（施行令）の定めるところにより公正取引委員会の承認を得たとき（同項2号）以外は，これを認めてこなかった。

　しかし，第7次法改正にいたる過程で，韓国経済は，構造調整の円滑な推進が求められ，その実現のためには，持株会社の有する長所を最大限に発揮させることがむしろ得策ではないかとの考え方が広く浸透してきていた。特に，市場開放の加速化による海外からの競争圧力の高まりや，結合財務諸表制の導入等企業経営に対する監視体制の整備は，持株会社容認に伴う経済力の集中のおそれを大きく軽減するものであるとして，持株会社制度導入の気運は，高まっていた[15]。その一方で，反対論もなお根深く，その理由として，①持株会社は，かえって構造調整を遅らすこと，②持株会社の機能が投資主体と経営主体のうちいずれにあるのか曖昧であること，などが挙げられ，更に，市民団体も，持株会社容認に否定的立場を表明した[16]。

　以上のような議論を経て，結局は，諸外国の例を参考に，構造調整及び外国からの投資を促進するために持株会社を必要とするとの考え方が多数を占め[17]，第7次法改正において，その設立及び転換が，一定の条件の下に認められることとなったものである。

　右改正及びその後の第9次法改正による持株会社制度は，持株会社を設立し又はこれに転換した者に対して，公正取引委員会への届出を義務づけ（法8条），一定の制限の下（法8条の2第1項），これを認めるものである。

　右一定の制限とは，次のとおりである。
　①　資本総額を超える負債額を保有しないこと（同項1号）。

その趣旨は，持株会社は直接事業を行うことなく，他の会社の支配を目的としているので，資金調達を負債に大きく頼るようなことは好ましくないという考え方によるものである[18]。

② 子会社の株式については，その50パーセント以上を所有すること。但し，当該子会社が上場法人等である場合には，30パーセント以上を所有すること，また，ベンチャー企業を子会社とする一定の持株会社の子会社については，20パーセント以上を所有すること（同項2号）。

本規定は，持株会社の属性が支配領域の過度の拡張にあることに鑑み，50（又は30若しくは20）パーセント以下の株式所有比率により，多数の会社を傘下におくことを防止しようとするものである[19]。

これら①及び②は，ともに，持株会社が子会社を過度に拡張していくことを防止するための規定である[20]。

③ 子会社でない国内の他の会社の株式を，支配目的で所有しないこと（同項3号）。

本号は，コンツェルンないしピラミッド方式による財閥形成を防止するための規定であろうとされる[21]。

④ 金融持株会社は，国内の非金融会社の株式を所有しないこと（同項4号）。

⑤ 一般持株会社は，国内の金融会社の株式を所有しないこと（同項5号）。

本規定は，財閥が金融機関を自らの金庫と化することを防止するとともに，金融部門及び産業部門間で，一方の危険が他方に及ぶことのないようにするためのものである[22]。

右規定内容からも明らかなとおり，これらは，持株会社が満たすべき条件であり，これを満たす限り，その設立及び転換は，完全に自由となる。

これに対して，我が国の持株会社制度は，事業支配力が過度に集中することとなる持株会社の設立及び転換を禁止するというものであり（9条1項，2項），両国制度間に，違いがみられる。

また，韓国独占禁止法は，一般持株会社の子会社についても，満たすべき条件を定めており，右子会社は，他の国内の会社の株式を支配目的で所有してはならないこととされている（法8条の2第2項）。

本規定の趣旨は，持株会社が出資を通じて多段階にわたって多くの会社を支配することを防止するため，孫会社をおくことを原則として禁止しようとするものである[23]。

規制緩和は，世界の潮流であり，その中でも，持株会社の容認は，世界の大勢であるが，韓国競争政策においても，第7次法改正により，持株会社は，右のとおり容認されるにいたった。

第4款　国際契約審査要請制度の導入

韓国独占禁止法は，事業者又は事業者団体が，不当な共同行為（法19条），不公正取引行為（法23条）又は再販売価格維持行為（法29条）に該当する事項を内容とするものであって施行令に定める国際契約を締結することを禁止している（法32条1項）。この規定に基づき，施行令は，禁止の対象となる国際契約の種類について定めている（令47条）。

不当な国際契約に対する監視は，第4次法改正前は，公正取引委員会への届出を通じて行われていた（法33条旧1項）。当時の右規定は，事業者又は事業者団体が，施行令に定める種類及び範囲に該当する国際契約を締結したときは，施行令に定めるところにより，これを公正取引委員会に届け出なければならないこととしていた（なお，不当な国際契約の締結自体を禁止する法32条1項の規定は，現行規定と若干異なっていた。）。

ところが，90年代に入り，韓国企業が競争力をつけ，国際的に広範な事業活動を展開するにつれ，国際契約の届出制度は，これら韓国企業に過剰な負担を強いているとの指摘がなされるようになってきた。また，国内契約については，届出が不要であるにもかかわらず，国際契約についてのみ届出を課すことは，衡平上も問題ありとの指摘もみられるにいたった[24]。

このため，第4次法改正において，企業の負担を軽減し，外国の先進技術の導入を円滑に行うことができるようにするとの趣旨から[25]，国際契約の届出制度を廃止し，これに代わって，企業が締結しようとする国際契約についてその違法性の有無を自主的に公正取引委員会に対して審査を要請することができる審査要請制度が採用された（法33条）。法33条は，事業者又は事業者団体が，国際契約を締結するにあたり，当該国際契約が法32条1項の規定に違反するか

否かについて，施行令の定めるところに従い，公正取引委員会に審査を求めることができるとしている。この規定に基づき，施行令は，国際契約の審査要請手続について定めている（令48条）。

なお，第4次法改正における右改正にあたり，届出制の廃止に伴い，不当な国際契約の締結制限の実効性が損なわれることのないよう，不当な国際契約の締結に対しても，課徴金制度が創設された（法34条の2。但し，同条は，第5次法改正において，改正が行われている。）。

締結制限の対象となる国際契約の種類は，前述のとおり，施行令47条に定められているが，97年施行令改正において，同条に改正が行われ，対象範囲が拡大された。その趣旨は，第4次法改正による自主的審査要請制度の下では，審査対象となる国際契約の範囲を拡げることが，国内事業者の利益になるからであるとされている[26]。右施行令改正により締結制限の対象となった国際契約（法32条1項）は，次のとおりである（令47条）。

① 産業財産権導入契約（同条1号）

　　特許権，実用新案権，意匠権，商標権と同様の産業財産権の実施権又は使用権を導入する契約

② 著作権導入契約（同条2号）

　　書籍，レコード，映像又はコンピュータープログラム等の著作権を導入する契約

③ ノウハウ導入契約（同条3号）

　　営業秘密，その他これと類似する技術に関する権利の実施権又は使用権を導入する契約

④ フランチャイズ導入契約（同条4号）

　　加盟事業の形態により，加盟本部の営業標識を使用して，商品若しくは役務の提供又は事業経営の指導を目的に，加盟事業の実施権又は使用権を導入する契約

⑤ 共同研究開発協定（同条5号）

⑥ 輸入代理店契約（同条6号）

　　商品の輸入又は役務の導入に関して，継続して取引することを目的とする輸入代理店契約であって，契約期間が1年以上のもの

⑦　合弁投資契約（同条7号）

これらのうち，右施行令改正により拡大された範囲は，次の点である。
① 　産業財産権導入契約について，従来は，契約期間が3年以上のものを対象としていたのを改め，すべてのものを対象としたこと（同条1号）。
② 　フランチャイズ導入契約及び共同研究開発協定を，新たに対象に含めたこと（同条4号，5号）。
③ 　著作権導入契約について，従来は，対象から除かれたいた書籍，レコード及び映像に関するものを，新たに対象に含め，更に，コンピュータープログラムに関するものをも含む旨明記したこと（同条新2号，旧1号）。

一方，締結制限の対象となる国際契約の種類（法32条1項，令47条）とは別に，公正取引委員会は，法32条1項の規定による不当な共同行為，不公正取引行為又は再販売価格維持行為の種類及び基準について，これらを定めて告示することができることとされている（法32条2項）。この規定に基づき，現在「国際契約上の不公正取引行為等の類型及び基準」が告示されている。同告示は，1981年に制定されて以降，7度の改正を経てきており，最近では97年4月21日に，改正が行われている。97年の同告示改正は，同年の施行令47条の改正に伴うものであり，改正の趣旨は，次のとおりであるとされている[27]。
①　国際契約の種類及び範囲の拡大に対応すること。
② 　フランチャイズ導入契約及び共同研究開発協定に関する不公正取引行為等の規定を新設したこと。
③　外国事業者の横暴から国内事業者を保護すること。

右告示改正により，同告示に定める国際契約の行為内容は，次のとおりとなった。
①　産業財産権導入契約上の不公正取引行為等（3条）
②　著作権導入契約上の不公正取引行為等（4条）
③　ノウハウ導入契約上の不公正取引行為等（5条）
④　フランチャイズ導入契約上の不公正取引行為等（6条）
⑤　共同研究開発協定上の不公正取引行為等（7条）
⑥　輸入代理店契約上の不公正取引行為等（8条）
⑦　合弁投資契約上の不公正取引行為等（9条）

国際契約の届出制の廃止とこれに伴う自主的審査要請制度の導入は，韓国企業が外国企業と競争していくうえで，それまで課されていた負担を解除すること等を目的としたものであり，ここにも韓国競争政策における規制緩和の一環をみることができると思われる。

なお，我が国でも，その後，平成9年独占禁止法改正において，持株会社の解禁等に併せて，国際契約届出制度について，経済のグローバル化，事業者の負担軽減の観点から[28]，これの廃止が行われている。

第3節　競争的環境整備策

競争的環境の整備は，競争政策を有効に機能させるために必要不可欠である。韓国では，これまで，独寡占的市場構造が多くの産業分野においてみられ，これが競争政策の有効な機能を妨げてきた。このため，韓国公正取引委員会は，市場構造の改善に意を注いできており，第5次法改正では，独寡占的市場構造の改善等について新たな改定が設けられた。本節では，市場構造の改善と題し，その内容について論述する。

第1款　市場構造の改善

独寡占的市場構造の改善は，韓国独占禁止法の制定以降，長く同国競争政策の最重要課題の一つであり続けてきた。独占禁止法が制定された1980年当時，韓国の経済構造は，多くの産業分野において，かなり高度の集中現象がみられたが，その後，独占禁止法への経済力集中抑制制度の導入・強化等により，経済構造は，着実に改善してきている[29]。

しかし，韓国公正取引委員会は，なお現状には満足せず，第5次法改正にいたる過程において，独寡占的市場構造が形成されたり，強化されないよう，市場構造改善のための施策を推進することとし，独寡占的市場構造が長期化している商品又は役務の需給市場において，競争を導入するなどして市場構造を改善するための規定を設けることとした[30]。この点について，第5次改正法案主要骨子（1996年11月。韓国政府）は，「公正取引委員会は，独寡占的市場構造が長期間維持されている市場について，競争を推進するための施策を策定し，

施行することとする」としている。

主要骨子の右項目に基づき，第5次改正法は，旧3条（市場支配的地位の濫用禁止）に替えて，新3条を設け，独寡占的市場構造の改善等について規定した。新3条は，1項において，「公正取引委員会は，独寡占的市場構造が長期間維持されている商品若しくは役務の供給又は需要市場について，競争を促進するための施策を作成し，施行しなければならない」とし，2項において，「公正取引委員会は，前項の規定に基づく施策を推進するために必要があるときは，関係行政機関の長に，競争の導入その他市場構造の改善等に関して必要な意見を提示することができる」としている。これは，市場における競争的環境をより一層整備して行こうとするものである。

なお，第5次改正法において，旧3条は，3条の2へと移行し，同条に新たに2項が設けられ，濫用行為の類型及び基準は，公正取引委員会が定めて，これを告示することとされた。

その後，第7次法改正において，3条の規定に，3項から5項までが新設され，公正取引委員会は，市場構造について調査及び公表を行うこととする等の規定がおかれた。これは，独寡占的市場についての資料を公にして研究の用に資するとともに，併せて，これら市場に対する市民的監視機能を持たせようとする意図によるものである[31]。

第4節　企業体質強化策

前3節で述べた①競争政策の強化，②規制緩和及び③競争的環境の整備は，韓国に限らず，多くの国々におおむね共通するものである。しかし，本節で論ずる企業体質強化策は，韓国特有の政策であると言ってよいであろう。

ここで取り上げる内容は，大規模企業集団所属会社による系列会社に対する債務保証を全面的に禁止する制度であり，その意図は，来るべき21世紀の大競争時代に備え，韓国企業が諸外国の企業と対等に競争し得るよう，その体質を強化しようとするものである。

なお，かつての所有分散優良企業集団制度及び所有分散優良会社制度も，企業体質強化策の中に含めることができたと思われる。所有分散優良企業集団制

度（法9条1項，令17条旧1項）とは，株式所有の分散及び財務構造が優良である企業集団を大規模企業集団の指定から除外する制度であり，また，所有分散優良会社制度（法旧10条3項，令旧17条の4）とは，大規模企業集団所属会社のうち株式所有の分散及び財務構造が優良であるものを，旧出資総額制限規定の適用から除外する制度であって，ともにこれを通じて，各企業集団又は各会社の株式所有の分散及び財務構造の改善を促進しようとするものであった。

しかし，所有分散優良企業集団制度は，99年施行令改正により廃止され，また，所有分散優良会社制度は，一旦廃止され第8次法改正において復活した新出資総額制限制度には導入されていない。これらの理由について，韓国公正取引委員会は，明らかにしていないが，思うに，韓国経済において，各企業集団ないし各会社の構造改善は，これらの制度によるインセンティブをはるかに越える次元においてダイナミックに進展しており，もはや制度を維持しておく実益が失われたということではあるまいか。

第1款　債務保証禁止制度

債務保証制限制度（法10条の2）とは，債務保証制限大規模企業集団（同条1項，令14条4項）に属する会社について，その国内の系列会社（2条3号）に対する債務保証を全面的に禁止する制度である。債務保証制限大規模企業集団は，その範囲が大規模企業集団と完全に一致しているから，本制度は，大規模企業集団所属会社に対して適用されるものである。

現制度は，右のように，債務保証を全面的に禁止するものであるが，かつては，債務保証額を自己資本金額に対する一定の比率以内に抑制するものであった。すなわち，本制度が導入された第3次法改正においては，右比率は，200パーセントとされ，その後，第5次法改正において，100パーセントへと強化され，更に，第6次法改正において，全面的に禁止されるにいたっている。

本制度の趣旨は，企業集団内会社間の債務保証関係が過度の相互依存関係をもたらし，それ故に，限界企業が市場から退出することとならず，円滑な産業調整を妨げているとして，これを改めることにあった[32]。また，このような大規模企業集団内系列会社間の債務保証は，国家としての競争を削ぐものであるとされる[33]。この考え方は，右のような債務保証が産業構造の改善という

観点から問題があるというにとどまらず，大競争時代における自国企業の競争力の確保という点からも問題があり，その体質を強化しようとするものであるとみることができる。

第3次法改正における本制度の導入により，計30の債務保証制限大規模企業集団に属する会社の自己資本金額に対する債務保証額の比率は，短期間に着実に減少してきたが[34]，第5次法改正にあたり，韓国公正取引委員会では，右のような観点から，より一層の強化が必要であるとし，2001年3月までにはこれを全面的に禁止しようと考えていた[35]。

これに対し，全国経済人連合会をはじめとする業界側は，債務保証は与信を行う金融機関の債権保全手段であって，経済力の集中とさほど関連がないのみならず，規制効果も大きくなく，かえって，大企業の活動を萎縮させるおそれがあるとして反対した[36]。

以上の経緯を経て，第5次法改正において，債務保証制限比率は，それまでの200パーセントから，100パーセントへと強化された。

その後，韓国経済は，深刻な経済危機に陥り，これの克服のために，より一層の構造調整が急がれ，第6次法改正において，債務保証制限大規模企業集団所属会社間の新規債務保証は，全面的に禁止することとされたものである。

一方，既存の債務保証については，右改正において，新たに10条の3の規定を設け，次のとおり解消を図ることとされた。

① 1997年から98年へ引き続き指定された債務保証制限大規模企業集団に属する会社
　　2000年3月31日まで
② 1998年から2000年までに新たに指定される債務保証制限大規模企業集団に属する会社
　　2001年3月31日まで
③ 2001年以降新たに指定される債務保証制限大規模企業集団に属する会社
　　指定の日から1年が経過した日まで

右のうち①及び②は，経過規定的性格を有するものであり，これの意義が喪失する第9次法改正の時点で，法10条の3の規定は，削除された。これに伴い，③の場合の猶予期間もなくなり，今後新たに指定される大規模企業集団につい

ては，その所属会社は，指定の時点で，系列会社に対する債務保証を解消しなければならないこととなる。

　右のとおりの経緯を経てきた債務保証禁止制度は，我が国にはない韓国特有の制度であり，同国企業の体質を強化し，来るべき21世紀の大競争時代に備えようとするものであるということができよう。

（１）　ハンジョンギル（韓国公正去来委員会事務処長）「公正取引政策の推進課題」㈳韓国公正競争協会「コンジョンキョンジェン」6号，17頁
（２）　㈳韓国公正競争協会「公正協会報」17号，2頁
（３）　ハンジョンギル，前掲，17頁
（４）　孫珠瓚「韓国「独占規制および公正取引に関する法律」の1999年改正について」日韓比較法文化研究会発表論文（日本語），1998年8月23日，18頁
（５）　韓国公正去来委員会「公正去来年報1996年版」348頁
（６）　「公正去来年報1996年版」前掲，348頁
（７）　「公正協会報」17号，前掲，2頁
（８）　孫珠瓚，日韓比較法文化研究会，前掲，13頁
（９）　韓国公正去来委員会「公正去来法改正案」1998年10月28日
（10）　公正去来法改正案，前掲，7頁
（11）　趙炳澤「韓国の公正取引法の内容と問題点」公正取引370号，8頁
（12）　公正去来法改正案，前掲，4頁
（13）　㈳韓国公正競争協会「公正協会報」21号「公正取引委員会，市場支配的事業者指定除外審査指針及び申請要領告示制定」15頁
（14）　韓国公正去来委員会「報道資料──規制対象企業結合範囲縮小のための法改正の検討」1998年7月16日。イビョンジュ「公正取引法改正主要内容」㈳韓国公正競争協会「コンジョンキョンジェン」41号，26頁
（15）　イビョンジュ，前掲，24頁
（16）　孫珠瓚，日韓比較法文化研究会，前掲，7頁
（17）　孫珠瓚『経済法の変遷』法制研究15号，125頁（1998年）。朴吉俊，林雄基，洪復基『持株会社に関する研究』韓国上場協議会（1997年）
（18）　キムハッキョン「持株会社禁止制度改善方案」「コンジョンキョンジェン」33号，9頁
（19）　キムハッキョン，前掲，10頁
（20）　イビョンジュ，前掲，24頁

(21) 孫珠瓚, 日韓比較法文化研究会, 前掲, 9頁
(22) キムハッキョン, 前掲, 10頁。イビョンジュ, 前掲, 24頁
(23) イビョンジュ, 前掲, 25頁
(24) 韓国公正去来委員会「独占規制及び公正取引に関する法律中改正法律（案）」1994年12月, 6頁
(25) 韓国公正去来委員会「独占規制及び公正取引に関する法律中改正法律（案）」前掲, 6頁
(26) ㈳韓国公正競争協会「コンジョンキョンジェン」9号「97年施行令改正案立法予告」113頁
(27) ㈳韓国公正競争協会「公正協会報」21号「公正取引委員会, 国際契約関連告示改正」18頁
(28) 我が国公正取引委員会「持株会社解禁等に関する独占禁止法の一部改正について」平成9年6月11日
(29) 拙稿「韓国経済力集中規制制度における新たな展開と問題点」経済法学会年報18号（通巻40号, 1997年）, 115頁
(30) 「公正協会報」17号, 前掲, 2頁
(31) 公正去来法改正案, 前掲, 4頁。イビョンジュ, 前掲, 25頁
(32) 拙稿「韓国独占禁止法の第3次改正〔上〕」国際商事法務Vol. 22, No. 4, 383頁
(33) キムビョギル「公正取引法第5次改正の主要内容と施行令改正方向」㈳韓国公正競争協会「コンジョンキョンジェン」9号, 25頁
(34) ハンジョンギル, 前掲, 17頁
(35) 「公正協会報」17号, 前掲, 17頁
(36) ㈳韓国公正競争協会「公正協会報」13号「全経連等債務保証全面禁止に反対」2頁

第2編　韓国独占禁止法の沿革

序章　原始独占禁止法（1980年）

　いよいよ21世紀を迎えた今日，世界経済のグローバル化は，より一層その速度を増している。このように，グローバル化した世界経済において，各国が経済運営の基礎におく法律は，言うまでもなく競争法である。
　韓国の競争法である「独占規制及び公正取引に関する法律」（以下「独占禁止法」という。）が制定されたのは，1980年のことである。もっとも，これに先立つ1975年には，後に述べるように，「物価安定及び公正取引に関する法律」（以下「物価公取法」という。）が制定し施行されたが，同法は，競争法としては，未だ十分でなく，今日，韓国における競争法の制定は，1980年の独占禁止法によるとみるのが通説である。同法は，1980年12月31日に公布され，翌81年4月1日から施行された。

I　独占禁止法制定にいたる経緯

　1970年代後半，韓国は，人口3,700万人を擁し，1人当たりGNPは日本の約7分の1の規模にすぎなかったとは言え，急激な経済成長を遂げていた。また，韓国は，日本と同様，資源小国であるため，加工貿易型の経済を目標に急速に工業化を進めつつあった。
　韓国経済の当時の特徴を要約すれば，次のとおりであった。
　① 　高度集中産業の比率がかなり高く，かつ上昇しつつある。特に，1社独占の産業が多い。
　② 　財閥が多数存在し，その経済に対する影響力は極めて大きい。財閥の中

核企業は，その傘下に系列企業を多数保有し，多くの事業分野を支配している。
③　輸入が厳しく制限されているため，輸入による競争圧力に乏しい。
④　規模の経済性を重視する政策がとられ，重点産業においては，政府の選別融資等による参入規制が行われている。

このように，韓国経済においては，従来から非常に高い集中がみられ，これによる種々の弊害が現れていた。特に1975年，物価公取法が制定される以前には，具体的には次のような問題が生じていた。
①　集中度の高い産業ほど価格上昇率が高く，かつ利潤率が高い。
②　独占ないし寡占産業においては，共謀行為が非常に多い。また，物価差別，売り惜しみ，買い占めも多く発生する。

一方，このような経済的背景の中で，1963年のいわゆる三粉事件に端を発した大企業による寡占の弊害は，公正取引法制定への動きを生ぜしめるにいたった。

こうして，1975年12月31日，物価公取法が制定され，同法は，翌76年3月15日から施行された。物価公取法は，物価の安定を図り，公正かつ自由な競争秩序を確立することにより，消費者を保護し，国民生活及び国民経済の安定並びに発展に寄与することを目的とし，32ケ条から構成されていた。

同法の主な内容は，
①　最高価格の指定
②　カルテルの禁止
③　不公正取引行為の禁止
であった。

このように，物価公取法は，物価の統制と競争政策を2本の柱としていた。競争政策に関しては，カルテルと不公正取引行為の禁止に関する規定を有するのみで，日本法のような私的独占の禁止をはじめ，経済力の集中・企業結合に関する規定はなかった。このため，その後の同法の運用において，次のような問題が生じてきた。
①　最高価格の指定は，独・寡占産業において，かなり行われてきたが，指定価格の明確な基準がないため，恣意的になりがちであるとの批判がみら

れた。
② 最高価格が低く指定された産業であって，いずれはこれが解除されるであろうとの思惑のある産業において，売り惜しみや価格差別が行われた。
　　また，投資が停滞するため，国内産業のみならず，韓国にとって重要な輸出産業においても，生産性の低下がみられ，国際市場で敗退する例がみられた。
③ 企業結合の規制に関する規定がないため，大企業間の合併が進行した。
④ 事業者団体の規制に関する規定がないため，事業者団体によるカルテル行為が多く発生した。
⑤ 国際契約の規制に関する規定がないため，国内企業が外国企業と締結する国際契約において，地域分割，再販売価格維持行為，結合契約等問題ある行為が見受けられた。

　このように，物価公取法の運用経験から，①独・寡占事業者に対する価格の直接規制は非常に問題があること，②独占禁止法の不備は，種々の弊害を発生させることが明らかとなり，独占禁止法の体系を完備し，競争政策の，より積極的な導入の必要性が認識されるにいたった。
　一方，韓国経済は，長らく続いた高度成長が終わり，70年代末に大きな不況に見舞われていた。不況脱出の決め手として，輸出の振興が叫ばれてはいたものの，停滞したままの状態が続いていた。当時，韓国は，驚異的なインフレ下にあったため，賃金の上昇率も高く，これを上回る生産性の向上及び高品質で付加価値の高い商品の輸出が求められており，これらの確保は，競争を通じて行うことが最も効率的であると認識されるにいたった。
　このようにして，物価公取法の運用経験及び当時の韓国経済が抱える事情により，競争を基盤とした市場メカニズムのより積極的な導入を図るべく，独占禁止法の改正作業が進められてきた。この結果，1980年秋に法案がまとまり，12月20日，若干の修正が行われたうえ，国会を通過し，同法案は「独占規制及び公正取引に関する法律」として成立した。

II　独占禁止法の内容

　独占禁止法は，先進主要国の各法律を参考にして立案され，形のうえでは，

競争法としての十分な体裁を整えるにいたった。物価公取法にみられた物価統制に関する規定は残されたものの、その発動は運用上緊急時のみに限られることとなったため、反独占・競争促進法としての性格がより鮮明になったといえる。独占禁止法は、物価公取法のカルテルの禁止及び不公正取引行為の禁止に関する規定が、例えばカルテルについては登録制になる等若干修正されてはいるものの、ほぼ同じ内容で継承され、また、新たに市場支配的地位の濫用禁止、価格の同調的引上げ、企業結合の制限等に関する規定が設けられた。

同法の概要は、次のとおりである。

1 市場支配的地位の濫用禁止
  (1) 市場支配的事業者（別に施行令で定める）は、次の行為を行ってはならない（3条）。
    ア 物価の不当な決定、維持又は変更
    イ 供給量の不当な調整
    ウ 他の事業者の活動の不当な妨害
    エ 参入妨害、競争者排除を目的とする施設の新増設
  (2) 違反行為があれば、価格引下げを含む是正措置を命じ、引下げ命令に従わない場合は、課徴金の納付を命ずることができる（5条）。
2 価格の同調的引上げ
  経済企画院長官は、価格の同調的引上げがあると認める場合、
    ア 報告を要求することができる（4条）。
    イ 不当であると認めるとき、価格の引下げを含む是正命令を発することができる（5条）。
3 企業結合の制限・届出
  (1) 施行令で定める基準に該当する会社は、自ら又は系列会社を通じて、次の行為により、競争を実質的に制限してはならない（7条）。
    ア 他の会社の株式の取得又は所有
    イ 他の会社の役員の兼任
    ウ 他の会社との合併
    エ 他の会社の営業の譲受、経営の受任等

オ　新会社の設立
　　　　但し，産業の合理化又は国際競争力の強化に必要な場合を除く。なお，この立証は，事業者が行わなければならない。
　(2)　施行令で定める基準に該当する会社が，次の行為を行った場合，経済企画院長官に，10日以内に届け出なければならない（9条）。
　　　ア　他の会社の10パーセント以上の株式の所有又は取得
　　　イ　競争関係にある会社の役員の兼任
　(3)　経済企画院長官は，当該行為が競争を実質的に制限するか，又はそのおそれがある場合，当該行為の禁止等必要な措置を命ずることができる（10条）。
4　共同行為の登録・競争制限行為の禁止
　　事業者及び事業者団体は，すべての共同行為（カルテル）を，事前に経済企画院長官に届け出なければならない（11条，18条）。
　　長官は，当該共同行為が競争を実質的に制限することとなる場合，登録を拒み又は届け出られた内容を変更させることができる。但し，不況克服，産業合理化等やむを得ない事由に基づく場合を除く。なお，この立証は，事業者が行わなければならない（12条）。
5　次に掲げる不公正取引行為の禁止（15条）
　(1)　不当な差別的取扱い
　(2)　競争者の不当な排除
　(3)　不当な顧客誘引又は強制
　(4)　地位の不当利用
　(5)　不当な拘束条件付取引
　(6)　虚偽誇張広告・欺瞞行為
6　不当な共同行為及び不公正取引行為を内容とする国際契約締結の禁止（23条）と国際契約の届出（24条）
7　再販売価格維持行為の原則禁止（20条）
8　事業者団体の結成等の届出（17条）
9　公正取引委員会の設置（26条）
　　独占禁止法の審議・議決機関として，経済企画院の下に，公正取引委員会

を置く。

なお，市場支配的事業者の基準をはじめ，いくつかの規定において，細則，基準，手続等に関して，施行令に委ねられている。

III　独占禁止法運用の経済的背景

独占禁止法が施行されるにあたり，韓国が当時抱えていた大きな問題は，次の２点であった。第１は，財閥が大きな地位を占める経済社会において，独占禁止法をいかに円滑に運用させることができるか，特に，国際競争力の強化とそれによる輸出の増大が国家的目標とされているとき，この法律の運用は，このような目的の達成に反するものとなる可能性があるのではないか。第２は，驚異的なインフレが現実に進行しているなかで，価格統制規定を含まない独占禁止法をいかに運用し，物価安定を図ることができるか，という点であった。

1　財閥と独占禁止法の運用

韓国には当時大小合わせて約60の財閥が存在していた。このような経済社会において独占禁止法を施行し，自由競争のもとにさらせば，強力な財閥系企業のみが生き残り，多くの企業は，遠からず市場から姿を消すことになりはしないかと懸念された。このような事情から，中小企業が財閥系企業により淘汰されるのを防止するため，中小企業によるカルテルは，かなり弾力的に容認せざるを得ないのではないかと考えられた。すなわち，独占禁止法において，①事業者団体の設立届出（17条）及び共同行為の登録（11条，18条）の受理（韓国では当時自由競争のもとにあるのは農業のみではないかとさえいわれていた。）等の規定が中小企業のカルテルに適用され，運用は，弾力的にならざるを得ないという事情があった。

このように，独占禁止政策の観点から，財閥の存在は，大きな障害となっており，立法過程において，１条の法目的の条文中，「市場支配的地位の濫用の防止」のほかに，「過度の経済力集中の防止」が追加されたのである。これはいうまでもなく，財閥の経済力に着目し，これを規制するためであった。

2　インフレと独占禁止法の運用

　前述のように，物価公取法が物価抑制を同法の2本柱の一つとしていたのを，独占禁止法は，これを削除し，反独占・競争促進法としての性格をより鮮明なものとした。しかし，韓国は，当時驚異的なインフレ下にあり，80年1月から10月までの卸売物価の上昇率は，36パーセント，同じく消費者物価の上昇率は28パーセントであった。このため，独占禁止法に直接物価を抑制する規定はないものの，物価抑制のため，次の規定が盛り込まれた。

① 市場支配的事業者は，不当な価格決定等を行ってはならないこととされているが（3条1項1号），これに違反した場合に，経済企画院長官は，価格引下げ等の是正措置を命ずることができる（5条）。

② 価格の同調的引上げ（4条）が行われ，これが不当な場合に，経済企画院長官は，価格引下げ等の是正措置を命ずることができる（5条）。

〔参考文献〕
独占禁止法制定にいたる経緯，三粉事件の内容等については，
孫珠瓚『経済法』韓国・法経出版社，57頁
孫珠瓚「独禁法の課題と最近の変遷の特徴—日韓両国の比較法的考察—」（日本語論文）日韓比較法文化研究会『東アジア文化と近代法』176頁
趙炳澤「韓国の公正取引法の内容と問題点」公正取引370号，8頁

第1章　第1次法改正（1986年）

　韓国独占禁止法の第1次改正は，同法の制定から6年を経た1986年12月に行われ，改正法は，翌87年4月1日から施行された。1990年代に入ってからは，ほぼ1年ないし2年の間隔で，法改正が行われてきたことを思えば，制定から第1次法改正にいたるまでの間は，非常に長かったと言えるであろう。これは，韓国が新たに導入した独占禁止法について，同国経済への定着度とここから生ずる運用上の問題点を見極めるには，それなりの期間を要したことを意味するものであると考えられる。

第2編　韓国独占禁止法の沿革

I　改正の背景

韓国経済について，競争政策の観点からみたとき，その最大の問題は，本書においてこれからも度々指摘することになるが，財閥の存在である。

1980年に制定された原始独占禁止法は，これに対する規制手段として，我が国独占禁止法と同様，企業結合の制限規定を有してはいた。しかし，巨大な経済力を持つ財閥を規制するには，この規定だけでは十分でなく，現に独占禁止法制定後も，韓国における経済力の集中は，なお進行しつつあった。

第1次法改正は，このような状況を背景に行われたものであり，経済力集中の抑制のための制度導入を柱とし，併せて，その他の規定についても，これまでの運用経験等から生じた問題点を考慮して，多岐にわたって，改正が行われている。

改正の主な内容は，次のとおりである。

①　企業結合の制限及び経済力集中の抑制について
　(a)　持株会社の設立又はこれへの転換を新たに禁止
　(b)　大規模企業集団の指定制度を新たに導入
　(c)　大規模企業集団に属する会社間における相互出資を新たに禁止
　(d)　大規模企業集団に属する会社について出資総額制限制度を新たに導入
②　不当な共同行為について登録制から原則禁止・例外認可制への移行及び課徴金制度の導入
③　不公正取引行為規制の強化

以上のほか，事業者団体，国際契約，手続規定，罰則等についても強化ないし補完的改正が行われた。

II　改正内容

1　企業結合の制限及び経済力集中の抑制

(1)　持株会社禁止制度の導入

持株会社に関する規定は，これまでなかったが，新たに，持株会社の設立及び転換について，禁止することとされた（7条の2・新設）。但し，外資導入法により，外国人投資事業に出資するため，経済企画院長官の承認を得て設立する場合，及び特別法により設立する場合は，例外として許容された。

(2) 大規模企業集団指定制度の導入

財閥による経済力の集中を抑制するため，新たに大規模企業集団なる概念を導入し（8条の3・新設），集団内所属会社の資産総額の合計額が4,000億ウォンを超えるものは，これに指定し，新たに設ける相互出資の禁止及び出資総額の制限制度を適用することとされた。第1次改正法施行の87年4月1日，初めての指定が行われ，32集団，509系列会社がこれに指定された。

また，定義規定（2条）においては，企業集団，系列会社概念が導入された。

(3) 相互出資禁止制度の導入

大規模企業集団に属する会社は，自己の株式を所有する同一集団内系列会社の株式を保有してはならないこととされた（7条の3・新設）。これがいわゆる大規模企業集団所属会社間の相互出資禁止制度である。これは，架空の自己資本を増加させ，特定の大株主が小額資本により多数の系列会社を支配することを防止しようとするものである。但し，合併，担保株，失権株等の場合については，例外が認められた。

(4) 出資総額制限制度の導入

大規模企業集団に属する会社は，自己が保有する会社の株式の合計額が当該会社の総資産額の40パーセント相当額を超えてはならないこととされた（7条の4・新設）。これは，企業が不合理に拡張していくことを防止するためのものである。但し，工業発展法の規定に基づく合理化措置による出資，担保権の行使，代物弁済の受領による出資等の場合には，例外とされた。

(5) 届出義務に関する改正等

企業結合の制限に関して，会社が他の会社の株式を保有した場合の報告義務は，これまで，他の会社の10パーセント以上を保有したときとされていたが，これを20パーセント以上へと改正された。これは，従来報告義務を課す基準が低く，事業者に過重な負担を強いていたため，これを是正し，企業結合の弊害が実質的に生じるおそれがある場合に限る趣旨である。

一方，大規模企業集団制度導入と併せて，同集団所属会社は，系列会社又は特殊関係人と合わせて，他の会社の株式を20パーセント以上保有することとなる場合は，経済企画院長官に報告しなければならないこととされた。

2 カルテルに関する改正

(1) カルテル原則禁止主義の採用

共同行為（カルテル）については，これまで登録制が採られてきたが，これを廃止し，競争を実質的に制限するカルテルは，これを不当な共同行為とし，原則として禁止するとされた（11条）。但し，不況の克服，産業の合理化，産業の構造調整，取引条件の合理化，中小企業の競争力向上等のために行う場合は，経済企画院長官の認可を得て，適用除外が認められた。

(2) 課徴金制度の導入

韓国独占禁止法において課徴金制度は，原始独占禁止法において，既に市場支配的事業者が経済企画院長官の価格引下命令に従わない場合に課されることとなっていたが，第1次法改正では，本制度を不当な共同行為にまで拡げることとされた。課徴金の額は，不当な共同行為の実行期間における当該事業者の売上額の1パーセント相当額以内とされた。

3 不公正取引行為規制の強化

不公正取引行為は，我が国独占禁止法の不公正な取引方法に相当し，原始独占禁止法においても既に禁止されているが，第1次法改正では，事業者が自らこれを行う場合のみならず，事業者が系列会社又は他の事業者をしてこれをするよう強要する場合も，禁止することとされた（15条）。これは，財閥の存在という韓国特有の事情を考慮し，不公正取引行為規制を通じて，経済力の集中を間接的に防止しようとするものである。

また，事業者又は事業者団体が不当な顧客の誘引又は虚偽若しくは誇張広告を行うことを防止するため，公正競争規約設定の根拠規定がおかれた（15条）。

4 その他

(1) 市場支配的事業者に対する規制の強化

市場支配的事業者は，価格の濫用行為をすることが禁止されるが，第1次法改正において，価格の同調的引上げも，価格の濫用行為の一種とみなすこととされた（3条）。

(2) 事業者団体に関する改正

事業者団体は，構成事業者に不公正取引行為又は再販売価格維持行為をさせることが禁止されているが，第1次法改正では，右の構成事業者を事業者に改め，事業者団体が構成事業者以外の事業者に対してもこれらの行為をさせることが禁止された。

また，事業者団体が遵守すべき指針の制定・運用権限が経済企画院長官に付与された（以上，18条）。

(3) 国際契約に対する規制の強化

技術導入契約，輸入代理店契約等の国際契約のうち，不当な共同行為又は不公正取引行為を含むものは，これまでも，これを締結することが禁止されていたが，禁止の対象に再販売価格維持行為を含むものが追加された。

また，国際契約の審査対象に，継続的使用を目的とする著作権の導入に関するものが追加された（以上，23条）。

(4) その他

各種実体規定違反及び手続規定違反に対して，それぞれ罰則が強化された（55条から57条まで）。

また，経済企画院及び公正取引委員会の組織及び権限についても，改正が行われた（31条，38条，41条，52条）。

〔参考文献〕

趙炳澤「韓国独占規制法の改正内容とその問題点」公正取引449号，15頁

公正取引委員会国際課「韓国独占禁止法の改正の概要」公正取引439号，81頁

李鍾杰他「公正去来法変遷沿革」㈳韓国公正去来協会『公正去来関連法規集』8頁

第2章　第2次法改正（1990年）

第2次法改正は，1990年1月13日に行われた。第1次法改正が86年12月であったから，第2次法改正までの間は，ほぼ3年となる。これは，法制定から第1次法改正までの期間のほぼ半分にあたり，独占禁止法運用当局が韓国経済社会にようやく定着しつつあった独占禁止法について機動的に改正しようとし始

めたことの表れであるとみることができよう。

その後，90年代に入って，韓国独占禁止法は，ほぼ1年ないし2年おきに改正されていくこととなる。

I 改正の背景

経済力の集中に対する是正は，韓国において，同国経済の最大の課題としてあり続けてきた。第1次法改正においては，これの是正を図るべく，財閥を念頭におき，これを大規模企業集団として指定し特段の規制を加えること等を内容とする経済力集中抑制制度などを導入した。

しかし，これのみでは未だ不十分であるとして，1988年10月には，大統領の諮問機関である経済構造調整諮問会議は，「経済先進化のための基本構想」を公表し，ここにおいて，第1次法改正について一定の評価を与えつつも，経済力の集中抑制のためには，同改正の内容のみでは十分でないとし，より一層の規制強化を行うことを提言した。また，右基本構想は，独占禁止法の制度について，種々提言を行う中で，競争政策が真に韓国経済社会に定着するためには，これを運用する機関をそれに相応しいものにする必要があるとし，公正取引委員会の独立性の確保をも提言した。

第2次法改正は，このような動きを背景に行われたものであり，最終的には，公正取引委員会の組織の改編・強化が最大の改正点となった。公正取引委員会は，これまで，経済企画院長官が処分を行うための審議・議決機関たる地位にとどまっていたが，本改正により，引き続き経済企画院長官の下に属するものの，独立行政機関とされた。更に，公正取引委員会の公正及び法運用体制の強化のために，いくつかの改正が行われている。このほか，経済力集中の抑制，各種禁止行為等の内容についても，制度の充実ないし補完のための改正が行われた。

改正の主な内容は，次のとおりである。

① 公正取引委員会の改編・強化

公正取引委員会の独立性の確保，委員会の構成の充実，事務処設置規定の新設等

② 各種制度の充実・補完

(a) 相互出資禁止制度の強化
(b) 経済力集中抑制規定違反に対する課徴金制度の導入
(c) 不公正取引行為規制の整備・充実
(d) 事業者団体によるカルテルに対する課徴金制度の導入
(e) 金融・保険会社に対する特例条項の新設

以上のほか,市場支配的事業者,手続規定,罰則等についても,改正が行われた。

第2次法改正により,独占禁止法は,名実ともに,公正取引委員会の運用の下におかれ,今日にいたっている。

II 改正内容
1 公正取引委員会の改編・強化

公正取引委員会は,これまでは,経済企画院長官が処分を行う事項について,審議し議決する機関とされていた(旧26条)。これは,独占禁止法運用の主体があくまでも経済企画院長官であって,公正取引委員会はこれの審議機関たる地位にすぎないことを意味する。

しかし,このような制度は,法運用上,現実に種々の問題を惹起する。典型的には,経済企画院長官が処分しようとする内容と公正取引委員会の議決内容に齟齬が生じた場合の取扱いや,経済企画院長官に対する公正取引委員会の議決内容の拘束力の有無及びその程度が,これに当たる。右のような事態は,独占禁止法の運用において,一貫した方針の維持を保証することとはならず,法の適用を受ける経済界に多くの混乱を与えることにもなりかねない。更に何よりも,競争政策の運用には,独立性と中立性が求められる今日の世界的趨勢の中にあって,右の運用体制は,経済企画院長官に強大な権限を付与するものであって,世界の趨勢に反するものと言わなければならない。

このような状況から,第2次法改正では,公正取引委員会の組織について,改正が行われた。改正により,公正取引委員会は,経済企画院長官に属する独立行政機関とされ(35条),法運用における実効性確保のための機能強化と,法運用機構の独立性及び専門性の強化が図られた。

また,委員会の構成については,これまで,5名とされ,うち3名が常任,

2名が非常任とされていたが（旧27条），改正により，7名とされ，うち5名は常任，2名は非常任とされた（37条）。委員長は，これまで，経済企画院長官が兼任することができることとされていたが，改正により，経済企画院長官の提請（日本語では「推薦」）により大統領が任命することとされた。第2次法改正では，副委員長の職も新設され，これも，委員長と同様，経済企画院長官の提請により大統領が任命することとされた。その他の委員については，これまで，経済企画院長官の提請により大統領が任命するとされていたが，改正により，委員長の提請により大統領が任命することとされた。

更に，公正取引委員会の事務を処理するために事務処をおく旨の規定が新設された。言うまでもなく，独占禁止法運用の事務処理機関は，これまでもおかれていたが，これは，あくまでも経済企画院の内部部局としてであった。右規定は，これを独立行政機関たる公正取引委員会の事務処理機関としたことに意義がある。また，これと併せて，事務処の著しい増強が行われている。

このほか，公正取引委員会の組織に関して，委員会の議決における委員の除斥規定についても，改正が行われた。

2 各種制度の充実・補完
(1) 相互出資禁止制度の強化

相互出資禁止制度とは，大規模企業集団内会社間相互の出資を禁止するものであり，第1次法改正において導入された（7条の3）。しかし，これには，適用除外があり，金融・保険会社は，資産運用や資本市場における需給調整機能というその本来の業務の性格に鑑み，出資に関して制限を加えることは適当でないとして，本規定の適用を受けないこととされていた。

ところが，現実にこの規定を適用してみると，金融・保険会社及び非金融・保険会社間の相互出資において，次のような不合理が生じてきた。すなわち，金融・保険会社は，本禁止規定の適用除外を受けるため，違反とはならないが，非金融・保険会社が先に出資し，後に金融・保険会社が出資して，相互出資の状態をもたらしたときの非金融・保険会社の取扱いである。非金融・保険会社の出資は，その時点では善意であったとは言え，解釈上，金融・保険会社が出資して相互出資の状態をもたらした時点では，違法になると言わざるを得ない。

相互出資に関する改正は，このような不合理をなくすため，これまで金融・保険会社に認めていた適用除外を廃し，すべての会社に対して，本制度を適用することとしたものである（新9条）。

また，本制度には，このほかにも適用除外が認められていた。これらは，これまで①合併又は営業の全部の譲受け，②担保権の行使又は代物弁済の受領，③失権株の引受け及び④系列会社の編入の場合であったが，改正により，右③及び④は，適用除外から外れ，①及び②のみが残されることとなった。

(2) 経済力集中抑制規定違反に対する課徴金制度の導入

韓国独占禁止法において課徴金制度は，法制定時から，市場支配的事業者が価格引下命令に従わない場合に，また，第1次法改正により，不当な共同行為に対して，それぞれ適用されることとなっていた。

第2次法改正では，適用範囲が更に拡大され，相互出資の禁止及び出資総額制限違反に対しても，課徴金制度が導入された。賦課額は，違反行為により取得し又は所有した株式の帳簿価格の10パーセント相当額以内である。

(3) 不公正取引行為規制の整備・充実

不公正取引行為については，不当表示・広告に関して，改正が行われた（旧15条1項6号，新23条1項6号）。これは，要件の明確化を図るとともに，規制対象をこれまでより拡大するものである。

一方，事業者団体の禁止行為の中に，新たに右不当表示・広告が追加され，事業者団体がこれらの行為を行うことも禁止されることとなった。

(4) 事業者団体によるカルテルに対する課徴金制度の導入

カルテルのうち，事業者間の共同行為によるものに対しては，既に述べたように，第1次法改正において，課徴金制度が導入されていた。しかし，事業者団体によるものに対しては，本制度の適用はなく，両者間に均衡を欠くとの指摘がなされていた。

このため，第2次法改正においては，事業者団体が行う一定の取引分野における競争を実質的に制限する行為（26条1項1号）に対しても，課徴金制度を導入することとし，その額は，実行期間における売上額の1パーセント相当額以内とされた。この率は，事業者間の共同行為による場合のものと同じである。

(5) 金融・保険会社に対する特例条項の新設

金融・保険会社に対しては，独占禁止法上，これまで特段の配慮がなされ，いくつかの規定について，適用除外が認められてきた。しかし，これらは，それぞれの規定にその根拠をおくものであり，金融・保険会社に関する統一的な規定はなかった。

このため，第2次法改正において，新たに規定をおき（61条），ここに，金融・保険会社が適用除外される制度をまとめて規定することとされた。ここに適用除外として規定された制度は，市場支配的地位の濫用行為の禁止（3条），企業結合の制限（7条），出資総額の制限（10条），企業結合の届出（12条）及び再販売価格維持行為の禁止（29条）である。

(6) その他

以上のほか，第2次法改正においては，次の改正が行われた。

ア　市場支配的事業者の要件について，数量基準を採用することにより具体的に規定された。

イ　違反行為に対する是正措置及び調査手続について，規定が整備された。

ウ　罰則が強化された。

〔参考文献〕

本城昇「韓国独占禁止法の改正」国際商事法務Vol.18, No.6, 598頁

李鍾杰他「公正去来法変遷沿革」㈳韓国公正去来協会『公正去来関連法規集』8頁

第3章　第3次法改正（1992年）

第3次法改正は，大規模企業集団に属する会社間における債務保証を制限することにより経済力集中の抑制を図ること等を内容とし，今後の経済情勢の変化に的確に対応するために行われた。また，独占禁止法の改正に際しては，1984年に制定された「下請取引の公正化に関する法律」（下請取引公正化法）及び1986年に制定された「約款の規制に関する法律」（約款規制法）の2つの法律も改正され，独占禁止法の改正と併せて韓国競争政策上大きな前進がみられた。

下請取引公正化法の主要な改正点は，下請事業者の権利の保護を強化するこ

とにあり，また，約款規制法のそれは，不公正な約款の規制をより実効あらしめるために是正命令制度を導入することと，従来経済企画院長官が行ってきた約款規制業務を公正取引委員会へ移管することにあった。

これら3つの法律のうち，独占禁止法の第3次改正は，71ケ条ある同法の条文のうち新設及び全文改正をも含めれば，24ケ条，全条文の約3分の1に及ぶ大改正であった。第3次改正法は，1992年12月に成立し，翌93年4月1日から施行された。

I 改正の背景

1 経済環境と競争政策上の問題点

韓国経済は，1980年の独占禁止法制定以降市場メカニズムを基調とした経済運営が行われてきており，特に1986年の第1次法改正以降は，同国経済を特徴づける独寡占的市場支配構造及び経済力の集中はかなり改善されてきている。このようにして，競争秩序維持に対する認識は，経済社会の隅々までかなり浸透してきていたということができる。しかし，その一方で，産業構造はなお十分に競争的であるとまでは言い難く，また，競争制限的行為が後を絶たないのも事実である。韓国経済が今後更に国際化，開放化を進めていく過程で，産業構造のより一層の改善及び競争制限的行為の是正は不可欠であった。

特に，韓国経済が国際競争力を確保していくためには，産業組織と企業経営を効率化する必要があり，そのためには，企業間の過度の依存ないし結合関係を排除し，企業の自主的経営体制を確立していかなければならない。企業の自主的経営体制の確立は，独占禁止法上既にある企業結合の制限及び経済力集中の抑制のための各規定のほかに，企業集団内系列会社間の連帯の温床となっているこれら会社間における相互債務保証を縮小することにより実現させていく必要がある。このようにして，政府は，第7次5ケ年計画において，相互債務保証の段階的縮小を目標として掲げ，これを達成するため，その具体策を検討してきた。

企業集団内系列会社間の相互債務保証は，金融機関が企業に対し過度にこれを求める実態があるとはいえ，企業の側において企業集団内で相互に債務保証し合うことにより，より多くの貸出を受けようとすることの結果である。この

ようにして，相互債務保証は，大規模企業集団内の企業に対しより多くの貸出をもたらす反面，中小企業に対する貸出を相対的に少なくし，また，独占禁止法上大規模企業集団について既に禁止されている相互出資（9条）と同様，集団内企業の相互依存関係を過度に助長し企業の自立を妨げている。更に，相互債務保証は，競争力を喪失した限界企業を温存することにより円滑な産業調整を妨げ，また，これら企業の不良経営により大型の連鎖倒産を招きかねない。このような弊害を防止するため，相互債務保証に対する規制を求める声は高まり，これを金融行政で規制するよりは，経済力集中の防止という産業構造の問題として捉え，既にある相互出資の禁止と同様，独占禁止法で規制することとされた。

これを受けて，公正取引委員会は，大規模企業集団に属する系列会社間の債務保証制限制度を導入し，併せて現行の出資規制制度の補完，不当な共同行為（カルテル）規制の強化，違反に対する是正措置内容の明確化等独占禁止法上十分でない点の改正を行うこととしたものである。

2　改正の経緯

公正取引委員会は，1992年7月2日，大統領に対し相互債務保証を縮小するために独占禁止法改正を行うべきこと等を内容とする独占禁止政策10年の成果と課題を報告した。同報告には，更に下請事業者の権利を保護するための下請取引公正化法の改正や，約款審査業務を公正取引委員会へ移管することを内容とする約款規制法改正の方針も含まれていた。

その後，公正取引委員会は，同年7月13日，独占禁止法改正法案を作成し，同月31日，同法律案に関する公聴会を開催した。同公聴会には，学界，研究機関，経済界，言論界及び金融機関から11人の公述人が出席し，意見を陳述した。公聴会では，経済界の代表が相互債務保証は企業の問題というよりは金融機関の貸出慣行に起因する問題であるから，これを独占禁止法で規制することには反対であるとの考え方を示す一方で，学界，研究機関，言論界等大半の参加者は，独占禁止法による規制に賛同し実効ある施策の必要性を述べた。

公正取引委員会は，公聴会における意見及び関係行政機関の考え方をも踏まえて，当初の改正法案を一部修正し，8月26日，これを党政協議に諮り，更に

経済長・次官会議，国務会議を経て，10月国会に提出した。

　国会においては，相互債務保証に対する規制が経済力集中の抑制に資するものであるとの国民世論，言論界等からの支持を背景に，1992年11月11日，改正法案は政府原案どおり可決され，同年12月8日公布された。

II　第3次改正の内容

1　大規模企業集団内系列会社間における債務保証制限制度の導入

　第3次法改正における最大の柱は，大規模企業集団に属する系列会社間において債務保証額を制限する制度が新たに導入されたことである。ここでは，まず，本制度適用の基礎となる諸概念について述べ，次いで，改正内容をみていくこととする。

(1)　本制度の下における諸概念

　ア　企業集団

　　企業集団とは，同一人が事実上その事業内容を支配する複数の会社の集団をいい，同一人が会社である場合には支配する会社が1以上，会社でない場合には2以上となる（2条2項）。事実上その事業内容を支配する会社とは，同一人が単独で又は施行令に定める基準の親族若しくは自己が支配する会社等を通じてその発行済株式総数の30パーセント以上を所有する会社とされている（令3条）。

　イ　系列会社

　　系列会社とは，同一の企業集団内の会社をいう（2条3項）。

　ウ　大規模企業集団

　　大規模企業集団とは，企業集団内の会社の資産総額の合計額が4,000億ウォン以上の集団をいう（9条1項，令17条）。大規模企業集団の指定は，毎年行われており（14条1項），第1次改正法施行の1987年これに指定された集団は，32集団（系列企業数509）であったのが，92年には78集団（系列企業数1,056）となっている。このうちいわゆる5大財閥についてその系列企業数をみれば，現代が43，大宇が22，三星が52，ラッキー金星が全集団中もっとも多く58，鮮京が31となっている。なお，経済規模の拡大に伴い，大規模企業集団の数が増加する傾向にあるので，資産規模要件を引き

上げ，その数を上位30集団程度に絞ることが予定されている[1]。
(2) 系列会社に対する債務保証の制限

　第3次法改正において，新たに，大規模企業集団のうち施行令に定める基準に該当する企業集団（債務保証制限大規模企業集団）に属する会社は，国内系列会社に対する債務保証額の残額の合計額（債務保証総額）が当該会社の自己資本の200パーセント相当額（債務保証限度額）を超えてはならないこととされた（10条の2第1項・新設）。但し，①工業発展法又は租税減免規制法による合理化計画又は合理化基準に従って引き受ける会社の債務と関連して行う保証，②国内金融機関の海外支店与信に対する保証，及び③企業の国際競争力強化のために必要な場合，④その他施行令に定める場合の債務に対する保証は，債務保証総額に含まない（同項但書）。

　また，債務保証とは，債務保証制限大規模企業集団に属する会社が銀行，保険会社，証券会社をはじめとして法に列挙された金融機関の与信と関連して国内系列会社に対して行う保証をいうとされている（10条の2第2項）。

(3) 本制度導入に伴う改正

　右(2)の改正が行われたことに伴い，これに関連していくつかの規定が新設し又は改正された。これらは，次のとおりである。

　ア　債務保証制限大規模企業集団の指定

　　公正取引委員会は，施行令の定めるところにより債務保証制限大規模企業集団を指定し，これに属する会社に通知しなければならない（14条1項）。

　イ　債務保証現況の届出等

　　債務保証制限大規模企業集団に属する会社は，施行令の定めるところにより国内系列会社に対する債務保証現況を国内金融機関の確認を受けて届け出なければならない（13条2項・新設）。

　　また，公正取引委員会は，国内金融機関に対して，これに関連する資料の確認を要請することができる（同条3項・新設）。

　ウ　課徴金制度の適用

　　課徴金制度は，旧法においても不当な共同行為（カルテル，19条）をはじめとしていくつかの行為に適用されていたが，本制度の導入に伴い，こ

れに対しても適用されることとなった[2]。課徴金の額は，債務保証限度額を超えて保証する額の10パーセント以内の額とされている（17条2項・新設）。

　エ　金融業又は保険業を営む事業者に対する特例

　　金融業又は保険業を営む事業者については，従来から，その保有する国内系列会社の株式の議決権行使が禁止される（11条）反面，出資総額の制限をはじめとしていくつかの規定（3条，7条，10条，12条，29条）が適用されないこととされていたが（61条），これに加えて，10条の2の規定も適用されないこととされた。

　オ　罰則

　　債務保証限度額を超えて債務保証をしている者に対し，3年以下の懲役又は2億ウォン以下の罰金に処すること等の罰則が設けられた（66条，67条）。

　カ　その他

　　以上のほか，債務保証制限大規模企業集団指定時に債務保証総額が債務保証限度額を超えている場合の取扱い（14条3項3号・新設），脱法行為の禁止（15条），是正措置（16条）等について，改正が行われた。

　　なお，経過措置として，この法律の施行日である1993年4月1日から3年以内に指定された債務保証制限大規模企業集団に属する会社が債務保証限度額を超えて債務保証している場合は，1996年3月までにこれを解消しなければならないこととされた（附則3条1項）。

2　出資総額の制限に対する例外の追加

大規模企業集団に属する会社は，その保有する他の国内会社の株式の帳簿価格の合計額（出資総額）が当該会社の純資産額の40パーセント相当額（出資限度額）を超えてはならない（10条1項）。いわゆる出資総額の制限に関する規定である。これは，大規模企業集団に属する会社がその出資能力の範囲を超えて出資することにより系列企業の数を膨張させ，経済力の集中をもたらすことを抑制するための規定である。

　しかし，法10条1項は，この規定の適用から外れる株式として，①工業発展

法又は租税減免規制法による合理化計画又は合理化基準に従い保有する株式（10条1項1号），②新株の発行又は株式配当により保有する株式（但し，取得から1年以内）（同項2号），及び③担保権の行使又は代物弁済の受領により保有する株式（但し，取得から1年以内）（同項3号）を定めていた。

ところで，当時韓国経済は，国際化・開放化をより一層深めていく中で，この出資総額の制限規定は，時には障害となる場合のあることが指摘されていた[3]。このため，出資総額の制限の適用除外を受ける株式を前記3つの場合から，更に2つ追加することとされた。

新たに追加されたのは，1つは韓国企業が経済の国際化・開放化に対応し得るよう部品生産中小企業との技術強力関係を維持するための出資その他施行令に定める産業の国際競争力強化のために必要な場合であって公正取引委員会が認めるもの（但し，取得から5年以内）（5号）であり，他の1つは，決算の結果，保有株式の評価額が増加して出資総額が出資限度額を超える場合（但し，決算確定から1年以内）（4号）である。

出資総額の制限に関する規定は，第1次法改正により導入されたものであり，これが施行された翌87年以降，毎年公正取引委員会により，大規模企業集団に属する会社の純資産額と他の会社への出資状況について調査が行われている。それによれば，87年指定の29大規模企業集団（同年には32が指定されているが，うち3は総資産額が後に減少して除外）に属する会社の指定当時と92年の状況は，表のとおりである。

	1987年	1992年
純資産額（A）	74,579	258,204
他の会社への出資額（B）	32,573	74,345
比（B／A）（％）	46.3	28.3

（帳簿価額　億ウォン）

また，92年に指定された計78の大規模企業集団に属する会社の前記比率の平均は27.4パーセントである。このように，純資産額に対する他の会社への出資比率の平均は，第1次改正法施行の87年には法定限度比率である40パーセントを上回っていたが，その後徐々に減少してきたことがわかる。

出資総額の制限違反事件は，同制度が導入された87年以降92年までに計55件

(警告以上)[4]を数えるが，うち30件は92年のものである。これは，出資総額の制限について猶予期間の切れるものが同年に多く発生したからではないかと思われる[5]。92年の違反事件のうち15件は，是正命令がなされ，これと併せて33億7,600万ウォンの課徴金（17条）が賦課されている。

3 株式の処分に関する是正措置の明確化

　韓国独占禁止法は，企業結合の制限及び経済力集中の抑制について，いくつかの禁止又は制限規定を設け，これらの規定違反に対して，16条及び18条で是正措置を規定している。是正措置の内容は，当該行為の禁止，株式の全部又は一部の処分のほか，違反行為を排除するために必要な多くの事項にわたっている。

　ところが，これまでの運用において，株式の処分を命ずるにあたり，いくつかの問題点が浮上していた[6]。第1に，出資総額の制限規定（10条1項）違反に対する株式処分命令は，処分対象株式を指定して行うことができるか否かが明らかではなかった。すなわち，出資限度額を超過して新たな株式の取得が行われる場合，当該新たな株式の処分を命ずるべきか，又は会社側にその保有している株式のうちから一部を任意に選択して処分させ規定の限度内に収めさせればよいかについて議論が分かれていた。第2に，株式の処分命令については，その命令の確定日から議決権の行使が禁止されていたが（18条1項），確定日とは，公正取引委員会から命令を受けた日をいうのか，又は異議の申立て若しくは訴の提起があり命令の効力に争いがある場合に判決が確定するときをいうのか明らかではなかった。第3に，相互出資の禁止規定（9条）違反に対して株式の処分を命ずる場合，議決権の行使は，相互に出資する株式のすべてについて禁止されるのか否かについて議論が分かれていた。

　このため，改正法では第1の点について，処分の対象となる株式は，新たに取得するものとすることを明示した（16条1項）。また，処分の対象となる株式がなお確定しないときは，当該会社は，議決権を行使しない株式を公正取引委員会へ通知することとし（18条3項），公正取引委員会は，当該会社から通知がない場合，施行令の規定に従い当該会社に対し議決権を行使することのできない株式を指定することができることとされた（同条4項）。第2の点につ

いては，議決権を行使できなくなる日の始期を，旧法の命令確定日から命令を受けた日へと改正された（18条1項）。第3の点については，議決権の行使は，相互に出資する株式のすべてについてすることができないこととされた（18条2項）。

なお，1992年において，企業結合又は経済力集中の抑制に関する各規定に違反し警告以上の措置が採られた事件の数は，前者が19件，後者が48件であり，是正措置に関する前記改正により，今後これらの分野における事件処理の明確化が図られることとなった。

4 不当な共同行為の構成要件の緩和等（カルテル規制の強化）

事業者間のカルテルは，不当な共同行為として，19条1項の規定により禁止される。韓国独占禁止法における不当な共同行為は，我が国法のそれと異なり，同項各号の中で行為内容を細かく規定して定義されている。同項各号に規定する行為内容は，価格を決定，維持又は変更する行為（1号）に始まり8号まで8つに分けられている。また，その手段，方法及び影響については，「契約，協定，決議その他いかなる方法によるかを問わず，他の事業者と共同して一定の取引分野における競争を実質的に制限する次の各号（注・前記1号から8号までの行為）に該当する行為」とされていた（19条1項柱書）。

この規定について，韓国公正取引委員会は，不当な共同行為の成立には，①事業者間における共同行為の合議，②行為の実行，及び③競争制限性の3要件が必要であると解釈していた[7]。このため，公正取引委員会は，不当な共同行為の予防には自ずから限界があるとして，これら3要件のうち，②行為の実行要件を除外し，①事業者間における共同行為の合意及び③競争制限性の2要件のみで不当な共同行為を成立させる必要があると考え，そのための改正が行われた[8]。具体的には，旧法の「次の各号に該当する行為」との文言が「次の各号の1に該当する行為をすることの合意」に改正されている。また，同様の趣旨で，不当な共同行為の存在の推定規定（19条3項）において，明示的な「契約」がない場合から「合意」がない場合へと改正され，このような場合においても，違反の存在が推定されることとなった。

更に，行為内容についても，前記1号から8号までのうち3つの号で若干の

字句の修正又は追加が行われている。これらは，設備の新増設の妨害（5号）及び他の事業者の事業活動の妨害（8号）も不当な共同行為となる旨明示したものであり，また，営業の主要部分を遂行又は管理する会社の設立が共同行為により会社以外の形態で行われる場合をも捕捉するための字句修正も行われている（7号）[9]。

　共同行為が産業の合理化，不況克服，産業構造の調整，中小企業の競争力の向上又は取引条件の合理化のために行われる場合にあっては，公正取引委員会の認可を得て，これらの行為を行うことができることとされているが，第3次法改正においては，更に産業競争力を高めるため研究・技術開発を行うための場合も追加された（19条1項但書）[10]。

　このほか，不当な共同行為に対する課徴金の規定についても，若干の字句修正が行われている（22条1項）。

5　違反事業者に対する規制手段の強化

(1)　事業者団体に対する規制

　事業者団体は，法26条1項の規定により，①競争制限行為（1号），②事業者の数の制限（2号），③構成事業者の事業内容若しくは活動の不当な制限（3号），④事業者に不公正取引行為（23条1項）若しくは再販売価格維持行為（29条）をさせること（4号），又は⑤自ら不公正取引行為のうち不当表示・広告（23条1項6号）を行うこと（5号）が禁止される。事業者団体のこれらの禁止行為違反に対しては，法27条の規定により是正措置が命じられるが，それは，当該事業者団体に対してであり，その構成事業者に対してではない。

　ところで，事業者団体による禁止行為違反は，構成事業者間の意思の合致により行われるのが常であり，これら実質的な違反者に対し措置を命じ得ないのでは不合理であるばかりでなく，法の実効性確保の点からみても十分ではない[11]。このため，27条の規定を改正し，必要な場合処分の相手方に関連構成事業者をも含む旨規定された。

(2)　不公正取引行為に対する規制

　韓国独占禁止法において不公正取引行為とは，法23条1項各号の一に該当する行為であって，公正な取引を阻害するおそれのあるものをいう。これら各号

の行為とは，①不当な取引拒絶又は差別的取扱い（1号），②不当に競争者を排除するための取引行為（2号），③不当な取引誘引又は強制（3号），④優越的地位の濫用（4号），⑤拘束条件付取引又は事業活動妨害（5号），及び⑥不当表示又は虚偽誇張広告（6号）である。なお，再販売価格維持行為は，23条1項の不公正取引行為とは別に，29条に規定し禁止されている。

事業者は，これらの不公正取引行為をしてはならず，また，系列会社若しくは他の事業者をしてこれを行わせてはならない（23条1項）。これの違反に対しては，当該行為の中止，契約条項の削除，訂正広告，法違反事実の公表，その他是正のために必要な措置が命じられる（24条）。

韓国においては，不公正取引行為は，日常頻発しやすい行為であり，これに対し告発を含む厳しい姿勢で望むとしても，司法手続には長期間を要するため，不公正取引行為を防止するには，前記是正措置のみでは不十分と考えられていた[12]。このような事情から，第3次法改正において，課徴金制度を不公正取引行為にまで拡げ，これの違反に対しては，3,000万ウォン以下の課徴金を賦課し得ることとされた（24条の2・新設）。

不公正取引行為に対する課徴金制度の導入は，以前から検討されてきており[13]，仮にこれが実施されるとすれば，再販売価格維持行為について適用されるものと考えられた。なぜなら，再販売価格維持行為は，価格に関する違反行為であり，また，前述のように定義上不公正取引行為と異なるとはいえ，通念上これに含まれるからである[14]。ところが，新設の24条の2の規定は，23条1項の不公正取引行為にのみ適用され，29条の再販売価格維持行為には適用されない。したがって，課徴金の対象となる行為は，これによる経済的利得の算定が決して容易でないものばかりである。我が国において課徴金制度は，価格カルテル又は価格に影響を及ぼす数量カルテルについて，その経済的利得を国が徴収する行政上の措置であって裁量が許されないのに対し，韓国のそれは，行政制裁罰的性格[15]を強く帯び裁量が許れる点に特徴がみられたが，第3次法改正により，この点がより鮮明になったといえよう。

6　施行令における規定の法律への移管

第3次法改正においては，従来施行令に規定されていた事項について，法体

系を整合性あるものにするため，次のとおりこれを法律に移管する改正が行われた。

(1) 市場支配的事業者を指定し告示するための事業者からの資料提出に関する規定

市場支配的事業者とは，法の定める一定の要件を満たし公正取引委員会から指定し告示された事業者をいい，これに対しては，他の事業者に対するより以上に厳しい規制がなされる。このような制度は，我が国にはなく，韓国独占禁止法特有のものである。市場支配的事業者の要件は，国内総供給額300億ウォン以上の市場（令4条1項）において，①1の事業者の市場占有率が50パーセント以上又は②3以下の事業者の市場占有率の合計が75パーセント以上であるものとされている（4条1項）。これら市場支配的事業者は，他の事業者と同様，法の定める各禁止規定の適用を受けるほか，濫用行為とされる一定の行為をすることも禁止される（3条）。

市場支配的事業者の指定・告示は，毎年1回行われており，その手続は，施行令7条1項から3項までに規定されていた。これらのうち3項は，公正取引委員会が関係行政機関の長又は事業者に対し指定のために必要な資料の提出をさせることができる旨の規定であったが，事業者に対する資料提出要請権は，その性格上本来法律で規定させるべき事項であるとして[16]，この規定は法律に移管された（法4条2項・新設）。

市場支配的事業者は法施行当時の1981年には，42品目，102事業者（純事業者数71）であったものが，年々増加し，1992年には144品目，352事業者（同209）にまで達し，翌93年は140品目，355事業者（同208）となっている。このような大幅な伸びは，韓国経済において寡占化が進んでいることを意味するものではなく，市場支配的品目の指定要件である国内総供給額300億ウォン以上の規定が法制定以降改正されていないのに対し，経済規模は拡大しこの要件を満たす市場が増大したことによる[17]。

市場支配的事業者についてのみ禁止される前記濫用行為事件（3条）は，法制定以降17件（警告以上）しかないが，このうち6件が1992年に生じている。なお，これら17件のほかにも，市場支配的事業者について，他の規定の違反事件が多く発生している。

(2) 金融・保険会社の議決権行使の例外

大規模企業集団に属する会社であって金融業又は保険業を営む会社は，その保有する国内系列会社の株式について，議決権を行使し得ないこととされている（11条）。但し，金融業若しくは保険業を営むために，又は保険資産の効率的な運用・管理をするためにする場合は除かれており，これは従来施行令に規定されていた（令3条本文但書）。しかし，このような内容は，前記市場支配的事業者指定・告示のための資料提出要請権の場合と同様，本来法律に規定されるべき事項であるとして[18]，これに移管された（11条但書）。

7 その他

第3次法改正は，以上のほかにもいくつかの条項に及んでおり，これらを列挙すれば次のとおりである。

(1) 標準産業分類の改正施行に伴う法改正

韓国では，標準産業分類が改正されて，1992年1月1日から施行されており，独占禁止法の改正においても，これと関連する箇所の改正が行われた。

すなわち，2条の定義規定中，独占禁止法の適用範囲となる事業の分類は，旧法の8分類から，改正法では13分類へと細分化されている（2条1項）。しかし，これは，右の理由によるものであり，法の適用範囲に実質的な変更はないものと考えられる。

また，金融又は保険業を営む事業者に対する特例を定める61条の規定についても，これと同様の理由による若干の改正が行われた。

(2) 市場支配的事業者を指定するための資料の提出拒否等に対する罰則の新設

前記6(1)のとおり，改正法では，公正取引委員会は，事業者に対し市場支配的事業者を指定し告示するための資料の提出を要請することができることとされたが（4条2項），事業者が正当な理由なくこれを拒否し又は虚偽の資料を提出したときは，1億ウォン以下の罰金に処することとされた（68条1号）。

これは，従来このような行為に対する罰則規定がなかったため，市場支配的事業者の指定業務に支障があり，新たに規定されたものである[19]。

(3) 垂直的企業結合を監視するための企業結合に関する届出範囲の拡大

韓国独占禁止法では，資本金10億ウォン以上又は総資産50億ウォン以上の会社は，直接又は系列会社若しくは特殊関係人（当該会社と特殊な関係にある者，令12条）を通じて，競争制限となる①株式保有，②役員兼任，③合併，④営業の譲受又は⑤会社新設を行ってはならないこととされている（7条1項，令11条1項）。法は，この規定の実効を確保するため，これらの会社等に対し，一定の企業結合を行う場合には公正取引委員会への届出義務を課している（12条1項）。届出義務の生ずる企業結合は，旧法では，①他の会社の株式総数の20パーセント以上の保有（同項1号），②会社以外の者による競争関係にある複数の会社の株式総数のそれぞれ20パーセント以上の保有（少なくともうち1社は前記規模を満たすこと）（同項2号），③会社の役員又は従業員による競争関係にある他の会社の役員兼任（同項3号），④合併若しくは営業の譲受（同項4号），又は⑤新設会社の株式総数の20パーセント以上の引受（同項5号）とされていた。

しかし，このような制度のみでは，垂直的企業結合による競争制限の把握が困難であるため[20]，届出義務の生ずる場合として，新たに原材料依存関係にある会社間におけるものが追加された（同項2号，3号）。

(4) 不当な国際契約に対する規制の弾力化

事業者又は事業者団体は，不当な共同行為，不公正取引行為又は再販売価格維持行為を内容とする国際契約を締結してはならないこととされている（32条1項）。旧法では，これらの国際契約について，外資導入法による借款契約をはじめとして独占禁止法に具体的に列挙していた（同項各号）。

しかし，これでは，独占禁止法の適用対象となる国際契約の範囲が外資導入法等他の法律の改正により左右されるため[21]，改正法では，右の規定を改正し，国際契約を包括的な内容に規定したものとした。また，これと併せて，国際契約の締結制限に関する他の規定も，若干改正されている（32条2項，33条1項，2項）。

(5) 過料制度の新設

韓国独占禁止法における罰則は，同法第14章に規定され，3年以下の懲役又は2億ウォン以下の罰金とされている。改正法では，これら懲役及び罰金のほか，新たに過料制度を導入し，一定の義務違反に対し，1億ウォン以下の過料

を課すこととされた（69条の２）。過料の対象は，公正取引委員会が事件調査のために行う強制処分（50条）に対し，これを拒否し，妨害し，若しくは忌避し又は虚偽の報告等をする行為である。これらの行為は，旧法では１億ウォン以下の罰金とされていたものである。過料は，公正取引委員会が賦課し徴収するものであり，この処分に不服のある者は，公正取引委員会に異議を申し立て，管轄法院の下で，非訟事件手続法による過料裁判が行われる。

なお，過料制度の導入にかかわらず，これらの行為を除く義務違反の多くに対しては，従来どおり１億ウォン以下の罰金が科される。

(6) その他

以上の改正に伴い，罰則規定をはじめとしていくつかの規定で条文の整理が行われたほか，一定の罪（66条，67条）については，「公正取引委員会の告発を待って論ずる」とされていたのが，「公正取引委員会の告発を待って公訴を提起することができる」と改められた（71条）。

（１） 韓国公正去来委員会「韓国公正去来年報1993年版」82頁
（２） 課徴金制度は，これまで市場支配的事業者の価格引下命令違反（６条），相互出資の禁止違反（17条），不当な共同行為（22条）及び事業者団体の禁止行為違反（28条）について適用されてきた。
（３） 「韓国公正去来年報1993年版」前掲，82頁
（４） 警告以上の措置とは，警告のほか，告発，課徴金，是正命令及び是正勧告をいう。崔鐘秀「韓国の公正取引制度の運用状況」（公正取引499号，30頁，1992年５月）によれば，「措置について，軽いものから重いものに順に羅列すると，警告→是正勧告→是正命令→課徴金（告発）となる。警告は，被審人に財産的な負担をかけないという点で，制裁の意味が小さいが，再度同じ行為を行う場合や是正をしないままである場合には，より負担的な措置である是正命令を下すことにもなる。是正勧告は，手続上，委員の聴聞がないだけであり，是正命令と同じ効果をもつが，通常，法違反の事実が新聞に公表されないという点で是正命令とは異なる。是正命令については，審決の結果を，公正取引委員会が新聞，放送等に公表するので，被審人に大きな負担を与える」とされている。
（５） 出資総額の制限については，1986年改正法の附則（経過規定）により，最大限1993年３月末まで猶予期間が認められている。

（6）「韓国公正去来年報1993年版」前掲，42頁
（7）「韓国公正去来年報1993年版」前掲，42〜43頁
（8）この間の事情について，「韓国公正去来年報1993年版」前掲，42〜43頁は，次のとおり述べている。

「従前法は，事業者間の共同行為の合意，行為の実行，競争制限性の3要件を備えて不当な共同行為として規制が可能となるようになっており，不当な共同行為の効果的な防止及び是正措置に限界があった。事業者間の公正競争を確保するためには，競争制限性のある共同行為の合意事実が認められる場合，共同行為を実行に移すことができないよう事前に制裁する必要があるとき，これが困難であった。

このような問題点を解消するため，現行法において不当な共同行為の成立要件から行為の実行要件を除外し，事業者間の共同行為の合意と競争制限性の2要件のみ備えれば，不当な共同行為として規制することができるよう不当な共同行為の成立要件を改善した。したがって，事業者らが契約，協定，その他いかなる方法であれ，他の事業者と共同して一定の取引分野における競争を実質的に制限する行為をすることにつき合意する行為自体が不当な共同行為に該当し，規制を受けることとなった。」

（9）「韓国公正去来年報1993年版」前掲，43頁

なお，韓国公正去来委員会「公正去来」3号（1991年4月，60頁）は，カルテル規制方式の国際比較について次のとおり述べている。

「アメリカや日本の場合には，不当な共同行為を包括的に規制するのに対して，我が国の場合は，違反行為の類型を列挙してこれに該るもののみを規制する列挙式規制方式を採っている……我が国の場合は……一方では激しく変動する経済活動に伴って生ずる多様な法違反行為を弾力的に規制し得ない事態が発生しないともかぎらない」

また，「公正去来年報1992年版」では，不当な共同行為の規制に関する規定を包括的規制方式に改正することを課題として挙げている（30頁）。

このように，第3次法改正の直前まで，韓国公正取引委員会は，列挙式規制方式から包括的規制方式への改正を考えていたようであるが，第3次法改正では，このような改正はなされておらず，8つの行為内容の不十分な点を補完することにより行為内容の漏れを防いだものと考えられる。

（10）「韓国公正去来年報1993年版」前掲，43頁
（11）「韓国公正去来年報1993年版」前掲，43頁
（12）「韓国公正去来年報1993年版」前掲，44頁

(13) 例えば,「韓国公正去来年報1993年版」前掲, 30～31頁
(14) 例えば,「韓国公正去来年報1992年版」前掲, 352頁の統計資料では, 再販売価格維持行為を不公正取引行為のうちに含めている。
(15) 韓国課徴金制度の特徴については, 本城昇「韓国におけるカルテル規制(1)」(公正取引481号, 31頁, 1990年11月)が引用する韓成澤「精油(筆者注・石油精製) 6社の販売数量制限共同行為の件」(韓国経済企画院「公正去来」創刊号, 164頁, 1989年1月)によれば,「課徴金は, 不当利得の回収としての性格と行政制裁的な性格を共に有しているが, ……市場支配的事業者の価格濫用行為に対する課徴金の賦課は, 経済秩序の破壊に対する行政制裁罰的な性格がより大きいと見るのが妥当であろう。」とされている。
(16) 「韓国公正去来年報1993年版」前掲, 44頁
(17) 「公正去来」3号, 前掲, 50頁
(18) 「韓国公正去来年報1993年版」前掲, 44頁
(19) 「韓国公正去来年報1993年版」前掲, 45頁
(20) 「韓国公正去来年報1993年版」前掲, 45頁
(21) 「韓国公正去来年報1993年版」前掲, 45頁

第4章　第4次法改正 (1994年)

第4次改正法は, 1994年12月22日に成立し, 翌95年4月1日から施行された。韓国公正取引委員会によれば, 第4次改正の理由は, 次のとおりとされている[1]。

「1　大規模企業集団の所有集中及び系列会社の無理な拡張等経済力の集中の弊害を是正し, 社会間接資本施設に対する民間資本誘致及び業種専門化等当面する国際競争力強化のための施策を効率的に支援するために, 現行出資規制制度を補完し,

2　世界貿易機構(WTO)体制発足に伴い加速される開放化, 国際化に応じ, 公正取引制度を国際的基準に合致したものにするよう改善し,

3　法の実効性を確保する課徴金制度を新設又は調整する等現行規定の運用上現れた不備な点を補完すること」

右の理由により行われた第4次改正の背景及びその内容は, 次のとおりであ

る。

I 経済力の集中規制に関する改正
1 背　景

(1) 韓国独占禁止政策の最大の課題は，法制定以降一貫して経済力の集中に対する規制であった。それは，かつての政府主導の経済開発の過程で大きく成長した財閥をいかに規制していくかという問題である。したがって，経済力の集中に対する規制ないし企業結合の制限に関する法の規制の体系は，我が国独占禁止法と非常に類似しながらも，規制の根幹において異なる点のあるのも事実である。

我が国独占禁止法は，市場集中規制（3条，8条の4，10条，13条，14条，15条，16条）を中心にして，補完的に一般集中規制（9条，9条の2，11条）を行い，また，規制の対象となる主体については，8条の4及び9条の2を除き，その規模ないし経済力の点で特段の規定は設けていない。企業結合をしようとする事業者がその規模ないし経済力の面で有力である場合に，市場集中をもたらす蓋然性が高いとして規制を受けることはあっても，その絶対的な規模ないし経済力により一定の基準を設け，これに該当する者に対し他の者と異なる取扱いを当初からするということはない。

これに対し，韓国独占禁止法は，法律上財閥を念頭においた大規模企業集団なる概念を設けてこれを定義し，大規模企業集団ないしこれに属する会社に対して特別の規制を行っており，このような規制が同法における経済力の集中規制ないし企業結合制限の中心をなしている。

韓国独占禁止法上，企業集団とは，同一人が事実上支配する複数の会社の集団をいい，当該同一人が会社である場合には支配する会社が1以上，会社でない場合には2以上の会社の集団となる（2条2項）。事実上支配する会社とは，同一人が単独で又は施行令に定める基準の親族若しくは自己が支配する会社等を通じてその発行済株式総数の30パーセント以上を所有する会社，又は役員任免等によりその経営に影響力を行使すると認定された会社をいう（令3条）。大規模企業集団とは，このような企業集団のうち，同一企業集団内の会社の資産総額の合計額が上位30位までの企業集団である（9条1項，令17条1項）。

1993年2月の施行令改正までは，大規模企業集団は，同一企業集団内の会社の資産総額の合計額が4,000億ウォン以上のものとされていた（令旧17条）。このため，大規模企業集団及び傘下の系列会社数は，これに対する規制制度が設けられた第1次改正法施行の1987年当時32集団，509社であったものが，その後の経済規模の拡大に伴い，92年には78集団，1,056社にまで増大した。このようにして増大した大規模企業集団の中には，特段の規制をする必要性の認められないものも少なくない。したがって，規制は真にこれを行う必要のあるものに限る趣旨から，上記施行令改正において上位30位までの企業集団とされたものである。これにより，93年には30集団，604社に絞り込まれた。

大規模企業集団に属する会社は，独占禁止法上，次の行為を行うことが禁止される。

① 自己の株式を保有している系列会社（同一企業集団に属する会社，2条3項）の株式を保有すること（9条1項，相互出資の禁止）。

② その保有する他の国内会社の株式の帳簿価格の合計額（出資総額）が当該会社の純資産額の40パーセントを超えること（10条，出資総額の制限）。

③ 債務保証制限大規模企業集団（10条の2，但し，現行施行令では，大規模企業集団は同時に債務保証制限大規模企業集団でもある（令17条2項）。）に属する会社が当該会社の自己資本の200パーセントに相当する額を超えて国内系列会社に対する債務保証を行うこと（10条の2，系列会社に対する債務保証の制限）。

④ 大規模企業集団に属する金融又は保険会社がその保有している国内系列会社の株式について議決権を行使すること（11条，金融・保険会社の議決権行使制限）。

なお，これら①ないし④のいずれの場合にも，適用除外規定が設けられている。

(2) 以上のような大規模企業集団に対する規制の中で，上記①の相互出資による株式所有関係は，韓国において一般的ではなく，株式所有の実態は，企業集団内部の系列会社間においてより複雑な様相を呈したものとなっている[2]。このような事情を考慮するならば，大規模企業集団に対する規制の中で大きな意義を有するのは，上記②の出資総額の制限規定（10条）であるといえよう。

大規模企業集団に属する会社について，これらの純資産額の合計額に対する他の会社への出資額の合計の比率は，出資総額の制限制度（第1次改正法）が施行された1987年の43.6パーセントから毎年徐々に下がり続け，94年4月1日現在26.8パーセントにまでなっている[3]。経済力の集中を抑制し競争的市場の確保をより一層図っていく立場からすれば，40パーセントという出資総額の制限規定は，今や実態に合うものではなく，より厳格な基準に改正することが望ましい。また，こうすることにより，①大規模企業集団に属する会社が関連のない業種へ無理に進出して系列会社を増加させ企業集団による経済力の集中をもたらすことを防止することができ，②民間資本誘致，業種の専門化等，韓国企業の国際競争力強化のための施策として新設する本条の例外規定（後述）を効率的に運用させることができ，③「与信管理規定」上の企業投資及び不動産取得承認制度の段階的廃止により懸念される経済力集中抑制機能の弱体化への対策ともなり得るのである[4]。こうして，第4次法改正において，出資総額の限度は，40パーセントから25パーセントへと引き下げられた（10条1項柱書）。

(3) ウルグァイ・ラウンドの合意とこれに伴うWTO体制の発足は，韓国独占禁止政策にも様々な対応を迫っている[5]。

韓国政府は，韓国企業の国際競争力強化の観点から，これを損なうことになりかねない深刻な社会間接資本の不足問題を解消するため，「社会間接資本施設に対する民間資本誘致促進法」を制定した。社会間接資本への投資は，その性格上必要となる投資資金が莫大なものとなり，また，投資費用に対する懐妊期間が長くならざるを得ない。韓国政府は，この点を考慮して，独占禁止法による出資総額制限規定に新たに例外規定を設け，その期間も長期にわたるものとする必要があるとして[6]，所要の改正をすることとした（10条新2項・新設，1項5号・改正）。なお，社会間接資本への投資に対する適用除外は，道路，港湾，水供給，下水施設のように極めて必要性の高い施設であって，指定期間経過後に，その所有が政府へ移管されるものに限り認められる[7]。

独占禁止法は，前述のとおり，資産総額基準により大規模企業集団を指定した後は，これに属する系列会社に対して，法定の出資総額限度率を一律に適用している。このような制度は，経済力集中抑制政策の重要課題である所有分散について，これをより一層推進する効果を有するものとは認め難い[8]。一方，

韓国企業は，ますます進む国際化の中でより一層の国際競争力をつけるため，これまでのように多くの分野に事業を拡散するのではなく，特定の分野に特化する必要があるとされている(9)。このため，大規模企業集団に属する会社のうち所有分散及び財務構造が健全なものについては，出資総額の制限制度（10条）の適用を排除するという特典を与えることにより，所有分散を更に推進するとともに，国際競争力強化のために特定分野への特化を行い易くすることとされた。特定分野への特化についての適用除外は，改正施行令により，大規模企業集団内の主流となる会社に対する投資について認められた。

2 改正内容

　旧法では，大規模企業集団に属する会社は，他の国内会社に対する出資総額が当該会社の純資産額の40パーセントを超えてはならないこととされていた（10条1項本文）。改正法では，この出資限度を引き下げ，25パーセントを超えてはならないこととされた。

　一方，この出資総額の制限規定の適用除外となる場合として，新たに次の2つが追加された。

① 大規模企業集団に属する会社が，民間資本誘致促進法に基づく社会間接資本施設に対する投資を行う会社の株式を保有する場合（但し，保有した日から20年以内）（10条新2項）
② 大規模企業集団に属する会社であって，株式所有の分散度及び財務構造等が施行令に定める基準に該当するものは，出資総額の制限それ自体を受けない（10条新3項）。

　また，これまでも認められていた適用除外規定についても，適用除外の期間を延長する次の改正が行われた。

① 新株の割当又は株式配当として新株を保有する場合について，1年以内から2年以内へ延長（10条1項2号）
② 部品生産中小企業との技術協力関係維持のための出資等産業の国際競争力強化のための株式保有について，5年以内から7年以内へ延長（10条1項5号）
③ 純資産額が減少した場合の特例期間について，1年から3年へ延長（再

度減少した場合についても同様）（10条3項，4項，新5項，6項）

　以上の改正に伴い，改正法施行日又は施行日から3年以内に大規模企業集団に指定された企業集団に属する会社について，指定時に出資限度額を超えている場合には，施行日から3年間は，指定時の出資総額を特例限度とする等所要の経過措置が設けられた（附則2条）。また，10条新2項の規定は，改正法施行日以降に保有することとなる株式について適用されることとされた（附則3条）。

II　国際契約に関する改正
1　背　景
(1)　国際契約については，旧法は，不当な共同行為，不公正取引行為又は再販売価格維持行為を内容とするものの締結を禁止し（32条1項），これの実効性を確保するため，事業者又は事業者団体に対し，施行令に定める種類及び範囲に該当する国際契約を締結したときは，これを公正取引委員会に届け出なければならないこととしていた（33条1項）。

　この規定を受けて，施行令は，届け出るべき国際契約の内容を次のとおり定めていた（令47条）。

① 　外資導入法に基づく技術導入契約又は外国為替管理法に基づく技術導入契約のうち，代価の支給期間又は契約期間が3年以上であって，定額技術料が10万米ドル相当額以上又は経常技術料が純売上額の100分の2以上の場合の契約
② 　著作権導入契約（書籍，レコード，映像に関するものは除外）であって，契約期間が1年以上のもの
③ 　商品の輸入又は役務の導入に関して1年以上の期間にわたり持続的な取引を目的とする輸入代理店契約

　また，法32条1項の規定にいう不当な共同行為，不公正取引行為及び再販売価格維持行為については，公正取引委員会がその類型及び基準を定めて告示することができることとされている（32条2項）。この規定に基づき，「国際契約上の不公正取引行為等の類型及び基準」が告示されており，同告示は，技術導入契約上の不公正取引行為等（3条），著作権導入契約上の不公正取引行為等

(4条)及び輸入代理店契約上の不公正取引行為等(5条)について細かく規定している。

(2) 以上のように，国際契約に対する規制は，法律上，一定の技術導入契約，著作権導入契約及び輸入代理店契約等について事業者又は事業者団体がこれを締結しようとする場合に，事前に公正取引委員会に届出を行い，その審査を受けるようになっていた。

一方，韓国企業は，当時国際的にその経済力をますますつけつつあり，独占禁止法に基づく国際契約の届出制がむしろこれら企業に対し不必要な負担を強いるようになりつつあった。また，国内契約と異なり，国際契約についてのみ届出制を採用することは，法の衡平上も問題ありとの指摘もなされるようになってきた[10]。

このため，企業の負担を軽減し，外国の先進技術の導入を円滑に行うことができるように，事前届出制を廃止し，企業が締結しようとする契約について，その違法性の有無を自主的に公正取引委員会に対して審査を要請することができるように改正することとされた。一方，届出制を廃止したことに伴い，制度の実効性が損なわれることのないよう，不当な国際契約の締結に対しても，課徴金制度を設けることとされた。

(3) 国際契約に関する事務は，韓国公正取引委員会においてかなりの比重を占めており，第4次法改正が企業側及び公正取引委員会の業務に及ぼした影響は，決して少なくない。

まず，独占禁止法に基づく届出は，当時，企業結合関係，事業者団体の設立関係及び国際契約の締結関係に大別されたが，法制定以降1993年までのこれらの総届出件数14,625件中，国際契約の締結関係は，その7割以上に当たる10,625件を占めていた[11]。また，独占禁止法違反事件の措置別件数についてみれば，法制定以降1993年までの警告以上[12]の総件数が7,401件であるところ，不当な国際契約事件は，そのほとんどすべてが最も軽い警告で終了しているとは言え，全体の約3割に当たる2,206件となっていた[13]。したがって，第4次法改正において国際契約の事前届出制が廃止されたことの実務に及ぼす影響は，極めて大きいものがあった。

2 改正内容

(1) 国際契約の締結について，旧法は，不当な共同行為，不公正取引行為又は再販売価格維持行為に該当する事項を内容とするものの締結を禁止していた（32条1項）。改正法は，これらの事項に該当する国際契約であって，かつ，施行令に定めるものの締結を禁止することとした。

なお，競争への影響が軽微である等の国際契約を適用除外とする但書は，従来のままとされた。

(2) 旧法は，事業者又は事業者団体が施行令に定める類型及び範囲の国際契約を締結したときは，公正取引委員会に届け出ることを義務づけていた（33条1項）。改正法は，この届出義務を廃止し，事業者又は事業者団体が国際契約を締結するにあたり，当該契約が法32条1項に禁止するものに当たるか否かについて，公正取引委員会にその審査を要請することができる旨の規定に全文改正された（新33条）。

これに伴い，他の法律等に基づく届出等と本法に基づく届出との関係について規定していた33条2項は，削除されることとなった。同様に，違法な国際契約（32条1項）に対する是正措置のうちから，契約の届出を命じ得る旨の部分も削除された（34条）。更に，旧法は，各種届出等に関する規定違反について1億ウォン以下の罰金に処することとし（68条），国際契約の届出義務違反もその対象としていたが（同条7号），前記理由によりこの部分も削除された。

(3) 韓国独占禁止法において課徴金制度は，我が国独占禁止法と異なり，多くの違反行為に対して適用されている。第4次法改正においては，新たに違法な国際契約(32条1項) についても課徴金を賦課することとされた（34条の2・新設）。その額は，違反行為の実行期間における売上額の2パーセントを超えない範囲とされた（同条1項）。

なお，ここで注意すべきは，事業者団体の違反行為（26条1項）に対する課徴金（28条）は，我が国と同様，これまでその賦課の対象は，これを構成する事業者とされていたが，国際契約についての課徴金は，事業者団体それ自体も賦課の対象となり得るとされた点である。韓国独占禁止法における課徴金制度は，我が国のような不当利得の徴収という点にとどまらず，行政制裁罰的性格を併せ持ち[14]，裁量が許される点に特色を有しているが，事業者団体も賦課

の対象となり得るとされたことにより，我が国の制度とますます異なるものとなったと言えよう。

III 課徴金制度の強化
1 背 景
(1) 韓国独占禁止法において課徴金制度は，1980年の制定法から既に存在していた。しかし，それは，我が国におけるような価格カルテル又は価格に影響を及ぼす数量制限カルテルに対するものではない。韓国独占禁止法が1975年制定の「物価安定及び公正取引に関する法律」(「物価公取法」)の改正という手続から誕生したことからも窺われるように，80年の制定法は，市場メカニズムを基本としながらも，物価公取法の物価対策的色彩をなお残していた。このため，同法において導入された課徴金制度は，市場支配的事業者が経済企画院長官[15]の価格引下命令に従わないときに課徴金の納付を命ずるというものであった。

その後，1986年にいたり，独占禁止法の第1次改正が行われ，課徴金制度については不当な共同行為（カルテル）に対しても適用することとされた。同改正において不当な共同行為（カルテル）は，登録制から原則禁止・例外許可制へと変更されたが，同時に，これに対し課徴金を賦課することとされたものである。

次いで，1990年，第2次法改正が行われ，新たに，事業者団体の禁止行為のうち競争制限行為，大規模企業集団に属する会社についての相互出資の禁止違反，及び同じく出資総額の制限違反に対しても，課徴金制度が適用された。

更に，1992年には，第3次法改正が行われて，新たに導入された大規模企業集団内系列会社間における債務保証制限制度の違反に対しても，課徴金制度が導入されたほか，不公正取引行為についても課徴金を賦課し得ることとされた。

以上の経緯を経て，課徴金の対象となる行為は，当時，次のとおりとなっていた。

① 市場支配的地位濫用行為のうち対価の不当な決定等
② 相互出資の禁止違反
③ 出資総額の制限違反

④　系列会社に対する債務保証の制限違反
⑤　不当な共同行為
⑥　不公正取引行為
⑦　事業者団体の禁止行為のうち競争制限行為

　しかし，このように，韓国独占禁止法において，課徴金制度は，同法違反行為のうち多くのものに適用されてきたが，その運用の実態は，当時必ずしも積極的であったとは言い難い。
　(2)　以上のとおり，韓国独占禁止法において課徴金制度は，制度上多くの違反行為に適用されてはいるが，その一方で，各行為間の衡平又は違反行為の抑止力の観点から，次のような問題が生じていた[16]。
①　不公正取引行為に対して課徴金が賦課されるにもかかわらず，市場支配的事業者が行うその地位の濫用行為に対しては，対価の不当な決定等を除き賦課されないこと
②　不公正取引行為に対して課徴金が賦課されるにもかかわらず，再販売価格維持行為に対しては賦課されないこと
③　不当な共同行為（カルテル）に対する1パーセントという賦課率及び不公正取引行為に対する3,000万ウォン以下という額は，違反を繰り返す事業者や大企業に対して有効な抑止力とはなり得ないこと

　このため，第4次法改正において，課徴金制度について，次のとおりの改正が行われた。

2　改正内容

　(1)　再販売価格維持行為（29条）に対しても，新たに課徴金制度を導入し（31条の2），その額は，実行期間における売上額の2パーセントを超えない額とされた。
　なお，不当な国際契約（32条）についても，新たに課徴金制度が設けられたことは（34条の2），前述のとおりである。
　また，市場支配的事業者が対価の不当な決定等（3条1項1号）以外のその地位の濫用行為（同項2号ないし5号）を行った場合にも，新たに課徴金を賦課することとし（6条新3項），その額は，実行期間における売上額の3パーセ

ントを超えない額とされた。市場支配的事業者については，旧法において，対価の不当な決定等（3条1項1号）を行い，これに対する公正取引委員会の是正措置命令（5条）に従わない場合には，当該価格引上げにより得た差額を課徴金として徴収し得ることとされていた（6条）。したがって，市場支配的事業者に対する課徴金制度についての本改正は，対価の不当な決定等以外の濫用行為にも，この制度が適用されることとなった点に意義がある。

不当な共同行為（19条）及び不公正取引行為（23条）については，旧法に既に課徴金制度が設けられているが，第4次法改正において賦課率の引上げ等が行われた。不当な共同行為に対する課徴金は，旧法では違反行為の実行期間における売上額の1パーセントを超えない額とされていたが，改正後は5パーセントを超えない額にまで引き上げられた（22条）。また，不公正取引行為については，旧法では3,000万ウォン以下の額とされていたが，改正後は違反行為の実行期間における売上額の2パーセントを超えない額とされた（24条の2）。

(2) 以上の改正を経て，課徴金制度の新たな体系は，次のとおりとなった。
① 市場支配的地位の濫用行為（3条）
  (a) 対価の不当な決定等（3条1項1号，5条）
    価格引上げによる差額（6条1項，2項）
  (b) その他の濫用行為（6条1項2号から5号まで）
    3パーセントを超えない額（6条3項）
② 相互出資の禁止違反（9条）
    違反して保有する株式の帳簿価格の10パーセントを超えない額（17条1項）
③ 出資総額の制限違反（10条）
    違反して保有する株式の帳簿価格の10パーセントを超えない額（17条1項）
④ 系列会社に対する債務保証の制限違反（10条の2）
    違反して債務保証する額の10パーセントを超えない額（17条2項）
⑤ 不当な共同行為（19条）
    実行期間における売上額の5パーセントを超えない額（22条）
⑥ 不公正取引行為（23条）

実行期間における売上額の2パーセントを超えない額（24条の2）
⑦　事業者団体の禁止行為（26条）のうち競争制限行為
実行期間における売上額の1パーセントを超えない額（28条）
⑧　再販売価格維持行為（29条）
実行期間における売上額の2パーセントを超えない額（31条の2）
⑨　不当な国際契約の締結（32条）
実行期間における売上額の2パーセントを超えない額（34条の2）

IV　その他
1　カルテルに対する規制範囲の拡大
　韓国独占禁止法におけるカルテル規制は，我が国のそれと異なり，その行為の内容を法律に具体的に列挙して規制する点に特徴を有している。即ち，カルテルは，不当な共同行為として19条1項1号から8号までにその行為類型が規定され，同項本文により禁止されている。同項各号に列挙された行為は，価格カルテル（1号）をはじめとして，およそカルテルとされる行為のほとんどすべてを網羅するが，その規定の仕方は，「商品の販売」（2号，3号，6号），「役務の提供」（2号，3号，5号）及び「生産」（5号）という用語にみられるように，供給者側の行為であることを前提としていた。
　しかし，近年経済の変化に伴い，需要者側が供給者側よりも強い立場に立つ例が少なからず見受けられるようになってきた[17]。このため，これら需要者側が行う共同行為についても捕捉し得るよう，上記用語を「商品又は役務の取引条件」（2号），「取引の制限又は役務の取引」（3号）等に変更する改正が行われた。したがって，百貨店等大規模流通業者が納入業者との取引において価格の決定，不当な取引拒絶，販売地域の制限等の共同行為を行う場合には，今後は不当な共同行為として規制を受けることとなった[18]。

2　措置を命じ得る期間
　旧法は，審査に関する期限を設けていなかった。しかし，これまでの運用経験では，古い事件の多くは，証拠が少なくなることにより，審査を維持することが事実上不可能となっている[19]。このため，改正法では，違反行為の終了

日から5年を経過したときは，当該行為に対し，是正措置命令及び課徴金納付命令は行うことができないこととされた（49条3項）。

3　公正取引委員会の所轄

公正取引委員会は，これまで経済企画院長官の下に置かれていたが，第4次法改正により，国務総理の下に置かれることとなり，また，その「事務を独立して遂行する」ことが法律上も明記された（35条1項）。これに伴い，公正取引委員会は，予算，人事，教育訓練，その他の行政事務に関する法令の適用にあたっては，政府組織法上の中央行政機関とみなすこととされた（同条2項）。

なお，第4次法改正は，1994年12月22日付法律第4790号により行われたが，公正取引委員会の設置に関する規定（35条）の改正のみは，政府組織法を改正する翌23日付法律第4832号により行われた。

(1)　韓国公正去来委員会「独占規制及び公正取引に関する法律中改正法律（案）」1994年12月（以下「韓国公正去来委員会韓国文資料」という。），1頁
(2)　韓国公正去来委員会 "An Overview of the Proposed Amendment of Monopoly Regulation and Fair Trade Act in Korea"（1994年10月）（以下「韓国公正去来委員会英文資料」という。），2頁
(3)　韓国公正去来委員会「公正去来年報1994年版」67頁及び「韓国公正去来委員会韓国文資料」前掲，3頁
(4)　「韓国公正去来委員会韓国文資料」前掲，3頁
(5)　「韓国公正去来委員会英文資料」前掲，3頁
(6)　「韓国公正去来委員会韓国文資料」前掲，5頁
(7)　「韓国公正去来委員会英文資料」前掲，3頁
(8)　「韓国公正去来委員会韓国文資料」前掲，4頁
(9)　「韓国公正去来委員会英文資料」前掲，3頁
(10)　「韓国公正去来委員会韓国文資料」前掲，6頁
(11)　韓国年報94年版，前掲，426頁
(12)　警告以上の措置とは，告発，課徴金賦課，是正命令，是正要請，是正勧告及び警告をいう。なお，是正要請は，不公正約款の場合にのみ採られる措置である。
(13)　韓国年報94年版，前掲，424頁

(14) 韓成澤「精油(筆者注・石油精製) 6社の販売数量制限共同行為の件」(韓国経済企画院「公正去来創刊号」1989年1月)
(15) 制定法における公正取引委員会の役割は，一種の審議機関的なものにすぎず，法運用の諸権限は，経済企画院長官の下にあった。このような制度が改められ，法運用の諸権限が名実とも公正取引委員会の下におかれたのは，1990年の第2次法改正においてである。
(16) 「韓国公正去来委員会英文資料」前掲, 5頁
(17) 「韓国公正去来委員会英文資料」前掲, 6頁
(18) 「韓国公正去来委員会英文資料」前掲, 6頁
(19) 韓国公正去来委員会「独占規制及び公正取引に関する法律中改正法律(案)」8頁

第5章 第5次法改正 (1996年)

第1節 法改正 (1996年)

　第5次法改正は，1996年12月11日に行われた。同改正は，規模が極めて大きく，全89ケ条(同法は，71条までから成るが，枝番の付された条もあるため，全条文数は，上記のとおりとなる。)中，実に57ケ条(新設し及び削除された条を含む。)に及んでおり，その内容も，ほとんどの項目に関係している。改正法は，成立から3ケ月余りを経た97年4月1日から施行された。

Ⅰ 改正の趣旨及び骨子
Ⅱ 改正内容
　1 独寡占的市場構造の改善
　2 企業結合制限制度の改善
　　(1) 企業結合の制限
　　(2) 企業結合の届出
　　(3) 関係機関に対する資料の確認要求等
　　(4) 規制の透明性と実効性の確保
　3 債務保証制限制度の強化

4 不当な共同行為に関する改正
5 不公正取引行為の規制範囲の拡大
6 委員会の議事の効率化
7 手続の整備
8 課徴金制度の整備
9 その他の改正内容
　(1) 出資総額制限制度
　(2) 系列会社の編入及び除外等
　(3) 経済力集中抑制制度におけるその他の改正事項
　(4) 事業者団体に対する規制
　(5) 損害賠償請求制度
　(6) 金融・保険会社に対する適用除外の削除
　(7) 競争制限的法令・処分に関する協議制度
　(8) 罰則
Ⅲ　改正内容以外の事項

Ⅰ　改正の趣旨及び骨子

　第5次法改正の趣旨及び目的は，同法案の国会への提案理由（1996年11月（日付不詳），韓国政府）によれば，次のとおりである。

　大規模企業集団の系列会社相互間に許容されている債務保証限度の縮小，企業間の不当な資金・資産等の支援禁止等を通じて，経済力の集中を抑制し，公正取引委員会の運用の効率化を期することにより，独寡占的市場構造を改善し，競争促進型経済構造を定着させ，国家の競争力を強化すること。

　また，第5次法改正の骨子は，同法案の主要骨子（1996年11月（日付不詳），韓国政府）によれば，次のとおりである。

　① 公正取引委員会は，独寡占的市場構造を改善するために，独寡占的市場構造が長期間維持されている市場について，競争を促進するための施策を策定し，施行することとする。

　② 従前には，一定規模（資本金額50億ウォン又は資産総額200億ウォン）以上の会社についてのみ，競争を実質的に制限する企業結合が禁止されていた

が，今後は，会社の規模と関係なく，すべての事業者について，競争を実質的に制限する企業結合を禁止することとする。

③　従前には，大規模企業集団に属する会社が系列会社に対して行うことのできる債務保証の限度を，自己資本の額の200パーセント相当額としていたが，今後は，その限度を自己資本の額の100パーセント相当額とし，既存の債務保証については，1998年3月31日までに，その規模を自己資本の額の100パーセント相当額以内に縮小することとする。

④　公正取引委員会は，企業結合や経済力集中等の規制を行うために調査する必要があるときは，銀行監督院等の機関に対して，大規模企業集団に属する国内系列会社の株主の株式所有状況等に関する資料等の確認又は調査を要請することができることとする。

⑤　企業結合の禁止及び経済力集中の抑制に関する規定の適用を免れるための脱法行為について，その具体的類型及び基準を大統領令（施行令）に定めることにより，同制度の透明性と実効性を確保することができるようにする。

⑥　談合による価格決定等の不当な共同行為に加担した事業者が，その事実を，自ら公正取引委員会に申告したときは，当該申告者に対して，是正措置や課徴金等を減軽し又は免除することができることとする。

⑦　すべての事業者は，他の事業者に対して，不当に，資金，不動産，人力等を支援することにより，公正な取引秩序を阻害してはならないこととする。

⑧　公正取引委員会の会議を効率的に運営するため，法令等の解釈適用に関する従前の意見を変更する必要があるとき，異議申立てに対する裁決をするとき等においては，委員全員で構成される全員会議において審議し議決することとし，その他日常的に発生する軽微な事件については，委員3人で構成される小会議において審議し議決することとする。

⑨　公正取引委員会は，是正措置命令を受けた者が異議申立てを提起した場合において，その是正措置の履行等により，是正措置命令を受けた者に，回復し難い損害が生ずるおそれがあると認めるときは，同命令の執行を，暫定的に停止させることができることとする。

⑩　課徴金を賦課する場合に参酌しなければならない事項，課徴金の賦課徴収手続，課徴金納付期限の延長及び分割納付，未納付に対する滞納処分及び延滞に伴う加算金の徴収等に関する規定をおくこととする。

⑪　裁判所は，緊急の必要があると認めるときは，公正取引委員会の申立により，法違反行為をしていると疑われる事業者又は事業者団体に対して，当該行為又は議決権の行使若しくは役員の業務執行等を，一時中止するよう命ずることができることとする。

なお，主要骨子は⑪，国会審議の過程で採用されるところとはならず，これに関する規定は，改正法に含まれていない。

一方，第5次法改正について，韓国公正取引委員会の体系的整理の仕方を示すと考えてよいと思われる同委員会事務処政策局長キムビョギル（漢字表記不詳）氏の玉稿（「公正取引法第5次法改正の主要内容と施行令改正方向」，㈳韓国公正競争協会「コンジョンキョンジェン」9号，25頁）によれば，本改正の主要内容は，次の各項目のとおりとされており，それぞれの項目に属する右主要骨子の内容は，ここに分類したとおりである。

これをみれば明らかなように，主要骨子の構成・内容と，キム局長の右玉稿における整理の仕方は，必ずしも完全に一致しているとは言えないように思われる。

①　経済各分野に対する競争制度の適用の拡大
　　　主要骨子……なし
②　独寡占的市場構造の改善と経済力の集中抑制制度の実効性の向上
　　　主要骨子……①，③，⑦
③　企業結合制限制度の整備
　　　主要骨子……②
④　不当な共同行為及び不公正取引行為規制の強化
　　　主要骨子……⑥
⑤　法執行における実効性確保のための制度の補完等
　　　主要骨子……⑨

なお，主要骨子④，⑤，⑧及び⑩は，キム局長の玉稿中の主要内容に含まれていない（主要骨子⑩は，キム局長の分類⑤に含まれるようにも思えるが，玉稿の

内容を熟読すれば，ここに含めることはできない。）。

II 改正内容
1 独寡占的市場構造の改善

ア 韓国独占禁止法は，第2章に市場支配的地位の濫用禁止の章を設け，これに関する所要の規定をおいている。すなわち，市場支配的事業者（法2条7号，令4条）は，不当な価格決定行為をはじめとするその地位の濫用行為を行ってはならないこととされている（法3条）。

韓国公正取引委員会は，第5次法改正についての検討の初期段階から，独寡占的市場構造が形成されたり，強化されないよう，市場構造改善のための施策を推進することとしていたが[1]，最終的には，独寡占的市場構造が長期化している商品又は役務の需給市場において，競争導入等の市場構造改善施策を推進していくこととされた[2]。この点について，主要骨子は，次の内容となっている。

公正取引委員会は，独寡占的市場構造を改善するために，独寡占的市場構造が長期間維持されている市場について，競争を促進するための施策を策定し，施行することとする。

イ 改正法は，旧3条（市場支配的地位の濫用禁止）に替えて，新3条を設け，独寡占的市場構造の改善等について規定した。同条は，次のとおりとなっている。

公正取引委員会は，独寡占的市場構造が長期間維持されている商品若しくは役務の供給又は需要市場について，競争を促進するための施策を作成し，施行しなければならない（3条1項）。

公正取引委員会は，1項の規定に基づく施策を推進するために必要があるときは，関係行政機関の長に，競争の導入その他市場構造の改善等に関して必要な意見を提示することができる（3条2項）。

旧3条は，改正法では，3条の2へと移行し，新たに2項が設けられ，濫用行為の類型及び基準は，公正取引委員会が定めて，これを告示することとされた（3条の2第2項）。

また，市場支配的事業者は，法2条7号で定義され，施行令（4条）に具体

的要件が定められているが，第5次法改正において，右法2条7号に但書が追加され，金融業又は保険業を営む会社は，市場支配的事業者から除外することとされた。これは，61条（金融・保険業を営む事業者に対する特例）の削除に伴うものである。

一方，市場支配的事業者の地位濫用行為に対する課徴金については，これまで，不当な価格決定行為（旧3条1号，新3条の2第1項1号）に対する公正取引委員会の価格引下命令（5条）に従わない場合は，価格引上げによる差額として得た収入額を（旧6条1項，2項），その他の濫用行為（旧3条2号から5号まで，新3条の2第1項2号から5号まで）の場合は，売上額の3パーセントを限度として（旧6条3項），それぞれ課徴金を賦課することとされていた。

改正法では，このような不当な価格決定行為の場合とその他の濫用行為の場合における取扱いの差異を廃止し，新3条の2第1項各号に規定する行為に対する課徴金は，すべて売上額の3パーセントを限度とすることとされた（新6条）。

以上のほか，4条（市場支配的事業者の指定，告示等）1項及び5条（是正措置）に，本改正に伴う改正が行われている。

2 企業結合制限制度の改善
(1) 企業結合の制限

ア 法7条は，企業結合の制限について規定している。韓国では，これまで，企業結合は，一定規模以上の会社，すなわち資本金額50億ウォン以上又は資産総額200億ウォン以上の会社について，制限が行われてきた（法7条旧1項，令11条1項）。改正法は，これを改め，すべての者について企業結合を制限することとした。7条新1項は，次のとおりの内容となっている。

何人も，直接又は特殊関係人（法7条1項，令12条）を通じて，7条1項各号の一に該当する企業結合であって，一定の取引分野における競争を実質的に制限する行為をしてはならない（7条1項柱書）。

なお，同条の但書は，従来と同様の内容ではあるが，企業結合の適用除外となる場合の要件は，施行令に定めることが明記された。この適用除外の要件は，従来からも施行令に定められてはいたが（令13条，14条），その根拠を法文上明

らかにしたものである。
　また，右改正と同様の趣旨により，不公正な方法による企業結合が禁止される対象は，会社からすべての者に拡げられた（7条3項）。
　このように，企業結合の制限の対象を企業規模と係わりなく，すべての者に拡大することは，第5次法改正作業の当初から予定されていたが[3]，改正法は，当初案どおりのものとなっている。この改正について，主要骨子は，次の内容となっている。
　従前には，一定規模（資本金額50億ウォン又は資産総額200億ウォン）以上の会社についてのみ，競争を実質的に制限する企業結合が禁止されていたが，今後は，会社の規模と関係なく，すべての事業者について，競争を実質的に制限する企業結合を禁止することとする。
　イ　企業結合の制限の対象は，韓国においても，我が国と同様，一定の取引分野における競争を実質的に制限する行為である（7条1項）。改正法は，競争を実質的に制限する行為について，新たに定義規定をおき（2条8号の2），また，一定の要件を満たす場合には，一定の取引分野における競争が実質的に制限されるものと推定することとした。
　まず，定義規定は，次のとおりとなっている。
　「競争を実質的に制限する行為」とは，一定の取引分野における競争が減少し，特定の事業者又は事業者集団の意思により，ある程度自由に，価格，数量，品質その他取引条件等の決定に影響が及ぶか又は及ぶおそれがある状態を招来する行為をいう（2条8号の2）。
　この内容は，我が国の東宝・スバル事件東京高裁判決[4]に類似してはいるが，右高裁判決が「………市場を支配することが出来る形態があらわれているか，または少なくともあらわれようとする程度に至っている状態をいう」とするのに対し，韓国の定義は，「………影響が及ぶか又は及ぶおそれがある状態」としている。この「支配」と「影響」の用語の違いにより，規制範囲は，一見韓国の方が厳しいようにもみえるが，次に述べる推定規定（7条4項）の内容を見る限り，必ずしもそうとも言えず，その判断は，両国の今後の解釈・運用にまたなければならないであろう。
　次に，推定規定（7条4項）は，次のとおりとなっている。

企業結合が次の各号の一に該当するときは，一定の取引分野における競争が実質的に制限されるものと推定する。
① 企業結合の当事会社の市場占拠率（系列会社（2条3号）の市場占拠率を合計した占拠率をいう。）の合計が，次の各目の要件をすべて満たす場合（1号）
  (a) 市場占拠率の合計が，市場支配的事業者の要件に該当することとなるとき。
  (b) 市場占拠率の合計が，当該取引分野において，第1位となるとき。
  (c) 市場占拠率の合計と，市場占拠率が第2位である会社（当事会社を除く会社のうち，第1位である会社）の市場占拠率との差異が，25パーセント以上となるとき。
② 資産総額又は売上額の規模（系列会社の資産総額又は売上額を合計した規模をいう。）が施行令に定める規模に該当する会社（「大規模会社」，改正法において初めて導入された概念）が，直接又は特殊関係人を通じて行う企業結合が，次の各目の要件をすべて満たす場合（2号）
  (a) 中小企業基本法に基づく中小企業が，合わせて3分の2以上の市場占拠率を有する取引分野における企業結合であるとき。
  (b) 当該企業結合により，5パーセント以上の市場占拠率を有することとなるとき。

右において，市場支配的事業者とは，最近1年間の国内総供給額が500億ウォン以上の市場において，市場占拠率が1社で50パーセント以上，又は3社で75パーセント以上に該当するものをいう（法2条7号，令4条1項）。

また，7条4項2号は，大規模会社が中小企業分野へ進出することをできるだけ抑えようとする趣旨によるものである。公正取引委員会の当初案は，大規模会社が一定の中小企業分野へ進出することは，競争制限性があるものと推定し，これを阻止することを予定していた[5]。しかし，政府部内での検討過程において，これを修正し，最終的には，大規模会社の市場占拠率が5パーセント以上となる企業結合を，競争の実質的制限に当たるものと推定し，これを禁止することとしたものである。

ウ このほか，一定の取引分野における競争を実質的に制限する企業結合

（7条1項）及び強要その他不公正な方法による企業結合（7条3項）に関する基準は，公正取引委員会が定めて，これを告示することとされ（7条5項），また，この法律の規定に基づく株式の取得又は所有関係は，その名義と係わりなく，実質的所有関係を基準に判断する旨の規定が新設された（7条の2）。

　エ　企業結合の制限違反に対しては，これまで課徴金制度は，設けられていなかったが，第5次法改正において，他の違反行為の場合と同様，同制度が導入された。その内容は，次の各号の金額の10パーセント相当額を限度として賦課することができるというものである（17条新3項）。なお，役員兼任（7条1項2号）の場合には，5億ウォンを限度とすることとされた（17条新3項但書）。

①　株式保有（7条1項1号）及び新会社設立への参加（同項5号）
　　保有株式の帳簿価額と引受をした債務の合計額（17条新3項1号）
②　合併（7条1項3号）
　　合併の対価として交付した株式の帳簿価額と引受をした債務の合計額（17条新3項2号）
③　営業の譲受（7条1項4号）
　　営業譲受の金額（17条新3項3号）

(2)　企業結合の届出

　ア　企業結合の制限に関する規定（7条）が改正されたのに伴い，企業結合の届出に関する規定（12条）も，いくつか改正が行われている。

　まず，届出義務者について，旧法は，7条1項の規定に該当する者，すなわち資本金額50億ウォン以上又は資産総額200億ウォン以上の会社（法7条旧1項，令11条1項）としていた（12条旧1項）。ところが，前述のとおり，企業結合の制限の対象は，すべての者に拡大されたため（7条新1項），逆に，届出義務者を一定規模以上の会社に限定する必要が生じ，具体的には，資産総額又は売上額の規模（系列会社の資産総額又は売上額を合わせたものをいう。）が施行令に定める基準に該当する会社（「企業結合届出対象会社」）又はその特殊関係人（法7条1項，令12条）とされた（12条1項）。

　次に，届出の対象となる企業結合については，次のとおりとされた（12条1項各号）。

①　他の会社の発行済株式総数（商法370条に規定する議決権のない株式を除

く。）の20パーセント（株式上場法人の場合は，15パーセント）以上を所有することとなるとき（1号）。

　これは，旧法（旧1号）と同じである。旧法は，更に，会社以外の者が相互に競争関係又は原材料依存関係にある2以上の会社の株式をそれぞれ20パーセント以上所有することとなる場合（旧2号）も，届出の対象としていたが，改正法では，除外されている。

　改正法における株式上場法人の場合の15パーセントの右規定は，公正取引委員会の当初案では，旧法の20パーセントから10パーセントへ引き下げることを予定していたが，最終的には，この15パーセントに落ち着いたものである[6]。

② 会社の役員又は従業員が，他の会社の役員を兼任するとき（2号）。

　この役員兼任の届出は，旧法（旧3号）では，競争関係又は原材料依存関係にある会社間の場合に限られていたが，改正法では，このような限定は，取り払われている。

③ 7条1項3号（合併）又は4号（営業の譲受）に該当する行為をするとき（3号）。

④ 新たに設立される会社の株式の20パーセント以上を引き受けるとき（4号）。

　右③及び④は，旧法（旧4号，旧5号）と同じである。

イ　改正法では，企業結合の届出について，新たに，関係行政機関の長が他の法律の規定に基づきあらかじめ当該企業結合に関して公正取引委員会に協議する場合には，この規定を適用しないこととされた（12条2項）。

　また，大規模会社（7条4項2号）及び市場支配的事業者（法2条7号，令4条）以外の者が，届出対象となる企業結合をしようとするとき，あらかじめ当該行為が競争を実質的に制限する行為に該当するか否かについて，公正取引委員会に審査を求めることができることとする規定が新設された（12条6項，7項）。

　一方，旧法では，大規模企業集団（法2条2号，9条1項，令17条1項）に属する会社について，一定の企業結合をしようとするときは，特段の届出を義務づけていたが（12条旧2項），改正法では，この規定は，廃止された。

ウ　このほか，株式所有比率の算定に関する規定が新設され（12条3項），また，企業結合届出期間（12条新4項，旧3項，旧4項），企業結合禁止期間（12条5項）及び企業結合届出代理人（12条新8項，旧6項）の各規定に，所要の改正が加えられている。

(3)　関係機関に対する資料の確認要求等

改正法では，企業結合及び経済力集中規制のために，公正取引委員会が関係機関に対して資料の確認要求等を行うことができる旨の規定が新設された（14条の3）。

このような規定は，公正取引委員会において，当初検討されていなかったか，又は検討されていたとしても，さほど重視されていなかったと思われるが[7]，改正法案の国会提出段階では，主要骨子の中に含まれている。

主要骨子は，次の内容となっている。

公正取引委員会は，企業結合や経済力集中等の規制を行うために調査する必要があるときは，銀行監督院等の機関に対して，大規模企業集団に属する国内系列会社の株主の株式所有状況等に関する資料等の確認又は調査を要請することができることとする。

この主要骨子を受けて，新設された14条の3は，次のとおりとなっている。

公正取引委員会は，9条（相互出資の禁止等），10条（出資総額の制限），10条の2（系列会社に対する債務保証の制限），11条（金融又は保険会社の議決権の制限），13条（株式所有状況等の届出），14条（大規模企業集団の指定等）及び14条の2（系列会社の編入及び除外等）の規定を施行するために必要があると認めるときは，次の各号の機関に対して，大規模企業集団又は債務保証制限大規模企業集団の国内系列会社の株主の株式所有状況，債務保証関連資料，仮支給金若しくは貸与金又は担保の提供に関する資料，不動産の取引又は提供に関する資料等必要な資料の確認又は調査を求めることができる（14条の3）。

①　韓国銀行法28条の規定に基づく銀行監督院（1号）
②　証券取引法130条の規定に基づく証券監督院（2号）
③　10条の2（系列会社に対する債務保証の制限）2項各号の規定に基づく国内金融機関（3号）
④　その他金融又は株式の取引に関連する機関として施行令に定める機関

(4号)

(4) 規制の透明性と実効性の確保

法15条は，従来から，企業結合及び経済力集中規制の各規定（7条1項，3項，8条1項，9条，10条1項，10条の2第1項，11条）の脱法行為を禁止してきているが，新たに2項を設け，これらの脱法行為の類型及び基準は，施行令により定めることとされた。

これは，規制の透明性と実効性を確保するためのものであって，主要骨子の中にも含まれている。

主要骨子は，次の内容となっている。

企業結合の禁止及び経済力集中の抑制に関する規定の適用を免れるための脱法行為について，その具体的類型及び基準を大統領令（施行令）に定めることにより，同制度の透明性と実効性を確保することができるようにする。

3 債務保証制限制度の強化

ア 債務保証制限制度とは，債務保証制限大規模企業集団（法10条の2第1項，令17条4項。その範囲は，大規模企業集団と同じ。）に属する会社について，その国内の系列会社（2条3号）に対する債務保証限度額を自己資本の200パーセント相当額とする制度である（10条の2）。この制度は，第3次法改正において導入されたものであり，その歴史は比較的新しい。その趣旨は，企業集団内会社間の債務保証関係が過度の相互依存関係をもたらし，また，円滑な産業調整を妨げているとして，これを改善することにある[8]。

本制度の導入により，計30の債務保証制限大規模企業集団に属する会社の自己資本に対する債務保証額の比率は，第3次改正法施行時の93年4月の342.4パーセントから，94年4月には169.1パーセント，95年4月には95.2パーセント，96年4月には52.6パーセントへと着実に減少してきている（96年3月までは，特例措置（第3次改正法附則3条1項）があったため，200パーセントを超える場合もみられる。）[9]。

しかし，韓国公正取引委員会では，今後の金融構造の動向等を考慮し，また，産業構造の健全な構築を図るためには，本制度のより一層の強化を行う必要があるとしていた[10]。このようにして，韓国公正取引委員会は，第5次法改正

の検討の初期段階では，現行200パーセントの右債務保証制限比率を，98年3月までに100パーセントへ引き下げ，更に2001年3月までに全面禁止する方針を固めていた(11)。

これに対し，全国経済人連合会をはじめとする業界側は，債務保証は与信を行う金融機関の債権保全手段であって，経済力の集中とさほど関連がないのみならず，規制効果も大きくなく，かえって，大企業の活動を萎縮させるおそれがあるとして反対した(12)。

以上のような経緯を経て，98年3月までに100パーセントにするとの方針は堅持しつつ，その後の全面禁止については，いずれ実施するものの，その時期は明示しないこととされた(13)。この点について，主要骨子は，次の内容となっている。

従前には，大規模企業集団に属する会社が系列会社に対して行うことのできる債務保証の限度を，自己資本の額の200パーセント相当額としていたが，今後は，その限度を自己資本の額の100パーセント相当額とし，既存の債務保証については，1998年3月31日までに，その規模を自己資本の額の100パーセント相当額以内に縮小することとする。

イ　改正法10条の2は，債務保証制限比率を，旧法の200パーセントから100パーセントへと強化したほか，適用除外となる債務保証（同条但書）の一つとして列挙されていた国内金融機関の海外支店における与信に対する保証を削除した。

また，この改正に伴う経過措置として，本条の適用を受ける会社の債務保証総額が改正法施行時（97年4月1日）において同法の規定による債務保証限度額を超えているときは，98年3月末までは，その額を同社の債務保証限度額とみなすこととされた（附則3条）。

4　不当な共同行為に関する改正

ア　我が国独占禁止法における不当な取引制限（2条6項，3条後段）は，韓国独占禁止法では，不当な共同行為（19条）に相当する。しかし，日本法の不当な取引制限がカルテルを包括的に禁止するのに対し，韓国法の不当な共同行為は，同法19条1項各号に列挙された行為のみを禁止の対象とする点に，両

者の大きな違いがみられる。

　韓国公正取引委員会は，第5次法改正にあたり，現行の列挙方式をやめ，包括禁止方式を採ることを検討していたが，結局は，現行方式を維持しつつ，新たな類型の共同行為をも規制することが可能であるように，若干の改正を行うことにとどめた(14)。この点についての改正は，禁止行為の一つであった「他の事業者の事業活動若しくは事業内容を妨害し又は制限する行為」（19条1項旧8号）を「その他他の事業者の事業活動若しくは事業内容を妨害し，又は制限することにより，一定の取引分野における競争を制限する行為」（同項新8号）に改めた点である。

　また，不当な共同行為の適用除外となる行為等は，旧法では19条1項但書に規定されていたが，改正法では，この但書を削除し，新たな2項で右内容を規定した。更に，新たな3項では，適用除外の認可の基準，方法，手続等については，施行令により定める旨の規定がおかれた。これらの改正に伴い，旧2項及び3項は，新4項及び5項へと移行している。

　更に，不当な共同行為に対する課徴金についても，改正が行われている（22条）。

　イ　韓国公正取引委員会は，不当な共同行為の右改正に併せて，同行為をした旨を自ら進んで申告した者に対しては，その処分を減免することを検討していた(15)。減免の対象は，当初，行政処分，課徴金及び刑事罰の3者としていたが，最終的には，刑事罰は除かれた。この点について，主要骨子は，次のとおりとなっている。

　談合による価格決定等の不当な共同行為に加担した事業者が，その事実を，自ら公正取引委員会に申告したときは，当該申告者に対して，是正措置や課徴金等を減軽し又は免除することができることとする。

　この主要骨子を受けて，新設された22条の2は，次のとおりとなっている。

　不当な共同行為をした事業者が，その事実を公正取引委員会に申告したときは，当該申告者に対して，21条（是正措置）の規定による是正措置及び22条（課徴金）の規定による課徴金を減軽又は免除することができる（1項）。

　1項に規定する申告者に対する減軽又は免除の基準，程度等に関して必要な事項は，大統領令により定める（2項）。

5　不公正取引行為の規制範囲の拡大

ア　韓国経済の特徴の一つは，財閥の存在である。韓国公正取引委員会は，これまでも機会あるごとに，財閥規制の強化を図ってきたが，96年度においても，競争政策の重点施策の一つとして，財閥規制の一環である不当な内部取引に対する監視・取締りの強化が挙げられていた[16]。この項目は，改正法案作成作業の初期段階では，親族会社間の株式，不動産等資産又は資金に関連する不当な内部取引を別途規制することという内容で具体化されていたが，最終的には，不公正取引行為の類型の一つとし，また，親族会社のみを特別に規制するのではなく，すべての事業者を規制対象とすることとされた[17]。

右項目のほか，当初，新たに「親族独立会社」概念を導入し，不当な内部取引を規制することという内容の項目も挙げられていたが，最終的には，このような概念の導入は行わず，単に不当な内部取引は厳格に規制することという内容にとどまった[18]。以上のような経緯を経て，主要骨子は，次の内容となっている。

すべての事業者は，他の事業者に対して，不当に，資金，不動産，人力等を支援することにより，公正な取引秩序を阻害してはならないこととする。

イ　右主要骨子の内容は，23条（不公正取引行為の禁止）の規定の改正となって表れている。すなわち，法23条1項各号に列挙する不公正取引行為の類型は，これまで，1号から6号までの行為であったが，新たに7号を追加し，次のとおりの規定がおかれた。

不当に，特殊関係人又は他の会社に対して，仮支給金，貸与金，人力，不動産，有価証券，無体財産権等を提供し，又は著しく有利な条件で取引して，特殊関係人又は他の会社を支援する行為（7号）

これは，系列会社間において，株式や不動産等を著しく低いか又は高い価格で取引することにより，系列会社を不当に支援する等不当な内部取引を規制しようとするものである[19]。

更に，拘束条件付取引及び事業活動妨害行為を規制する5号の規定は，事業活動妨害行為の部分について，拘束条件付取引の場合と同様，規制の対象を取引の相手方に対するときに限っていたが，他の事業者，すなわちあらゆる事業者に対する妨害行為を規制し得るよう，次のとおりの改正が行われた。

取引の相手方の事業活動を不当に拘束する条件で取引し，又は他の事業者の事業活動を妨害する行為（5号）

また，韓国独占禁止法においても，我が国の場合と同様，一般指定及び特殊指定があるが，これらの指定（「不公正取引行為の類型及び基準」）は，従来公正取引委員会が定めて告示することとされていたが，改正により，施行令により定めることとされた（23条2項）。

以上のほか，課徴金規定についても，改正が行われている。韓国独占禁止法は，我が国独占禁止法の不公正な取引方法の場合と異なり，不公正取引行為（23条1項）とは，再販売価格維持行為（2条6号，29条1項）を除くものをいう。このため，これらの行為に対する課徴金規定は，不公正取引行為に対するものは24条の2に，再販売価格維持行為に対するものは31条の2に，それぞれおかれているが，第5次法改正において，これら両規定に所要の改正が加えられている。

6 委員会の議事の効率化

ア 第5次法改正においては，公正取引委員会の議事の効率化を図る観点から，同委員会の組織・運営について重要な改正が行われている。この点について，主要骨子は，次の内容となっている。

公正取引委員会の会議を効率的に運営するため，法令等の解釈適用に関する従前の意見を変更する必要があるとき，異議申立てに対する裁決をするとき等においては，委員全員で構成される全員会議において，審議し議決することとし，その他日常的に発生する軽微な事件については，委員3人で構成される小会議において，審議し議決することとする。

委員会の議事を行うにあたり，委員全員から成る全体会議と委員3人をもって構成する小会議に分けたことは，委員会の運営における大きな特徴である。新設された37条の2の規定は，会議の区分と題し，次のとおりとなっている。

公正取引委員会の会議は，委員全員をもって構成する会議（「全員会議」）と，常任委員1人を含む委員3人をもって構成する会議（「小会議」）に区分する（37条の2）。

右の規定により設けられることとなった全員会議及び小会議の管掌事務は，それぞれ次のとおりとなっている（37条の３）。

全員会議
① 公正取引委員会が，法令又は規則若しくは告示の解釈適用に関して，従前に決定した意見を変更する必要がある事項
② 53条（異議の申立て）の規定に基づく異議の申立て
③ 小会議において議決されず，又は小会議が全員会議において処理するよう決定した事項
④ 規則若しくは告示の制定又は変更
⑤ 経済的波及効果が重大な事項その他全員会議において自ら処理することが必要であると認めた事項

小会議
　全体会議の管掌事項以外の事項

　また，これら両会議の開催及び議決定足数について，全員会議は，在籍する委員の過半数の賛成により議決し（42条１項），小会議は，構成委員全員が出席し，出席した委員全員の賛成により議決することとなっている（同条２項）。

　イ　公正取引委員会の組織・運営に関しては，右のほか，多くの規定が改正又は新設されている。

　まず，公正取引委員会の設置について規定する35条１項及び２項の規定について，改正が行われている。なお，同条１項は，条文中の「事務」の文字が漢字からハングルへ改正されただけの極めて稀有な改正例である。

　37条は，公正取引委員会の構成等について規定している。公正取引委員会は，これまで委員長１人及び副委員長１人を含む７人の委員をもって構成し，うち２人は非常任委員とされてきたが（37条旧１項），第５次法改正により，委員の総数は，７人から９人へ，非常任委員の数は，２人から４人へ，それぞれ増員された（同条新１項）。また，委員長，副委員長及び事務処長の３名は，政府組織法９条に規定する政府委員とする旨の規定が新設されている（37条４項）。

　公正取引委員会の議事については，これまで，議決は，事業者又は事業者団体の事業上の秘密を保護する必要があるものを除き，公開することとされてきたが（旧43条），今回，議決の公開から，審議の公開へと改正された（新43条）。

111

更に，審判廷の秩序維持に関する規定が新設され，全員会議及び小会議の議長は，審判廷に出席する当事者，利害関係人，参考人及び参観人等に対して，審判廷の秩序を維持するために必要な措置を命ずることができることとされた（43条の2）。

委員の除斥に関する規定は，旧法にも存在したが（旧44条），第5次法改正では，その内容は，委員の除斥，忌避及び回避へと拡大され，次のとおり詳細なものとなった（新44条）。

委員は，次の各号の一に該当する事件についての審議及び議決から除斥される（1項）。

① 自己又は配偶者若しくは配偶者であった者が，当事者又は共同権利者若しくは共同義務者である事件
② 自己が当事者と親族関係にあり，又は自己が属する法人が，当事者の法律，経営等について諮問若しくは顧問等をしている事件
③ 自己又は自己が属する法人が，証言若しくは鑑定をした事件
④ 自己又は自己が属する法人が，当事者の代理人として関与し，若しくは関与した事件
⑤ 自己又は自己が属する法人が，事件の対象となる処分若しくは不作為に関与した事件

当事者は，委員に審議又は議決の公正を期待することが困難な事情があるときは，忌避の申立てをすることができる。委員長は，この忌避の申立てに対して，委員会の議決を経ないで決定を行う（2項）。

委員本人は，1項又は2項の事由に該当するときは，自らその事件の審議及び議決を回避することができる（3項）。

組織に関する48条の規定は，新たに2項が新設され，この法律に規定するものを除くほか，公正取引委員会の運用等に関して必要な事項は，公正取引委員会の規則により定めることとされた（48条2項）。

7 手続の整備

ア 第5次法改正においては，是正措置命令の受命者の利益保護のための規定が新設されている。この点について，主要骨子は，次のとおりとなってい

る。
　公正取引委員会は，是正措置命令を受けた者が異議申立てを提起した場合において，その是正措置の履行等により，是正措置命令を受けた者に，回復し難い損害が生ずるおそれがあると認めるときは，同命令の執行を，暫定的に停止させることができることとする。
　これを受けて，是正措置命令の執行停止と題する53条の2の規定が新設され，その内容は，次のとおりとなっている。
　公正取引委員会は，この法律の規定により是正措置命令を受けた者が，53条（異議申立て）1項の異議の申立てをした場合において，その命令の履行若しくは手続の続行により生ずる回復し難い損害を予防するために必要があると認めるときは，当事者の申立て又は職権により，その命令の履行若しくは手続の続行を停止すること（「執行停止」）を決定することができる（1項）。
　公正取引委員会は，執行停止の決定をした後にその事由が消滅したときは，当事者の申立て又は職権により，決定をもって執行停止の決定を取り消すことができる（2項）。
　イ　手続に関して，右の規定以外の改正内容は，次のとおりである。
　まず，違反行為の探知，申告等について，新たに，公正取引委員会は，49条1項又は2項の規定により調査をしたときは，その結果（調査の結果，是正措置命令等の処分をしようとするときは，その処分の内容を含む。）を，書面により当該事件の当事者に通知しなければならないこととされた（49条3項・新設）。また，49条4項の規定についても，若干の改正が行われている。
　違反行為の是正勧告を受けた者は，これに応諾するか否かについて，これまで遅滞なく公正取引委員会に通知しなければならないこととされてきたが（51条旧2項），第5次法改正において，その期間を法定し，是正勧告の通知を受けた日から10日以内に通知しなければならないこととされた（51条新2項）。また，51条3項の規定についても，若干の改正が行われている。
　異議の申立てについて，公正取引委員会が裁決をなすべき期間に関する規定が新設され，次のとおりとされた（53条2項）。
　公正取引委員会は，53条1項の規定による異議の申立てに対して，30日以内に裁決をしなければならない。但し，止むを得ない事情により，この期間内に

裁決をすることができないときは，30日の範囲内において，決定によりこの期間を延長することができる。

訴の提起については，これまで，異議申立てに対する公正取引委員会の処分に対して行うこととされていたが（54条旧1項），異議申立てに対する裁決に対して行うことに改正された（54条新1項）。

更に，事件処理手続等と題する規定が新設され，この法律の規定に違反する事件の処理手続等に関して必要な事項は，公正取引委員会が定めて告示することとされた（55条の2）。

8 課徴金制度の整備

ア 課徴金制度は，これまで改正のたびに強化されてきたが，第5次法改正において，重要な規定の整備が行われている。この点について，主要骨子は，次のとおりとなっている。

課徴金を賦課する場合に参酌しなければならない事項，課徴金の賦課徴収手続，課徴金納付期限の延長及び分割納付，未納付に対する滞納処分及び延滞に伴う加算金の徴収等に関する規定をおくこととする。

これを受けて，改正法は，課徴金の賦課及び徴収等と題する10章の2を新たに設け，ここに，55条の3から55条の5まで，所要の規定をおいている。

55条の3は，課徴金の賦課について規定しており，その内容は，次のとおりである。

公正取引委員会は，この法律の規定により課徴金を賦課するにあたり，次の各号の事項を参酌しなければならない（1項）。

① 違反行為の内容及び程度
② 違反行為の期間及び回数
③ 違反行為により取得した利益の規模等

公正取引委員会は，この法律の規定に違反した会社である事業者の合併があったときは，当該会社がした違反行為は，合併後存続し又は合併により設立された会社がした行為とみて，課徴金を賦課し，徴収することができる（2項）。

55条の4は，課徴金の納付期限の延長及び分割納付について規定しており，その内容は，次のとおりである。

公正取引委員会は，課徴金の額が大統領令に定める基準を超える場合であって，次の各号の一に該当する事由により，課徴金を賦課された者（「課徴金納付義務者」）がその金額を一時に納付することが困難であると認めるときは，その納付期限を延長し，又は分割納付させることができる。この場合において，必要があると認めるときは，担保を提供させることができる（1項）。
① 災害又は盗難等により，財産に著しい損失を受けたとき。
② 事業与件の悪化により，事業が重大な危機にあるとき。
③ 課徴金を一時に納付することにより，資金事情に著しい困難の生ずることが予想されるとき。
④ その他1号から3号までに準ずる事由があるとき。

課徴金納付義務者が，1項の規定により課徴金の納付期限の延長又は分割納付の申請をしようとするときは，その納付期限の10日前までに，公正取引委員会に申請しなければならない（2項）。

公正取引委員会は，1項の規定により納付期限が延長され又は分割納付が許容された課徴金納付義務者が，次の各号の一に該当したときは，その納付期限の延長又は分割納付の決定を取り消し，一時に徴収することができる（3項）。
① 分割納付の決定がなされた課徴金額を，その納付期限までに納付しないとき。
② 担保の変更その他担保保全に必要な公正取引委員会の命令を履行しないとき。
③ 強制執行，競売の開始，破産宣告，法人の解散，国税若しくは地方税の滞納処分を受けたとき等課徴金額の全額又は残余分を徴収することができないと認められるとき。

1項から3項までに規定する課徴金の納付期限の延長，分割納付又は担保等に関して必要な事項は，大統領令により定める（4項）。

55条の5は，課徴金の徴収及び滞納処分について規定しており，その内容は，次のとおりである。

公正取引委員会は，課徴金納付義務者が納付期限までに課徴金を納付しないときは，納付期限の翌日から納付する日の前日までの期間について，大統領令に定める加算金を徴収する（1項）。

公正取引委員会は，課徴金納付義務者が納付期限までに課徴金を納付しない場合は，期間を定めて督促をし，その指定された期間内に課徴金及び1項の規定による加算金を納付しないときは，国税滞納処分の例により，これを徴収することができる（2項）。

公正取引委員会は，1項及び2項の規定による課徴金及び加算金の徴収並びに滞納処分に関する業務を，国税庁長に委託することができる（3項）。

課徴金の徴収に関して必要な事項は，大統領令により定める（4項）。

イ　各違反行為に対する課徴金の根拠規定は，課徴金の賦課及び徴収等の手続に関する右10章の2の規定以外に，それぞれの行為に関連する章におかれている。第5次法改正においては，これらの課徴金規定についてもかなりの改正が行われている。これらの改正内容のうちいくつかは，既に各改正内容の項で述べたとおりであるが，既述の改正内容のほかに，課徴金の対象となる売上額がない場合又は売上額の算定が困難な場合であって施行令に定めるとき（「売上額がない場合等」）には，一定の額の範囲内で課徴金を賦課することができることとされた。これらの額は，次のとおりである。

① 市場支配的地位の濫用行為に対する課徴金（6条）
　　10億ウォンを超えない額
② 不当な共同行為に対する課徴金（22条）
　　10億ウォンを超えない額
③ 不公正取引行為に対する課徴金（24条の2）
　　5億ウォンを超えない額
④ 事業者団体の違反行為における参加事業者に対する課徴金（28条2項）
　　5億ウォンを超えない額
⑤ 再販売価格維持行為に対する課徴金（31条の2）
　　5億ウォンを超えない額
⑥ 不当な国際契約を締結した事業者に対する課徴金（34条の2）
　　5億ウォンを超えない額

また，不当な国際契約の締結制限規定（32条1項）違反に対する課徴金は，これまで事業者及び事業者団体ともに，実行期間の売上額の2パーセントを超えない額とされていたが（34条の2旧1項），第5次法改正により，事業者団体

については5億ウォンの範囲で，事業者については施行令に定める売上額の2パーセントを超えない範囲で，それぞれ課徴金を賦課できることとされた（同条新1項）。

なお，経済力集中抑制制度における課徴金規定（17条）及び事業者団体の違反行為に対する課徴金規定（28条）についても，更に改正が行われている。

9　その他の改正内容
(1)　出資総額制限制度

出資総額制限制度は，大規模企業集団に属する会社が他の国内会社へ出資する額を一定の限度にとどめようというものである（10条）。出資総額は，これまで帳簿価格により算定し，これが当該会社の純資産額の25パーセント相当額を超えることはできなかった（10条旧1項）。第5次法改正では，出資総額算定の基礎が帳簿価額から取得価額へと変更された。したがって，改正法の下では，大規模企業集団に属する会社は，その保有する他の国内会社の株式の取得価額の合計額が当該会社の純資産額の25パーセント相当額を超えることはできない（10条新1項）。

これに伴い，附則2条において，改正法施行前に取得した株式の帳簿価額が取得価額より少ないときは，その帳簿価額を当該会社の取得価額とみなす旨の経過措置が規定された。

また，大規模企業集団に属する会社について，同社から公正取引委員会に対して，所有分散優良会社（法10条3項，令17条の4第1項）に当たるか否かにつき照会があったときは，同委員会は，これを確認して回答すべき旨の規定が新設された（10条9項）。

以上のほか，10条各項に所要の改正が加えられている。

(2)　系列会社の編入及び除外等

韓国独占禁止法は，財閥を対象に，法律上大規模企業集団なる概念を規定し，同集団ないしこれに属する系列会社に対して，特段の規制を行っている。したがって，会社にとって，大規模企業集団の系列会社に含まれるか否かは，独占禁止法により受ける規制の範囲に格段の開きを生じさせ，極めて重大な問題をもたらすこととなる。このため，第5次法改正において，系列会社の編入及び

除外等について規定する14条の2を新設し，この問題への対応が図られた。同条は，次の内容となっている。

　公正取引委員会は，大規模企業集団の系列会社に編入され，又は系列会社から除外される事由が生じたときは，当該会社（当該会社の特殊関係人を含む。）の要請又は職権により，系列会社に該当するか否かについて審査し，系列会社に編入し，又は系列会社から除外しなければならない（1項）。

　公正取引委員会は，1項の規定による審査をするために必要があると認めるときは，当該会社に対して，株主及び役員の構成，債務保証関係，資金貸借関係，取引関係その他必要な資料の提出を求めることができる（2項）。

　公正取引委員会は，1項の規定により審査の要請を受けたときは，30日以内にこれを審査し，その結果を審査の要請をした者に通知しなければならない。但し，公正取引委員会が必要があると認めるときは，60日を超えない範囲において，この期間を延長することができる（3項）。

(3) 経済力集中抑制制度におけるその他の改正事項

　経済力集中抑制制度については，既にその改正内容を述べてきたが，このほか，次の改正が行われている。

- ア　11条（金融又は保険会社の議決権の制限）については，字句の修正が行われた。
- イ　13条（株式所有状況等の届出）については，右各規定の改正に伴う等の所要の改正が行われた。
- ウ　14条（大規模企業集団の指定等）については，表現上の修正に伴う等の改正が行われた。
- エ　16条（是正措置）については，公正取引委員会が法違反行為に対して命ずる是正措置について，基本的には旧法と異ならないものの，若干の補足が行われた。
- オ　17条（課徴金）1項は，相互出資の禁止違反（9条）及び出資総額制限違反（10条1項）に対する課徴金について規定している。課徴金額は，違反行為により保有する株式の帳簿価額の10パーセントを超えない額とされてきたが，既に述べたとおり，出資総額算定の基礎が帳簿価額から取得価額へと改正されたのに伴い（10条1項），右両違反行為に対する課徴金も，

取得価額の10パーセントを超えない額とされた。
  (4) 事業者団体に対する規制
  ア　韓国独占禁止法は，我が国独占禁止法と同様，事業者団体の一定の行為について，特別の規定をおいて規制を行っている。事業者団体の禁止行為は，法26条1項各号に列挙されているが，これらのうち，4号の規制範囲が拡大された。4号は，事業者団体が事業者に不公正取引行為（23条1項）及び再販売価格維持行為（29条）をさせる行為を禁止しているが，第5次法改正により，更に，これを幇助する行為も禁止されることとなった。
  イ　事業者団体については，課徴金規定も改正されている。その内容は，次のとおりである。
  (ｱ) 課徴金の対象となる行為は，これまでの一定の取引分野における競争を実質的に制限する行為（26条1項1号）から，26条1項各号のすべての行為に拡大された（28条1項，2項）。
  (ｲ) 課徴金納付義務者は，これまで当該違反行為に参加した事業者であったが，改正により，事業者団体については5億ウォンの範囲において（28条1項），事業者については施行令に定める売上額の5パーセント相当額を超えない範囲において，それぞれ納付が命じられることとなった（同条2項）。
  (5) 損害賠償請求制度
  独占禁止法に違反した事業者又は事業者団体は，当該行為による被害者に対して，無過失損害賠償責任を負っている（56条1項，2項）。そして，被害者のこの損害賠償請求権は，是正措置が確定した後でなければ，裁判上これを主張することはできない（57条1項）。第5次法改正においては，57条1項の規定に但書が追加され，民法750条（不法行為の内容）の規定に基づく損害賠償請求の訴は，これを提起することを妨げないことが明記された。
  また，この損害賠償請求権は，これまで，これを行使することができることとなった日から1年を経過したときは，時効により消滅することとなっていたが（57条旧2項），改正により，この期間は3年に延長された（同条新2項）。
  (6) 金融・保険会社に対する適用除外の削除
  韓国独占禁止法において金融・保険会社は，これまで同法3条（市場支配的

地位の濫用禁止), 7条 (企業結合の制限), 10条 (出資総額の制限), 10条の2 (系列会社に対する債務保証の制限) 1項, 12条 (企業結合の届出) 及び29条 (再販売価格維持行為の制限) の各規定について, 適用を除外されてきた (61条)。このような適用除外の多さは, これまで識者の批判を浴びてきたところであるが[20], 第5次法改正により, この61条の規定は, 削除された。

しかし, 3条 (改正法では, 3条の2) の規定に関して, これの適用を受ける市場支配的事業者については, その定義規定 (2条7号) において, 金融・保険会社は除外され, また, 10条及び10条の2の各規定については, これら両条において, 金融・保険会社は, 適用を除外されている。したがって, 改正法では, 3条の2 (旧法3条), 10条及び10条の2の各規定については, 従来どおり, 金融・保険会社は, これらの各規定の適用を受けることはない。このため, 実質的に適用除外をなくしたのは, 7条, 12条及び29条の3ケ条にすぎない。

(7) 競争制限的法令・処分に関する協議制度

規制緩和は, 今や世界の大きな趨勢となっている。韓国公正取引委員会は, これまでもこれを重点施策の柱の一つとしてきているが, 第5次法改正にあたり, 当初, 既存の法令又は処分のうち競争制限的事項を含むものについて, 関係行政機関に対し, 意見を提示し又は必要な措置を採ることを要請し得るよう独占禁止法を改正することを検討していた[21]。しかし, これは, 結局かなり後退し, 必要措置の要請を改正法に盛り込むことは取りやめ, 意見の提示のみ行い得る内容で, 改正が行われた。これを規定する63条4項 (新設) は, 次のとおりとなっている。

公正取引委員会は, 2項の規定により通報を受けた場合に, 制定し又は改正されようとする当該例規, 告示等に, 競争を制限する事項が含まれていると認めるときは, 関係行政機関の長に, 競争を制限する当該事項の是正に関する意見を提示することができる。1項に規定する協議がないのに制定し又は改正された例規, 告示等並びに通報がないのに行われた承認その他の処分に関してもまた同様とする。

なお, 右にいう2項 (63条, 旧2項ではなく新設) は, 関係行政機関の長に, 競争制限的事項を内容とする例規, 告示等を制定し又は改正しようとするとき

は，あらかじめ公正取引委員会に通知することを義務づける規定である。

また，63条1項及び3項（旧2項に対応）の各規定も，同条の右他の規定の新設に併せて，改正が行われている。

64条は，公正取引委員会と関係行政機関の長との協調について規定していたが，第5次法改正では，協調の範囲を関係行政機関その他の機関又は団体へと拡げることとされた。

65条は，権限の委任又は委託についての規定であるが，委任又は委託の相手方について，これまでの所属機関の長，ソウル特別市長，直轄市長又は道知事から所属機関の長，特別市長，広域市長又は道知事へと改正された。

(8) 罰　　則

ア　日韓両国独占禁止法における罰則の違いの一つは，日本法が不公正な取引方法を罰則の対象としないのに対し，韓国法が不公正取引行為及び再販売価格維持行為をも対象とする（67条2号，4号）点にある。韓国公正取引委員会は，第5次法改正にあたり，当初，不公正取引行為等について罰則の対象から除外することを検討していたが，最終的には，罰則及び専属告発の双方とも，現行規定を維持することとした。これに代わって，重大な法律違反行為に対しては，公正取引委員会がより積極的に告発する等法務当局との協調体制を強化すること等を内容とする規定を新たに設けることとされた[22]。これにより新設されたのが，71条2項から4項までの規定である。その内容は，次のとおりである。

公正取引委員会は，66条及び67条の罪のうち，その違反の程度が客観的にみて明らかに重大であり，競争秩序を著しく阻害すると認めるときは，検察総長に告発しなければならない（71条2項）。

検察総長は，2項に規定する告発要件に該当する事実がある旨を，公正取引委員会に通報し，告発を求めることができる（同条3項）。

公正取引委員会は，公訴が提起された後は，告発を取り消すことができない（同条4項）。

イ　右のほか，罰則規定については，①特定の行為に対する罰則の強化（66条9号）又は緩和（67条1号の削除），②第5次法改正に伴う罰則規定の整備（66条，68条，69条の2）及び③表現上の修正（66条，68条，69条の2，70条）を

内容とする改正が行われている。

III 改正内容以外の事項

第5次法改正にあたり，当初改正することが検討されていたものの，最終的にはこれが実現しなかった事項は，次のとおりである。

○ 緊急中止命令制度

この制度の当初案は，公正取引委員会の是正措置命令を履行しない事業者に対し，履行強制金（1日当たり500万ウォン以下）を賦課するというものであった[23]。この案は，政府部内での検討過程で，いくつかの修正が施されたものの，最終的にはまとまり，改正法案の中に盛り込まれて，国会へと上程された。主要骨子は，次のとおりとなっている。

裁判所は，緊急の必要があると認めるときは，公正取引委員会の申立てにより，法違反行為をしていると疑われる事業者又は事業者団体に対して，当該行為又は議決権の行使若しくは役員の業務執行等を，一時中止するよう命ずることができることとする。

主要骨子の右内容は，改正法案65条の2に，裁判所の緊急中止命令と題して規定されていた。同条の内容は，次のとおりであった。

公正取引委員会は，この法律に基づく是正措置の対象となる違反行為に該当すると疑われる行為があり，これを是正する緊急の必要があると認めるときは，当該行為，議決権の行使又は役員の業務執行等の一時中止を命ずることを，裁判所に申し立てることができる（法律案65条の2第1項）。

裁判所は，1項の規定による公正取引委員会の申立てに理由があると認めるときは，その行為をしている事業者又は事業者団体に対して，当該行為，議決権の行使又は役員の業務執行等を一時中止することを命ずることができる（同条2項）。

裁判所は，公正取引委員会の申立てがあり，又は一時中止の必要性が消滅し若しくは変更されたと認めるときは，2項の規定による命令を取消し，又は変更することができる（同条3項）。

1項又は2項の規定に基づく裁判は，非訟事件手続法により行い，同法15条（検事の意見陳述，参与）の規定は，これを適用しない（同条4項）。

第5章　第5次法改正

　1項又は2項の規定に基づく申立て事件は，ソウル高等法院の専属管轄とする（同条5項）。

　2項又は3項の規定による決定に対しては，再抗告をすることができる。この再抗告は，執行停止の効力を有するものではない（同条6項）。

　上告審手続に関する特例法3条（民事訴訟法の適用の排除），4条（審理の不続行）2項及び3項，5条（判決の特例）1項及び3項並びに6条（特例の制限）の規定は，6項の再抗告事件に関して，これを準用する（同条7項）。

　緊急中止命令の申立て，審理，裁判その他必要な事項は，大法院規則により定める（8項）。

　右内容の改正法案65条の2の規定は，国会審議の過程で採用されるところとはならず，改正法から削除された。

（1）㈳韓国公正競争協会「公正協会報」17号，2頁
（2）「公正協会報」17号，前掲，2頁
（3）「公正協会報」17号，前掲，2頁
（4）東宝㈱による審決取消請求訴訟（東京高裁，昭26・9・19，審決集3巻，166頁）
（5）「公正協会報」17号，前掲，2頁
（6）「公正協会報」17号，前掲，2頁
（7）「公正協会報」17号，前掲，2頁
（8）拙稿「韓国独占禁止法の第三次改正〔上〕」国際商事法務Vol.22，No.4，383頁
（9）ハンジョンギル（韓国公正去来委員会事務処長）「公正取引政策の推進課題」㈳韓国公正競争協会「コンジョンキョンジェン」6号，17頁
（10）ハンジョンギル，前掲，17頁
（11）「公正協会報」17号，前掲，2頁
（12）㈳韓国公正競争協会「公正協会報」13号，3頁
（13）「公正協会報」17号，前掲，2頁
（14）「公正協会報」17号，前掲，2頁
（15）「公正協会報」17号，前掲，2頁
（16）ハンジョンギル，前掲，17頁
（17）「公正協会報」17号，前掲，2頁

(18) 「公正協会報」17号，前掲，2頁
(19) ハンジョンギル，前掲，17頁
(20) 李南基『新訂版新公正去来法』韓国・学研社，580頁。李東揆『独占規制及び公正去来に関する法律』韓国・行政経営資料社，562頁
(21) 「公正協会報」17号，前掲，2頁
(22) 「公正協会報」17号，前掲，2頁
(23) 「公正協会報」17号，前掲，2頁

第2節　施行令改正（1997年）

1997年施行令改正は，第5次法改正を受けて行われた。韓国独占禁止法は，その施行において必要な多くの事項について，施行令に委任しており，したがって，法改正があれば，これに伴い，必ずと言ってよい程，施行令の改正も必要となってくる。このように，法改正と施行令改正は，密接に関連して行われており，その例外は，1984年の施行令改正のみである。特に，施行令が全面改正された1990年以降は，法と施行令の改正は常に対となって行われている。

第5次法改正は，計89ケ条（同法は，71条までから成るが，枝番の付された条もあるため，全条文数は，右のとおりとなる。）から成る同法のうち，実に57ケ条（新設し削除された条を含む。）にも及んでいたため，97年施行令改正も，改正条文数は55ケ条の多くを数えている。その内訳は，全文改正10ケ条，新設18ケ条，削除6ケ条及び一部の改正，新設若しくは削除21ケ条となっている。97年改正施行令は，同年3月31日に公布され，第5次改正法と同じく，翌4月1日から施行された。

I　改正の概要
II　改正内容
　1　総則（施行令第1章）
　　(1)　企業集団の範囲とこれからの除外
　　(2)　市場支配的事業者の要件等
　　(3)　その他の改正内容

第5章　第5次法改正

  2　市場支配的地位の濫用禁止（施行令第2章）
  3　企業結合の制限及び経済力集中の抑制（施行令第3章）
    (1)　特殊関係人の範囲の拡大
    (2)　所有分散優良企業集団の指定要件の改正
    (3)　協力中小企業に対する出資総額制限制度の適用除外範囲の拡大
    (4)　所有分散優良会社の要件の改正
    (5)　企業結合届出基準の引上げ
    (6)　脱法行為の類型及び基準の明確化
    (7)　業種専門化誘導施策に対する出資総額制限制度の適用除外の廃止
    (8)　その他の改正内容
  4　不当な共同行為の制限（施行令第4章）
    (1)　申告者に対する減軽又は免除
    (2)　その他の改正内容
  5　不公正取引行為の禁止（施行令第5章）
  6　事業者団体（施行令第6章）
  7　再販売価格維持行為の制限（施行令第7章）
  8　国際契約の締結制限（施行令第8章）
  9　公正取引委員会の運営（施行令第9章）
  10　調査等の手続（施行令第10章）
  11　課徴金の賦課及び徴収等（施行令第11章）
    (1)　課徴金の賦課及び徴収等
    (2)　各違反行為に対する課徴金額

I　改正の概要

　第5次法改正が極めて多岐にわたるものであったため，これを受けて行われた97年施行令改正も，かなり大規模なものとなっている。韓国公正取引委員会によれば，97年施行令改正の主要内容は，次のとおりとされている[1]。後に詳述するように，同改正の全容は，これにとどまるものではないが，韓国公正取引委員会の公式の見解を知るものとして，とりあえずその内容をみてみることとする（但し，右主要内容をそのまま記述したのでは，一般に理解しにくいと思わ

れるので，筆者の責任において，かなりの加筆修正を行うこととする。）。

① 企業集団からの親族関係会社の分離を促進するための制度の導入（令3条の2）

企業集団から除外される会社の要件は，従来内部指針たる要領に定められていたが，これを施行令に規定し，かつ，親族関係会社が当該企業集団から分離し易くなるよう，その要件を改正した。

② 市場支配的事業者の指定要件の引上げ等（令4条）

市場支配的事業者の指定要件について，市場規模を従来の500億ウォン以上から1,000億ウォン以上に引上げ，また，独寡占力濫用のおそれがない事業者を指定から除外することとした。

③ 企業結合に関し特殊関係人の範囲の拡大（令11条）

特殊関係人の範囲について，従来は，同一人の親姻族，系列会社等に限っていたが，企業結合に対する規制を適切に行うために，右の者らに加えて，経営を支配しようとする共同の目的を有して企業結合に参加する者も，その範囲に含めた。

④ 所有分散優良企業集団の指定要件の改正（令17条）

所有分散優良企業集団の指定要件について，同一人及び特殊関係人の株式所有比率を強化する一方，系列会社を含む企業集団全体の株式所有比率は緩和する等の改正を行った。

⑤ 協力中小企業に対する出資総額制限制度の適用除外範囲の拡大（令17条の2）

出資総額制限制度の適用除外のうち，協力中小企業に対する出資について，適用除外の要件である株式所有比率を緩和すると同時に，適用除外となる場合を，新たに1つ追加した。

⑥ 所有分散優良会社の指定要件の改正（令17条の4）

所有分散優良会社の指定要件について，産業界の現実に適うものにするとの立場から，同一人及び特殊関係人並びに当該大規模企業集団の各株式所有比率，当該会社の自己資本比率等に，強化又は緩和の改正が行われた。

⑦ 企業結合届出基準の引上げ（令18条）

企業結合の届出義務が課される会社の基準について，従来の資本金額50

億ウォン以上又は資産総額200億ウォン以上の会社から，資産総額又は売上額が1,000億ウォン以上の会社へと引き上げられた。
⑧　脱法行為の類型及び基準の明確化（令21条の3）
　　大規模会社が企業結合以外の方法により中小企業分野へ進出することや，非営利法人等が株式所有を通じて事実上持株会社化すること等が，脱法行為として禁止された。
⑨　申告者に対する減軽又は免除（令35条）
　　不当な共同行為をした事業者が，自ら進んでその事実を申告した場合に，当該事業者が本来課されるべき是正措置及び課徴金について，これを減軽し又は免除する基準が新設された。
⑩　不当な支援行為の基準の制定（令36条別表）
　　不公正取引行為のうち，資金，資産，人力等の分野において，不当に，特殊関係人又は他の会社に過大な経済上の利益を提供することによりこれらを支援する行為について，その基準を制定した。
⑪　規制及び審査要請の対象となる国際契約の範囲の拡大（令47条）
　　規制及び審査要請の対象となる国際契約について，その範囲を拡大し，産業財産権契約はすべてのものを対象とし，また，フランチャイズ契約及び共同研究開発協定は，新たに対象に含める等の改正を行った。

韓国公正取引委員会が公にする97年施行令改正の主要骨子は，以上のとおりである。これらは，同改正内容のうち，実体規定の主なものであるが，改正内容は，これにとどまらず，極めて多岐にわたっている。

以下では，これらの改正内容について，各章ごとに順次みていくこととする。

II　改正内容

1　総則（施行令第1章）
(1)　企業集団の範囲とこれからの除外
　ア　韓国独占禁止法は，我が国独占禁止法と極めて類似した構成を有しているが，両者の最も大きな違いの一つは，企業集団なる概念を規定し，これに対する特段の規制を加えているか否かにあると言えるであろう。韓国法は，法律上，企業集団の定義をおき（法2条2号），その具体的基準を施行令に定めてい

る（令新3条，新3条の2）。このような規制を行う背景には，韓国経済の特徴である財閥の存在があることを指摘しないわけにはいかない。

まず，法律上，企業集団とは，同一人（自然人に限らず，会社である場合も含む。）が施行令の定める基準により事実上その事業内容を支配する会社の集団をいう（法2条2号）。この規定を受けて，施行令は，同一人が事実上その事業内容を支配する会社について，その基準を定めている（令3条）。

97年施行令改正では，この3条の規定が全文改正され，次のとおりとされた。

同一人が事実上その事業内容を支配する会社とは，次のいずれかに該当する会社をいう（令3条）。

① 同一人が単独に又は同一人関連者と合わせて，当該会社の発行済株式総数の30パーセント以上を所有し，かつ，最多出資者である会社（令3条1号）

ここにいう同一人関連者とは，同一人と深い関係を有する者であり，具体的には，次のとおりである（令3条1号(1)から(5)まで）。

　(ア) 親族（配偶者，8親等以内の血族，4親等以内の姻族）

　(イ) 同一人が単独に又は同一人関連者と合わせて最多出資者となり，又は同一人若しくは同一人関連者のうち一の者が設立者である非営利法人又は団体（法人格のない社団又は財団）

　(ウ) 同一人が，直接又は同一人関連者を通じて役員の構成又は事業運営等について支配的影響力を行使している非営利法人又は団体

　(エ) 同一人が令3条の規定により事実上事業内容を支配する会社

　(オ) 同一人又は同一人と(イ)から(エ)までの関係に該当する者の使用人

また，右30パーセントの所有比率を算定するにあたっては，議決権のない株式（韓国商法370条）は除かれる（令3条1号柱書）。

② 次のいずれかに該当する会社であって，当該会社の経営について相当の影響力を行使していると認められるもの（令3条2号）。

　(ア) 同一人が，他の主要な株主との契約若しくは協議により代表理事を任免，又は役員の50パーセント以上を選任し，若しくは選任することのできる会社

　(イ) 同一人が，直接又は同一人関連者を通じて当該会社の組織変更若しく

は新規事業への投資等主要な議事の決定若しくは業務の執行に支配的影響力を行使している会社
　㈼ 同一人が支配する会社（同一人が会社である場合には，同一人を含む。）と当該会社との間に，次のいずれかの人事交流がある会社
　　(a) 同一人が支配する会社と当該会社との間に，役員の兼任がある場合
　　(b) 同一人が支配する会社の役員又は職員が，当該会社の役員として任命されたことがあり，同一人が支配する会社に復職する場合（当初の会社への復職に限らない。）
　　(c) 当該会社の役員が同一人が支配する会社の役員又は職員として任命されたことがあり，当該会社又は当該会社の系列会社（法2条3号）に復職する場合
　㈽ 通常の範囲を超えて，同一人又は同一人関連者と資金，資産，役務等の取引をし，又は債務保証をし，若しくは債務保証を受けている会社，その他当該会社が同一人の企業集団の系列会社であると認めることのできる営業上の表示行為をする等社会通念上経済的同一体であると認めることのできる会社

　右3条の改正は，旧規定に比し，さほど大きな内容の変更はないが，旧規定では，令3条のほか，「企業集団の範囲に関する審査要領」においても，より詳細な基準を設けていた。このため，企業集団の範囲についての基準をより明確かつ透明にする趣旨から，右審査要領の内容を施行令に規定することとし，本条の改正にいたったものである[2]。

　イ　一方，右3条の規定に該当する場合であっても，株式又は財産の所有関係等からみて[3]，当該会社の事業内容を支配していると認めることができないものについては，企業集団の範囲から除外することとされていた。この企業集団からの除外に関する基準は，従来は「企業集団の範囲に関する審査要領」に規定されていたが，97年改正により，これを施行令に規定することとし，新たに3条の2が設けられた。この審査要領から施行令3条の2への移行にあたっては，先の3条の場合と異なり，その内容に実質上かなりの変更が加えられ，同一人の親族が事実上独立して経営していると認めて企業集団の範囲から除外する基準がかなり緩和されている[4]。これは，同一の大規模企業集団に属する

親族間の会社であっても，できるだけ系列関係が分離されるような制度的仕組みを導入しようとする趣旨によるものでる[5]。3条の2の新設にあたっては，右の経緯があるため，その内容が確定するまで，かなりの紆余曲折があったが[6]，最終的に次のとおりとされた。

① 公正取引委員会は，次のいずれかに該当する会社であって，同一人がその事業内容を支配していないと認めるときは，令3条（企業集団の範囲）の規定にかかわらず，利害関係者の要請により，当該会社を同一人が支配する企業集団の範囲から除くことができる（令3条の2第1項）。

(ア) 出資者間の協議，契約等により，次のいずれかの者以外の者が事実上経営していると認められる会社
  (a) 同一人が任命した者
  (b) 同一人と令3条1号(1)又は(5)の関係にある者

(イ) 次の各要件（独立経営認定基準）を備えた会社であって，同一人の親族が当該会社を独立して経営していると認めることのできる会社
  (a) 同一人が支配する企業集団から除くことを要請した各会社（親族側系列会社）について，同一人及び同一人関連者〔親族側系列会社を独立して経営するもの（独立経営者）及び独立経営者の要請により公正取引委員会が同一人関連者の範囲から分離することを認める者を除く。〕が所有する株式の合計が，各会社の発行済株式総数の3パーセント未満であること（株式上場法人でない会社の場合には，10パーセント未満）。
  (b) 同一人が支配する各会社（同一人側系列会社：同一人が支配する企業集団から親族側系列会社を除いたもの）について，独立経営者及び独立経営者と令3条1号各目の一に該当する関係にある者が所有する株式の合計が，各会社の発行済株式総数の3パーセント未満であること（株式上場法人でない会社の場合には，15パーセント未満）。
  (c) 同一人側系列会社と親族側系列会社の間に，役員の相互の兼任関係がないこと。
  (d) 同一人側系列会社と親族側系列会社の間に，債務保証又は資金貸借関係がないこと（但し，正常な範囲内のものは除く。）。

(e) 最近1年間の各同一人側系列会社の売上総額又は購入総額に占める親族側系列会社に対する売上額又は購入額の比率が，それぞれ50パーセント未満であること（各親族側系列会社の売上総額又は購入総額に占める同一人側系列会社に対する売上額又は購入額の比率についても同様）。
② 公正取引委員会は，国又は地方自治団体と共同して事業を遂行している会社であって，次の各要件を備え，経済力集中のおそれがないと認める会社については，令3条の規定にかかわらず，利害関係者の要請により，同一人が支配する企業集団の範囲からこれを除くことができる（令3条の2第2項）。
㋐ 国又は地方自治団体が当該会社の発行済株式総数の20パーセント以上を所有していること。
㋑ 他の会社との間に，相互の出資関係がないこと。
㋒ 他の会社に対する出資総額が当該会社の純資産額の25パーセント以下であること。
㋓ 他の会社に対する債務保証がないこと。

右①又は②に該当する会社が，たとえ令3条の規定に該当し企業集団の範囲に含まれ得る場合であっても，これから除外される会社である。右のうち，①については，株式所有比率3パーセント，同10パーセント及び同15パーセント並びに売上（購入）高比率50パーセントを決めるにあたり，施行令改正作業の過程でかなりの紆余曲折があり，また，②については，公正取引委員会の当初案にはなく，検討過程の途中で追加されたものである[7]。

また，公正取引委員会は，①又は②により，同一人が支配する企業集団の範囲から除いた会社が，その除外要件に該当しなくなったときは，職権又は利害関係者の要請により，その除外決定を取り消すことができる（令3条の2第3項）。

更に，利害関係者が，右①㋑により，同一人が支配する企業集団から除くことを要請しようとするときは，証券管理委員会が指名した監査人が作成した当該会社の監査報告書を公正取引委員会に提出しなければならないこととされた（令3条の2第4項）。この規定は，従来の「企業集団の範囲に関する審査要領」にはなかったものであり，実質的に新設された規定である。

なお，右令3条の2第4項の規定は，改正施行令の施行から9ケ月遅れて，98年1月1日から適用される（令附則2条）。

(2) 市場支配的事業者の要件等

ア　市場支配的事業者によるその地位の濫用禁止については，法律，施行令とも，それぞれその第2章に詳細な規定をおいているが，市場支配的事業者の定義については，ともに第1章に規定している。

市場支配的事業者とは，同種又は類似の商品又は役務（以下「商品又は役務」）の供給において，市場占拠率が次のいずれかに該当する場合であって，大統領令に定める要件に該当する事業者をいう（法2条7号）。

① 　1の事業者の市場占拠率が50パーセント以上
② 　3以内の事業者の市場占拠率が75パーセント以上。但し，10パーセント未満の事業者を除く。

法のこの規定を受けて，施行令は，法2条7号にいう大統領令に定める要件に該当する事業者とは，商品又は役務の最近1年間に国内に供給された金額（商品又は役務に対する間接税を除く額）が1,000億ウォン以上である市場において，当該商品又は役務を供給する事業者をいうとし，但し，次の各要件を備えた事業者であって，法3条の2（市場支配的地位の濫用禁止）の規定による濫用行為のおそれがないと公正取引委員会が認めた事業者を除くとしている（令4条1項）。右の要件とは，次のとおりである。

① 　充分に開放されており，参入制限のない市場において，商品又は役務を供給すること（同項1号）。
② 　令7条（市場支配的事業者の指定及び告示）の規定による市場支配的事業者としての指定告示日以前2年間に，実質的に価格引上げをした事実がないこと（同項2号）。
③ 　指定告示日以前2年間に，市場支配的地位の濫用（法3条の2），不当な共同行為（法19条）又は優越的地位の濫用（法23条1項4号，不公正取引行為の一つ）の各禁止行為を行い，是正措置を命じられた事実がないこと（同項3号）。

右令4条の市場支配的事業者の要件に関する規定は，97年施行令改正において改正されたものであり，改正の要点は，次のとおりである。

① 市場支配的事業者の市場要件を従来の500億ウォンから1,000億ウォンに引き上げたこと。
② 一定の要件を満たし，その地位の濫用行為のおそれがないと公正取引委員会が認めた事業者を，市場支配的事業者の指定から除外することとしたこと。

右改正の趣旨は，海外との競争が充分に確保され，参入制限がない市場において，公正な競争を行っている国内事業者が市場支配的事業者として指定されないようにすることにより，国内事業者が海外事業者と自由に競争できるようにし，企業の活力回復の環境を整備しようとすることにある[8]。

イ　右改正により，韓国公正取引委員会は，97年4月1日，市場支配的事業者指定除外審査指針及び同申請要領を制定し告示した。その内容は次のとおりである[9]。

(ｱ)　市場支配的事業者指定除外選別基準
　① 市場の開放性及び参入制限要件（令4条1項1号）
　　次の要件を満たすこと
　　ア　輸入品の国内市場占拠率が
　　　a　10パーセント以上，又は
　　　b　5パーセント以上であって，最近6ケ月間において，月別輸入額増加率が継続して国内総供給額増加率を超過していること。
　　イ　当該品目が輸入先多角化品目に該当しないこと。
　　ウ　当該品目の市場において，許可又は認可，政府の関与，行政指導，事業者団体による自主規制等事業者の新規参入を制限する制度が存在しないこと。
　② 価格引上げ要件（令4条1項2号）
　　市場支配的事業者指定・告示日以前2年間に，税引前工場渡出荷価格を引き上げていないこと。但し，当該製品の価格を維持している場合であっても，容量等を減少させるときは，実質的に価格を引き上げたものとみなす。
　③ 法違反事実要件（令4条1項3号）
　　市場支配的事業者指定・告示日以前2年間に，市場支配的地位の濫用

行為（法3条の2），不当な共同行為（法19条）又は優越的地位の濫用行為（法23条1項4号）を行い，公正取引委員会から是正措置命令を受けた事実がないこと
  (イ) 指定除外の効力について
   市場支配的事業者の指定からの除外は，市場支配的事業者の指定の場合と同様，最長1年間有効であるので，指定除外を受けた事業者が独占禁止法に違反するときは，翌年，市場支配的事業者に指定され，同法による規制を受けることとなる。
  (ウ) 申請要領
   市場支配的事業者の指定要件に該当する事業者は，今回告示される申請についての書式に，財務諸表，価格変動資料等を添付して，市場支配的事業者の指定からの除外を申請することができる。
 ウ 公正取引委員会は，97年4月1日，改正施行令施行下での初めての市場支配的事業者の指定を行い，これを告示した。しかし，これは，令4条1項柱書の市場規模要件（法2条7号の市場占拠率要件も当然に含む。）のみに基づくものであって，同項但書の要件を加味したものではない[10]。

 これによれば，97年度市場支配的事業者は，前年度166品目386事業者から37品目80事業者減少し，129品目306事業者となった。今回の大幅な減少は，施行令改正により，市場規模要件が500億ウォン以上から1,000億ウォン以上へと引き上げられたことによるものである。
 (3) その他の改正内容
 施行令第1章総則中の右以外の改正は，2条（事業の分類等）1項において行われている。但し，これは，統計法の改正に伴うものであって，実質的意味のあるものではない。すなわち，独占禁止法2条1号に列挙される事業の分類は，統計法に基づき統計庁長が告示する韓国標準産業分類によることとされているが（令2条1項），統計法上の根拠規定が同法11条1項から17条（統計資料の分類）1項に変更になったことに伴うものである。

 2 市場支配的地位の濫用禁止（施行令第2章）
 97年施行令改正において，市場支配的事業者に関する重要な改正は，市場支

配的事業者の範囲に関するものであり、これは、第1章総則中第4条（市場支配的事業者の要件等）に規定しており、既に述べたところである。第2章市場支配的地位の濫用禁止における改正は、市場支配的事業者がその地位の濫用行為（法3条の2）をしたときに課される課徴金（法6条）に関する規定等に関するものである。

法6条は、市場支配的事業者が法3条の2各号に列挙する濫用行為をしたときは、公正取引委員会は、当該事業者に対して、施行令に定める売上額の3パーセントの範囲において課徴金を賦課することができることとしている。なお、この場合において、施行令に定める事業者の場合には、売上額とは、営業収益を指すものと規定している。更に、売上額がない場合又は売上額の算定が困難な場合であって施行令に定めるとき（売上額がない場合等）は、10億ウォンを超えない範囲において、課徴金を賦課することができることとされている。

この法6条の規定は、第5次法改正において改正されたものであり、これに伴い、右6条中施行令に定めることとされている3つの事項について施行令に規定されることとなり、これら関係各条の改正が行われた。

まず、令9条は、旧規定を廃止し、新たに、法6条にいう施行令に定める売上額とは、当該事業者の直前の3事業年度における平均売上額（課徴金賦課基準売上額）とすることとした。

令9条の2は、令9条と同様、旧規定を廃止し、新たに、法6条において施行令に定める事業者とは、商品又は役務の対価の合計額を財務諸表等に営業収益等として記載する事業者とすることとした。

令10条も、前2条と同様、旧規定に替えて新設された規定であり、課徴金を賦課する際の売上額がない場合等とは、①営業を開始していないか又は営業を中断する等により、営業の実績がないとき、②事業者が売上額算定資料の提出を拒否するか又は虚偽の資料を提出したとき、及び③その他客観的な売上額の算定が困難なとき、とすることとした。

以上のほか、施行令第2章においては、7条2項について、公正取引委員会が市場支配的事業者の追加指定及び告示をするにあたり、職権又は事業者の申請により行う旨が挿入された。

また、5条（不当な価格決定の基準）において、同条中の法3条の文言が法

3条の2へと修正されている。これは，第5次法改正において，法旧3条が3条の2へと移行したことに伴うものである。

3　企業結合の制限及び経済力集中の抑制（施行令第3章）
(1)　特殊関係人の範囲の拡大

企業結合の制限及び経済力集中の抑制に関する施行令第3章については，かなり多くの規定が改正されている。

まず，特殊関係人の範囲について定めた11条の規定が改正された。旧11条は，企業結合の制限を受ける対象について規定していたが，第5次法改正により，企業結合の制限を受ける対象は，すべての者に拡大されたため，同条は不要となり，特殊関係人の範囲について規定していた旧12条が改正されたうえ，新11条に繰り上げられたものである。

特殊関係人とは，企業結合の競争制限性の判定にあたり，当該企業結合をしようとする者の市場支配力を評価するうえでこれとの関係が考慮される（法7条）など，企業結合の制限及び経済力集中の抑制に関する規定の解釈・運用上，極めて重要な概念である。

特殊関係人の範囲について，令旧12条は，①法2条2号の規定により，当該会社の事業内容を事実上支配する者，及び②右①の者と令3条各号の一に該当する関係にある者，と規定していたが，令新11条は，①当該会社を事実上支配している者，②同一人関係者（但し，令3条の2第1項の規定により，同一人関係者から分離された者を除く。），及び③経営を支配しようとする共同の目的を有し当該企業結合に参加する者，とした。

新旧規定の間に，表現の違いがみられるが，改正の要点は，特殊関係人の範囲について，従来は，同一人の家族，系列会社，非営利法人，これらの使用人としていたのに対し，改正施行令では，これらの者に加えて，新たに第三者と共同の目的で他の会社の株式を取得する者をも含めた点にある。これは，江原銀行等による国民投信の株式買い占め事件を機に，企業結合の制限を適切に行うにおいては，同一人の親姻族や系列会社でなくとも，一定の市場における競争を制限しようとする共同の目的をもって企業結合に参加する者をも，特殊関係人に含める必要があると考えられたからである[11]。

(2) 所有分散優良企業集団の指定要件の改正
　ア　所有分散優良企業集団（令17条2項）とは，大規模企業集団（法9条1項，令17条1項）の指定（法14条，令21条）にあたり，株式所有の分散及び財務構造が優良であるとして，その指定から除外される企業集団をいう。韓国においては，いわゆる財閥が極めて大きな経済力を有しており，このため，韓国独占禁止法は，これを対象に，法律上大規模企業集団なる概念を設けて，特段の規制を行っている（法9条，10条，10条の2，11条，13条）。したがって，企業集団にとり，たとえ大規模企業集団の指定要件である資産総額順位30位以内に入る場合であっても，所有分散優良企業集団として確認されるならば（令17条3項），大規模企業集団に指定されるところとはならず，右の各規制を受けることはない。

　この所有分散優良企業集団の大規模企業集団からの除外制度は，95年4月の施行令改正により導入されたものである。その趣旨は，今後のより一層の国際化，開放化の中で，韓国企業が外国の巨大企業と競争していくには，大規模企業集団においてより一層の所有分散と財務構造の改善を図る必要があると考えられ，これを促進するため，一定の基準に達した企業集団には，大規模企業集団の指定から外してこれに対して課される特段の規制を免除する特典を与えようというものである[12]。95年の施行令改正時，本制度の導入にあたっては，制度の導入それ自体について，各界にこれを問題とする意見はなく，むしろ，所有分散優良企業集団の確認頻度について多く議論がなされた。すなわち，経済界からの主張は，企業ないし企業集団の所有分散努力を常時喚起するため，所有分散優良企業集団の確認は，年1回の大規模企業集団の指定時に限ることなく，その要件を満たしたならば，その都度これを行い，大規模企業集団の指定から除外すべきであるとするものであった。これに対して，公正取引委員会は，企業集団については，それ自体常時変動して止まず，かりに経済界主張の意見を採るならば，法運用上混乱を招き，また，制度悪用の弊害を生ぜしめることともなりかねないとして，右主張を採用することはしなかった[13]。

　イ　右の経緯により生まれた本制度は，97年施行令改正により次のとおりとされた。
　所有分散優良企業集団とは，次の各要件を備えた企業集団とする（令17条2

項)。

① 同一人及び同一人と令3条1号(1)から(3)まで又は(5)の関係にある者が，当該企業集団に属する会社の払込資本金額の合計額の5パーセント未満に相当する株式を所有するもの。但し，同一人が会社である場合には，同一人が所有している株式は，これを除く（同項1号（旧1号））。

② 同一人及び同一人関連者が，当該企業集団に属する会社の払込資本金額の合計額の25パーセント未満に相当する株式を所有するもの（同項1号の2（旧1号））。

③ 当該企業集団に属する会社の自己資本の額の合計額が，資産総額の合計額の20パーセント以上であるもの（同項2号（旧2号））。

④ 当該企業集団に属する上場法人の資本金額の合計額が，当該企業集団に属する会社の資本金額の合計額の60パーセント以上であるもの（同項3号（旧3号））。

これを従来の規定と比較すれば，右①の5パーセント及び②の25パーセントの比率は，旧施行令では，それぞれ10パーセント及び20パーセントであったものである。これは，経済力集中抑制の各種規制を受けない所有分散優良企業集団の要件のうち，同一人及び特殊関係人の株式所有比率要件については，10パーセント未満から5パーセント未満へと強化し，一方，系列会社を含む企業集団全体の株式所有比率要件については，20パーセント未満から25パーセント未満へと緩和したものである[14]。

また，右の所有分散優良企業集団の要件の改正に併せて，これの確認手続についても改正が行われ，次のとおりの規定がおかれた。

所有分散優良企業集団の確認を受けようとする企業集団は，公正取引委員会の定めるところにより，各所属会社の株式所有及び財務構造の状況等について記載した申請書に，所属会社全体を結合した財務諸表等財務状況及び取引の内訳を表す書類（公認会計士又は会計法人による監査結果が記載されていることを要す。）を添付して，公正取引委員会に提出しなければならない（令17条3項）。

これは，旧規定に比し，企業集団所属会社全体を連結した財務諸表等を新たに提出せしめることとした点に意義がある。

なお，改正後の右令17条3項の規定は，改正施行令の施行から9ケ月遅れて，

98年1月1日から適用された（令附則2条）。

　ウ　所有分散優良企業集団の制度導入から改正にいたる経緯は，右のとおりであるが，これに該当する企業集団はこれまでのところ生じていない。

　公正取引委員会は，97年4月1日，大規模企業集団及び債務保証制限大規模企業集団（法10条の2，令17条4項）の指定を行ったが，これらの指定要件である資産総額順位30位までの企業集団のうちに，所有分散優良企業集団に該当するものはなく，したがって，これら30企業集団は，すべて大規模企業集団（同時に債務保証制限大規模企業集団に該当）に指定された。

(3)　協力中小企業に対する出資総額制限制度の適用除外範囲の拡大

　出資総額制限制度（法10条）は，経済力集中抑制制度の中核の一端を担っている。同制度は，大規模企業集団所属会社による他の国内会社への出資総額を，一定の額以下に抑えようとするものであり，法律上，出資総額（他の国内会社の株式の取得価額の合計額）は，当該会社の純資産額の25パーセント相当額以下でなければならないこととされている（法10条1項柱書）。

　しかし，この制度は，経済の国際化・開放化が進む中で，時には障害となる場合のあることがかねてから指摘されてきており[15]，第3次法改正において，部品生産中小企業（協力中小企業）との技術協力関係を維持するための出資等産業の国際競争力強化のために必要な場合が，本制度の適用除外の一つに追加された（法10条1項5号）。更に，第4次法改正では，この適用除外の期間は，それまでの5年から7年へと延長された。

　令17条の2は，右の産業の国際競争力強化のために必要な場合について，具体的に規定しており，同条1号は，協力中小企業に対する出資の適用除外に関する規定である。本適用除外は，これまで，原料又は部品を生産し供給する中小企業との技術指導及び協力関係を維持するために，当該中小企業の株式を，発行済株式総数の10パーセントの範囲において取得し又は所有するとき，とされていたが，97年改正により，原料若しくは部品を生産し供給する中小企業との技術指導及び協力関係を維持するためにする場合，又は産業構造の調整のために一部の事業を系列会社でない中小企業に譲渡するためにする場合であって，当該中小企業の株式を発行済株式総数の20パーセントの範囲において取得し又は所有するとき，へと改正された（令17条の2第1号）。

これは，適用除外となる協力中小企業への出資について，株式所有比率を10パーセント以下から20パーセント以下へと緩和すると同時に，新たに，産業構造調整のためにする出資についても，20パーセントの範囲内で適用除外するものである。この産業構造調整のための出資は，韓国公正取引委員会の当初案にはなく，その後の検討過程において追加されたものである[16]。

(4) 所有分散優良会社の要件の改正

ア　所有分散優良会社（法10条3項，令17条の4）とは，大規模企業集団に属する会社であって，株式所有の分散及び財務構造等が優良であるとされる一定の基準を満たす会社をいう。所有分散優良会社は，出資総額制限規定（法10条1項）の適用を受けない。

企業集団のうち，所有分散優良企業集団は，たとえ資産総額順位が大規模企業集団の指定要件たる30位以内に入ろうとも，これに指定されず，経済力集中抑制のための各種規制（法9条，10条，10条の2，11条，13条）を受けることはない。所有分散優良会社に対する出資総額制限制度の適用除外は，その属する企業集団が所有分散優良企業集団の要件を満たさず，大規模企業集団に指定され，経済力集中抑制のための右の各規制を受けることとなる場合であっても，個々の会社ごとにみれば，所有の分散及び財務構造等の点で優良な会社に対して，出資総額制限規定を適用しないこととするものである。これは，大規模企業集団傘下の会社に対して，所有の分散，財務構造改善への誘因を与えるため設けられたものである。

本適用除外制度は，第4次法改正において導入されたものであり，その直後の95年施行令改正時，導入にあたって，多くの議論がなされた[17]。一つは，上場会社のほか，非上場会社をも所有分散優良会社として認めるか否かに関するものであった。経済界側の主張は，所有分散が主たる目的であるならば，上場・非上場の区分は重要でなく，したがって，非上場会社であっても，要件を満たすならば，所有分散優良会社に指定せよというものであった。これに対して，公正取引委員会は，株式所有の分散のためには，会社は公開されているを要し，かりに公開されないならば，分散状況の確認は困難になるとして，経済界の主張を容れず，結局，上場会社であることが要件とされた。次は，所有分散優良会社の指定時期に関するものであった。経済界側の主張は，前述の所有

分散優良企業集団の場合と同様，所有分散努力を一層喚起するためにも，要件を満たす会社が現れたときは，年度内のいかなる時であっても，所有分散優良会社に指定せよというものであった。これに対して，公正取引委員会は，前述の所有分散優良企業集団の場合と異なり，経済界の主張をおおむね採り入れ，施行令に定める所有分散優良会社指定申請規定（令17条の4第2項）において，公正取引委員会の定めるところにより，企業の決算時期に合わせて，年4回の申請を可能にすることとした。

イ 右のような経緯を経て導入された本制度について，97年施行令改正においては，所有分散優良会社の要件及び指定手続に，改正が行われた。

まず，要件については，旧規定は，次のとおりとなっていた（令17条の4旧1項）。

① 上場会社であって，同一人及び特殊関係人の株式所有比率が8パーセント未満であり，かつ，系列会社を含む企業集団全体の株式所有比率が15パーセント未満であること（同項1号）。
② 自己資本比率が20パーセント以上であること（同項2号）。
③ 主力企業等経済力集中に影響を及ぼすおそれのある会社でないこと（同項3号）。

なお，右にいう主力企業[18]とは，通商産業部長官が策定した業種専門化誘導施策により業種を専門化するよう選定された企業をいう（令17条の2旧3号，改正施行令では，同号は削除）。

要件に関する右規定は，97年改正により，次のとおりとされた（令17条の4第1項）。

株式上場会社であって，
① 同一人及び特殊関係人の株式所有比率が5パーセント未満であること（同項1号）。
② 系列会社を含む企業集団全体の株式所有比率が20パーセント未満であること（同項2号）。
③ 自己資本比率が25パーセント以上であること（同項3号）。

右改正は，産業界の現実に適うようにするため行ったものとされており[19]，改正点は，①同一人及び特殊関係人の株式所有比率については，8パーセント

未満から5パーセント未満へ強化したこと，②系列会社を含む企業集団全体の株式所有比率については，15パーセント未満から20パーセント未満へ緩和したこと，③自己資本比率については，20パーセント以上から25パーセント以上へ強化したこと，及び④主力企業等でないこととの要件を削除したこと，にある。

これらのうち，②については，第4次法改正直後の95年施行令改正の際に，経済界からは20パーセント未満，公正取引委員会からは10パーセント未満を主張する案がそれぞれ提示され，結局，15パーセント未満に落ち着いた経緯があるところ[20]，97年施行令改正により，20パーセント未満となったものである。

③については，自己資本比率を更に高めるよう誘導するための改正であり，当初案では，30パーセント未満となっていたものが，25パーセント未満とされ，結局，5パーセントの強化にとどまったものである[21]。

④については，95年施行令改正の際に，経済界から既に，主力企業と言えどもこれに所有分散優良会社たり得る資格を与えるべしとの主張がなされており，これに対しては，公正取引委員会が主力企業による他の会社への過度の出資を懸念し，前述の旧規定が制定された経緯があるところ[22]，97年施行令改正により，先の経済界の主張が認められた結果となったものである。

次に，所有分散優良会社の指定手続については，次のとおりの改正が行われた。

旧規定は，所有分散優良会社の指定を受けようとする会社に対して，所定の申請書の提出を義務づけるだけであったが，97年改正により，これに加えて，証券管理委員会が指名した外部監査人（株式会社の外部監査による法律4条の3）による監査報告書の提出も義務づけられた（令17条の4第2項）。

なお，右監査報告書の提出義務は，本改正施行令の施行から9ケ月遅れて，98年1月1日から生ずることとされた（令附則2条）。

ウ　所有分散優良会社は，改正前の施行令の下で，既に13社が指定されており，また，改正施行令施行直後の97年4月1日には，更に7社が新たに指定されたので，この当時，計20社となっていた。

(5)　企業結合届出基準の引上げ

ア　企業結合について，第5次法改正前の旧法は，企業結合の制限を受ける対象を，資本金額50億ウォン以上又は資産総額200億ウォン以上の会社とし

(法7条旧1項，令旧11条1項），これに該当する会社すべてに対して，企業結合の届出を義務づけていた（法12条旧1項）。改正法は，これを改め，企業結合の制限を受ける対象をあらゆる者に拡大し（法7条新1項），一方，企業結合の届出義務を課す対象については，施行令に定める基準に該当する会社（企業結合届出対象会社）とすることとした（法12条新1項）。この規定を受けて，改正施行令では，企業結合届出対象会社は，資産総額又は売上額が1,000億ウォン以上の会社とされた（令18条1項）。

右改正は，届出の対象とする基準に若干の変更（法12条，資本金額又は資産総額から資産総額又は売上額へ）があるものの，企業結合届出対象会社の下限を引き上げるものであり，これにより，届出件数の減少が予定された[23]。

イ　企業結合の届出に関しては，右のほか，次の改正が行われている。

㈎　企業結合届出代理人（法12条8項）の指定等について，その手続に関する規定が改正された（令19条）。

㈏　株式所有状況等の届出（法13条1項）について，その内容を定めた規定に，若干の改正が行われた（令20条）。

㈐　債務保証状況等の届出（法13条2項）について，その内容を定めた規定に，若干の改正が行われた（令20条の2）。

(6)　脱法行為の類型及び基準の明確化

ア　令21条の3は，企業結合の制限及び経済力集中抑制の各規定について，脱法行為の類型及び基準を定めており，97年施行令改正により新設された規定である。その根拠規定は，第5次法改正により新設された法15条2項であり，同項は，同条1項が禁止する各脱法行為の内容について，施行令により定めるとしている。令21条の3は，1項及び2項から成り，1項は脱法行為の内容について，2項は細部基準の制定手続について，それぞれ定めている。

1項は，3号までから成り，各脱法行為の類型及び基準について，1号では大規模会社の行為を，2号では非営利法人又は団体の行為を，3号ではその他の場合を，それぞれ規定している。

以下，これら3つの場合について，順次述べることとする。

イ　大規模会社（法7条4項2号）は，会社の内部組織を利用する等企業結合以外の方法を通じて，次のいずれかに該当する行為をすることにより，一定

の取引分野における競争を実質的に制限するときは，脱法行為に当たるとされる（令21条の3第1項1号）。

① 当該行為により，当該会社の市場占拠率が次の要件に該当することとなるとき（同項1号(1)）。
  (a) 市場支配的事業者の要件
  (b) 当該取引分野において第1位
  (c) 市場占拠率第2位の会社との間の市場占拠率の差異が，25パーセント以上であること。
② 当該行為により，中小企業の市場占拠率が3分の2以上の取引分野において，5パーセント以上の市場占拠率を有することとなるとき（同項1号(2)）。
③ 大規模かつ必須の商品又は役務の生産に参与する行為（同項1号(3)）

右のうち，①及び②は，第5次法改正により新設された法7条4項に定める要件と実質的に同じである。法7条4項は，競争の実質的制限についての推定規定であり，同項1号は右①に，同項2号は右②に，それぞれ相当する。もっとも，法7条4項1号は，大規模会社に限らず，あらゆる者に対して適用される規定であり，したがって，右①は，大規模会社が右要件に該当する行為を会社の内部組織を利用する等企業結合以外の方法を通じて行うことを脱法行為とする点に意義があると言えよう。一方，法7条4項2号は，もともと大規模会社に対してのみ適用される規定であるので，右②は，これに該当する会社が右と同様の方法により行う場合を脱法行為とすることとしたものである。

なお，右にいう大規模会社とは，新設された令12条の2の規定により，資本総額又は売上額が2兆ウォン以上の会社を指すこととされた。大規模会社に対する法7条4項2号の規制は，これらの会社による中小企業分野への進出をできるだけ抑えようとの趣旨によるものであるとされており[24]，また，右①及び②の規制は，大規模会社が企業内部組織を通じて新規事業や中小企業分野へ進出し競争を制限する行為を禁止しようとするものである[25]。

次に，令21条の3第1項2号は，非営利法人又は団体が株式所有による国内会社の事業内容の支配を主たる事業とすることを，脱法行為に当たるとする。これは，公益法人等が他の会社の株式を所有することにより事実上持株会社と

して活動することを禁止しようとするものである(26)。

令21条の3第1項3号は，右に述べた同項1号又は2号の行為に準ずるものについて，公正取引委員会が告示したものを脱法行為とする。

(7) 業種専門化誘導施策に対する出資総額制限制度の適用除外の廃止

法10条1項5号は，産業の国際競争力強化のための出資を，出資総額制限の適用除外の一つとして認めている。令17条の2は，この適用除外の要件を具体的に定めており，その一つである協力中小企業に対する出資についてその範囲が拡大されたことは，既に述べたとおりである（同条1号）〔前記(3)参照〕。97年施行令改正では，令17条の2に更に改正が行われ，同条3号の規定が削除された。

令17条の2第3号は，①上場法人のうち主力企業（各大規模企業集団において通商産業部長官が策定した業種専門化誘導施策により業種を専門化するよう選定された企業）でない企業が，同一企業集団に属する主力企業の新株を保有するとき，及び②上場法人である主力企業（資産総額順位が1位から5位までの企業集団に属する会社を除く。）が，同一企業集団に属する企業のうち同一の主力業種を営む企業であって，専業率が70パーセント以上であるものの新株を保有するときを，出資総額制限の対象から除外するというものであった。

これは，通商産業部長官が所管する工業発展法に基づく業種専門化誘導施策に連動した規定であり，韓国企業の国際競争力強化を目的に，95年4月の施行令改正により導入されたものである。すなわち，韓国企業が今後外国の巨大企業と競争していくには，各財閥は，その業種を専門化する必要があるとの認識に立ち，独占禁止法上，大規模企業集団所属会社間の出資について，①非主力企業の資源をできるだけ主力企業に集中するとともに，②主力企業の出資を自己の関連業種へ誘導しようとするものである(27)。ここにいう主力企業及び主力業種とは，元来工業発展法上の概念であり，各財閥内において，専門化するよう選定された企業又は業種をいい，工業発展法等に基づく各種の特典が与えられる(28)。主力業種は，上位10集団については3以内，その他の集団については2以内とされており，上位集団はいわゆる基幹産業を，その他の集団は商業・運送等を主力業種とするものが多い(29)。95年施行令改正時，独占禁止法上の制度として，業種専門化誘導施策に対する出資総額制限制度からの適用除

外を認めるにあたっては，上位5大集団の主力企業に対しても，これを認めるか否かが焦点となった[30]。5大集団側の主張は，これら集団の主力企業に対しても適用除外を認めることを求めるものであったが，公正取引委員会は，これら集団については，その経済力が大きく，これを認めるときは，業種専門化の効用よりも，経済力集中の弊害が大きくなるとして，これを認めなかった。

以上の経緯を経て導入された業種専門化誘導施策についての適用除外は，97年施行令改正において，導入からわずか2年にして廃止されることとなった。

(8) その他の改正内容

企業結合の制限及び経済力集中の抑制に関する主な改正は，以上のとおりであるが，このほか，次の改正が行われた。

　ア　令旧12条に替えて，新12条を設け，法7条及び12条にいう資産総額及び売上額について，その具体的内容が定められた（令12条）。

　イ　令12条の2を新たに設け，法7条4項2号にいう大規模会社は，資産総額又は売上額が2兆ウォン以上の会社とすることとされた（令12条の2）。

　ウ　第5次法改正において，債務保証制限制度（法10条の2）は，強化されたが，一方，97年施行令改正では，これの適用除外となる国際競争力強化のための事例が新たに2つ追加された（令17条の5第2項5号，6号）。

　エ　第5次法改正において，公正取引委員会による関係機関に対する資料の確認要求等の規定が新設されたのに伴い（法14条の3），97年施行令改正では，関係機関の範囲を定める規定が新設された（令21条の2）。

　オ　第5次法改正及び97年施行令改正において，課徴金規定が整備されたのに伴い，企業結合及び経済力集中の抑制に関する規定違反に対する課徴金の徴収手続についてのみ定めていた令23条は，削除された。

　カ　更に，令17条及び令21条の規定にも，若干の改正が加えられている。

4　不当な共同行為の制限（施行令第4章）

(1) 申告者に対する減軽又は免除

不当な共同行為の制限に関して，第5次法改正における最重要改正点は，申告者に対する減軽又は免除制度の導入であった。改正法は，新たに規定を設けて，公正取引委員会は，不当な共同行為をした事業者がその事実を同委員会に

申告したときは，当該申告者に対して，是正措置（法21条）及び課徴金（法22条）を減軽し又は免除することができることとした（法22条の2第1項）。

97年施行令改正では，右の規定を受けて，減軽又は免除の基準，程度等に関する規定が新設された。それによれば，申告者に対する減軽又は免除は，次の各要件を満たす場合に限り，することができることとされている（令35条1項）。

① 公正取引委員会が，当該共同行為についての情報を入手していないか又は情報を入手していても充分な証拠を確保することができない状況において，申告する場合（同項1号）
② 当該共同行為をした事業者のうち，最初に自ら進んで申告し，不当な共同行為の立証にあたり，必要な証拠を提供し，調査が完了するときまで協力した場合（同項2号）
③ 申告者が，当該不当な共同行為の主導的役割を果たしたものではなく，他の事業者に対して不当な共同行為をするよう強要した事実がない場合（同項3号）

独占禁止法執行機関にとって，実務上最大の課題は，言うまでもなく違反行為の立証にある。競争法規が国際的に浸透すればするほど，逆に違反行為は巧妙化し，法執行機関にとり，これの立証は，ますます困難となっていく。韓国独占禁止法の右改正は，韓国公正取引委員会においても右の困難に直面していることを示すものと言ってよく，また，現実との妥協の産物であるとみることもできるであろう。

なお，減軽又は免除の対象となる是正措置とは，具体的には，新聞への公表命令などが予定されている[31]。

右令35条の規定は，旧35条の規定に替わって新設されたものであり，課徴金の徴収手続について規定していた同条は，97年施行令改正における課徴金規定の整備に伴い，令第3章から削除された。

(2) その他の改正内容

不当な共同行為の適用除外は，法律の上では，これまで不当な共同行為を禁止する法19条の但書として規定されていた。しかし，第5次法改正において，右適用除外の規定は，法19条1項から同条2項へと移行したため，97年施行令改正においても，これに伴う規定の整備が行われた。

まず，令24条に，共同行為の認可要件についての規定がおかれた。これに伴い，産業の合理化のための共同行為の要件について規定していた旧24条は，新24条の2へ，研究，技術開発のための共同行為の要件について規定していた旧24条の2は，新24条の3へと，それぞれ移行している。また，不況克服のための共同行為の要件（令25条），産業構造調整のための共同行為の要件（令26条），取引条件の合理化のための共同行為の要件（令旧28条，新27条），中小企業の競争力向上のための共同行為の要件（令旧27条，新28条），共同行為の認可の限界（令29条），共同行為の認可手続等（令30条），共同行為の認可申請内容の公示（令31条）及び共同行為の実施状況報告（令32条）の各規定は，法律又は施行令の根拠となる条項が右各改正の中でそれぞれ移行するなどしたため，これに伴う改正が行われている。このほか，共同行為の認可申請手続に関しても，いくつかの規定が新設されている（令30条5項・新設，令31条新1項）。

共同行為の認可については，右各規定の改正にかかわらず，韓国公正取引委員会の運用は，極めて厳格である。すなわち，事業者間の共同行為の認可は，法制定以降この時まで，わずか4件を数えるにすぎず，しかも90年代に入ってからは全くない[32]。

5　不公正取引行為の禁止（施行令第5章）

不公正取引行為の禁止に関して，第5次法改正における主要な改正点は，①資金，資産，人力分野における不当な支援行為の不公正取引行為への追加（法23条1項7号・新設），及び②不公正取引行為の類型及び基準について，公正取引委員会指定制度から施行令における規定制度への変更（法23条2項），の2点にあった。これを受けて，97年施行令改正では，不公正取引行為の禁止に関する第5章の中核をなす令36条の規定が全文改正された。

新36条は，次のとおりの内容となっている。

不公正取引行為の類型及び基準（法23条）は，別表のとおりとする（令36条1項）。

公正取引委員会は，必要があると認めるときは，不公正取引行為の類型又は基準を，特定の分野又は特定の行為に適用するために，細部の基準を定めて告示することができる。この場合において，公正取引委員会は，あらかじめ，関

係行政機関の長の意見を聴かなければならない（同条2項）。

右36条2項にいう不公正取引行為の類型又は基準とは，いわゆる特殊指定のことであり，これに対して，すべての分野又は行為に適用されるものがいわゆる一般指定である。このように，一般指定又は特殊指定という俗称を用いる点は，我が国と同様である。

右36条1項の規定に基づき，一般指定は，これまでの公正取引委員会告示から施行令36条1項別表へと移行した。新一般指定は，旧一般指定の内容に，前述のとおり，第5次法改正における法23条1項7号の新設に伴う規定が追加されている。

法23条1項各号に規定する不公正取引行為の7つの行為類型は，施行令36条1項別表の一般指定では，10の大分類，31の行為類型に具体化された。これらのうち，一般指定10項不当な資金，資産又は人力の支援についての3つの行為類型が，第5次法改正により新設された法23条1項7号の行為類型を具体化したものである。韓国公正取引委員会が同委員会発行の「改正された公正取引法及び施行令の主要内容」において施行令主要改正点の10番目に掲げる「不当な支援行為の基準の制定」とは，右法改正に基づく一般指定10項の規定の新設を指すものである。

なお，法23条2項は，不公正取引行為の類型又は基準は施行令により定めるとしているから，一般指定のほか，特殊指定も施行令により定めるもののように考えられるが，特殊指定は，施行令に含まれておらず，かえって，韓国公正取引委員会としては，特殊指定のみはこれまでどおり公正取引委員会告示の形式を維持していく意向であることが窺える[33]。

施行令第5章においては，以上のほか，97年施行令改正における課徴金規定の整備に伴い，同章の課徴金の徴収手続に関する規定であった38条の2の規定が削除された。

6　事業者団体（施行令第6章）

事業者団体について規定する施行令第6章においては，事業者団体の競争制限行為の認可にあたり，事業者間の共同行為の認可手続規定を準用する令40条2項の規定に，右認可手続規定の改正に伴う改正が行われた。

事業者団体の競争制限行為の認可については，韓国公正取引委員会の運用は，極めて厳格であり，認可事例は，80年代に138件あるものの，90年代に入ってからは1件もなく，95年末現在で，右138件のうち，わずかに4件が残っているのみであった[34]。

右のほか，97年施行令改正における課徴金規定の整備に伴い，第6章の課徴金の徴収手続に関する規定であった42条の規定が削除された。

7 再販売価格維持行為の制限（施行令第7章）

韓国独占禁止法は，我が国独占禁止法と異なり，再販売価格維持行為（法第7章）については，不公正取引行為（法第5章）とは別に規定している。このため，施行令においても，これら両者は，別に規定されている。

再販売価格維持行為の制限に関する施行令第7章においては，97年施行令改正における課徴金規定の整備に伴い，同章の課徴金の徴収手続に関する規定であった46条の2の規定が削除された。

8 国際契約の締結制限（施行令第8章）

ア 事業者又は事業者団体は，競争への影響が軽微な場合等を除き，不当な共同行為，不公正取引行為又は再販売価格維持行為に該当する事項を内容とするものであって，大統領令（施行令）に定める国際契約を締結してはならない（法32条1項）。

この規定を受けて，施行令は，法32条1項にいう国際契約の内容を定めている（令47条）。97年施行令改正においては，この令47条の規定に改正が行われ，同条に定める国際契約の範囲が拡大された。その趣旨は，国際契約について，事業者等による公正取引委員会に対する自主的審査要請制度（法33条）を採る韓国独占禁止法制の下で，対象となる国際契約の範囲を拡げることが，国内事業者の利益になるからであるとされている[35]。

右審査要請制度は，第4次法改正により導入されたものであり，それまでは，国際契約の届出制度が採られていた。右改正の背景には，より一層国際化する経済社会にあって，国際契約の届出制は，韓国企業に不必要な負担を強いるのみならず，国内契約について届出制が採られていないこととの均衡を欠くとし

て，これを廃止し，代わって，事業者等が自主的にその締結する国際契約の適否を公正取引委員会に審査要請できるようにしようとの考え方があった[36]。このように，令47条に定める国際契約は，締結禁止の対象となり得るものであると同時に，事業者等がその適否を公正取引委員会に審査要請し得る対象ともなっている。

　右のように，締結禁止及び審査要請の対象となり得る国際契約の範囲について，97年施行令改正における主要な改正点は，次のとおりである（令47条）[37]。

① 産業財産権導入契約について，従来は，契約期間が3年以上のものを対象としていたが，これを廃止し，すべてのものを対象とした（同条1号）。

② 新たに，フランチャイズ導入契約及び共同研究開発協定を対象に含めた（同条4号，5号）。

③ 著作権導入契約について，従来は対象から除かれていた書籍，レコード及び映像に関するものを新たに対象に含め，更に，コンピュータープログラムに関するものも含まれる旨明記した（同条新2号，旧1号）。

　右のうち，①について，対象となる産業財産権導入契約の期間を3年以上のものに限るとしたのは，95年施行令改正においてであった。その際，右期間について，外資導入法上の技術導入契約の場合と統一を図るか否かが大きな議論となったが，国際契約の90パーセント以上が3年以上のものであるとして，原案どおりの3年に落ち着いたものである[38]。しかし，97年施行令改正において，この期間の限定が廃止され，すべての産業財産権導入契約が対象となったことは，前述のとおりである。また，95年改正においては，右のほかに，97年施行令改正の対象とはならなかった令48条3項の期間についても大きな議論がなされた。同項は，公正取引委員会が審査要請を受けたときに，正当な事由がある場合を除き，審査要請を受けた日から20日以内に，その結果を審査要請人に通知すべきことを規定している。95年改正時，同項を定めるにあたり，この期間を10日にすべしとの有力な意見があったが，公正取引委員会は，審査結果は法解釈上も先例となるものであって，慎重な検討を要するとして，右意見を容れなかった[39]。

　以上のような95年及び97年改正を経て，新たに規定された令47条は，法32条1項にいう施行令に定める国際契約について，次のとおり定めることとなった。

① 産業財産権導入契約（同条1号）

特許権，実用新案権，意匠権，商標権と同様の産業財産権の実施権又は使用権を導入する契約

② 著作権導入契約（同条2号）

書籍，レコード，映像又はコンピュータープログラム等の著作権を導入する契約

③ ノウハウ導入契約（同条3号）

営業秘密，その他これと類似する技術に関する権利の実施権又は使用権を導入する契約

④ フランチャイズ導入契約（同条4号）

加盟事業の形態により，加盟本部の営業標識を使用して，商品若しくは役務の提供又は事業経営の指導を目的に，加盟事業の実施権又は使用権を導入する契約

⑤ 共同研究開発協定（同条5号）

⑥ 輸入代理店契約（同条6号）

商品の輸入又は役務の導入に関して，継続して取引することを目的とする輸入代理店契約であって，契約期間が1年以上のもの

⑦ 合弁投資契約（同条7号）

イ　韓国独占禁止法は，法32条の規定に基づき，令47条で，締結制限及び審査要請の対象となる国際契約の範囲を定めるとともに，その行為内容である不当な共同行為，不公正取引行為及び再販売価格維持行為の類型及び基準について定めることとしている(法32条1項，2項)。

右の類型及び基準は，公正取引委員会告示により定めることとされており(法32条2項)，この規定に基づき制定されているのが「国際契約上の不公正取引行為等の類型及び基準」である。

ウ　97年施行令改正においては，更に，国際契約を締結した者が公正取引委員会に審査要請する場合の契約締結日から審査要請する日までの期間について，改正が行われた（令48条2項）。右期間は，これまでの30日以内から60日以内へと延長されている。

また，97年改正における課徴金規定の整備に伴い，第8章の課徴金の徴収手

続に関する規定であった令49条は削除された。令49条は，削除に伴い，第9章公正取引委員会の運営の章へ移行し，小会議の構成との条名の下に，新49条となっている。

9　公正取引委員会の運営（施行令第9章）

　第5次法改正において，公正取引委員会の会議は，議事の効率化を図るため，委員全員から成る全員会議と常任委員1人を含む委員3人から成る小会議に区分された（法37条の2）。これを受けて，97年施行令改正では，小会議の構成について定めた令49条と，小会議の業務分掌について定めた令50条とが新設された。

　まず，令49条は，次のとおりとなっている。

　公正取引委員会に，5以内の小会議をおく（令49条1項）。

　公正取引委員会委員長は，各小会議の構成委員を指定し，必要があるときは，構成委員を変更することができる（同条2項）。

　公正取引委員会委員長は，各小会議の構成委員に，特定の事件について，除斥，忌避又は回避に該当する事由があるときは，当該事件を他の小会議において審議させるようにし，又は当該事件に限り他の小会議の委員をその小会議の委員に指定することができる（同条3項）。

　次に，令50条は，次のとおりとなっている。

　公正取引委員会委員長は，各小会議の分掌業務を指定し，必要があるときは，分掌業務を変更することができる（令50条）。

　右両条の新設により，施行令第8章において課徴金の徴収手続について定めていた令旧49条及び施行令第9章において公正取引委員会の会議について定めていた令旧50条の規定は，削除された。

　また，第5次法改正においては，法44条の規定が改正され，同条は，それまでの委員の除斥についてのみ定めていた規定から，委員の除斥，忌避及び回避について定めた規定へと，その内容が拡大された。これを受けて，施行令は，公正取引委員会の規則制定について定めていた旧51条を廃し，新たに，委員の忌避及び回避の手続について定めた新51条を設けた。令新51条は，委員の忌避及び回避をする場合の手続について，詳細な規定をおいている。

10 調査等の手続（施行令第10章）

　独占禁止法の手続に関して，第5次法改正では，是正措置命令執行停止制度が新設された。これは，是正措置命令受命者の利益のために，同命令の執行停止を可能とするものであり，公正取引委員会は，是正措置命令を受けた者が異議申立て（法53条1項）をした場合において，その命令の履行若しくは手続の続行により生ずる回復し難い損害を予防するために必要があると認めるときは，当事者の申立て又は職権により，執行停止を決定することができる（法53条の2）。これを受けて，施行令は，是正措置命令の執行停止と題する令60条の規定を新設し，執行停止の申立て等を行う場合の手続に関して規定した。

　また，97年施行令改正においては，新たに，異議申立手続及び処理期間等と題する令59条の規定を新設し，第1項において，公正取引委員会の処分に対する異議申立ての手続について規定し，第2項において，第5次法改正で異議申立てに対する裁決までの期間が設けられた（法53条2項・新設）ことに伴う右期間と申立てに対して補正を命ずる場合の期間との関係について規定し，第3項において，「やむを得ない事情により」裁決までの期間を延長する場合（法53条2項但書）の当該「やむを得ない事情」を具体的に列挙して規定した。

　なお，過料の賦課と題する令旧58条の2及び施行細則と題する令旧59条の規定は，ともに当該旧各条において削除され，それぞれ第11章に属する65条及び66条へと移行した。

11 課徴金の賦課及び徴収等（施行令第11章）

(1) 課徴金の賦課及び徴収等

　第5次法改正においては，課徴金賦課手続の整備が行われ，同法に新たな章を設けて，これに課徴金の賦課及び徴収等と題し，ここに所要の規定がおかれた。右に関する97年施行令改正の内容は，改正法の右各規定において施行令に委任された事項について，所要の規定を設けたものである。これらは，すべて新設規定であり，また，これらが属する施行令第11章課徴金の賦課及び徴収等自体が新設された章である。

　まず，令61条は，課徴金の徴収手続及び加算金の額について規定する。加算金は，課徴金を納付期限までに完納しないときに課されるものであり，その額

は，納付期限の翌日以降について滞納した額に年率6パーセントを乗じて得た額とされた（令61条3項）。

令62条は，納付期限の延長及び分割納付の許容並びにその限界について規定する。第5次法改正により新設された法55条1項では，施行令に定める基準を超える場合であって，災害，事業与件の悪化等（同条1号から4号まで）の事由により，課徴金を一時に納付することが困難である場合は，納付期限の延長又は分割納付が許容されることとされた。97年施行令改正では，この施行令に定める基準を，課徴金算定の基礎となる売上額（令9条）に1パーセントを乗じて得た額又は10億ウォンとすることとされた（令62条1項）。また，令62条2項及び3項は，納付期限の延長及び分割納付が許容される期間（2項，3項）又は回数（3項）について規定している。

令63条は，納付期限の延長及び分割納付の申請手続について規定する。同条は，法55条の4第2項を根拠とするものである。

令64条は，担保の種類及び評価について，国税基本法及び同法施行令の諸規定を，課徴金の納付期限の延長及び分割納付（法55条の4）に関して準用する旨規定する。

なお，右の規定の整備により，これまで各違反行為についてそれぞれの章ごとにおかれていた課徴金の賦課及び徴収等に関する規定は，すべて削除された。これら削除された規定については，これまで各章ごとに述べてきたとおりであるが，ここでこれらを一括して整理すれば，次のとおりである。

旧9条の2　（市場支配的地位濫用行為に対する課徴金）
　　（但し，新9条の2（営業収益使用事業者の範囲）創設）
旧10条　　（市場支配的地位濫用行為に対する課徴金）
　　（但し，新10条（売上額のない場合等）創設）
旧23条　　（企業結合の制限及び経済力集中抑制違反に対する課徴金）
旧35条　　（不当な共同行為に対する課徴金）
　　（但し，新35条（申告者に対する減軽又は免除）創設）
旧38条の2　（不公正取引行為に対する課徴金）
旧42条　　（事業者団体の違反行為に対する課徴金）
旧46条の2　（再販売価格維持行為に対する課徴金）

旧49条　　　（不当な国際契約に対する課徴金）

（但し，新49条（小会議の構成）創設）

　次に，令65条及び66条は，それぞれ過料の賦課（65条）又は施行細則（66条）について規定している。これらは，令旧58条の2又は59条がそれぞれここへ移行してきたものである。これら両条は，課徴金の賦課及び徴収等に関する規定ではなく，我が国法令制定の慣行からすれば，罰則又は雑則という分類を設けて，ここに編入すべきものであるが，韓国施行令制定の慣行では，最後の章の最後の条として規定されるようである。

(2) 各違反行為に対する課徴金額

　課徴金の賦課及び徴収等の手続に関する規定は，右のとおり，新設の第11章に一括しておかれたが，課徴金額算定の基礎となる売上額については，令9条が全文改正され，ここに規定がおかれた。同条は，その額を当該事業者の直前の3事業年度における平均売上額（課徴金賦課基準売上額）とした（令9条1項）。また，この規定は，市場支配的地位濫用行為に対する課徴金（法6条本文）のほか，各違反行為に対する課徴金（法22条本文，法24条の2本文，法28条2項本文，法31条の2本文，法34条の2本文）に対しても適用される（令9条1項）。

　一方，第5次法改正において，課徴金賦課にあたり，売上額がない場合又は売上額の算定が困難な場合であって施行令に定めるとき（「売上額がない場合等」）は，一定の額を超えない範囲で課徴金を賦課することとされたが（法6条，法22条，法24条の2，法28条2項，法31条の2，法34条の2），97年施行令改正では，右にいう売上額がない場合等について具体的にその内容が規定された（令10条）。これらは，次のとおりである。

① 営業を開始していないか，又は営業を中断する等により，営業の実績がないとき（令10条1号）。

② 事業者が売上額算定資料の提出を拒否するか，又は虚偽の資料を提出したとき（同条2号）。

③ その他客観的に売上額の算定が困難なとき（同条3号）。

（1）　韓国公正去来委員会「改正された公正取引法及び施行令の主要内容」4頁

（２）　㈳韓国公正競争協会「コンジョンキョンジェン」9号「97年施行令改正案立法予告」111頁
（３）　「コンジョンキョンジェン」前掲，110頁
（４）　「コンジョンキョンジェン」前掲，110頁
（５）　キムビョギル「公正取引法第５次改正の主要内容と施行令改正方向」㈳韓国公正競争協会「コンジョンキョンジェン」9号，27頁
（６）　㈳韓国公正競争協会「公正協会報」20号「公正取引法施行令改正案主要修正内容」23頁
（７）　「コンジョンキョンジェン」前掲，110頁。「公正協会報」前掲，23頁
（８）　㈳韓国公正競争協会「公正協会報」21号「公正取引委員会，市場支配的事業者指定除外審査指針及び申請要領告示制定」15頁
（９）　「公正協会報」21号，前掲，15頁
（10）　「公正協会報」21号，前掲，14頁
（11）　「コンジョンキョンジェン」前掲，113頁
（12）　韓国公正去来委員会「公正去来年報1995年版」71頁
（13）　韓国公正去来委員会「公正去来年報1996年版」22頁
（14）　「コンジョンキョンジェン」前掲，112頁
（15）　韓国公正去来委員会「公正去来年報1993年版」41頁
（16）　「公正協会報」20号，前掲，23頁
（17）　「公正去来年報1996年版」前掲，21頁
（18）　イジョンファ『コンジョンコレヨンゴサジョン』ソンリム出版社，196頁
（19）　キムビョギル，前掲，28頁
（20）　「公正去来年報1996年版」前掲，21頁
（21）　キムビョギル，前掲，28頁
（22）　「公正去来年報1996年版」前掲，21頁
（23）　キムビョギル，前掲，28頁
（24）　㈳韓国公正競争協会「公正協会報」17号，2頁
（25）　「コンジョンキョンジェン」前掲，113頁
（26）　「コンジョンキョンジェン」前掲，113頁
（27）　「公正去来年報1995年版」前掲，79頁
（28）　イジョンファ，前掲書，161頁
（29）　いわゆる５大財閥の主力業種は，次のとおりである。
　　　　　　現代　　電機・電子，自動車，エネルギー
　　　　　　大宇　　機械，自動車，商業・運送

第2編　韓国独占禁止法の沿革

　　　　　　三星　　　電機・電子，機械，化学
　　　　　　ＬＧ　　　電機・電子，化学，エネルギー
　　　　　　鮮京　　　エネルギー，化学，商業・運送
(30)　「公正去来年報1996年版」前掲，22頁
(31)　キムビョギル，前掲，29頁
(32)　「公正去来年報1996年版」前掲，354頁
(33)　「コンジョンキョンジェン」前掲，113頁
(34)　「公正去来年報1996年版」前掲，354頁
(35)　「コンジョンキョンジェン」前掲，113頁
(36)　韓国公正去来委員会「独占規制及び公正取引に関する法律中改正法律
　　　（案）」1994年12月，1頁
(37)　「コンジョンキョンジェン」前掲，113頁
(38)　「公正去来年報1996年版」前掲，23頁
(39)　「公正去来年報1996年版」前掲，23頁

第6章　第6次法改正（1998年）

第1節　法改正（1998年）

　第6次法改正は，第5次改正及びその直後の1997年施行令改正からほぼ1年しか経ていない1998年2月に行われた。改正法は，98年2月15日，第188臨時国会において成立し，同月24日に公布され，同年4月1日から施行された（但し，改正法の一部規定は，公布の日から施行）。
　第6次法改正は，現下の経済危機を克服する手段として行われたものであり，改正の主な内容は，①出資総額制限制度の廃止，並びに②新規債務保証の禁止及び既存債務保証の解消である。

　Ⅰ　改正の趣旨及び背景
　　1　韓国経済の現状と第6次法改正
　　2　大規模企業集団（債務保証制限大規模企業集団）
　Ⅱ　改正内容

1　出資総額制限制度の廃止
　　2　新規債務保証の禁止及び既存債務保証の解消
　　3　その他の改正内容

I　改正の趣旨及び背景
1　韓国経済の現状と第6次法改正
　(1)　第6次法改正は，1997年年初からの経済危機を克服し，ＩＭＦの管理下にまで陥っている状態を打開するために行われた。この点に関連して，チョハッグヶ韓国公正取引委員会独占局長は，次のように述べている[1]。
　　「我が国経済がＩＭＦ管理体制にまで墜落したのは，既に明らかなとおり，昨年年初から継続している大企業集団の不渡事態が金融機関の不実化と対外信認度下落をもたらし，これが更に金融・為替危機をもたらしたからである。
　　そうであるならば，大企業集団の連鎖不渡事態は，いかにして発生したのか。結論から言うならば，大企業集団の非効率的構造とこれを胚胎させた脆弱な企業環境に根本的原因がある。」
　更に，同局長は，「大部分の企業集団が同一人（筆者注・独占禁止法2条2号）とその家族が所有し支配する前近代的オーナー支配構造を有している」とし，また，「企業の競争力は低下し，債務構造も極度に脆弱な状態にある」と分析している。そして，「これにより，ＩＭＦにおいても，資金支援の条件として経済全般にわたる大々的構造改革を要求してきており，特に，企業部門については，債務構造の改善，経営の透明性の向上及び外国人株式所有限度の拡大等強力な構造調整を注文してきている」としている。
　以上のような経済的背景から行われた第6次法改正は，この間の事情について，改正法改正理由（1998年2月21日付官報）に次のように記されている。
　　企業の構造調整を通じて，国家の競争力を強化するため，また，最近の結合財務諸表制の導入，支配構造の先進化，外国人についての敵対的Ｍ＆Ａの許容等が推進されるにつれ，企業が無分別に事業を多角化する可能性が少なくなりつつあり，制度を維持する実益が少ない反面，外国企業に比し，国内企業を差別する問題がある出資総額制限制度を廃止する一方，
　　企業の構造調整を阻害し，ＩＭＦからも是正を要求されている系列会社間

の債務保証を早期に解消するため，新規債務保証を禁止し，既存の債務保証は，2000年3月末までに完全に解消するようにすることにある。

以上の理由から行われた第6次法改正は，前述したとおり，①出資総額制限制度の廃止，並びに②新規債務保証の禁止及び既存債務保証の解消を主な内容とするものであるが，改正法主要骨子（1998年2月21日付官報）は，次のとおりとなっている。

1 大規模企業集団所属会社に対して適用されている出資総額制限（当該会社の純資産の25パーセント以内）制度を廃止することとし（第10条削除），大規模企業集団所属会社間の新規債務保証を禁止した（第10条の2第1項）。

2 既存の債務保証（期限を延長するため，再び約定する場合を含む。）は，2000年3月末までに完全に解消するようにすることとし，98年以降，新たに指定される大規模企業集団所属会社については，既存の債務保証を2001年3月末までに完全に解消するようにすることとし，2001年以降，新たに指定されるものについては，指定の日から1年が経過した日までに，完全に解消するようにした（第10条の3第1項・新設）。

(2) 第6次法改正の内容は，以上のとおりであるが，持株会社の取扱いについては，本改正の対象とはならなかったものの，改正にいたる過程で検討が行われた。

孫珠瓚法学博士の玉稿[2]（日本語論文）によれば，法改正直前における持株会社問題の検討状況は，次のとおりであった。

「政府は1997年中ごろに金融持株会社の設立を許す方針であることを明らかにした。その基本方向としては，差し当たって100％の子会社形態の銀行・非銀行の金融機関の所有を認めるというものである。そして，金融機関でない子会社の所有は禁ずるという方針であるとのことである（保険監督院，保険調査月報，1997・12，金亨翼"金融持株会社の導入に伴なう保険業界の対応方案"25頁）。基本的には，最近，新政府の出帆を前にして，企業の構造調整との関係で持株会社の問題があらたまって浮きあがったとの感がある。金大中大統領当選者は就任後の最優先課題を示すなかで大企業の改革政策をふくめ，其の一環として持株会社の設立を許すつもりであるとのべている。具体的な内容は未だ明らかでないが，出資総額の制限の完全な廃止と共に持株

会社の設立を勧めるとのことであり，其の代りに系列会社相互間の保証による資金の借り入れによる経営を許さない方針であるむね報ぜられている（毎日経済新聞，1998・1・6，3頁）。此れは財閥企業に対する新しい，外の面からの規制のようにも思われる。

その後，公正去来（取引）委員会の田允喆委員長も此れを受けてか，政府の大企業政策に協調的な企業に対しては出資総額の制限の廃止と持株会社の成立を認める方針であることを明らかにしている（毎日経済新聞，1998.1.20）。彼は更に敷衍して，国際通貨基金の救済金融を契機に企業経営の形態に変化が生じており，持株会社も少額資本で多くの系列社を支配することが出来る可能性が減りつつある状況であるので，相互債務保証の解消と結合財務諸表の作成等の与件を備えた大企業から持株会社の設立を許す方針であるとのべている。しかし，まだ具体的な内容にはふれていないので，全面的許容か，もしくは部分的許容で認めるかは明らかでない。財政経済院と公正去来（取引）委員会に依れば，政府は関係法の改正の為めの準備作業に取りかかったとのことであるから間もなくその輪郭が浮かぶものと思われる（毎日経済新聞，1998.1.15，2頁）。」

右は，相互債務保証の禁止により企業の健全化を求める一方で，出資総額制限制度の廃止と持株会社の解禁により規制緩和を進める趣旨と認められるが，結果的には，持株会社の解禁は，第6次改正法に取り入れられていない。

2 大規模企業集団（債務保証制限大規模企業集団）

第6次法改正において，①出資総額制限制度の廃止並びに②新規債務保証の禁止及び既存債務保証の解消の対象となった主体は，大規模企業集団（債務保証制限制度との関係では，債務保証制限大規模企業集団）に属する会社である。第6次法改正の引き金ともなり，経済危機を招いた元凶とも目されているのは，言うまでもなく財閥であるが，韓国独占禁止法は，これを大規模企業集団（債務保証制限大規模企業集団）として定義し，特段の規制を行ってきている。

財閥と大規模企業集団との概念上の違いについては，必ずしも明確ではないが，一般には財閥の方が広義の概念であるとされている[3]。また，韓国の財閥の特徴は，①多くの市場で活動する多数の企業から構成されていること，②こ

れらの企業の中には，各市場における独寡占的地位の企業が少なくないこと，③所有者は特定の個人とその家族であること，及び④政府の経済開発に基づく保護・支援により成長・発展してきたこと，にあると言われている(4)。

韓国の財閥と日本の戦前の財閥とを比較したとき，その違いは，持株会社を中核としているか否かにあると言えよう。日本の戦前の財閥は，持株会社を中核としていたが，韓国は，そうではなく，また，独占禁止法上も，持株会社の設立・転換は，禁止されてきていた（8条1項）(5)。右の違いの原因は，日本の財閥が①財閥オーナーが一般に経営をいわゆる番頭に委ねた結果，最終意思決定を自己の手許に置いておくには，持株会社が必要であり，②資金調達の限界を克服するには，持株会社が有利であったのに対し，韓国のそれは①財閥オーナーが各企業の経営を直接行っており，あえて持株会社を必要とせず，②政府の経済開発計画の下で，巨額の資金が流入したことにある言われている(6)。

II 改正内容

1 出資総額制限制度の廃止

(1) 第6次法改正における柱の一つは，出資総額制限制度の廃止である。出資総額制限制度は，経済力集中抑制のための規定の一つとして，1986年の第1次法改正において導入されたものであり，第6次法改正における廃止によって，12年の歴史に幕を閉じることとなった。

出資総額制限制度（法旧10条）とは，大規模企業集団に属する会社による他の国内会社への出資総額を，一定の額以下に抑えようとするものであり，第6次法改正前は，その額（他の国内会社の株式の取得価額の合計額）は，当該会社の純資産額の25パーセント相当額以下とされてきた（旧同条1項但書）。

その趣旨は，①大規模企業集団に属する会社による無分別な系列会社の拡張を抑制し，②他の会社への出資を合理的な範囲内にとどめ，③企業公開，有償増資，内部留保の増加等の方向へ誘導し，これを通じて所有の分散及び財務構造の改善を図ろうとするものであった(7)。

本制度は，第1次法改正において導入され，当時の出資限度額は，当該会社の純資産額の40パーセント相当額であった。その後，大規模企業集団に属する会社の出資総額が減少してきたことを考慮し(8)，第4次法改正では，出資限度

額は，25パーセント相当額へと引き下げられた。なお，その後の第5次法改正で，出資総額算定の基礎とする額につき，それまでの帳簿価格から取得価額へ変更する改正が行われた。このような出資総額制限制度も，第6次法改正において，完全に廃止されることとなったものである。

(2) 出資総額制限制度廃止の背景には，韓国でも以前から経済各分野において，大きな流れとなっている規制緩和の動きがあった。孫珠瓚法学博士[9]によれば，出資総額制限制度は，持株会社の禁止及び債務保証制限とともに，経済力集中抑制のために設けられたものではあるが，今回のIMFの救済金融を契機に，企業経営環境は変化し，その弊害も減少しており，法によって禁止するまでもないとして，公正取引委員会は法改正を行う意向であったとされる[10]。また，出資総額制限制度を緩和した場合の補完策として，企業買受や合併の完全自由化の必要性を強調する主張もみられた[11]。

以上のような背景から，第6次法改正において，出資総額制限制度は，「企業の構造調整を通じて，国家の競争力を強化するため，また，最近の結合財務諸表制の導入，支配構造の先進化，外国人についての敵対的M&Aの許容等が推進されるにつれ，企業が無分別に事業を多角化する可能性が少なくなりつつあり，制度を維持する実益が少ない反面，外国企業に比し，国内企業を差別する問題がある」(改正法改正理由)として廃止された。

この点に関し，韓国公正取引委員会幹部の論文の中から，本改正の性格を表していると思われるもの[12]を次に掲げることとする。

「大企業集団に対する出資総額制限制度が廃止される等大企業集団政策の基調が，直接的形態規制からより根本的構造改善政策の側へ移ってきている。これにより，公正取引制度も，大企業集団政策を競争促進型へ転換させていかなければならない。」

(3) 以上の趣旨による本改正は，法律上，出資総額制限制度について規定していた法旧10条の規定を全文削除することにより行われた。この出資総額制限制度を廃止する改正規定のみは，第6次改正法の施行日である98年4月1日に先立ち，公布の日である同年2月24日から施行された。

右改正に伴い，出資総額制限制度に関連しておかれていた各規定も，すべて削除された。これらの規定は，次のとおりである。

14条（大規模企業集団の指定等）3項2号
18条（是正措置の履行確保）3項，4項
67条（罰則）旧7号
　（なお，新7号には，旧規定と関連を有しない規定がおかれた。）
69条の2（過料）1項1号
　また，各規定中，出資総額制限制度に関する部分を有するものも，当該部分は，すべて削除された。これらの規定は，次のとおりである。
15条（脱法行為の禁止）
16条（是正措置）1項本文，同項2号
17条（課徴金）1項
66条（罰則）1項4号
　以上のように，出資総額制限制度は，制度導入から12年の歴史を残して，韓国独占禁止法から，完全に姿を消すこととなったのである。

2　新規債務保証の禁止及び既存債務保証の解消

　(1)　第6次法改正における最も重要な柱は，債務保証制限大規模企業集団（法10条の2第1項，令17条4項。その範囲は，大規模企業集団と同じ。）所属会社間相互の新規債務保証の禁止にあると言ってよい。これら会社間の新規債務保証が禁止されたことに伴い，既存債務保証の取扱いについて，これを解消するための規定が新設された。

　債務保証制限制度とは，債務保証制限大規模企業集団に属する会社について，その国内の系列会社（2条3号）に対する債務保証限度額を一定の額以下に抑えようとする制度である。本制度は，第3次法改正（1992年）において導入されたものであり，右限度額は，制度導入時，自己資本金額の200パーセント相当額とされ，その後，第5次法改正において強化されて，100パーセント相当額へと引き下げられ，第6次法改正で，新規債務保証は全面的に禁止することとなったものである（10条の2）。

　韓国では，大規模企業集団所属会社間相互の債務保証は，①企業集団内に過度の与信をもたらし，結果的に集団外の中小企業の与信利用を制約することにより，経済力の集中を深化させ，②競争力を喪失した企業集団内限界企業の市

場からの退出を妨げ，ひいては，当該企業集団内各社の経営を不健全なものとして，大規模連鎖倒産を招くこととなりかねず，国際競争力確保の観点からも看過し得ないとされてきた[13]。

本制度が導入された93年4月時点において，計30の債務保証制限大規模企業集団所属会社の自己資本金額に対する債務保証額の比率は，342.4パーセントであったが，その後，この比率は，毎年急速に低下してきてはいた[14]。しかし，外部借入に依存する韓国企業の体質は，国際的にみて，なお高い水準にあり，諸外国の当時の負債比率（総負債を自己資本で除したもの）を国際比較すれば，米国159.7パーセント（95年），日本206.3パーセント（95年），台湾85.7パーセント（95年）であるのに対し，韓国は386.5パーセント（96年末，計30の大規模企業集団）であり[15]，韓国企業の異常な高さを知ることができる。全面禁止にいたる過程においては，証券市場の沈滞に伴い増資困難な当時の経済状況の下で，急激な強化を行うことに対し，大規模企業集団側から強い反発があったとのことである[16]。しかし，右のような経済危機の下，新規債務保証は，ＩＭＦからの要請でもあり，企業の構造調整を阻害するものであるとして（改正法改正理由），全面的に禁止された。大規模企業集団所属会社間相互の新規債務保証の禁止は，これらの会社に対し，相互債務保証を通じた「他人資本依存主義からの脱皮」[17]を強く求めたものであるということができよう。

(2) 本改正は，規定の上では，債務保証について定めている法10条の2の規定の改正により行われた。法10条の2は，債務保証制限大規模企業集団に属する会社について，その国内の系列会社に対する債務保証限度額を，自己資本金額の100パーセント相当額としていたが（同条旧1項），改正により，債務保証をしてはならないこととされた（同条新1項）。但し，旧規定にもおかれていた規制の対象とならない債務保証（10条の2第1項但書各号）には，改正はなく，同項但書1号から3号までに該当する債務保証は，本改正後も，従来どおり適用除外とされた。また，本条にいう債務保証の範囲については，同条2項に，対象となる金融機関の種類が具体的に列挙されているが，本改正において，同項1号の銀行法等に基づく金融機関のうちから，国民銀行が削除され，また，短期金融業法に基づく短期金融会社を掲げていた同項2号の規定は削除された。

このほか，債務保証の限度額を定めていたときには必要であった法10条の2

第3項，同条4項及び14条（大規模企業集団の指定等）3項3号の各規定は，債務保証が全面的に禁止されたことに伴い，すべて削除された。

更に，法10条の2の規定の右改正により，同条の標題も，従来の「系列会社に対する債務保証の制限」から，「系列会社に対する新規債務保証の禁止」へと改正された。これに伴い，各規定の条文中に，法10条の2とその標題名が記載されているものは，右標題名を先の場合と同様に改正する極めて形式的な改正も行われた。これらの条文は，次のとおりである。

14条の3（関係機関に対する資料の確認要求等）3号

15条（脱法行為の禁止）1項

16条（是正措置）1項

17条（課徴金）2項

66条（罰則）1項5号

(3) 債務保証制限大規模企業集団に属する会社について，その系列会社に対する新規債務保証が禁止された一方で，これらの会社が行っている既存の債務保証の取扱いが問題となる。この点について，改正法は，新たに10条の3（既存債務保証の解消）の規定を設け，次のとおり既存の債務保証の解消を図ることとした。

① 1997年から98年へ引き続き指定された債務保証制限大規模企業集団に属する会社

2000年3月31日まで（同条1項1号）

なお，この場合について，98年改正施行令（17条の7）では，被保証会社の合併，売却，有償増資又は会社整理，和議，破産等の手続が進行しているときは，金融監督院長の要請及び公正取引委員会の承認を条件に，1年以内の範囲において，期間を延長することができることとしている[18]。

② 1998年から2000年までに新たに指定される債務保証制限大規模企業集団に属する会社

2001年3月31日まで（同項2号）

③ 2001年以降に新たに指定される債務保証制限大規模企業集団に属する会社

指定の日から1年が経過した日（同項3号）

右にいう既存債務保証には，期限を延長するため，再び約定する債務保証を含み，法10条の2第1項各号の一に該当する債務保証は含まない（法10条の3第2項）。

　以上のほか，右法10条の3の規定が新設されたことにより，次の各規定に，所要の改正が行われた。

　15条（脱法行為の禁止）　1項
　16条（是正措置）　1項
　17条（課徴金）　2項

　なお，改正法附則には，債務保証についての経過措置規定がおかれ，1997年に指定された債務保証制限大規模企業集団であって，1998年にも引き続き指定されるものに属する会社が，指定の日において，国内の系列会社に対する債務保証総額が10条の2旧1項の規定による債務保証限度額を超えているときは，従前の規定によることとし，同条旧4項の自己資本の減少に伴う例外認定期間は，2000年3月31日を超えることができないこととされた（附則2条）。

3　その他の改正内容

　第6次法改正においては，右のほか，次の改正が行われた。

　14条（大規模企業集団の指定等）に，新たに5項を設け，大規模企業集団に属する会社は，公認会計士の会計監査を受けなければならず，公正取引委員会は，公認会計士の監査意見に従い修正された貸借対照表を使用しなければならないこととされた（14条5項・新設）。

　また，これと関連して，罰則について定める67条に，旧7号に代えて，新7号を設け，14条5項の規定に違反して公認会計士の会計監査を受けない者が67条の罰則の対象に追加された（67条新7号）。

　法第3章企業結合の制限及び経済力集中の抑制に関する各規定に違反した場合の課徴金について定める17条に，新たに4項を設け，課徴金の賦課基準は，公正取引委員会が定めて告示することとされた（17条4項・新設）。

　（1）　チョハッグク「大企業の構造調整をいかに成すべきか」「コンジョンキョンジェン」31号，24頁

(2)　孫珠瓚「韓国に於ける企業の経済力集中の抑制―最近の公正去来（取引）委員会の審決例を中心にして―」日韓比較法文化研究会，1998年2月3日，於延世大学校，10頁
(3)　イジョンファ『コンジョンコレヨンゴサジョン』ソンリム出版社，187頁
(4)　イジョンファ，前掲，187頁
(5)　持株会社に関する研究としては，朴吉俊・林雄基・洪復基『持株会社に関する研究』韓国上場会社協議会，がある。
(6)　渡辺利夫『韓国経済』有斐閣選書，114頁（服部民夫担当部分）
(7)　韓国公正去来委員会「公正去来年報1995年版」72頁
(8)　韓国公正去来委員会「独占規制及び公正取引に関する法律中改正法律（案）」1992年12月，3頁
(9)　孫珠瓚「韓国に於ける企業の経済力集中の抑制―最近の公正去来（取引）委員会の審決例を中心に―」前掲，16頁
(10)　孫珠瓚，前掲注（9）が引用される，1998年1月20日付韓国・毎日経済新聞
(11)　孫珠瓚，前掲注（9）が引用される，韓国公正去来委員会，朴吉俊他「公正去来制度の運用実績―評価及び改善方向―」1996年11月，32頁
(12)　チョフィカップ（公正去来委員会政策局長）「公正取引制度の運用成果と今後の課題」「コンジョンキョンジェン」31号，6頁
(13)　韓国公正去来委員会「公正去来年報1995年版」79頁
(14)　ハンジョンギル（公正去来委員会事務処長）「公正取引政策の推進課題」㈳韓国公正競争協会「コンジョンキョンジェン」6号，17頁
(15)　チョフィカップ「ＩＭＦ時代の競争政策の方向」「コンジョンキョンジェン」29号，14頁
(16)　孫珠瓚「韓国に於ける企業の経済力集中の抑制―最近の公正去来（取引）委員会の審決例を中心に―」前掲，20頁
(17)　孫珠瓚「韓国に於ける企業の経済力集中の抑制―最近の公正去来（取引）委員会の審決例を中心に―」前掲，20頁
(18)　拙稿「韓国独占禁止法施行令1998年改正とその内容―第6次改正法施行体制の確立に向けて―」名古屋経済大学論叢・企業法研究11号，81頁

第2節　施行令改正 (1998年)

　1998年施行令改正は，第6次法改正を受けて行われた。第6次改正は，現下の経済危機を打開するため，①出資総額制限制度の廃止並びに②新規債務保証の禁止及び既存債務保証の解消を内容に行われたものであり，これに伴う98年施行令改正は，同年3月26日に行われ，同施行令は，同年4月1日から施行された。

　　I　改正の趣旨
　　II　改正内容
　　　1　出資総額制限制度廃止に伴う条文整理
　　　2　新規債務保証禁止に関連する内容
　　　(1)　禁止対象から外れる債務保証
　　　(2)　債務保証状況の届出
　　　3　既存債務保証解消時限の延長事由
　　　4　大規模企業集団の指定に関する内容
　　　(1)　指定除外要件の具体化
　　　(2)　指定日の明示
　　　5　その他の改正内容

I　改正の趣旨

　韓国独占禁止法施行令1998年改正の改正理由（98年4月1日付官報）は，次のとおりとされている。
　独占規制及び公正取引に関する法律の改正（1998年2月24日，法律第5528号）により，大規模企業集団所属会社に対する出資総額制限制度が廃止され，系列会社相互間の既存の債務保証を，原則として2000年3月末までに解消するようにしたことに伴い，出資総額制限制度と関連する条項を整理し，同法が施行令に委任している既存債務保証の解消時限の延長事由について，定めることにある。

以上の理由から行われた98年施行令改正について，その主要骨子（98年4月1日付官報）は，次のとおりとなっている。
1 　従前には，所属会社が会社の整理手続の開始を申し立てた場合，当該企業集団を大規模企業集団から除外することができるようにしていたが，今後は，会社の整理手続の開始を申し立てた所属会社の資産の合計額が，当該企業集団の総資産額の50パーセント以上である場合に除外することができるようにすることにより，具体的な基準を明示した（令第17条第1項）。
2 　大規模企業集団所属会社に対する出資総額制限制度の廃止に伴い，関連条項を削除した（令第17条の2から第17条の4まで及び第23条の2）。
3 　母法においては，大規模企業集団の所属会社は，系列会社に対する既存の債務保証を，2000年3月末までに解消することとし，例外的に，その期間を延長することができるようにしているところ，その期間延長事由について，2000年3月末現在，既存の債務保証を解消するため，被保証会社の合併，売却，有償増資又は会社整理，和議，破産等の手続が進行している場合とした（令第17条の7）。

一方，これとは別に，韓国公正取引委員会担当課長の論文によれば，98年施行令改正の主要内容は，次のとおりとされている[1]。
① 　既存債務保証解消時限延長事由を規定
　　　令17条の7新設
　　　（法10条の3関係）
② 　新規債務保証禁止の例外条項の維持
　　　令17条の5（1項，2項）
　　　（法10条の2関係）
③ 　大規模企業集団指定除外要件の具体化
　　　令17条1項5号
　　　（法9条1項関係）
④ 　大規模企業集団指定日の明示
　　　令21条1項（令17条）
　　　（法14条関係）
⑤ 　大規模企業集団指定制度の運用及び制度変更に伴う細部運用手続の補完

令20条の2
　　　（法13条，10条の2関係）
⑥　出資総額制限制度廃止に伴う条文整理
　　令17条の2から17条の4まで，23条の2
　　　（法旧10条関係）

　官報掲載の主要骨子と右担当課長の主要内容を比較すれば，官報の1は，担当課長の③に，官報の2は，担当課長の⑥に，官報の3は，担当課長の①に，それぞれ相当する。このように，両者間で，改正内容の項目の取り上げ方及びその順序に違いがみられるほか，98年施行令改正の根拠となった第6次法改正の内容と，必ずしも完全に整合性がとれているとも思われない。98年施行令改正において，第6次法改正の内容以外にもいくつかの改正項目が含まれている点について，右担当課長は，98年施行令改正が，①法が施行令に委任している事項につき，具体的に定めるほか，②大規模企業集団指定制度運用過程において顕在化した問題点を改善し，③法運用の透明性を高めるために行われたからであるとしている[2]。

　本稿では，施行令が「法により委任された事項及びその施行に関して必要な事項について規定することを目的と」していることに鑑み（令1条），はじめに，第6次法改正の内容に関する項目について順次取り上げ，次いで，これ以外の項目について取り上げていくこととする。

II　改正内容
1　出資総額制限制度廃止に伴う条文整理

　第6次法改正では，出資総額制限制度が廃止された。出資総額制限制度とは，大規模企業集団に属する会社による他の国内会社への出資総額（他の国内会社の株式の取得価額の合計額）を，一定の額以下に抑えようとするものであり，第6次法改正前は，この額は，当該会社の純資産額の25パーセント相当額とされてきた（法旧10条1項）。

　しかし，第6次法改正では，出資総額制限制度は，「企業の構造調整を通じて，国家の競争力を強化するため，また，最近の結合財務諸表制の導入，支配構造の先進化，外国人についての敵対的M&Aの許容等が推進されるにつれ，

企業が無分別に事業を多角化する可能性が少なくなりつつあり，制度を維持する実益が少ない反面，外国企業に比し，国内企業を差別する問題がある」（第6次法改正・改正理由）として廃止されたものである。

出資総額制限制度には，同制度の適用を受けない出資が認められており（法旧10条1項各号，同条2項），これらのうち，部品生産中小企業との技術協力関係を維持するための出資，その他産業の国際競争力の強化のために必要な場合（法旧10条1項5号）については，その具体的要件は，施行令に規定されていた（令旧17条の2）。その内容は，次のとおりであった。

① 原料若しくは部品を生産し供給する中小企業との技術指導及び協力関係を維持するためにする場合，又は産業構造の調整のために一部の事業を系列会社でない中小企業に譲渡するためにする場合であって，当該中小企業の株式を，発行済株式総数の20パーセントの範囲において保有するとき（令旧17条の2第1号）。

② 国内産業の競争力向上に緊要な技術であって，国内において独自に開発することが困難であり，又は外国から導入することが避けられないものについて，該当技術の共同開発又は導入を目的に設立された会社の株式を，当該会社と関連する業種を営む会社が保有する場合であって，主務部長官が要請するとき（同条2号）。

これら適用除外の要件を定めていた施行令17条の2の規定は，第6次法改正において，出資総額制限制度について定めていた法旧10条の規定が削除されたことに伴い，削除された。

また，法旧10条では，大規模企業集団に属する会社が社会間接資本施設に対する民間資本誘致促進法2条2号の規定に基づく第1種施設事業を営むために設立された会社の株式を保有する場合であって，公正取引委員会がこれを認めるときは，出資総額制限の対象とならないこととされていた（法旧10条2項）。施行令では，この場合における公正取引委員会への申請手続について規定していたが（令旧17条の3），この規定も削除された。

次に，大規模企業集団に属する会社であっても，所有分散優良会社は，出資総額制限制度の適用を受けないこととされていた（法旧10条3項）。これは，企業間の国際的競争がより一層激化していく中で，大規模企業集団に属する会社

であっても，所有分散及び財務構造が健全なものについては，出資総額制限制度の適用を除外することにより，大規模企業集団所属会社に所有分散の誘引を与えようという趣旨によるものであった(3)。所有分散優良会社の要件は，施行令に定められていたが（令旧17条の4），これは，要するに，所有分散の優良度を，①同一人（法2条2号，令3条，3条の2），特殊関係人（法7条1項，令11条）等の株式所有比率及び②自己資本比率により基準化したものであった。この所有分散優良会社の要件等を定めていた施行令17条の4の規定も，出資総額制限制度の廃止に伴い，削除された。

このほか，施行令では，公正取引委員会が，法18条（是正措置の履行確保）4項の規定により，議決権を行使することのできない株式を指定する際の対象となる株式の順序について規定していたが（令23条の2），この規定も，出資総額制限制度に関連するものであって，同制度が廃止されたことに伴い，削除された。

2　新規債務保証禁止に関連する内容
(1)　禁止対象から外れる債務保証
　第6次法改正では，債務保証制限制度（法10条の2）について，更に強化されて，新規のものは，全面的に禁止された（同条1項）。これは，大規模企業集団に属する会社間の相互の債務保証が企業の構造調整を阻害しているとして，ＩＭＦからも，その是正を求められていたからである(4)。

　しかし，債務保証制限制度には，同制度の制限の対象とならない債務保証が従来から認められており（法10条の2第1項各号），これらは，債務保証が新規のものについて全面的に禁止された後も，存続されることとなった。これらの債務保証は，①工業発展法又は租税減免規制法に基づく合理化計画若しくは合理化基準に従い引き受けられる会社の債務と関連して行う保証（法10条1項1号）及び②企業の国際競争力強化のために必要な場合等における保証（同項3号）である。施行令では，①の場合における「引き受けられる会社の債務と関連して行う保証」の内容について，具体的に規定し（令17条の5第1項1号，2号），また，②の場合の保証についても，具体的にその内容を規定している（同条2項1号から6号まで）。これら適用除外となる保証は，法改正後も存続す

ることとなったため，施行令における右17条の5の規定も，その内容に実質的変更が加えられることなく存続することとなった。このため，同条における改正点は，第6次法改正において，法10条の2の標題が「系列会社に対する債務保証の制限」から「系列会社に対する新規債務保証の禁止」と変更されたため，施行令17条の5の条文の中に記載されている法10条の2の規定の標題が右と同様に変更されるだけの極めて形式的改正のみとなっている。

右適用除外が存続することとなった理由は，「企業活動において，不可避ものとして発生してくる債務保証まで完全に禁止した場合，企業活動に深刻な障害を招くおそれがあ」るので，「完全に禁止することに伴う副作用を最小にす」るためであるとされる[5]。

(2) 債務保証状況の届出

債務保証制限大規模企業集団（法10条の2第1項，令17条4項。その範囲は，大規模企業集団と同じ。）に属する会社は，施行令の定めるところにより，国内の系列会社に対する債務保証状況について，国内の金融機関の確認を受けて公正取引委員会に届け出なければならないこととされている（法13条2項）。この規定に基づき，施行令は，債務保証状況の届出手続，内容等について具体的に定めている（令20条）。

右届出は，これまで，毎年4月末までに行い，新たに大規模企業集団に指定されたもの（施行令17条4項の規定により，同時に債務保証制限大規模企業集団に指定されたことにもなる。）については，施行令21条2項の規定による通知があった日から30日以内に行わなければならないこととされていた（令20条の2第1項）。98年施行令改正では，右4月末及び30日の規定を，5月末及び60日にそれぞれ延長する改正が行われた。これは，金融機関の確認（法13条2項）を得るのに，相当の日数を要するためである[6]。

また，届出内容について，出資総額制限制度の廃止に伴い，これまで義務づけられていたものの中から，不必要なものが削除され，一方，新規債務保証の禁止に伴い，毎年1年間の債務保証の変動内訳が新たに追加された（令20条の2第1項，2項）。

3 既存債務保証解消時限の延長事由

第6次法改正においては，新規債務保証を禁止する一方で，既存の債務保証について，期限を定めて，その解消を図ることとされた（法10条の3第1項）。その内容は，次のとおりである。
　①　1997年から98年へ引き続き指定された債務保証制限大規模企業集団に属する会社
　　　2000年3月31日まで（法10条の3第1項1号）
　②　1998年から2000年までに新たに指定される債務保証制限大規模企業集団に属する会社
　　　2001年3月31日まで（同項2号）
　③　2001年以降に新たに指定される債務保証制限大規模企業集団に属する会社
　　　指定の日から1年が経過した日まで（同項3号）
　右のうち，①については，施行令に定める場合であって，金融監督院長が解消時限の延長を要請し，公正取引委員会が必要であると認めるときは，1年以内の範囲において，これを延長することができることとされた（法10条の3第1項但書）。この規定に基づき，98年施行令改正では，右延長事由について，具体的規定がおかれた（令17条の7・新設）。
　その内容は，次のとおりである。
　①　2000年3月31日現在において，既存の債務保証を解消するため，被保証会社の合併，売却又は有償増資の手続が進行しているとき（令17条の7第1号）。
　②　2000年3月31日前に，被保証会社に対して，会社整理法による会社整理，和議法による和議又は破産法による破産の申立てがあり，2000年3月31日現在において，これらの手続が終了していないとき（同条2号）。
　③　その他①又は②に準ずるとき（同条3号）。
　右のうち，①の場合を延長させる理由は，被保証会社の合併等の手続が進行しているときには，これを完了させることが構造調整を促進させるという法の趣旨にも適うからである。また，②の場合を延長させる理由は，被保証会社の会社整理等の手続が進行している場合に，無理に解消させようとするならば，当該会社の倒産を招くおそれがあるのみならず，これが属する企業集団にまで，

悪影響を及ぼすおそれがあるからである。しかし，必要以上に期限を延長するならば，制度が悪用され，また，債務保証の早期解消が不可能な不実企業を整理することができず，構造調整の妨げになるとして，期間を1年以内に限定することとされた[7]。

4 大規模企業集団の指定に関する内容
(1) 指定除外要件の具体化

大規模企業集団（法9条1項，令17条1項）とは，当該企業集団に属する国内会社の資産総額の合計額の順位が1位から30位までの企業集団のうち，所有分散優良企業集団（令17条2項）を除くものをいう。但し，右資産総額順位を決めるにあたっては，金融業又は保険業のみを営む企業集団等施行令17条1項1号から同項5号までに定める企業集団を除外することとされている（令17条1項但書）。これらのうち，施行令17条1項旧5号は，大規模企業集団の指定から除外される企業集団の一つとして，当該企業集団に属する会社について，会社整理法による会社整理手続の開始を裁判所に申し立てた企業集団であって，公正取引委員会が大規模企業集団に指定する必要がないと認めるものを挙げていた。

98年施行令改正では，施行令右17条1項5号の規定について，旧規定に替えて，新たに，当該企業集団に属する会社のうち会社整理法による会社整理手続の開始を裁判所に申し立てた会社の資産総額の合計額が企業集団全体の資産総額の50パーセント以上である企業集団であって，公正取引委員会が大規模企業集団に指定する必要がないと認めるもの，へと改正された。これは，旧規定の内容を実質的に変更するものではなく，数量基準を明記することにより，より透明性を高めようというものである。この点につき，98年施行令改正・主要骨子（1998年4月1日付官報）1は，次のように述べている。

　　従前には，所属会社が会社の整理手続の開始を申し立てた場合，当該企業集団を大規模企業集団から除外することができるようにしていたが，今後は，会社の整理手続の開始を申し立てた所属会社の資産の合計額が，当該企業集団の総資産額の50パーセント以上である場合に除外することができるようにすることにより，具体的な基準を明示した（令第17条第1項）。

これを更に敷衍すれば，旧規定においては，「当該企業集団に属する会社について，会社整理法による会社整理手続の開始を裁判所に申し立てた企業集団」とは，具体的にいかなるものを指すのか，明らかではなかった。この点は，従来，審決例を通じて，実務上，会社整理手続の開始を申し立てた会社の資産総額が当該企業集団所属会社全体の資産総額の50パーセント以上とする基準が形成されてきてはいたが，規定上，明文化されたものではなかった。このため，98年施行令改正に併せて，審決例上の右基準を施行令上明記して，制度の透明性と一貫性の維持を図ろうとしたものである。但し，右数量基準が50パーセント以上の場合であっても，残りの会社の規模が過大であり，経済力集中抑制の各種規制に服せしめるべき事態もあり得るので，公正取引委員会の認定を条件としたものである。また，対象を会社整理法による会社整理手続に限ったのは，会社整理手続の場合であれば，大株主の実質的支配力は失われ，経済力集中抑制の観点からの問題点が少ないのに対し，和議法による和議手続の場合は，大株主の実質的支配力はなお存続し，経済力集中抑制規制の対象から外すことは困難であるからである[8]。

(2) 指定日の明示

公正取引委員会は，施行令の定めるところにより，大規模企業集団及び債務保証制限大規模企業集団を指定し，当該企業集団に属する会社にこれを通知しなければならないこととされている（法14条1項）。この規定に基づき，施行令は，公正取引委員会が行うべき指定等について定めている（令21条1項）。

指定は，これまで毎年1回と規定されているのみであったが，その時期は，実務上慣行として，4月1日に行われてきていた。98年施行令改正では，この4月1日を施行令に明記し，毎年4月1日（止むを得ないときは，4月15日）までに，これを行うべきこととされた（令21条1項）。

期限をあえて明記したのは，会社等が独占禁止法に基づく各種報告等を行うべき義務が生ずるか否かは，それが大規模企業集団に指定されるか否かにかかっている場合が多く，したがって，まずこれの指定を速やかにする必要があるからである。右にいう，止むを得ないときとは，会社の決算遅延等の場合をいう[9]。

一方，施行令21条1項には，但書が新設されて，「但し，指定の日以降に，

第17条第1項第5号の規定に該当する事由が生じた企業集団については，その事由が生じたときに，これを大規模企業集団の指定から除くことができる」こととされた。

これは，右のような事由が生じた場合，当該事由発生時に大規模企業集団の指定から除外し得るか否かにつき，これまで解釈上の争いがあったため，これを解決すべく，明文化したものである[10]。

5 その他の改正内容

98年施行令改正における主な改正内容は，以上のとおりであるが，このほか，次の改正が行われた。

ア 施行令3条の2（企業集団からの除外）1項2号の規定により，利害関係者が，同一人（法2条2号）がその事業内容を支配していないと認められる会社を，同一人が支配する当該企業集団から除くことについて，公正取引委員会に要請するにあたり，提出すべき当該会社の報告書は，これまで，株式会社の外部監査に関する法律4条の3（証券管理委員会による監査人の指定等）の規定により，証券取引法118条（証券管理委員会の設置）の規定による証券管理委員会が指定した監査人が作成したものとされていたが，改正により，株式会社の外部監査に関する法律4条の3（証券先物委員会による監査人の指定等）の規定により，金融監督機構の設置等に関する法律19条（証券先物委員会の設置）の規定による証券先物委員会が指名した監査人が作成したものとされた（令3条の2第4項）。

イ 法10条の2第2項は，同条1項にいう債務保証とは，同条2項各号に列挙する国内金融機関の与信に関連して行う保証をいうとしている。これら金融機関を列挙する法10条の2第2項各号は，その6号に「その他大統領令に定める金融機関」を挙げている。この規定に基づき，施行令は，これまで，右規定による金融機関とは，施設貸与業法による施設貸与会社とするとしていたが，改正により，与信先物金融業法による与信先物金融会社とされた（令17条の7）。

ウ 施行令20条は，法13条1項の規定に基づく大規模企業集団所属会社による株式所有状況等の届出について，その手続，内容等に関する規定をおいている。第6次法改正において，出資総額制限制度が廃止されたこと等も考慮され，

98年施行令改正では，右規定に定める届出内容，手続等に，いくつかの改正が行われている（令20条1項，2項及び3項）。

エ　以上のほか，法10条の2の規定の標題が「系列会社に対する債務保証の制限」から「系列会社に対する新規債務保証の禁止」へ変更されたことに伴い，施行令の各条文中に記載されている同条の標題に，右と同様の変更を行う極めて形式的改正が行われた。これらは，これまで述べたもののほかは，施行令3条の2第4項及び20条の2第3項である。

(1)　チョンビョンギ（韓国公正去来委員会企業集団課長）「98年改正公正取引法施行令主要内容」㈳韓国公正競争協会「コンジョンキョンジェン」32号，11頁
(2)　チョンビョンギ，前掲
(3)　韓国公正去来委員会「独占規制及び公正取引に関する法律中改正法律（案）」（筆者注・第4次法改正時のもの）1994年12月，4頁
(4)　第6次法改正・改正理由（1998年2月21日付官報）
(5)　チョンビョンギ，前掲
(6)　チョンビョンギ，前掲
(7)　チョンビョンギ，前掲
(8)　チョンビョンギ，前掲
(9)　チョンビョンギ，前掲
(10)　チョンビョンギ，前掲

第7章　第7次法改正（1999年）

第1節　法改正（1999年）

　第7次法改正は，1999年2月5日に行われ，改正法は，同年4月1日から施行された。改正条文数は，41ケ条にものぼっており，その多さでは，第5次法改正（96年12月30日）の57ケ条に次ぐものとなっている。
　また，第7次法改正と併せて，新たに「表示及び広告の公正化に関する法律」が制定され，独占禁止法における表示規制（不公正取引行為規制の一つ）は，

新法へ移行することとなった。更に,「独占規制及び公正取引に関する法律の適用が除外される不当な共同行為等の整備に関する法律」(カルテル一括整理法)が制定され,韓国経済へ市場メカニズムのより一層の浸透が図られた。

I　改正の趣旨及び背景
II　改正内容
　1　法適用対象事業者の範囲の拡大(法第1章)
　2　市場支配的事業者に対する規制の効率化(法第2章)
　3　企業結合及び経済力集中に対する規制(法第3章)
　　(1)　持株会社の制限的許容
　　(2)　企業結合制限制度
　　　ア　適用除外要件の具体化
　　　イ　企業結合制限対象及び届出範囲の縮小
　　　ウ　履行強制金制度の新設
　　　エ　是正措置の効率化
　　　オ　その他
　　(3)　その他
　4　不当な共同行為に対する規制の強化(法第4章)
　5　不公正取引行為に対する規制の強化(法第5章)
　6　事業者団体に対する規制の変更(法第6章)
　7　再販売価格維持行為に対する規制の変更(法第7章)
　8　調査手続等(法第10章)
　　(1)　金融取引情報要求権制度の創設
　　(2)　立入権限の明記
　　(3)　事件記録閲覧複写権の新設
　　(4)　異議申立前置主義の廃止等
　　(5)　改正事項以外の問題
　9　その他の改正内容
　　(1)　公正取引委員会の組織(法第9章)
　　(2)　課徴金の賦課及び徴収等(法第10章の2)

(3)　損害賠償（法第11章）
　　(4)　適用除外（法第12章）
　　(5)　罰則（法第14章）
　　(6)　改正事項以外の問題
　10　カルテル一括整理法

Ⅰ　改正の趣旨及び背景

　独占禁止法第7次改正への動きは，第6次改正直後の1998年春頃から，既に始まっていた[(1)]。まず，同年春頃には，公正取引委員会において，第6次法改正で先送りとされた持株会社解禁問題や企業結合規制範囲の縮小問題が，次回改正へ向けた主たる検討課題となっていた。その一方で，公正取引委員会は，独占禁止法制全般についての見直しを行うため，同年4月11日，民間及び官界の有識者から成る「公正取引法令改正のための民官合同委員会」（以下「民官合同委員会」という。）を設置し，ここに検討作業を行わせてきた。民間合同委員会は，同年8月13日，①法適用領域の拡大，②執行機能の効率化及び制裁権限の強化，③消費者保護機能の強化，④審決の独立性及び公正性の確保，⑤市場の効率性の向上，及び⑥企業結合審査制度の改善の6項目を骨格とする改正案を勧告した[(2)]。公正取引委員会は，これを受けて，独自の改正案を作成し，同年10月28日，これを公表した[(3)]。その内容は，①法適用対象事業者の拡大と適用除外範囲の縮小，②法執行のための実効性の向上，③競争促進を通じた市場の効率性の向上，④企業結合審査制度の改善，及び⑤その他を主要な柱とし，計13項目にわたる膨大なものであった。

　その後，本問題の審議は，国会の場へと移り，翌99年1月6日，改正法案が国会を通過し，大統領の署名を得て，同年2月5日，第7次改正法が成立した。

　孫珠瓚法学博士（大韓民国学術院会員，延世大学校名誉教授）によれば，第7次法改正は，①韓国経済がＩＭＦによる管理体制を早期に克服し，21世紀の大競争時代に向けて市場競争原則を確立して，国際基準に符合した公正取引制度を完成する必要があったこと，②世界銀行が借款を供与するにあたり，民官合同委員会の勧告を尊重するよう求めてきた経緯があったことが，その背景にあったとされる[(4)]。また，同博士は，第7次法改正の主たる目的は財閥規制（法

181

第3章)にあったとされる[5]。

　一方，韓国公正取引委員会イビョンジュ総括政策課長によれば，韓国経済が当面の経済危機を克服し，構造調整を速やかに終えるには，市場経済のより一層の定着を図るべく，法及び制度の改善が必要であったとしている。更に，同課長は，第7次法改正は経済危機に当たり韓国に対して借款の供与をしている世界銀行の意向に沿うものであることも明らかにしている。そして，第7次法改正の目標は，独占禁止法が市場経済の基本法として，その役割をより充実して遂行し得るよう，不備な点を補完し，構造調整を円滑に推進し得る制度的枠組みを確立することにあるとしている[6]。

　以上のような趣旨で行われた第7次法改正の具体的内容について，イビョンジュ課長は，次のとおり分類し，整理されている[7]。

① 法適用範囲の拡大
② 企業の構造調整の促進
　(a) 持株会社の制限的許容
　(b) 不当支援行為調査のための金融取引情報要求権の時限的附与
③ 競争促進のための市場の効率性の高揚
　(a) 市場支配的事業者指定・告示制度の改善
　(b) 硬性カルテルに対する当然違法原則の適用等
④ 権利救済の円滑化
⑤ 企業結合審査制度の改善
　(a) 企業結合例外認定基準の合理化
　(b) 企業結合審査対象の縮小
　(c) 競争制限的企業結合に対する制裁手段の合理的改善等

　一方，第7次改正法制定時に，韓国公正取引委員会が公表した発表文によれば，第7次法改正の主要内容は，次のとおりとされている[8]。

① 事業者の範囲（2条1号）
② 市場支配的事業者に対する規制（2条7号，3条，4条）
③ 持株会社制度（8条，8条の2，8条の3）
④ 企業結合審査制度（7条，12条）
⑤ 不当な共同行為禁止制度（19条）

⑥　不公正取引行為禁止制度（23条）
⑦　現場立入権限の明記（50条2項）
⑧　金融取引情報要求権（50条5項）
　このように，第7次法改正は，その内容が極めて多岐にわたっており，これを整理し分析するには，種々の方法が考えられるが，本節では，独占禁止法の章に沿って，各章ごとに，その内容をみていくこととする。

Ⅱ　改正内容
1　法適用対象事業者の範囲の拡大（法第1章）
　独占禁止法は，これまで，法の適用を受ける事業者につき，韓国標準産業分類による12の大分類に属する者及びその他大統領令に定める者とし，同法2条1号(1)から(13)までに列挙してきた。しかし，これらの者の中には，第1次産業及び公共行政等5の大分類に属する事業を営む者は，含まれていなかった。このため，建築用砂利を生産する砕石業でカルテルが行われたにもかかわらず，同業種は，法の適用対象とならない鉱業に属するため，これを規制し得ず，また，米国セミニス社が国内市場占有率1位又は2位の種苗企業を引き受けたにもかかわらず，種苗事業は，法の適用対象とならない農業に属するため，これを規制し得ないという弊害が，現実に生じていた[9]。
　第7次法改正では，この点を考慮し，また，国際的な方式に符合するようにするため，これまでの限定列挙方式をやめ，営利を目的として経済活動を行うすべての産業の事業者を法の適用対象とする改正が行われた（2条1号）[10]。なお，これにより，第1次産業を営む事業者が法の適用対象となったものの，一定の組合の行為を適用除外とする法60条の規定は，若干の改正があったのみで，基本的には維持されており，したがって，農業協同組合，水産業協同組合等の一定の行為については，法の適用が除外される。
　また，これまで，金融・保険事業者は，市場支配的事業者（2条7号）に指定されることなく（同号但書），これに対して課される濫用行為の禁止規定（3条の2）の適用を受けることはなかったが，第7次法改正において，右但書は削除され，金融・保険業者も，市場支配的事業者に指定され得ることとなった（2条新7号）。これは，金融・保険事業者と言えども，一般の事業者と異なる

取扱いをすべき事由はないのみならず，ＩＭＦ管理体制以降，金融業の構造調整が迫られている中で，かえって，独寡占の形成及び濫用行為が生じかねないからである(11)。

更に，第7次法改正における最重要項目の一つであった持株会社の制限的許容制度の創設に伴い，2条の中に，持株会社（同条1の2）及び子会社（同条1の3）の定義規定が新設された。

2 市場支配的事業者に対する規制の効率化（法第2章）

市場支配的事業者に対する規制は，これまで，一定の要件を満たす事業者をあらかじめこれに指定して行ってきた（2条旧7号，3条の2，旧4条）。第7次法改正では，この指定制度をやめ，市場支配的事業者の推定規定はおいたものの（新4条），基本的には，個別事件の調査時に，市場支配力の有無を実質的に判断し（2条新7号），同事業者に当たるか否かを決することとされた。

これは，これまでの制度では，地域的独寡占業者や需要面での独寡占業者を規制することができず，このような難点を解消するためである(12)。

更に，韓国公正取引委員会では，これまでの方式につき，次のような問題点を指摘していた(13)。

旧法においては，毎年，市場支配的事業者を指定し告示してきたが，これを行うため，事業者が資料を提出する負担は大きく，また，行政側のコストもかなりのものとなっていた。更に，指定及び告示は，その時点から2年前の資料を基になされるため，その後の市場の変化を反映させ得ないという難点が存在していた。

以上の点を考慮し，第7次法改正では，次のとおりの改正が行われた。

第1に，市場支配的事業者の定義を行う2条7号の規定につき，これまでの数量的基準を廃し，包括的・実質的基準に改められた。但し，旧規定における数量的基準は，市場支配的事業者の推定要件として新4条へと移行した。なお，旧4条は，市場支配的事業者の指定及び告示について規定していたが，右指定・告示制度が廃止されたことに伴い，新4条に全文改正された。また，金融・保険事業者は，これまで，市場支配的事業者の指定から除外されてきたが（2条7号但書），右但書の削除により，既に述べたとおり，これら事業者も，

市場支配的事業者に指定され得ることとなった。

　第2に，独寡占的市場構造の改善等について定める3条の規定に，3項から5項までが新設され，公正取引委員会は，市場構造の調査及び公表を行うこととする等の規定がおかれた。これは，独寡占的市場についての資料を公にして研究の用に資するとともに，併せて，これら市場に対する市民的監視機能を持たせようとする意図によるものである[14]。

　第3に，3条の2の規定に列挙される市場支配的地位の濫用行為の内容について，一部改正が行われ（同条1項5号），また，濫用行為の類型又は基準は，これまで公正取引委員会告示によることとされていたが，改正により，大統領令（施行令）によることとされた（同条2項）。

3　企業結合及び経済力集中に対する規制（法第3章）
(1)　持株会社の制限的許容

　持株会社の容認は，世界の大勢であり，我が国においても，平成9年の独占禁止法改正により，これが認められたが，韓国においても，第7次法改正により，一定の制限の下，許容されることとなった。

　韓国独占禁止法は，これまで，持株会社の設立及び転換につき，①他の法律に基づき設立する場合（旧8条2項1号）及び②外資導入法に基づき外国人投資事業を営むために設立する場合であって，大統領令の定めるところにより公正取引委員会の承認を得たとき（同項2号）以外は，これを認めてこなかった（同条1項）[15]。

　しかし，韓国経済は，近年，構造調整の円滑な推進が求められており，これを速やかに行うには，むしろ，持株会社の有する長所を最大限に発揮させようとの考え方が支配的になってきていた。特に，最近の市場開放の加速化による海外からの競争圧力の高まりや，結合財務諸表制の導入等企業経営に対する監視体制の整備は，持株会社による経済力集中の深化の素地を大きく縮小させるものであるとして，持株会社の容認への気運は，高まっていた[16]。しかし，その一方で，反対論も根深く，この立場からは，持株会社の容認は逆に構造調整の遅れをもたらすとし，また，持株会社が投資者として機能しようとするのか，又は経営主体となろうとするのか，曖昧になるとの主張があり（李憲宰金

融監督院長），更に，与党国民会議主催の討論会においても，市民団体は，否定的立場を表明した[17]。このような議論を経て，結局は，諸外国の立法例を参考に，また，構造調整及び外国からの投資を促進するために，持株会社を必要とする考え方が多数を占め[18]，第7次法改正において，その設立及び転換は，一定の制限の下に認められることとなったものである。

第7次法改正による新持株会社制度は，次のとおりである。

まず，持株会社の設立及び転換を原則として禁止していた旧8条の規定は，全文改正され，新8条は，持株会社を設立しようとし又はこれに転換しようとする者に対して，公正取引委員会に対する届出を義務づけた。

また，持株会社制度導入に伴い，2条に，持株会社及び子会社の定義規定がおかれた。

右定義規定によれば，持株会社とは，株式の所有を通じて，国内の会社の事業内容を支配することを，主たる事業とする会社であって，資産総額が施行令に定める金額以上である会社とされ，主たる事業の基準は，施行令により定めることとされた（2条1の2）。

一方，子会社とは，持株会社により，その事業内容を支配される国内の会社とされた（2条1の3）。

次に，新たに8条の2の規定が設けられ，ここに持株会社の行為の制限等について規定された。

8条の2第1項は，持株会社が満たすべき条件を規定しており，その内容は，次のとおりである。

① 純資産額を超える負債額を保有しないこと（同項1号）。

純資産額とは，資産総額から負債額を差し引いたものをいい，本規定は，いわゆる負債比率を100パーセント以内とするというものである。その趣旨は，持株会社は直接事業を行うことなく，他の会社の支配を目的としているので，資金調達を負債に大きく頼るようなことは好ましくないという考え方によるものである[19]。

なお，本号には，現物出資により持株会社に転換する場合における1年間の特例措置が設けられている（1号但書）。

② 子会社の株式については，その50パーセント以上を所有すること。但し，

当該子会社が上場法人である場合には，30パーセント以上を所有すること（同項2号）。

本規定は，持株会社の属性が支配領域の過度の拡張にあることに鑑み，50（又は30）パーセント以下の株式所有比率により，多数の会社を傘下におくことを防止しようとするものである[20]。

なお，本号には，現物出資により持株会社に転換する場合における2年間の特例措置が設けられている（2号但書）。

これら①及び②は，ともに，持株会社が子会社を過度に拡張していくことを防止するための規定である[21]。

③　子会社でない国内の他の会社の株式を，支配目的で所有しないこと（同項3号）。

右にいう支配目的については，施行令により定めることとされており，また，本号にも，現物出資により持株会社に転換する場合における2年間の特例措置が設けられている（2号但書）。本号は，コンツェルンないしピラミッド方式による財閥形成を防止するための規定であろうとされる[22]。

④　金融持株会社は，国内の非金融会社の株式を所有しないこと（同項4号）。

⑤　一般持株会社は，国内の金融会社の株式を所有しないこと（同項5号）。

右にいう金融持株会社とは，金融業又は保険業を営む子会社の株式を所有する持株会社とされ，金融持株会社が所有することが禁止される非金融会社とは，金融業又は保険業を営む会社，及びこれらの事業と密接な関連がある等として施行令に定める基準に該当する会社以外の会社とされる（4号）。また，一般持株会社とは，金融持株会社でない持株会社をいう（5号）。右両規定は，財閥が金融機関を自らの金庫と化することを防止するとともに，金融部門及び産業部門間で，一方の危険が他方に及ぶことのないようにするためのものである[23]。

持株会社が満たすべき条件は，以上のとおりであるが，改正法は，一般持株会社の子会社についても，満たすべき条件を定めている（8条の2第2項）。その内容は，一般持株会社の子会社は他の国内の会社の株式を支配目的で所有し

てはならないというものであり，支配目的については，施行令により定めることとされている。なお，右にいう他の国内の会社には，当該子会社の事業内容と密接な関連がある等施行令に定める基準に該当する会社，及び当該子会社を支配する一般持株会社の子会社は含まれない。また，当該子会社が一般持株会社の子会社となるときに所有していた他の国内の会社の株式については，2年間の特例が認められている。

本規定の趣旨は，持株会社が出資を通じて多段階にわたって多くの会社を支配することを防止するため，孫会社をおくことを原則として禁止しようとするものである[24]。

なお，第7次法改正の改正作業過程において，持株会社と子会社間の相互出資禁止規定の導入が検討されていた。これは，資本の架空化と負債比率の脱法的増大を防止するためのものであり[25]，このような相互出資は，大規模企業集団については，既に禁止されているが（9条1項），本規定案は，これを30の大規模企業集団以外に，持株会社グループにまで拡げようとするものであった。しかし，最終的には，この規定案は，制度化されなかった。

第7次法改正により許容された韓国独占禁止法の持株会社制度は，以上のとおりであり，持株会社は，自ら及び子会社の株式所有状況，財務状況等事業内容について，公正取引委員会に報告しなければならない（8条の2第3項）。

一方，債務保証制限大規模企業集団（10条の2第1項）については，持株会社の設立又は転換を行うためには，集団内会社間の既存の債務保証を解消しなければならないこととされた（8条の3）。これら解消すべき債務保証は，①持株会社と子会社間（8条の3第1号），②持株会社と他の国内の系列会社間（同条2号），③子会社相互間（同条3号）及び④子会社と他の国内の系列会社間（同条4号）のものである。

これは，分社化を通じた事業部門の分離及び売却，海外資本の誘致等を通じて，構造調整が効果的に行われるためには，債務保証が解消され，独立した経営が行われ得る環境が整備されていなければならないとの考え方に基づくものである[26]。債務保証制限大規模企業集団は，その範囲が大規模企業集団と全く同一であるから（法9条1項，10条の2第1項，14条1項，令17条1項，同条4項），右8条の3の規定は，現在指定されている30の大規模企業集団について

は，その傘下にある系列会社間の債務保証を解消しない限り，持株会社の設立又は転換は認めないということを意味する。

(2) 企業結合制限制度

ア　適用除外要件の具体化

韓国独占禁止法は，これまで，産業の合理化又は国際競争力強化のためのものであって，施行令に定める要件に該当すると公正取引委員会が認める企業結合を，制限の適用除外としてきた（7条1項旧但書）。

しかし，産業の合理化や国際競争力の強化という概念は，包括的であり，当事者がこれを立証することは難しく，これがため，本規定は，円滑な構造調整を促進していくうえで，制約要件になっているとの指摘が，かねてからなされていた[27]。

以上の点を考慮し，第7次法改正では，右適用除外要件について定めていた7条1項旧但書の規定を廃して，これを同要件の手続について定める7条2項に移し，同項1号及び2号に，その内容をより競争制限的でない形で具体的に規定した。

イ　企業結合制限対象及び届出範囲の縮小

韓国独占禁止法において規制対象となる企業結合は，株式保有をはじめとして7条1項各号に掲げる行為である。

第7次法改正では，規制対象の範囲が縮小された。まず，役員兼任（7条1項2号）については，規制の対象は，大規模会社（法7条1項本文但書，令12条の2）が行う場合にのみ限られ，また，会社新設への参加（7条1項5号）については，一定の要件に該当する場合（同号(1)及び(2)）は，規制対象から除外された（同号但書）。

これは，役員兼任については，通常株式取得に随伴する行為であって，これを独立した企業結合の一類型とみるのは難しく，また，一の会社又は企業集団による会社新設の場合は，むしろ競争促進効果さえ有しており，規制すべきものとは考えられないからである[28]。

また，これと併せて，企業結合の届出（12条）に関しても，改正が行われ，役員兼任の場合については（同条1項2号），大規模会社以外の者は，届出義務が免除された（同条1項本文）。

このほか，企業結合の届出期間について（12条4項），通常の場合（同項柱書）より，より厳格な規定が適用されるもの（同項但書）の中から，市場支配的事業者が除外された。

ウ　履行強制金制度の新設

競争を制限する企業結合に対しては，株式の売却，事業の一部譲渡等の是正措置（16条）が命じられるほか，課徴金（17条3項）も賦課されてきた。

しかし，是正措置は，作為命令としての性格を有しており，一方，課徴金は，不当利得を返還させるとともに，懲罰的な1回限りの処分であって[29]，かねてから，両者の性格の違いが問題とされてきた。また，是正措置の速やかな履行を確保するには，課徴金の賦課よりも，新たに履行強制金なる制度を創設し，これによる方が効果的であると考えられていた[30]。このような制度は，第5次法改正の際に，既に意見として出ていたものの，政府案として採用されないため実現せずにきていたものである[31]。

しかし，第7次法改正においては，現行制度の問題点と履行強制金制度の利点を考慮し，企業結合に対する課徴金制度を廃止し（17条3項削除）（注：但し，経済力集中規制に関する規定違反に対する課徴金制度は，従来どおり），履行強制金制度が新設された（17条の2）。本制度は，公正取引委員会が命じた是正措置を履行しない者に対し，一日当たり一定の率又は額による履行強制金を賦課するものであり，履行が遅れれば遅れるほど，納付すべき額が増加することとなり，これにより，速やかな履行を確保しようというものである[32]。

なお，本制度について，孫珠瓚法学博士は，是正措置命令に従わない者がこれに対する異議申立てないし不服の訴を提起した場合には，履行強制金を賦課することができない等検討すべきいくつかの問題点があると指摘される[33]。

エ　是正措置の効率化

競争を制限する企業結合に対する是正措置は，株式の売却，営業譲渡，当該結合行為の禁止等を，その内容としている。しかし，これらの措置のみでは，必ずしも十分であるとは言えず，例えば，株式の売却等を命じてみても，これを引き受ける者がなければ，措置の履行は，事実上不可能である[34]。

このため，第7次法改正では，是正措置の一つとして，新たに，企業結合に伴う競争制限の弊害を防止し得る営業方式又は営業範囲の制限が追加された

(16条1項7号・新設，旧7号は8号へ)。この規定により予定されている具体的措置は，価格の変更の禁止，原料購入時における競争入札方式の採用等である(35)。

　オ　その他

　企業結合制限制度に関する主な改正点は，以上のとおりであるが，これらのほか，同制度について，次の改正が行われた。

　①　企業結合事前審査要請制度（12条6項）について，これをなし得る者の範囲を，企業結合をしようとする者すべてにまで拡大した。
　②　規定の明確化を図った（12条5項，7項）。
　③　他の規定の改正に伴い，所要の改正を行った（7条4項，5項）。

　(3)　その他

法第3章企業結合の制限及び経済力の集中の抑制に関して，以上のほか，次の改正が行われた。

　①　大規模企業集団の指定等の手続について，一部改正が行われた（14条2項，3項）。
　②　大規模企業集団の系列会社の編入及び通知日の擬制に関する規定が新設され（14条の3），関係機関に対する資料の確認要求等について定めていた旧14条の3の規定は，14条の4へと移行した。
　③　一定の持株会社容認制度の導入等に伴い，脱法行為の禁止及び是正措置に関する規定に，所要の改正が行われ（15条1項，16条1項，2項），また，違法な持株会社について，課徴金制度が設けられた（17条4項）。

法第3章以外における企業結合に関する改正点（第14章）として，これまで企業結合届出違反に対して，罰金制が採られてきたが（68条旧2号），刑罰の賦課は，過剰規制であるとして(36)行政制裁たる過料制に改められた（69条の2第1項2号・新設）。

　4　不当な共同行為に対する規制の強化（法第4章）

　不当な共同行為については，これを禁止する19条の規定に，改正が行われた。これまでは，「一定の取引分野における競争を実質的に制限する」共同行為が禁止の対象とされていたが（19条1項柱書），改正により，禁止の対象となる共

同行為は,「不当に競争を制限する」ものとされた。

その趣旨は,いわゆる硬性カルテルについては,競争に与える影響が極めて大きいにもかかわらず,従来の規定では,その競争制限性につき,個別事件ごとに逐一これを立証しなければならず,審査コストの面で難点であったため,当然違法の原則を採用することにあるとされる[37]。これは,これらのカルテルを当然違法とする国際的趨勢に符合させるものであり,その対象となるカルテルは,価格カルテル,入札談合,市場分割等であるとされている[38]。

韓国独占禁止法におけるカルテル(不当な共同行為)規制は,19条1項各号に掲げる共同行為を,その禁止の対象としており,ここに列挙される行為は,いわゆる硬性カルテルに該当するもののみならず,その他各般の行為が含まれている。第7次法改正では,それらのものの中で,「不当に競争を制限する」ものが違法とされることとなったが,このことは,19条1項各号に列挙される各種共同行為の違法性について,「不当に競争を制限する」との共通の基準を採用しながら,硬性カルテルについては新たに当然違法の原則を採用し,一方,その他のカルテルについてはこれまでどおり合理の原則を採用していくことを意味する。

なお,「不当に(プタンハゲ)」との文言は,不公正取引行為の規定中にも用いられており,ここでは,公正競争阻害性を指すものとして使用されている。したがって,「不当に」との文言は,不当な共同行為と不公正取引行為とで,異なる意味で用いられることとなる。

以上のほか,共同行為の適用除外手続等について定める19条3項の規定にも,若干の改正が加えられている。

5 不公正取引行為に対する規制の強化(法第5章)

不公正取引行為とは,23条1項各号の一に該当する行為であって,公正な取引を阻害するおそれがあるものをいい(23条1項柱書),その具体的内容は,施行令36条1項の別表に定められている。また,法23条1項各号の行為は,7つの類型に分けて規定されている(同項1号から7号まで)。

第7次法改正では,23条1項各号に新たに8号を追加し,同項1号から7号までに該当する行為以外の行為であって,公正な取引を阻害するおそれがある

ものをも，不公正取引行為として規制の対象とすることとされた（23条1項8号・新設）。これは，これまでの限定列挙方式から例示方式への移行を意味するものであり，その趣旨は，脱法的行為に適切に対応することにあるとされている[39]。また，23条1項2号の規定についても，解釈上の難点を克服すべく，表現が改められている。同号改正の趣旨は，これまでの規定が行為者の主観的要素を違法要件とするかのようになっていたのを改めることにあるとされる[40]。

韓国には，これまで，我が国の景品表示法に相当する法律はなく，過大な景品類の提供及び不当表示に対する規制は，不公正取引行為の一種として，独占禁止法により行われてきた。すなわち，過大な景品類の提供については，特殊指定（法23条2項，令36条2項）としての「景品類提供に関する不公正取引行為の類型及び基準」により，また，不当表示については，不当顧客誘引（法23条1項6号）として，一般指定（法23条2項，令36条1項別表9）により，それぞれ規制されてきた。ところが，1999年2月5日，新たに「表示及び広告の公正化に関する法律」（以下「表示広告公正化法」という。）が制定され，右のうち，不当表示に関する部分は，同法へ移行することとなった。このため，独占禁止法23条1項6号の規定は，表示広告公正化法の施行日である99年7月1日に削除することとされた（表示広告公正化法附則4条1項）。同様に，公正競争規約設定の根拠規定である23条4項及び違反行為に対する是正措置について定める24条の各規定についても，表示及び広告に関する部分は，同年7月1日に削除することとされた（表示広告公正化法附則4条1項）。

6 事業者団体に対する規制の変更（法第6章）

事業者団体に対する規制は，これに対して一定の行為を禁止する（26条1項）ほか，これまで，団体の設立，変更及び解散に際して，届出させる（25条）ことを通じて行われてきた。

第7次法改正においては，右届出の根拠規定である25条の規定が削除されたため，今後は，これらの届出を要しないこととなった。本改正は，事業者団体に対する政府規制緩和の一環であろうとされる[41]。

また，事業者団体が自ら独占禁止法23条1項6号の行為（不公正取引行為の

うち，不当顧客誘引）をすることを禁止する同法26条1項5号の規定は，表示広告公正化法の制定及び施行に伴い，99年7月1日をもって削除され，また，違反行為に対する是正措置について定める同法27条の規定のうち，表示及び広告に関する部分も，同日をもって削除することとされた（いずれも表示広告公正化法附則4条1項）。

7 再販売価格維持行為に対する規制の変更（法第7章）

韓国独占禁止法において，再販売価格維持行為に対する規制は，日本と異なり，不公正取引行為とは別に行われている。

第7次法改正では，これまで再販売価格維持契約の届出を義務づけていた30条の規定が全文改正されて，届出義務が廃止され，代わって，公正取引委員会が再販売価格維持契約の修正を命じ得る規定が設けられた。右契約の修正は，消費者の利益を著しく阻害するおそれがある場合等に命じられることとなっており（30条），本改正の背景には，違法性の判断にあたっては，競争制限効果の有無をみるべきであるとする民官合同委員会の勧告があったものと思われる[42]。

8 調査手続等（法第10章）
(1) 金融取引情報要求権制度の創設

韓国競争政策における最大の懸案事項は，いわゆる財閥の構造改善及びこれに対する規制である。これらのうち財閥の構造改善は，法第3章の大規模企業集団に関する各種規定によりなされるが，財閥の取引行為に対する規制は，主として不公正取引行為（23条）の一類型である不当支援行為（同条7号）の禁止規定により行われている。不当支援行為とは，不当に他の会社等に対して経済的支援を行うことをいうが，本規定は，第5次法改正（1996年12月11日）において財閥の規制を主たる目的として導入されたものである[43]。本規定の導入以降今日まで，韓国公正取引委員会は，これを活用して，財閥に対して極めて積極的な厳しい規制を行ってきている。

しかし，これまでの経験に照らして，財閥の系列会社間相互の資金，資産等の支援行為は，その大部分が金融機関を媒介にして迂回的に行われ，その手法

も極めて巧妙化しており，金融取引情報なくしては，調査を行うことが事実上不可能となっている。実例を挙げれば，5大財閥に対する不当支援行為の調査過程においても，右の事例が多くみられたにもかかわらず，金融機関が金融実名法の規定をたてに資料の提出を拒み，それ以上の調査は行い得なかった[44]。このため，第7次法改正において，金融実名法の金融取引秘密保護の趣旨を最大限に尊重し，厳格な要件の下に，公正取引委員会が金融機関の長に金融取引情報を求めることができる規定が新設された（50条5項）。

この規定は，①大規模企業集団（法9条1項，令17条1項）を対象に，②23条1項7号（不当支援行為）違反の疑いがある行為にのみ適用されるものである。また，本制度は，時限立法として，公布の日である1999年2月5日から2年間に限って効力を有し（附則2条），預金者の秘密保護の観点から，①金融機関は，公正取引委員会に情報を提供したときには，その内容等を名義人に通知すること（50条6項），②公正取引委員会は，当該情報を要求した事実の記録を3年間保管すること（同条7項），③関係者は，秘密を厳守すること（同条8項）等とされている。本制度は，第7次法改正において最も議論の多かった点であり，制度濫用の弊害防止の観点から，時限立法とし，かつ前述の各規定が設けられている[45]。

(2) 立入権限の明記

法違反被疑行為調査のための公正取引委員会の権限は，50条にその規定があり，この規定に基づき，これまでも，関係箇所において調査をなし得ることとされてきた（同条2項）。しかし，この規定は，事業者又は事業者団体の事務所等において調査をなし得るとするのみで，より積極的に立入調査をし得るかについてまでは，規定していなかった。

このため，第7次法改正においては，法違反被疑行為に対して効果的な調査を行い得るよう，立入権限が明記された。

(3) 事件記録閲覧複写権の新設

1被害者の権利の救済を図り，事件処理の透明性を高めるために，第7次法改正において，事件関係者に資料閲覧要求を認める規定が新設された（52条の2）。この規定は，当事者又は利害関係人に，公正取引委員会に対して，本法の処分と関連する資料の閲覧又は複写を求めることを認めるものであり，公正

取引委員会は，原則として，これに応じなければならないこととされている。
 (4) 異議申立前置主義の廃止等
 韓国における行政訴訟は，かつては行政審判を経てこれを提起し得ることとされていたが，行政訴訟法の改正により，1998年3月1日からは，行政審判を経ることなく直ちに，行政訴訟を提起し得ることとされた。
 一方，独占禁止法では，行政訴訟を提起するには，従前の行政訴訟法と同様，異議申立前置主義を採用していた。このため，第7次法改正において，本制度が先の行政訴訟法の改正趣旨に符合するよう，本法の処分に不服のある者は，公正取引委員会に対して異議申立て（53条）を行うか，又は直ちに訴（54条）を提起するかにつき，選択し得ることとされた（54条1項）。
 また，この改正に併せて，異議申立てに対する公正取引委員会の裁決は，これまで，異議申立ての日から原則として30日以内にすべきこととされていたが，これを60日以内にすべきことに改められた（53条2項）。
 以上のほか，調査手続に関して，53条の2第2項の規定に若干の改正が加えられている。
 (5) 改正事項以外の問題
 法第10章調査等の手続に関する改正事項は，以上のとおりであるが，このほか，同章に属する内容として検討され，最終的には実現に至らなかったものに，公正取引士制度の導入がある。
 本制度は，違反事件への対応，独占禁止法関連業務の遂行その他の面で，中小企業が大企業に比し不利な立場にあることに鑑み，これを支援するため，公正取引士なる資格者をおき，中小企業の業務の代行その他を行わせようというものである[46]。本制度は，1998年10月28日の公正取引委員会による改正法案には盛り込まれていたが，結局は，実現しなかった。

9　その他の改正内容
(1) 公正取引委員会の組織（法第9章）
 第7次法改正において，公正取引委員会の組織に関して，次の改正が行われた。
 ①　委員長及び副委員長がともにその職務を遂行できないときは，先任の常

任委員がこれを代行する（38条3項）。
② 全員会議（37条の2）の議事は委員長が（42条1項），小会議（37条の2）の議事は常任委員が（42条2項），それぞれ主宰することを明記した。
③ 事件に関する議決の合議は，公開しない（43条2項）。
　本規定は，審決の独立性を確保するためのものである[47]。
④ 違反事件の議決書は，委員の記名捺印から署名捺印とした（45条）。
(2) 課徴金の賦課及び徴収等（法第10章の2）
第7次法改正において，課徴金の賦課及び徴収等に関して，次の改正が行われた。
① 課徴金の賦課基準（55条の3第1項）は，施行令により定めることとする（同条3項）。
② 課徴金の納付等に関して施行令により定めるべきこととされている内容について，若干の改正が行われた（55条の4第4項）。
(3) 損害賠償（法第11章）
法違反行為による被害に対しては，法は，無過失損害賠償責任の規定をおき（56条），被害者の救済を図っている。第7次法改正では，損害賠償請求の訴が提起されたときは，裁判所は，公正取引委員会に対して，事件記録を送付するよう求め得る根拠規定が新設された（56条の2）。これは，この訴訟を通じて，被害者の救済をより実効あるものにしていくためである[48]。
(4) 適用除外（法第12章）
法60条は，一定の組合の行為について，本法の適用除外を定めている。但し，これらの組合と言えども，同条但書に定める行為をしたときは，適用除外とはならない。これら適用除外とならない行為の一つとして，これまで，一定の取引分野における競争を実質に制限することにより不当に価格を引き上げることとなる場合が規定されていたが，第7次法改正において，これを，不当に競争を制限することにより価格を引き上げることとなる場合へと改められた。これは，不当な共同行為（19条）における文言の改正（前述）と軌を一にするものと考えられる。
なお，第1次産業に属する事業者は，第7次法改正により，法の適用対象となったものの（法2条1号），農業協同組合，水産業協同組合等の一定の行為は，

本条の規定に基づき，これまでどおり本法の適用除外となる（前述）。

(5) 罰則（法第14章）

第7次法改正は，その改正内容が極めて多岐にわたっているため，これに伴い，罰則について定める法第14章の各条項にも，かなりの改正が加えられている。改正された規定は，66条から69条までの各規定であり，これらのうち，主な内容は，次のとおりである。

① 持株会社の制限的許容に伴い，持株会社に関する制限ないし禁止規定等に違反した場合の罰則を設けたこと。
② 金融取引情報要求権制度の新設に伴い，関連する罰則規定を設けたこと。
③ 以上の2点に伴い，規定の順序等に所要の改正を行ったこと。

(6) 改正事項以外の問題

第7次法改正における改正内容は，以上のとおりであるが，このほか，改正にいたるまでの過程において検討され，最終的には実現にいたらなかったものに，臨時中止命令制度の導入がある。

本制度は，法違反行為について，是正措置命令が発せられるまでの間において，緊急の必要があると認められる場合に，同命令を発し得るようにするものである。公正取引委員会の改正法案では，命令を発する主体は，速やかにこれを発し得るよう，裁判所ではなく，同委員会とすることとされていた[49]。同様の制度は，各国にもみられるが，日本及びアメリカでは，競争当局が裁判所に命令を求める方式を採用し，一方，ドイツ及びフランスでは，競争当局が直接これを発する方式を採用している。本制度は，結局は改正法に盛り込まれなかったが，これらいずれの方式を採るかにつき，調整がつかなかったのではないかと推察される。

10 カルテル一括整理法

規制緩和は，我が国をはじめとする先進国において，競争政策の重要な柱の一つとなっている。韓国においても，その例外ではなく，ここ数年，積極的な法の運用及び政策の展開が図られてきた。

第7次法改正に併せて，規制緩和の一環として，カルテル等を整理する「独占規制及び公正取引に関する法律の適用が除外される不当な共同行為等の整備

に関する法律」(以下「カルテル一括整理法」という。)が成立し，施行された。同法は，独占禁止法第 7 次改正法と同じく99年 1 月 6 日に国会を通過し， 2 月 5 日に公布され， 4 月 1 日から施行された。カルテル一括整理法は，弁護士，公認会計士等の専門資格士の報酬規定や酒類販売における供給区域等に関する制限を廃止するものであり，これにより，258あった団体随意契約品目が，毎年20パーセントずつ， 3 年間にわたって減少するとされる[50]。

カルテル一括整理法により整理される各業種等及びその整理内容は，次のとおりである。

1 条・弁護士

　　大韓弁護士協会が報酬基準を定めるとする弁護士法19条の規定を削除する。

2 条・行政士

　　行政士の手数料について，大韓行政士会が定めて，内務部長官がこれを承認するとする行政士法19条の規定を削除する。

3 条・公認会計士

　　公認会計士は，財政経済院長官の承認を得た額を超える報酬を受けてはならないとする公認会計士法14条の規定を削除する。

4 条・税務士

　　税務士は，財政経済院長官の承認を得た額を超える報酬を受けてはならないとする税務士法15条の規定を削除する。

5 条・酒類業

　　濁酒の供給区域は，酒類製造場所在地の市又は郡の行政区域とするとする酒税法 5 条 3 項の規定を削除する。

　　また，酒税法により，酒類業団体が行うことができる事業（同法45条 4 項）の中から，類の価格若しくは規格の統一又は検査に関する事項（同項 2 号）及び共同販売に関する事業（同項 3 号）を削除する。

6 条・関税士

　　関税士会は，報酬基準を定めて，関税庁長の認可を受けなければならないとする関税士法11条の規定を削除する。

7 条・保険業

保険業法により，保険料率算出機関（同法198条の2第1項）が行う事業（同条3項）の中から，保険料率の適正性を維持するための勧告（同項4号）を削除する。

8条・農水産物の輸出の振興

農水産物輸出振興法における，指定品目生産者の指定等（5条），収集・加工業者の指定等（7条），輸出業者の指定等（8条），指定品目の売買における事前契約（10条），生産・販売等の調整（11条），国内出荷価格の協定（12条）等の規定を削除する。

9条・畜産業

畜産法においては，家畜市場で家畜の売買が成立した場合に，家畜の買受人は，家畜売買手数料を市場開設者に納付しなければならないこととされているところ，これまで，その額については一定の率以内とするとされてきたが（同法40条1項），この金額に関する部分を削除する。

10条・獣医師

動物病院の診察費は，農林部令により定めるとする獣医師法20条の規定を削除する。

11条・中小企業の振興等

中小企業の振興及び製品の購買促進に関する法律において，中小企業庁長は，関係中央行政機関の長と協議して，購買対象物品を指定することができるとされているところ（同法9条の2第1項），この関係中央行政機関の長に，公正取引委員会を含むことを明記する。

12条・対外貿易

対外貿易法において，産業資源部長官は，一定の要件を満たす場合に，貿易取引者に対し，物品の価格，数量，その他の取引条件，対象地域等について，調整を行うよう命ずることができるとされているところ（同法43条1項），これまで，その対象は，輸出及び輸入の双方の場合とされてきたが，これを輸出の場合のみとし，右一定の要件についても，競争制限的でないものに改める（同項各号）。

13条・藍業

藍業組合法により，藍業組合が行う事業（同法13条1項）の中から，団

体契約（同項8号）を削除する。

14条・弁理士

　　弁理士法により，弁理士会は，会則を定めなければならないとされているところ（同法14条1項），会則に定めるべき事項の中から，報酬に関する事項を削除する。

15条・済州道開発

　　済州道開発特別法において，農産物，林産物，畜産物及び水産物需給安定審議会をおき，同審議会が適正な生産と一定の水準の価格を維持するために審議するとする同法36条の規定を削除する。

16条・建築士

　　建築士協会は，建設交通部長官の認可を受けて，報酬基準を定めるとする建築士法26条の規定を削除する。

17条・海外建設

　　建設交通部長官は，同一の海外工事について，複数の海外建設業者が受注競合する場合に，これらの業者に調整を行うよう命ずること等ができるとする海外建設促進法14条の規定を削除する。

　　また，進出業者の指定について定める同法15条の規定を削除する。

18条・公認労務士

　　開業労務士の報酬基準は，公認労務士会が労働部長官の承認を得て定めるとする公認労務士法10条の規定を削除する。

---

(1)　拙稿「韓国独占禁止法における更なる改正への動きについて」名古屋経済大学論叢・企業法研究11号，173頁
(2)　㈳韓国公正競争協会「コンジョンキョンジェン」36号，19頁
(3)　韓国公正去来委員会「公正去来法改正案」1998年10月28日
(4)　孫珠瓚「韓国「独占規制および公正取引に関する法律」の1999年改正について」日韓比較法文化研究会発表論文（日本語），1999年8月23日，3頁
(5)　孫珠瓚，前掲，20頁
(6)　イビョンジュ「公正取引法改正主要内容」，㈳韓国公正競争協会「コンジョンキョンジェン」41号，23頁
(7)　イビョンジュ，前掲，24頁

(8) 韓国公正去来委員会，第 7 次法改正時発表文，1999年 2 月
(9) 公正去来法改正案，前掲， 1 頁
(10) 孫珠瓚，前掲， 6 頁
(11) イビョンジュ，前掲，24頁
(12) イビョンジュ，前掲，25頁
(13) 公正去来法改正案，前掲， 4 頁
(14) 公正去来法改正案，前掲， 4 頁。イビョンジュ，前掲，25頁
(15) 第 7 次法改正前の持株会社に関する著書・論文としては，朴吉俊，林雄基，洪復基『持株会社に関する研究』韓国上場協議会（1997年）。拙稿「韓国独占禁止法における持株会社規制」国際商事法務，Vol. 24, No. 3, 235頁
(16) イビョンジュ，前掲，24頁
(17) 孫珠瓚，前掲， 7 頁
(18) 孫珠瓚『経済法の変遷』法制研究15号，125頁（1998年）。朴吉俊，林雄基，洪復基，前掲，103頁
(19) キムハッキョン「持株会社禁止制度改善方案」㈳韓国公正競争協会「コンジョンキョンジェン」33号， 9 頁
(20) キムハッキョン，前掲，10頁
(21) イビョンジュ，前掲，24頁
(22) 孫珠瓚，日韓比較法文化研究会，前掲， 9 頁
(23) キムハッキョン，前掲，10頁。イビョンジュ，前掲，24頁
(24) イビョンジュ，前掲，25頁
(25) キムハッキョン，前掲，10頁
(26) キムハッキョン，前掲，11頁
(27) 公正去来法改正案，前掲， 6 頁。イビョンジュ，前掲，26頁
(28) 韓国公正去来委員会「報道資料―規制対象企業結合範囲縮小のための法改正の検討」1998年 7 月16日。イビョンジュ，前掲，26頁
(29) 韓国独占禁止法における課徴金の性格については，洪復基（中山武憲訳）「韓国独占規制法における課徴金制度」北大法学論集50巻 2 号，324頁
(30) 公正去来法改正案，前掲， 6 頁。イビョンジュ，前掲，27頁
(31) 孫珠瓚「「1996年韓国独占規制及び公正去来（取引）に関する法律」の改正（第 5 次）」北大法学論集48巻 2 号，456〜457頁（日本語論文）
(32) 孫珠瓚，日韓比較法文化研究会，前掲，13頁
(33) 孫珠瓚，日韓比較法文化研究会，前掲，14頁
(34) イビョンジュ，前掲，27頁

(35) 公正去来法改正案，前掲，7頁。イビョンジュ，前掲，27頁
(36) イビョンジュ，前掲，27頁
(37) イビョンジュ，前掲，25頁
(38) 孫珠瓚，日韓比較法文化研究会，前掲，3頁
(39) イビョンジュ，前掲，26頁
(40) 孫珠瓚，日韓比較法文化研究会，前掲，16頁
(41) 孫珠瓚，日韓比較法文化研究会，前掲，16頁
(42) 孫珠瓚，日韓比較法文化研究会，前掲，17頁
(43) 拙稿「韓国独占禁止法第5次改正とその内容」名古屋経済大学論叢・名経法学5号，89頁
(44) イビョンジュ，前掲，25頁。チョハッグック「新政府の公正取引制度運用成果と課題」「コンジョンキョンジェン」43号，3頁
(45) 孫珠瓚，日韓比較法文化研究会，前掲，18頁
(46) 公正去来法改正案，前掲，8頁
(47) 孫珠瓚，日韓比較法文化研究会，前掲，17頁
(48) イビョンジュ，前掲，26頁
(49) 公正去来法改正案，前掲，3頁
(50) チョハッグック，前掲，3頁

第2節 施行令改正（1999年）

1999年施行令改正は，第7次法改正を受けて行われた。同改正施行令は，同年3月31日に公布され，翌4月1日から施行された。第7次法改正は，改正条文数の多さ（41ケ条）では，第5次法改正（96年12月30日，57ケ条）に次ぐものであったため，99年施行令改正においても，改正された条文数は，46ケ条にものぼっている。

I 改正の趣旨及び主要内容
II 改正内容
  1 総則（施行令第1章）
  2 市場支配的地位の濫用禁止（施行令第2章）
  3 企業結合の制限及び経済力の集中抑制（施行令第3章）

(1)　持株会社の制限的許容
　　　(2)　企業結合制限からの適用除外要件の具体化
　　　(3)　履行強制金制度の新設
　　　(4)　その他
　4　不当な共同行為の制限（施行令第4章）
　5　不公正取引行為の禁止（施行令第5章）
　6　事業者団体（施行令第6章）
　7　再販売価格維持行為の制限（施行令第7章）
　8　課徴金の賦課及び徴収等（施行令第11章）

I　改正の趣旨及び主要内容

　第7次法改正は，韓国経済がIMFによる管理体制を早期に克服し，21世紀の大競争時代に向けて市場競争原理を確立して，国際基準に符合した制度を完成させること等を目的に行われ[1]，その主な内容は，①事業者の範囲（2条1号），②市場支配的事業者に対する規制（2条7号，3条，4条），③持株会社制度（8条，8条の2，8条の3），④企業結合審査制度（7条，12条），⑤不当な共同行為禁止制度（19条），⑥不公正取引行為禁止制度（23条），⑦現場立入権限の明記（50条2項）及び⑧金融取引情報要求権（50条5項）に関するものであった[2]。したがって，右法改正を受けて行われた1999年施行令改正も，これら各項目に関する事項について行われているが，第7次法改正の最大の柱が持株会社の制限的許容にあったこともあり，99年施行令改正の最重要内容は，持株会社に関するものとなっている。

　韓国公正取引委員会によれば，99年施行令改正の理由は，第7次法改正により，①持株会社制度が制限的に許容されたのに伴い，その細部規定を整え，②企業結合の適用除外要件及び市場支配的地位濫用行為の類型を明示するとともに，③課徴金賦課基準及び企業結合規定違反に対する履行強制金の賦課手続を具体化し，法違反に対する制裁手段の透明な運用を図ることにあるとし，更に，行政規制基本法による規制整備計画にしたがい，各種報告及び届出制度を廃止することにあるとされる[3]。

　右理由により行われた99年施行令改正の主要内容は，韓国公正取引委員会に

よれば，次のとおりとされる[4]。

（企業の円滑な構造調整を誘導するための制度の改善）
1 持株会社の制限的許容に伴う細部規定の制定
 (1) 旧法において禁止されていた持株会社制度が，第7次改正法において制限的に許容されたことに伴い（法8条　8条の2，8条の3），必要事項を施行令に規定した。
 (2) 法の適用対象となる持株会社について，資産総額の規模を100億ウォン以上の会社とした（令2条1項）。
 (3) 持株会社の届出日及び手続について，施行令に明示した（令15条）。
　ア　届出日等

届出対象	届出日	成立日
○持株会社の設立 ○持株会社への転換 　・合併 　・株式取得 　・資産増加 　・資産減少	設立登記日から30日以内 合併登記日から30日以内 当該事業年度終了後4月以内 同右 同右	設立登記日 合併登記日 当該事業年度終了の翌日 同右 同右

　イ　届出義務者
　　(ｱ) 持株会社を設立し又はこれに転換しようとする者
　　(ｲ) 届出義務者が2以上である場合は，届出代理人を認める。
　ウ　届出内容
　　(ｱ) 持株会社，子会社，孫会社の名称，財務現況，株主現況，株式所有現況，事業内容等
　　(ｲ) 大規模企業集団については，持株会社及び子会社が系列会社に対して提供し又は提供を受けている債務保証の解消実績を併せて報告すること。
 (4) 金融持株会社が例外的に株式を所有することができる非金融・保険会社の範囲について，次のとおり4類型に明示した（令15条の3）。
　ア　金融会社又は保険会社に対して電算・情報処理等の役務を提供することを目的とする会社

イ　金融会社又は保険会社が保有する不動産又はその他の資産を管理することを目的とする会社
　　　ウ　金融・保険業と関連する調査・研究を目的とする会社
　　　エ　その他金融会社又は保険会社の固有業務と直接関連する事業を営む会社
　(5)　一般持株会社の子会社が例外的に支配することのできる他の会社の範囲及び要件を定めた（令15条の4）。
　　　ア　子会社と密接な関連がある次の事業を営むことを目的とする会社
　　　　㈎　子会社が生産する製品の販売
　　　　㈏　子会社が生産する製品についての維持，管理，補修等の役務の提供
　　　　㈐　子会社が生産する製品を主要原材料とする製品の生産又は販売
　　　　㈑　子会社が必要とする原材料等の提供
　　　　㈒　その他子会社の事業内容と直接関連する事業
　　　イ　他の会社の株式を支配目的で所有していないこと。
2　回生が不可能な会社との企業結合の要件の明示
　(1)　法改正により，企業結合規制の適用除外となる要件が，「産業の合理化」又は「国際競争力の強化」による企業結合から，
　　　ア　「効率性の増大効果が競争制限による弊害より大きい場合」又は
　　　イ　「回生が不可能な会社との企業結合であって，大統領令に定める要件に該当する場合」の企業結合へと改正されたので（法7条2項），
　(2)　これら適用除外となる企業結合のうち，回生が不可能な会社との企業結合の要件を，次のとおり明示した（令12条の4）。
　　　ア　企業結合をしない場合には，その会社の生産設備等の資産が，当該市場において退出するほかはないこと。
　　　イ　当該企業結合より競争制限性が少ない他の企業結合をすることが困難であるとき。
3　親族独立経営会社の系列分離要件の緩和
　(1)　取引依存度要件の削除（令3条の2第1項2号旧(5)の削除）
　　　ア　業種の特性又は協力若しくは下請関係により，特定の会社との取引依存度が高まらざるを得ない場合があることを勘案したとき，取引依

親族分離要件	旧施行令	改正施行令
相互株式所有	同一人側→独立経営者側： 　　3％（非上場会社10％）未満 ○独立経営者側→同一人側： 　　3％（非上場会社15％）未満	同左
役員兼任	○役員兼任がないこと	
債務保証・資金貸借	○債務保証及び資金貸借がないこと。但し，取引に付随して，通常発生するものについては，これを除く。	同左
取引依存度	○最近1年間において，会社ごとの，購入額・売上額相互依存度が50％未満	削除
その他	○証券先物委員会指名の監査人が作成した監査報告書を提出	○公認会計士の確認を経た書類の提出義務に代替

　　　存度を独立経営の必須要件とすることは不合理であり，また，
　　イ　取引関係は，短期間に縮小させることは困難であるため，他の要件は，充分に充足しながらも，取引依存度要件を満たすことができず，親族分離が促進されなくなる事態があることも考慮し，同要件を削除した。
　(2)　証券先物委員会が指名する外部監査人の監査報告書の提出義務の廃止
　　（令3条の2第4項）
　　ア　株式会社の外部監査に関する法律の改正により，外部監査人の責任が強化されたことに伴い，
　　　(ｱ)　同義務は，企業の二重監査に伴う費用負担要因となり，迅速な系列分離の阻害要因ともなりかねないので廃止した。
　　　(ｲ)　代替手段として，系列分離要件を充足しているか否かについて確認し得る書類を提出するよう義務化し，債務保証及び資金の貸借状況については，公認会計士の確認を受けることとした。

（市場の効率性を高めるための制度の改善）
4　市場支配的地位の濫用行為の類型及び基準についての規定
　(1)　以前は，濫用行為の類型及び基準について，公正取引委員会がこれを

告示することができるとされていたが，改正法は，これを施行令により定めることができるとしたので，法令整備を行い，これに関する事項を施行令に定める必要が生じた（法3条の2第2項）。
(2) 現行「市場支配的地位濫用行為の類型及び基準」に告示されている事項の主要内容を，施行令に反映させ（令5条），
ア 「価格濫用行為」，「出荷調整行為」，「他の事業者の事業活動の妨害行為」，「新規競争事業者の参入妨害行為」，「競争事業者を排除するための取引行為」等濫用行為の類型を具体的に規定した。
イ 価格濫用関連の資料提出要求権を，規制改革の観点から廃止した。
5 再販売価格維持行為禁止の適用除外となる著作物の範囲の限定
(1) 以前は，著作物（語文著作物，音楽著作物，演劇著作物等）全体に対して，再販売価格維持行為が認められており，その許容範囲が広きにすぎる憾みがあったが，
(2) 今後は，著作物のうち，関係中央行政機関の長との協議を経て，公正取引委員会が定める出版された著作物に限り，再販売価格維持行為を認めることとした（令43条）。

但し，現在，再販売価格維持行為が許容されている著作物については，経過規定をおき，2002年末まで，これを認めることとした（附則2条）。

（法違反行為に対する制裁手段を透明にする方策）
6 企業結合違反行為に対する履行強制金の賦課及び徴収手続規定
(1) 履行強制金の賦課（令23条の2第1項から5項まで）
ア 賦課の時期及び方法
(ア) 一般的な場合
是正措置命令において定められた期間の終了日から30日以内に，1日当たりの履行強制金の額，賦課事由，納付期限等を明示して，書面により通知する。
(イ) 是正措置が期間ごとに一定の義務を命ずる内容である場合
是正措置を履行したか否かを確認することのできる日から30日以内に，当該不履行期間について，確定した履行強制金の額，賦課事

由，納付期限等を明示して，書面により通知する。
　　イ　賦課対象期間
　　　　是正措置命令において定められた期間の終了日の翌日から是正措置を履行する日までの期間を，原則とする。
　　　(ｱ)　是正措置が期間ごとに一定の義務を命ずる内容である場合は，当該義務を履行しなかった期間
　　　(ｲ)　是正措置の履行日については，是正措置の内容が，株式の処分である場合は株券の交付日を，役員の辞任である場合は当該事実の登記日を，営業譲渡である場合は関連不動産等の所有権移転登記日又は登録日を，それぞれその履行日とみなす。
　　ウ　賦課額算定にあたり，是正措置の不履行事由，是正措置の不履行により取得することとなる利益の規模等を参酌する。
　(2)　履行強制金の納付及び徴収等（令23条の２第６項から８項まで）
　　ア　履行強制金の納付
　　　(ｱ)　一般的な場合
　　　　　公正取引委員会が，履行行為が完了した日を確認した後，履行強制金の額を確定して，これを納付するよう通知した日から，30日以内に納付する。
　　　(ｲ)　是正措置が期間ごとに一定の義務を命ずる内容である場合
　　　　　公正取引委員会が通知した日から30日以内に納付する。
　　イ　履行強制金の徴収及び督促等
　　　(ｱ)　是正措置の履行が行われていない場合は，その期限から90日が経過する日ごとに，徴収することができる。
　　　(ｲ)　履行強制金の滞納に関する督促方法及び滞納処分の業務の委託については，課徴金滞納の場合を準用する。
７　課徴金制度運用の透明性及び実効性の確保
　(1)　法改正により，これまで，公正取引委員会の告示により定めていた課徴金の賦課基準について，施行令により定めることとされたことに伴い（法55条の３第３項），
　　ア　課徴金賦課基準を，法違反類型別に，施行令別表に定めた（令別表

イ　各段階別賦課率を含めて，課徴金賦課に関して必要な細部事項は，公正取引委員会が定めて告示することとした。
　(2)　滞納された課徴金に対する6パーセントのこれまでの加算金が低きに過ぎ，課徴金の納付を遅延させていたので，金融機関の延滞貸出利子率を参酌して公正取引委員会が告示する率を，加算金利として適用することとした（令61条の2第3項）。
　(3)　滞納された課徴金に対する督促手続及び滞納処分の業務の委託に関する事項等について，施行令に明示した（令64条及び64条の2）。

（規制整備計画に伴う各種報告及び届出制度の廃止）
8　各種報告及び届出義務の廃止
　(1)　共同行為の認可を受けた事業者に，6ケ月ごとに出荷実績，価格動向等の実施状況を報告させていた制度を廃止した（令32条旧1項削除）。
　(2)　法改正により，事業者団体設立届出制度が廃止されたことに伴い，関連規定を整備した（令旧39条削除）。
　(3)　法改正により，再販売価格維持契約の届出条項が廃止されたことに伴い，関連規定を整備した（令旧45条削除）。

99年施行令改正の主要内容は，以上のとおりであるが，以下では，各章ごとにその内容をみていくこととする。

II　改正内容
1　総則（施行令第1章）
　第7次法改正における最大の柱は，持株会社の制限的許容であった[5]。持株会社に関しては，法律及び施行令とも，主としてそれぞれその第3章企業結合の制限及び経済力集中の抑制の章に，所要の規定がおかれることとなったが，施行令では，更に，第1章総則中2条に持株会社の基準が定められた。
　これによれば，法2条1号の2にいう持株会社とは，資産総額が100億ウォン以上の会社とされ（令2条1項），また，持株会社となる主たる事業の基準は，

当該会社が所有する子会社の株式価額の合計額がその資産総額の50パーセント以上であることとされた（同条2項）。

一方，事業の分類等について定めていた旧2条の規定は，その根拠となる法2条1号の規定が改正されたことに伴い，削除された。

韓国独占禁止法は，企業集団なる概念を設けてこれを定義し（法2条2号），その具体的範囲は，施行令3条に定めている。そして，これに該当する場合であっても，一定の要件に該当するときは，企業集団の範囲から除外することとしている（令3条の2）。

99年施行令改正では，この除外要件のうち，同一人（法2条2号，令3条）側系列会社（法2条3号）と親族側系列会社間の取引依存度要件（令3条の2第1項2号(5)）が削除された。その理由は，前記主要内容3(1)で述べたとおりである。また，企業集団からの除外に際して必要となる提出書類についても，前記主要内容3(2)の事情を背景に，改正が行われた（令3条の2第4項）。3条の2の規定については，更に，同条2項にも，改正が行われている。

次に，法2条7号は，市場支配的事業者について定義しているところ，第7次法改正では，その定義の仕方に大幅な修正が加えられた。これに伴い，右規定を根拠としていた令4条の規定も全文改正され，その内容も，市場支配的事業者の要件等に関するものから，売上額又は購入額の算定方法等に関するものへと変更された。

施行令第1章では，以上のほか，3条の規定に若干の改正が行われている（同条1号）。

2 市場支配的地位の濫用禁止（施行令第2章）

第7次法改正においては，法3条に3項から5項までの規定が新設され，公正取引委員会が，市場構造調査及び公表を行うため，所要の内容が規定された。これに伴い，99年施行令改正では，4条の2の規定が新設され，右の事務を関係行政機関の長等に委託し得ることとする等の規定が設けられた。

次に，市場支配的地位の濫用行為の類型及び基準は，これまで公正取引委員会告示により定めることとされていたが，第7次法改正により，施行令により定めることとされた（法3条の2第2項）。これに伴い，令5条の規定が改正さ

れて，ここに各濫用行為の具体的内容等が規定された。このように，各行為の内容について，公正取引委員会告示から施行令で定めることとしたのは，法運用の透明性を高めるためであるとされている[6]。また，これと併せて，価格濫用に関する公正取引委員会の資料提出要求権が廃止されたが，これは，規制改革の観点からのものであるとされる[7]。

令7条は，市場支配的事業者の指定及び告示に関する規定であったが，第7次法改正において，その根拠となる法4条の規定が改正されて，指定及び告示制度が廃止されたことに伴い，削除された。

以上のほか，施行令第2章では，法違反事実の公表に関する協議について定める8条の規定に，所要の改正が行われている。

3 企業結合の制限及び経済力の集中抑制（施行令第3章）
(1) 持株会社の制限的許容

持株会社については，我が国及び韓国のみが長くこれを禁止してきたが，我が国においては，平成9年の独占禁止法改正により，これが許容され，韓国においても，第7次法改正により，一定の制限の下に許容されることとなった。このため，99年施行令改正では，持株会社制度導入のため，多くの規定が改正され又は新設されている。

まず，15条の規定は，これまで持株会社禁止制度の下で，持株会社の範囲について定めていたが，持株会社容認に伴い改正されて，持株会社の設立及び転換の届出等に関する規定に改められた。改正された同条は，持株会社を設立し又は転換しようとする場合における届出日等，届出義務者及び届出内容について，詳細に規定している。

次に，15条の2から15条の5までの規定は，いずれも99年施行令改正により新設されたものである。

15条の2の規定は，法8条の2第1項3号及び2項にいう「支配目的」について定めている。それによれば，支配目的とは，会社が，単独で又は特殊関係人（法7条1項，令11条）とともに，他の会社に対する支配関係を形成し維持し又は強化するために株式を所有する場合をいうとされている。

15条の3の規定は，金融持株会社（法8条の2第1項4号）は金融業又は保

険業を営む子会社の株式を所有し得るところ（同項4号），これら子会社の業務内容の範囲について規定している。これによれば，金融持株会社が株式を所有し得る金融業又は保険業を営む子会社には，次の業務内容のものも含まれる（令15条の3）。

① 金融会社又は保険会社に対する電算，情報処理等の役務の提供（同条1号）
② 金融会社又は保険会社が保有する不動産その他の資産の管理（同条2号）
③ 金融業又は保険業と関連する調査又は研究（同条3号）
④ その他金融会社又は保険会社の固有業務と直接関連する事業（同条4号）

15条の4の規定は，一般持株会社（法8条の2第1項5号）の子会社はその事業内容と密接な関係を有する他の会社等の株式のみを所有し得るところ（同条2項），これら密接な関係を有する他の会社の業務内容について規定している。これによれば，一般持株会社の子会社が株式を所有し得る会社の業務内容は，次のとおりである（令15条の4）。

① 子会社が生産した製品の販売（1号(1)）
② 子会社が生産した製品についての維持，管理，補修等の役務の提供（1号(2)）
③ 子会社が生産した製品を主要原材料とする製品の生産又は販売（1号(3)）
④ 子会社が必要とする原材料等の供給（1号(4)）
⑤ その他子会社の事業内容と直接関連する事業（1号(5)）

15条の5の規定は，持株会社が公正取引委員会に対してなすべき株式所有状況等の報告内容について規定している。

以上が，持株会社制度導入により新設された規定である。

このほか，外国人投資事業のための持株会社の設立承認等について定めていた旧16条の規定は，削除された。同条は，持株会社を原則禁止する旧制度の下で，例外的に認められていたもの（法旧8条2項2号）の承認手続について規定していたが，第7次法改正における持株会社制度の大改正の中で，法律上の

(2) 企業結合制限からの適用除外要件の具体化

産業の合理化又は国際競争力の強化のための企業結合は，これまで企業結合制限からの適用除外を認められてきたが，これらの概念は包括的であり，かつ当事者がこれを立証することは困難であるとして[8]，第7次法改正において，右要件は，より具体的な内容に改正された（法7条2項）。

99年施行令改正では，右法改正を受けて，これらの要件のうち，回生が不可能な会社との企業結合の内容について定める12条の4の規定が新設された。その内容は，次のとおりである（令12条の4）。

① 企業結合をしない場合には，会社の生産設備等が当該市場において継続して活用されることが，困難であるとき（同条1号）。

② 当該企業結合より競争制限性が少ない他の企業結合をすることが，困難であるとき（同条2号）。

一方，これとともに，旧法の下で適用除外とされていた，産業合理化のための企業結合の要件に関する令13条及び国際競争力強化のための企業結合の要件を定めていた令14条の各規定は，削除された。

(3) 履行強制金制度の新設

履行強制金制度とは，企業結合違反について，公正取引委員会が命じた是正措置を履行しない者に対し，1日当たり一定の率又は額の金銭を賦課するものであり，第7次法改正により導入された（法17条の2）。

99年施行令改正では，右法改正を受けて，履行強制金の賦課，徴収等について定める令23条の2の規定が新設された。同条は，履行強制金の賦課の時期，方法及び対象期間並びに納付及び徴収手続等について詳細に規定している。

(4) その他

施行令第3章においては，以上のほか，次の改正が行われた。

○特殊関係人（法7条1項，令11条）について，その範囲の例外（法7条1項5号(1)）を定める令12条の3の規定が新設された。

○所有分散優良企業集団制度が廃止され，これに関する令17条1項の関連部分，同条2項及び同条3項の各規定が削除された。所有分散優良企業集団とは，資産総額が30位以内に入る企業集団のうち株式所有の分散及び財務

構造が優良であるものをいうとされ，大規模企業集団に指定されないこととされていたが，本制度廃止の理由は，韓国公正取引委員会の公表文書からは，明らかでない。
○持株会社制度導入等により，金融業又は保険業の範囲を明確にしておく必要が生じ，これについて定める23条の規定が新設された。
○法違反事実の公表に関する協議規定の準用について定めていた22条の規定は，令8条の規定が整備されたことに伴い，削除された。
○以上のほか，12条，12条の2，17条の5，18条，20条，20条の2，21条，21条の2及び21条の3の各規定に，所要の改正が行われた。

4　不当な共同行為の制限（施行令第4章）
　令32条は，法19条2項の規定に基づき認可を受けてする共同行為につき，これを行う事業者が公正取引委員会に対してなすべき報告について定めていた。99年施行令改正前は，原則として6ヶ月ごとに，詳細な報告を求めることとしていたが，改正により，この報告制度を廃止し，共同行為を廃止したときにのみ届出を求めることとされた。これは，規制緩和の一環であるとされる[9]。
　このほか，法違反事実の公表に関する協議規定の準用について定めていた33条の規定は，8条の規定が整備されたことに伴い，削除された。

5　不公正取引行為の禁止（施行令第5章）
　不公正取引行為は，法23条1項各号の一に該当する行為であって，公正な取引を阻害するおそれのあるものをいい（同項本文），このうち，一般指定としての一般不公正取引行為の類型及び基準は，施行令36条1項別表に定められていた。99年施行令改正では，課徴金賦課基準についても，別表方式が採用されたため（別表2），右一般不公正取引行為の類型及び基準は，別表から別表1へと変更になった。
　令37条は，公正競争規約について定めている。同条2項は，これまで，その実施状況について公正取引委員会が報告を求め得ることとしていたが，99年施行令改正により，同項は削除された。
　令38条は，訂正広告等に関する協議について定めていたが，8条の規定が整

備されたことに伴い，削除された。

6 事業者団体（施行令第6章）

令39条は，事業者団体の設立届について定めていた。99年施行令改正では，第7次法改正において，事業者団体の設立届について定めていた法25条の規定が削除されたことに伴い，令39条の規定も削除された。

また，訂正広告等に関する協議規定の準用について定めていた41条の規定は，8条の規定の整備に伴い，削除された。

このほか，40条の規定に，字句整理による改正が加えられている。

7 再販売価格維持行為の制限（施行令第7章）

韓国独占禁止法において再販売価格維持行為は，不公正取引行為（法23条1項）とは別に，同法29条1項の規定により禁止され，著作物については，我が国と同様，適用除外が認められている（同条2項）。99年施行令改正では，適用除外となる著作物の範囲について定める43条の規定が改正され，その範囲が規定された。これは，従来適用除外となる範囲が広きにすぎる憾みがあり，これを改善するためであるとされる[10]。なお，同条に関しては，経過規定がおかれている（附則2条）。

第7次法改正では，再販売価格維持契約の届出について定めていた法30条の規定が全文改正されて，届出制度は，廃止された。これに伴い，99年施行令改正では，同契約の届出について定めていた45条の規定は，削除された。

このほか，法違反事実の公表に関する協議規定の準用について定めていた46条の規定は，8条の規定の整備に伴い，削除された。

8 課徴金の賦課及び徴収等（施行令第11章）

課徴金の賦課基準は，第7次法改正により，それまでの公正取引委員会告示から，施行令により定めることとされた（法55条の3第3項）。これに伴い，99年施行令改正では，61条の規定が，全文改正されて，ここに課徴金の賦課基準について定め，その具体的内容は，新たに設けられた別表2に規定された。また，課徴金を滞納した場合の加算金の率は，年6パーセントとされていたが

(令61条旧3項)，これは低きに過ぎるとし(11)，市中金利を参酌することとされた（令61条の2第3項）。

更に，99年施行令改正では，督促及び滞納処分の委託に関する規定に，改正が行われている（令64条，64条の2）。

（1）孫珠瓚「韓国「独占規制および公正取引に関する法律」の1999年改正について」日韓比較法文化研究会発表論文（日本語），1999年8月23日，3頁
（2）韓国公正去来委員会，第7次法改正時発表文，1999年2月
（3）韓国公正去来委員会，1999年施行令改正時発表文
（4）韓国公正去来委員会，1999年施行令改正時発表文，前掲
（5）孫珠瓚，前掲，1頁。イビョンジュ「公正取引法改正主要内容」㈳韓国公正競争協会「コンジョンキョンジェン」41号，23頁。拙稿「韓国独占禁止法の改正について―構造調整の促進と執行力の強化のために―」公正取引584号，55頁。拙稿「韓国独占禁止法の第7次改正」国際商事法務，Vol. 27, No. 6, 648頁。拙稿「韓国独占禁止法第7次改正とその内容」名古屋経済大学論叢・名経法学8号
（6）韓国公正去来委員会，1999年施行令改正時発表文，前掲
（7）韓国公正去来委員会，1999年施行令改正時発表文，前掲
（8）韓国公正去来委員会「公正去来法改正案」1998年10月28日。イビョンジュ，前掲，27頁
（9）韓国公正去来委員会，1999年施行令改正時発表文，前掲
（10）韓国公正去来委員会，1999年施行令改正時発表文，前掲
（11）韓国公正去来委員会，1999年施行令改正時発表文，前掲

第8章　第8次法改正（1999年）

第1節　法改正（1999年）

第8次法改正は，1999年12月に行われた。同年2月には，第7次法改正が行われているから，同じ年に，2回もの法改正が行われたことになる。第8次改正法は，99年12月2日の国会本会議における議決を経て，同月28日に公布され，翌2000年4月1日から施行された（但し，一部の規定は，2001年4月1日から）。

改正内容は，①出資総額制限制度の復活，②大規模内部取引についての取締役会の議決及び公示制度の導入，並びに③不当支援行為に対する課徴金額の引上げの3点である。

Ⅰ 改正の趣旨及び背景
Ⅱ 改正内容
 1 出資総額制限制度の復活
 2 大規模内部取引についての取締役会の議決及び公示制度の導入
 3 不当支援行為に対する課徴金額の引上げ

Ⅰ 改正の趣旨及び背景

韓国競争政策における最大の課題は，財閥による経済力集中に対する施策である。これまでの韓国独占禁止法の改正は，そのほとんどが財閥対策を内容とするものであった。韓国独占禁止法は，法律上，財閥を大規模企業集団として指定し，これに対して特段の規制を加えている。第8次法改正の内容も，まさに大規模企業集団に関するものであった。すなわち，これらは，①第6次法改正によりいったん廃止された出資総額制限制度の復活，②大規模内部取引についての取締役会の議決及び公示制度の新設，並びに③不当支援行為に対する課徴金額の引上げである。これらのうち①及び②は，大規模企業集団に対してのみ適用される規制であり，③は，すべての事業者に対する規制ではある。しかし，③は実態上，その規制対象は，ほとんどが大規模企業集団所属会社であり，したがって，第8次法改正の内容は，実質的にすべて大規模企業集団に対する規制強化にあったと言ってよい。

以下，これらの改正内容の項目ごとに，順次その趣旨及び背景についてみていくこととする。

(1) 出資総額制限制度の復活

ア 出資総額制限制度は，大規模企業集団所属会社による他の会社への出資を，一定の額以下に抑えようというものである。

本制度は，大規模企業集団に対する特段の規制制度を新設した第1次法改正において，これら企業集団に対する他の規制制度とともに導入されたものであ

る。その趣旨は，①大規模企業集団に属する会社による無分別な系列会社の拡張を抑制し，②他の会社への出資を合理的な範囲内にとどめ，③企業公開，有償増資，内部留保の増加等の方向へ誘導し，これを通じて所有の分散及び財務構造の改善を図ろうとするものであった[1]。

同制度は，その後，第4次法改正により，その規制内容が強化されるなどの経緯を経てきたが，第6次法改正において廃止されるにいたった。

その理由は，本制度は，経済力集中抑制のために設けられたものであるが，韓国の経済危機に際してのIMFによる救済金融を契機に，企業経営環境は変化し，その弊害も減少しており，また，規制緩和の潮流の中で，あえて法により禁止するまでもないというものであった[2]。

ところが，第6次改正法が公布され本制度が廃止された1998年2月以降，大規模企業集団所属会社による系列会社に対する出資は，大きく増加し，これに伴い，内部持分率が上昇するにつれ，①同一人が少ない持分で多くの系列会社を支配する構造が深化するとともに，大規模企業集団内系列会社間の循環的出資が増大したことによって，一部の限界企業の経営悪化が企業集団全体の経営に悪影響を及ぼすという船団式経営の弊害が顕在化し，②外部資本の流入による資本の実質的な充実なしに，負債比率を安易に減少させ，③有償増資により不健全な系列会社を支援するという問題が生ずるにいたった[3]。これをより具体的にみれば，計30の大規模企業集団の出資総額は，本制度廃止直後の98年4月における17.7兆ウォンから，1年後の99年4月には29.9兆ウォンへと増加し（増加額12.2兆ウォン，増加率68.9パーセント），右増加額（12.2兆ウォン）に占める系列会社に対する有償増資の割合は，実に3分の2（8.2兆ウォン）に達するまでにいたった。しかも，右8.2兆ウォンの有償増資のうち7.9兆ウォンは，いわゆる5大財閥（大宇の破綻以降は，これを除いて4大財閥とするのが一般的であるが，当時は，まだ5大財閥とするのが慣例）によって占められた。これによって，計30の大規模企業集団の内部持分率は，98年4月の44.5パーセントから，99年4月には50.5パーセントへと上昇した[4]。

このような状況に，政府は，危機感を抱き，まず，金大中大統領は，99年8月15日の光復節慶祝の言葉の中で，本制度の復活を示唆し，次いで，同月25日には，政府・財界両者の懇談会を開いて，この方針を確認した。

イ　このような政府の方針に対しては，各界から様々な意見が提起された。

まず，反対論の立場からは，このような相次ぐ制度の廃止及び復活はいたずらに混乱を招くとし，大競争時代を迎えて，各国競争法が規制を緩和し経済的効率性を重視している中で，ひとり韓国のみ，大規模企業集団に対して特段の規制を課すことは，逆差別であるとの意見が提起された(5)。また，憲法論の立場からも，意見が示され，大規模企業集団に対してのみ特段の規制を行うことは，韓国憲法が個人の経済上の自由と創意を重視し（憲法119条1項），財産権の自由な行使を保障している（憲法23条1項）ことに照らして，疑問を呈するものまでみられた(6)。更に，経済界からは，①外国企業に対して適用されない本制度を，自国の大規模企業集団に対してのみ適用することは，逆差別であって，外国企業との競争上，自国企業に相対的不利益をもたらしかねないこと，②他の法人への出資は，新規事業への進出，出資の危険分散等の立場から正当化されるべきものであること，③このような規制は，日本（日本法9条の2）を除いて世界に類がなく，日本における規制も，純資産額の100パーセント以内であって比較的緩やかであること等を理由に，反対論が示された(7)。

一方，賛成論の立場からは，韓国独占禁止法の特徴は，経済力集中抑制制度に関連して，世界で唯一財閥規制制度を有するものであるところ，これまでの運用では，財閥の経済力集中問題はなお解決しておらず，本制度などを通じて，更に努力していく必要があるとの意見がみられた(8)。

ウ　以上のような議論を経て，出資総額制限制度は，最終的には，第6次法改正において廃止されて以来，ほぼ2年ぶりに復活されることとなった。復活後の規制内容は，廃止前のそれと同一であり，適用除外については，新旧両制度の間にいくつかの相違はあるものの，基本的な部分において，大きな差異はない。

なお，出資総額制限制度については，他の規定と異なり，2001年4月1日から施行された（附則1条但書）。

(2)　大規模内部取引についての取締役会の議決及び公示制度の導入

ア　不当支援行為は，不公正取引行為の一類型として，独占禁止法23条1項の規定により禁止されている。不当支援行為は，各財閥内部の企業間で行われるのがほとんどであり，財閥に対して厳しい姿勢を執る韓国公正取引委員会と

して，これに対する厳格な規制は，最重要課題の一つである。韓国公正取引委員会は，これまで4次にわたって，不当支援行為の実態調査を行ってきた。しかし，その結果は，不当支援行為は多様化し，かつ，隠密裡に行われる傾向が生じているというものであった。このため，不当支援行為をなくすには，事後の規制のみならず，事前にこれを予防する何らかの方策を講ずる必要があると指摘されるようになってきた。また，これと関連して，韓国では，不当内部取引に対する取締役の責任を強化し（内部統制装置），少数株主，債権者等利害関係人による監視を誘導する（外部統制装置）ための制度を検討する動きもみられるようになってきていた[9]。

　このような状況の中で，公正取引委員会，財政経済部等の主要経済官庁は，1999年8月25日大統領主宰の下に行われた財界との懇談会での財閥改革に関する追加的措置についての議論をもとに，ここでの合意事項を後日発表した。これらのうち不当内部取引に関するものは，①不当内部取引の事前予防のための制度の改正（独占禁止法の改正），②不当内部取引の類型の具体化，及び③不当内部取引慣行を早期に根絶するための調査の充実の3項目であった[10]。

　イ　もっとも，ここにいたるまで，内部取引に対する規制について，経済界から異論がなかったわけではない。その主なものは，①内部取引を選択するか又は外部取引を選択するかは，企業が市場原理の中で自主的に決めるべきことであって，政府が干渉することではないこと，②財閥内部の内部取引に対してのみ厳しい姿勢を採ることは，法適用の一貫性を喪失させることになりかねないこと，③内部取引に対する規制を独占禁止法により行おうとする国は，世界の中で韓国しかなく，果して同法の対象となり得るものか疑問であること等であった[11]。

　ウ　しかし，最終的には，政府案が国会において採択され，大規模内部取引についての取締役会の議決及び公示について定める法11条の2の規定が新設されるにいたった。

　本制度の導入により，韓国公正取引委員会は，内部取引についての取締役会の責任は重くなり，少数株主，債権者等利害関係人による監視が行き届き，不当支援行為の事前予防に資するのみならず，企業経営における透明性のより一層の増大が期待されるとしている[12]。

(3) 不当支援行為に対する課徴金額の引上げ

不当支援行為（法23条1項7号）とは，不公正取引行為の一類型であり，これに対しては，是正措置が命じられるほか（24条），課徴金が賦課される（24条の2）。

不当支援行為は，財閥内企業間で行われるのがほとんどであり，財閥改革ないし財閥規制を最重要課題とする韓国公正取引委員会としては，これまで，これに対して，特に厳しい姿勢を執り続けてきた。しかし，不当支援行為は，ますます多様化し，かつ，隠密裡に行われる状況にあり，その対策として，これに対する課徴金額を引き上げることとされた。これは，不当支援行為についてのみは，他の不公正取引行為と異なり，その行為の悪性に照らして，課徴金賦課率が低いという認識によるものであり，本改正は，課徴金賦課の衡平性と実効性を高めるためのものであるとされる[13]。

これにより，不当支援行為の課徴金賦課率のみは，他の不公正取引行為のそれよりも，高くなることとなった。

II 改正内容

1 出資総額制限制度の復活

ア 第8次法改正により復活された出資総額制限制度（以下，必要に応じ「新制度」ともいう。）は，第6次法改正により廃止されるまでの同制度（以下「旧制度」という。）とかなり類似した内容のものとなっている。このため，以下では，旧制度と比較しながら，新制度をみていくこととする。

本制度の柱は，大規模企業集団（法9条1項，令17条1項）に属する会社は，当該会社の純資産額の25パーセント相当額を超えて，他の国内会社の株式を所有してはならないとするものである（法10条1項）。出資限度について，純資産額の25パーセント相当額とする点は，旧制度と同じである。したがって，新制度は，核心的部分において，旧制度と異ならないと言ってよい。

大規模企業集団に属する会社であっても，金融業又は保険業を営む会社及び持株会社は，本制度の適用を受けない（法10条1項本文）。旧制度では，金融業又は保険業を営む会社及び中小企業創業支援法に基づく中小企業創業投資会社が，本制度の適用を受けないこととされていた（法旧10条1項本文）。新制度に

おいて新たに本制度の適用除外となった持株会社は，第7次法改正前は，その設立及び転換が原則として禁止されていたが，同改正により，許容されることとなったものである。

　新制度には，旧制度と同様，いくつかの適用除外が設けられている。

　まず，新株の配当又は株式配当により新株を保有する場合は，本制度の適用を受けない（法10条1項1号）。これは，旧制度の法旧10条1項2号に対応するものである。適用除外の期間は，2年とされており（同号），この点も，旧制度と同じである。

　担保権の行使又は代物弁済の受領により株式を保有する場合も，本制度の適用を受けない（法10条1項2号）。これは，旧制度の法旧10条1項3号に対応するものである。但し，適用除外の期間は，6ケ月とされており（同号），旧制度の1年より短くなっている。

　社会間接資本施設に対する民間投資法4条1号又は2号の規定に基づく方式により民間投資事業を営む会社の株式を保有する場合も，本制度の適用を受けない（法10条1項3号）。これは，旧制度の法旧10条2項におおむね対応するものである。但し，旧制度時代の右法律の名称は，社会間接資本施設に対する民間資本誘致促進法であった。右の法律は，社会間接資本の不足が韓国企業の国際競争力を損なわせることがないよう，道路，港湾，水供給，下水施設等の社会間接資本に対する民間資本の誘致を促進するために制定されたものである[14]。この場合の適用除外の期間は，20年となっており，公正取引委員会が必要があると認めるときは，10年以内の範囲において，延長することができることとされている（法10条1項3号）。これらの適用除外の期間も，旧制度と同じである。このように，適用除外期間が長期にわたるのは，社会間接資本への投資は，その性格上，投資費用が莫大なものとなり，懐妊期間が長くならざるを得ず，また，一定期間経過後，その所有権が国に帰属する点が考慮されたからである[15]。

　更に，本制度は，①企業の競争力を強化するための構造改善，②外国人による投資の誘致，又は③中小企業との技術協力を行うための株式保有であって，施行令に定める要件に該当すると公正取引委員会が認める場合を適用除外としている（法10条1項4号）。旧制度にも，これと同旨の規定があり，その内容は，

①部品生産中小企業との技術協力関係を維持するための出資，②その他施行令に定める産業の国際競争力の強化のために必要な場合であって，公正取引委員会が当該株式の保有を認めるときを適用除外とするというものであった（法旧10条1項5号）。

本適用除外は，前述の新株の配当又は株式配当の場合及び担保権の行使又は代物弁済の受領の場合のように，事柄の性格上，さほど問題なく適用除外とし得るようなものではなく，前述の社会間接資本施設に対する民間投資法の規定に基づく事業会社の株式保有の場合とともに，韓国競争政策ないし産業政策が色濃く反映されたものであると言えよう。特に，本適用除外の場合は，競争政策と産業政策との接点となる領域について，柔軟な政策展開をし得るよう，その具体的基準を施行令に委ねている。この点も，新旧両制度は，同様であり，新制度においては，施行令17条の2第1項に，9種類にわたってその要件を定めており（同項1号から9号まで），また，旧制度においては，施行令旧17条の2に，2種類の場合を定めていた（同条1号及び2号）。これらの適用除外の底流にある方向は，新旧両制度とも，大競争時代において，韓国企業がいかに生き抜いていけるかの立場から，これを支援するところにあると言ってよいであろう。

本適用除外の期間は，新制度においては，5年以内の範囲であって施行令に定める期間を原則とし，3年以内の範囲で公正取引委員会が延長を認めることができることとされている（法10条1項4号）。この規定を受けて，施行令は，右施行令に定める期間を，適用除外の種類により5年又は2年としている（令17条の2第2項1号，2号）。旧制度におけるこの場合の適用除外の期間は，すべて7年以内であったから（法旧10条1項5号），新制度において延長が認められた場合には，旧制度の下の場合より長期にわたるものが生じる可能性がある。したがって，適用除外期間に関する新旧両制度の比較は，専ら新制度の下での今後の運用との対比にかかっていると言えるであろう。

以上のほか，旧制度においては，工業発展法又は租税減免規制法に基づく合理化計画又は合理化基準に従う株式保有をも適用除外としていたが（法旧10条1項1号），新制度には，このような適用除外はない。

イ　本制度の基本となる制限及びその適用除外は，以上のとおりである。

このほか，法10条は，出資総額の制限額算定の基礎となる純資産額の算出方法について，詳細な規定をおいている（法10条2項）。旧制度においても，法旧10条4項に同種の規定がおかれていた。

次に，株式価額の算定は，取得時の価格によることとされた（法10条3項）。この点は，旧制度と同一である（法旧10条1項）。

更に，法10条は，会社の純資産額が減少した場合の取扱いについても，詳細な規定をおいている（法10条4項，5項）。これは，旧制度の下の法旧10条5項及び7項に対応するものである。

ウ　出資総額制限制度については，法10条の規定するところであるが，同制度の復活に伴い，同条の規定のほか，関連するいくつかの規定にも，改正が行われた。これらを列挙すれば，次のとおりである。

14条（大規模企業集団の指定等）3項本文，同項2号
15条（脱法行為の禁止）1項
16条（是正措置）1項本文
17条（課徴金）1項
18条（是正措置の履行確保）3項（新設），4項（新設）
66条（罰則）1項5号

また，改正法附則においても，経過措置等に関する所要の規定がおかれた。これらは，次のとおりである。

附則2条（企業構造調整のための出資に関する適用特例）
附則3条（出資総額に関する経過措置）
附則4条（社会間接資本施設のための出資に関する経過措置）
附則5条（外国人による投資誘致のための出資に関する経過措置）

2　大規模内部取引についての取締役会の議決及び公示制度の導入

ア　第8次法改正により導入された大規模内部取引についての取締役会の議決及び公示制度（法11条の2・新設）の内容は，次のとおりである。

大規模企業集団のうち施行令に定める基準に該当する企業集団に属する会社は，特殊関係人を相手方とし又は特殊関係人のために，施行令に定める規模以上の①仮払金，貸与金等の資金を提供し若しくは取引する行為，②株式，会社

債等の有価証券を提供し若しくは取引する行為又は③不動産，無体財産権等の資産を提供し若しくは取引する行為をしようとするときは，あらかじめ，取締役会の議決を経た後，これを公示しなければならない（法11条の２第１項）。また，右に該当する会社が右取引の主要内容を変更しようとするときも，同様に取締役会の議決及び公示を行わなければならない（同項後段）。

　右規定に基づき，本制度の対象となる大規模企業集団は，施行令により，上位10位までのものとされた（令17条の８第１項）。

　日韓両国独占禁止法を比較したとき，韓国独占禁止法の特徴の一つは，財閥を対象に，これを大規模企業集団として規定し，特段の規制を加えていることにある。これらの規制は，㋐相互出資の禁止，㋑出資総額の制限，㋒債務保証の禁止等であるが，いずれも，計30の大規模企業集団について，その規模の大小等を問わず，等しく規制を加えるものであった。しかし，第８次法改正により新たに導入された本制度は，大規模企業集団の中でも上位10位までのもののみを規制対象とするものであり，財閥対策の新たな展開とみることもできよう。

　なお，本制度の対象となる会社について，法律上，これを内部取引公示対象会社と呼ぶこととしている（法11条の２第１項）。

　特殊関係人とは，同一人（法２条２号，令３条）と特殊な関係にある者であり（法７条，令11条，12条の３），要は，同一人，同一人が支配する系列会社及び非営利法人，同一人の親族（血族８親等内，姻族４親等内），系列会社の役員等をいう[16]。このような概念が独占禁止法の中に持ち込まれる背景には，韓国の財閥の特徴は，「総帥とその家族によって所有・支配されている企業集団，すなわち族閥[17]」であることにあると言えるであろう。

　また，本制度の対象となる一定規模以上の取引については，法律上，これを大規模内部取引と呼び（法11条の２第１項），その額を施行令で当該会社の資本金額の10パーセント相当額又は100億ウォン以上としている（令17条の８第２項）。対象となる取引の内容は，前記①から③までのとおりであるが，「大規模内部取引についての取締役会の議決及び公示に関する規程」（公正取引委員会告示）（以下「大規模内部取引規程」という。）では，具体的に次のとおり定めている。

　①　仮払金，貸与金等の資金を直接提供し若しくは取引し，又は特殊関係人

でない第三者を通じて間接的に資金を提供し若しくは取引する行為。ここにいう資金とは，会計処理上，勘定科目を仮払金又は貸与金として分類する場合に限らない（大規模内部取引規程4条1項1号）。
② 株式，会社債等の有価証券を直接提供し若しくは取引し，又は特殊関係人でない第三者の仲介等を通じて間接的に有価証券を提供し若しくは取引する行為（同項2号）。
③ 不動産，無体財産権等の資産を提供し又は取引する行為。ここにいう資産とは，右①及び②に含まれない流動資産及び固定資産（投資資産，有形資産，無形資産）をいい，債務保証をし若しくは担保を提供し又はこれらを受ける行為及び不動産の賃貸借取引を含む（同項3号）。

取締役会の議決は，商法第3編第4章第3節第2款（取締役及び取締役会）に定める手続及び方法により行うべきこととされており，取締役会内の委員会における議決は，取締役会の議決とはみなされない（大規模内部取引規程5条）。

なお，本法に基づく公示事項が証券取引法に基づく届出又は公示事項と重複している場合に，証券取引法に基づく届出又は公示が行われたときは，本法に基づく公示義務は，履行したものとみなされる（大規模内部取引規程10条）。但し，この場合においては，独占禁止法上の公示義務事項にも該当する旨を表示しなければならない（同条但書）。

イ 内部取引公示対象会社は，大規模内部取引についての公示をするにあたり，取引の目的，相手方，規模及び条件等の主要内容を公示事項に含めなければならない（法11条の2第2項）。右主要内容の具体的内容は，施行令に定められている（令17条の8第3項）。

本法に基づく公示と関連する業務は，公正取引委員会が証券取引法に基づく届出受理機関に委託することができるとされており（法11条の2第3項），大規模内部取引規程では，右委託を受ける機関を，金融監督委員会とするとしている（同規程2条3項）。

受託機関である金融監督委員会は，自らが運用する電子公示システムを利用して，内部取引公示対象会社が提供した電子文書を，関連機関である公正取引委員会，証券取引所及び証券業協会に電送し，一般人の閲覧の用に供さなければならない（大規模内部取引規程12条1項）。これは，電子公示システムにおけ

る一定の様式により処理し電送することが，関係機関のみならず，一般投資家，利害関係人等に，インターネット，ＰＣ通信等を通じて，即時に検索の機会を与えることができるからである(18)。

内部取引公示対象会社に該当する会社であっても金融業又は保険業を営むものが，約款に従い定型化された取引であって，一定の基準に該当する取引をしようとする場合は，取締役会の議決は必要とされない（法11条の2第4項）。但し，この場合であっても，取引内容の公示は，行わなければならない（同項但書）。右一定の基準については，施行令及び大規模内部取引規程に詳細に定められている。

ウ　本制度に関しては，以上の規定を新設したほか，過料について定める69条の2の規定において，11条の2の規定違反者をも過料の対象とする改正が行われている。

3　不当支援行為に対する課徴金額の引上げ

不公正取引行為（法23条1項，令36条1項別表1）に対する課徴金については，法24条の2に規定がおかれている。それによれば，公正取引委員会は，不公正取引行為を行った事業者に対して，施行令に定める売上額に100分の2を乗じて得た額を超えない範囲において課徴金を賦課することができるとし，売上額がない場合又は売上額の算定が困難な場合（令10条）には，5億ウォンを超えない範囲において賦課することができるとされている。

第8次法改正においては，右100分の2にカッコ書が追加され，不当支援行為について定める法23条1項7号の場合は，100分の5とする規定が挿入された。

したがって，不公正取引行為に対する課徴金は，不当支援行為を除く行為については，従来どおり2パーセントを上限に，不当支援行為については，5パーセントを上限にすることとされた。

これは，韓国公正取引委員会が不当支援行為については特に悪性が強いとし，これに対して厳しい姿勢を執っていることを示すものである(19)。

（1）　韓国公正去来委員会「公正去来年報1995年版」72頁

（2）　孫珠瓚「韓国に於ける企業の経済力集中の抑制—最近の公正去来（取引）委員会の審決例を中心に—」（日本語論文）日韓比較法文化研究会（1998年2月3日，於延世大学校），16頁
（3）　洪復基「韓国独占禁止法の改正案（1999・9・18，立法予告）」（日本語論文）日韓比較法文化研究会，1999年10月20日，於延世大学校，2頁
（4）　洪復基「韓国独占禁止法の改正案（1999・9・18，立法予告）」前掲，3頁
（5）　パクヨンジュ（現代経済研究院研究委員）「現行公正取引政策の問題点と課題」㈳韓国公正去来協会「コンジョンキョンジェン」51号，2頁
（6）　キムサンジュ（漢陽大学校法科大学教授）「公正取引法上の経済力集中の抑制」㈳韓国公正去来協会「コンジョンキョンジェン」49号，6頁
（7）　イスンチョル（全国経済人連合会企画本部長）「経済力集中抑制施策の評価と今後の政策方向」㈳韓国公正去来協会「コンジョンキョンジェン」49号，14頁
（8）　キムキデ（成均館大学校国際協力科教授）「公正取引政策の行くべき方向」㈳韓国公正去来協会「コンジョンキョンジェン」51号，13頁
（9）　洪復基「韓国独占禁止法の改正案（1999・9・18，立法予告）」前掲，6頁
（10）　㈳韓国公正去来協会「コンジョンキョンジェン」49号，26頁
（11）　イスンチョル「経済力集中抑制施策の評価と今後の政策方向」前掲，15頁
（12）　㈳韓国公正去来協会「コンジョンキョンジェン」49号，32頁
（13）　洪復基「韓国独占禁止法の改正案（1999・9・18，立法予告）」前掲，8頁
（14）　韓国公正去来委員会 "An Overview of the Proposed Amendment of Monopoly Regulation and Fair Trade Act in Korea"（1994年10月），3頁
（15）　㈳韓国公正去来協会「コンジョンキョンジェン」53号，49頁
（16）　拙稿「大競争時代における韓国競争政策」名古屋経済大学論叢・名経法学7号，67頁。拙稿「大競争時代における韓国競争政策」北大法学論集50巻2号，307頁
（17）　洪復基「最近の韓国の独占規制法における大規模企業集団規制の変化」（日本語論文）日韓比較法文化研究会報告『東アジア文化と近代法』232頁
（18）　「コンジョンキョンジェン」56号，前掲，32頁
（19）　「コンジョンキョンジェン」53号，前掲，50頁

第2節　施行令改正（2000年）

　2000年施行令改正は，第8次法改正を受けて行われた。第8次法改正が行われた1999年には，2月に，第7次法改正が行われているから，同じ年に2回もの法改正が行われたことになる。90年代に入ってから，中でもその半ば以降における韓国独占禁止法の改正及びこれに伴う同法施行令の改正頻度は，極めて高い。

　2000年改正施行令は，同年3月28日の次官会議，同月28日の国務会議を経て，同年4月1日から施行された（但し，一部の規定は，2001年4月1日から）。

　Ｉ　改正理由
　Ⅱ　改正内容
　　1　出資総額制限制度の適用除外要件
　　2　大規模内部取引についての取締役会の議決及び公示に関する基準の具体化
　　3　その他

Ｉ　改正理由

　第8次法改正における改正内容は，①出資総額制限制度の復活，②大規模内部取引についての取締役会の議決及び公示制度の新設，及び③不当支援行為に対する課徴金額の引上げの3点であった。これらのうち①及び②は，大規模企業集団に対する特別の規制であり，③は，すべての事業者に対する規制である。しかし，③の規制対象は，実態上，ほとんどが大規模企業集団所属会社であるので，第8次法改正は，実質的に，すべて大規模企業集団を対象にしたものであったと言ってよい。

　一方，これら3点について，施行令との関連でみれば，①及び②については，その内容の細部は，施行令に委任されているが，③は，そうではない。したがって，2000年施行令改正は，右のうち①及び②に関して，①出資総額制限制度の適用除外要件を規定すること，及び②大規模内部取引についての取締役会の

議決及び公示に関する基準を具体的に定めることを目的に行われた。
(1) 出資総額制限制度の適用除外要件

出資総額制限制度は，第1次法改正において導入され，その後，第6次法改正において，いったん廃止されたが，第8次法改正において，ほぼ2年ぶりに復活された。

出資総額制限制度とは，大規模企業集団所属会社による他の国内会社への出資を，一定の額以下に抑えようとするものである。復活後の新制度は，制度の基本となる制限内容において，廃止前の旧制度と同一である。また，新旧両制度とも，いくつかの適用除外を設けており，これらの内容も，両制度の間で，いくつかの相違はあるものの，基本的な部分において大差ない。

これらの適用除外の中には，事の性質上，法の適用を除外することに，さほど問題がないと考えられるものがあり，この種のものは，法律自体に適用除外とする旨明記されているが，中には，経済の実態に合わせて，法運用当局が時宜に適った政策展開を行いたいものもある。旧制度では，この種のものについて，その具体的内容は，施行令に委ねられていたが，この点は，新制度にも引き継がれ，適用除外のうち，法が施行令に委ねるものについては，ここでその内容を定めることとされた。

2000年施行令改正においては，右の種類の適用除外について，その具体的内容が規定された。

なお，出資総額制限制度については，他の規定と異なり，2001年4月1日から施行された（附則1条但書）。

(2) 大規模内部取引についての取締役会の議決及び公示に関する基準の具体化

出資総額制限制度の復活と並んで，第8次法改正における主要な改正内容の他の一つは，大規模内部取引についての取締役会の議決及び公示制度の導入であった（法11条の2）。

本制度は，大規模内部取引についての取締役会の責任の強化と少数株主，債権者等利害関係人による監視機能の増大を目的に，一定規模以上の大規模企業集団に属する会社が行う大規模内部取引について，取締役会の議決と公示を義務づけるものであった。本制度は，これにより，併せて，不公正取引行為の一

種である不当支援行為の事前予防と企業経営におけるより一層の透明性の増大を期待するものである[1]。

ところで，大規模内部取引についての取締役会の議決及び公示制度は，その運用上の具体的内容について，かなり施行令に委任している。

まず，本制度の適用を受ける会社については，大規模企業集団のうち施行令に定める基準に該当する企業集団に属する会社とされ（法11条の2第1項），また，本制度の適用を受ける取引については，施行令に定める規模以上の法11条の2第1項各号の一に該当する取引行為とされている（同項）。更に，公示の対象となる取引の目的，相手方，規模及び条件等の具体的内容についても，施行令に委任されている。また，法の適用を受ける会社のうち金融業又は保険業を営むものが，約款に従い定型化された取引であって，一定の取引をするときは，取締役会の議決を免除されることとなっているが（法11条の2第4項），その場合の基準についても，施行令に委任されている。

したがって，2000年施行令改正において，大規模内部取引についての取締役会の議決及び公示制度に関する改正内容は，これら法により施行令に委任されている事項について，具体的基準ないし内容を定めるものであった。

また，右施行令改正のほかに，韓国公正取引委員会は，2000年3月29日，「大規模内部取引についての取締役会の議決及び公示に関する規程」を告示し，ここに，本制度の施行に必要な取締役会の議決及び公示の方法，始期，手続等について定めている。

II 改正内容

1 出資総額制限制度の適用除外要件

(1) 第8次法改正における主要な改正点の一つは，出資総額制限制度の復活であった。本制度は，第6次法改正によりいったん廃止されたが，第8次法改正により，ほぼ2年ぶりに復活されたことになる。

出資総額制限制度とは，大規模企業集団（法9条1項，令17条1項）に属する会社は，当該会社の純資産額の25パーセント相当額を超えて，他の国内会社の株式を保有してはならないとするものである（法10条1項）。但し，この制度には，いくつかの適用除外が設けられている。これらの適用除外は，①新株の配

当又は株式配当により新株を保有する場合（法10条1項1号），②担保権の行使又は代物弁済の受領により株式を保有する場合（同項2号），③社会間接資本施設に対する民間投資法の規定に基づく事業会社の株式を保有する場合（同項3号），及び④企業の競争力を強化するための構造改善（以下「企業構造調整」という。），外国人による投資の誘致又は中小企業との技術協力を行うための株式保有であって，施行令に定める要件に該当すると公正取引委員会が認めるもの（同項4号）である。

　右4種類の適用除外のうち④は，他の3種類に比し，その概念が抽象的であり，更に，法運用当局からすれば，柔軟な政策展開を行い得るし，また，行いたい領域でもある。このためであろうか。右のうち④についてのみは，その具体的要件は，施行令に委ねられた。第6次法改正による廃止前の旧出資総額制限制度（法旧10条）にも，これとほぼ同様の適用除外があり，その場合の要件は，①部品生産中小企業との技術協力関係を維持するための出資，及び②その他施行令に定める産業の国際競争力の強化のために必要な場合であって，公正取引委員会が当該株式の保有を認めるときとされていた（同条1項5号）。右規定を受けて，旧施行令は，適用除外要件を2項目に分けて，具体的に規定していた（令旧17条の2第1号，2号）。新制度における右④は，適用除外の場合として，(a)企業構造調整，(b)外国人による投資の誘致及び(c)中小企業との技術協力の3種類を挙げている。また，その期間は，取得又は所有の日から5年以内の範囲であって，施行令に定める期間とし，公正取引委員会が必要があると認めるときは，3年以内の範囲において，これを延長することができるとしている（法10条1項5号）。

(2)　以上の内容を持つ右④の適用除外は，法10条1項5号の規定に基づき，その具体的要件が施行令に定められた（令17条の2）。これらは，次のとおりである。

　ア　3年以上継続して行っている営業又はその営業に使用している主要な資産を，同種の営業を行う他の会社に現物出資し，株式を保有する場合（令17条の2第1項1号）

　イ　3年以上継続して営業を行っている会社であって，2年以内に合併する予定である同種の営業を行っている他の会社の株式を保有する場合（同項

2号)
ウ 系列会社を売却し，その代金として，当該大規模企業集団の核心事業部門の力量を強化するために，当該核心事業部門に該当する会社の株式を保有する場合（同項3号）
エ 3年以上継続して行っている営業又はその営業に使用している主要な資産を物的に分割し，新設される会社の株式を保有する場合（同項4号）
オ 営業又はその営業に使用している主要な資産を，次の(ｱ)及び(ｲ)の基準に該当する新設会社に現物出資し，当該新設会社の発行済株式総数の30パーセント未満の株式を保有する場合（同項5号）
  (ｱ) 当該営業に従事している役職員の出資持分の合計が，当該新設会社の出資者の持分のうち最大であること。
  (ｲ) 当該新設会社は，自己の系列会社でないこと。
カ 大規模企業集団の範囲から除外される会社（令3条の2第1項2号）から，次の(ｱ)から(ｳ)までの一の関係にある系列会社の株式を取得し又は所有する場合（同項6号）
  (ｱ) 当該会社が生産した製品を販売し又は主要な原材料として製品若しくは役務を生産し，販売し若しくは提供する会社
  (ｲ) 当該会社の製品の生産に必要な原材料又は役務を生産し，販売し又は提供する会社
  (ｳ) 当該会社の製品の生産，役務の提供等に関して，研究開発を行う会社
キ 会社整理法に基づく会社整理手続若しくは和議法に基づく和議の開始を申請した会社又は財務構造が不実である会社を売却する目的で，当該会社の財務構造を改善させるために実施する有償増資に伴い所有する株式に対する新株配当により，株式を保有する場合（同項7号）
ク 外国人投資促進法に基づく外国人投資事業のうち次の(ｱ)及び(ｲ)の基準に該当する会社の株式を保有する場合（同項8号）
  (ｱ) 外国投資者が，当該会社の発行済株式総数の30パーセント以上を所有すること。
  (ｲ) 外国投資者が，当該会社の最多出資者であること。
ケ 中小企業基本法に基づく中小企業であって，次の(ｱ)又は(ｲ)のいずれかに

該当する中小企業の発行済株式総数の30パーセント未満の株式を保有する場合（同項9号）

　(ｱ)　原料又は部品を主に生産し供給する中小企業

　(ｲ)　ベンチャー企業育成に関する特別措置法に基づくベンチャー企業

　以上の9種類の適用除外を類型別に分類すれば，アからキまでは，企業構造調整のためのもの，クは，外国人による投資の誘致のためのもの，ケは，中小企業との技術協力のためのものとなる。企業の構造調整のための適用除外に属するアからキまでのものは，いずれも企業の再編を誘導しようとするものであり，金大中政権ないし韓国公正取引委員会が推進する財閥のスリム化政策と軌を一にするということができよう。特に，ウにいたっては，かつての業種専門化施策を彷彿させるものである[2]。

　(3)　施行令17条の2第2項は，適用除外の期間について定めている。それによれば，前記ア，ウからカまで，ク又はケの事由により株式を保有する場合は，取得又は所有の日から5年，イ又はキの場合は，2年とされている。

　施行令17条の2第3項は，法10条1項4号の規定に基づき公正取引委員会から株式保有の適用除外の認定を受ける場合の手続について定めている。

　(4)　出資総額制限制度の復活に伴い，2000年施行令改正における主たる関係条項は，以上で述べたとおり，新設された17条の2の規定であったが，このほか，同制度と関連して，次の改正が行われた。

　3条（企業集団の範囲）

　17条の5（新規債務保証禁止対象の除外要件）2項7号（新設）

　　本規定は，社会間接資本施設への投資を活性化するために[3]，債務保証制限大規模企業集団（法10条の2，令17条4項，その範囲は，大規模企業集団と全く同一）所属会社について禁止される債務保証のうち，社会間接資本施設に対する民間投資法の規定に基づく事業会社への保証を適用除外するものである。

　20条（株式所有状況等の届出）1項3号（新設）

　23条の3（議決権の行使禁止株式の指定基準）（新設）

　このほか，附則2条には，17条の5第2項7号の規定の新設に関連するみなし規定がおかれている。

2 大規模内部取引についての取締役会の議決及び公示に関する基準の具体化

(1) 第8次法改正において新たに導入された大規模内部取引についての取締役会の議決及び公示制度は，大規模企業集団のうち一定の基準に該当する企業集団に属する会社（以下「内部取引公示対象会社」という。）について，これらが特殊関係人（法7条，令11条，12条の3）を相手方とし又は特殊関係人のために，一定規模以上の法定の取引（以下「大規模内部取引」という。）をしようとするときは，あらかじめ，取締役会の議決を経た後，これを公示しなければならないとするものであった（法11条の2）。また，内部取引公示対象会社が大規模内部取引の主要内容を変更しようとするときも，同様に，取締役会の議決及び公示を要することとされている（同条1項後段）。

右新制度の導入を受けて，2000年施行令改正では，法が施行令に委任している事項について，その具体的基準，規模等を定める規定が新設された（令17条の8）。

まず，制度の対象となる会社，すなわち内部取引公示対象会社は，法律上，大統領令（施行令）に定める基準に該当する企業集団に属する会社とされているところ（法11条の2第1項），施行令では，右基準は，当該企業集団に属する国内会社の資産総額の合計額の順位が1位から10位までの企業集団，すなわち大規模企業集団中，上位10位までのものとされた（令17条の8第1項）。したがって，本制度の適用を受ける会社は，これら上位10位までの企業集団に属する会社となる。

大規模企業集団は，計30指定されることとなっており（法9条1項，令17条1項），これら30の企業集団に対しては，これまで，その規模の大小等により取扱いに差異を設けることなく，等しい規制が加えられてきた。しかし，本制度の導入により，上位10位までのものとそれ以下のものとの間に，取扱いにはじめて差異が設けられることとなった。

本制度の対象となる会社には，上場会社のみならず，非上場会社も含まれる。但し，海外現地法人は，同一人（法2条2号，令3条）が支配するものであっても，本制度の適用は受けず，一方，年度中に本制度の適用を受ける企業集団に新たに編入された系列会社（法2条3号）は，編入の日から本制度の適用を

受ける[4]。

　法11条の2第1項は，更に，本制度の適用対象となる取引の規模，すなわち大規模内部取引の額について，その具体的内容を施行令に委ねている。これを受けて，施行令は，その規模を，取引金額が当該会社の資本金額の10パーセント相当額以上又は100億ウォン以上とすることとした（令17条の8第2項）。

　ここにいう資本金額とは，取締役会における議決日の前日の資本金額をいい（大規模内部取引についての取締役会の議決及び公示に関する規程（以下「大規模内部取引規程」という。）2条2号），したがって，取締役会の議決日前に，有償増資又は転換社債の株式への転換が行われ，資本金額が増加した場合は，これをも含めた額がここにいう資本金額となる[5]。

　本制度の対象となる取引の種類は，法律上，①仮払金，貸与金等の資金を提供し若しくは取引する行為，②株式，会社債等の有価証券を提供し若しくは取引する行為又は③不動産，無体財産権等の資産を提供し若しくは取引する行為とされており（法11条の2第1項各号），その具体的内容は，大規模内部取引規程4条1項に定められている。同規程は，更に，大規模内部取引に当たるか否かについての判断基準をも規定し，解釈・運用上の万全を期している（同規程4条2項）。それによれば，右の判断は，同一の取引の相手方との同一の取引の対象についての取引行為を基準とし，取引額の算定は，原則として，次の基準によることとしている（大規模内部取引規程4条2項）。

① 　資金取引については，実際に取引する額（同項1号）
② 　有価証券取引については，当該有価証券の券面額。但し，株式取引については，実際に取引する額（同項2号）
③ 　資産取引については，実際に取引する額。但し，不動産賃貸借取引については，同項3号に定める方式により算出した額。債務保証又は担保の提供については，保証限度額。保険契約については，保険料総額（同項3号）

　なお，取締役会の議決及び公示義務を免れようとして，同一の取引の相手方との同一の取引対象となる取引行為を分割して取引する場合は，分割されたものを合計して1件の取引行為とみなされる[6]。これは，脱法行為を許さない趣旨である。

本制度の対象となる会社及び取引内容は，右のとおりであるが，取引両当事者がともにこれに該当する場合の取扱いは，どのようになるのか。この点について，両当事者とも取締役会の議決を経なければならないことは言うまでもないが，公示についても，双方が行わなければならない[7]。また，証券取引法では，上場法人は，債務保証の場合に，債務保証を行った会社のみ，公示義務を負うこととなっているが，本法における本制度の場合は，債務保証を受ける会社にも公示義務が課される[8]。

(2) 法11条の2第2項は，内部取引公示対象会社が公示をするにあたり，取引の目的，相手方，規模及び条件等主要内容をこれに含めなければならないとしており，これを受けて，施行令は，公示の主要内容について，次のとおり定めている（令17条の8第3項）。

① 取引の目的及び対象（同項1号）
② 取引の相手方（同項2号）
③ 取引の額及び条件（同項3号）
④ 取引の相手方との同一の取引類型の取引残額（同項4号）
⑤ 右①から④までに準ずる事項であって，公正取引委員会が定めて告示するもの（同項5号）

また，大規模内部取引規程は，公示の始期及び手続並びに公示内容及び書式についても，規定をおいている。その内容は，次のとおりである。

内部取引公示対象会社は，大規模内部取引についての取締役会の議決の後，1日以内に公示しなければならない。この場合において，公示の始期の計算は，内部取引公示対象会社の営業日を基準とし，公休日は，これを除く（大規模内部取引規程6条1項）。

内部取引公示対象会社は，受諾機関が運用する電子公示システムの電算網を通じて，受諾機関が定める電子文書による届出等に関する規程に従い，公示しなければならない（同条2項）。

なお，右にいう受諾機関とは，法11条の2第3項の規定により，公正取引委員会から公示と関連する業務の委託を受ける機関をいい，現状では，金融監督委員会がこれに指定されている（大規模内部取引規程2条3項）。

内部取引公示対象会社は，取引の目的及び対象，取引の相手方，取引額及び

条件，取引の相手方との同一の取引類型の取引残額等の主要内容について明記し，公示しなければならない（同規程7条1項）。

公示様式は，受諾機関が運用する電子公示システム標準書式を準用する（同条2項）。

このように，本法に基づく公示は，すべて電子公示システムを利用して行うこととされており，このため，大規模内部取引規程には，電子公示システム（2条4項）及び電子文書（2条5項）の定義規定がおかれている。

更に，大規模内部取引規程には，主要内容の変更に関する規定がおかれており，内部取引公示対象会社は，既に公示した事項のうち主要内容を変更しようとするときは，これを取締役会において議決し，その内容を公示しなければならない（同規程8条1項）。

右にいう主要内容の変更とは，次のいずれかに該当する場合をいうとされている（同条2項）。

① 取引の目的又は取引の対象の変更（同項1号）
② 取引の相手方の変更。但し，商号の変更，営業譲受渡，合併等によるものであって，実質的に取引の相手方が変更にならない場合は，取締役会の議決対象から除かれる（同項2号）。
③ 取引額及び取引条件の変更。但し，取引額，取引単価，約定利子率等が，当初議決し公示した内容より20パーセント以上増加し又は減少した場合には，取引額又は取引条件の変更があったものとみなされる（同項3号）。
④ その他契約期間の変更等当事者間の契約関係に重大な影響を及ぼす取引内容の変更（同項4号）。

(3) 法11条の2第4項は，金融業又は保険業を営む内部取引公示対象会社が，約款に従い定型化された取引であって，施行令に定める基準に該当する取引行為をしようとするときは，取締役会の議決を経ずに，これをすることができるとしている。但し，この場合であっても，取引内容の公示は，行わなければならない（同項但書）。

右規定を受けて，施行令は，取締役会の議決を経ないですることのできる取引行為を，次のとおり定めている（令17条の8第4項）。

① 約款の規制に関する法律（以下「約款規制法」という。）2条の規定に基

づく約款による取引行為であること（同項1号）。
② 当該会社の日常的取引分野における取引行為であること（同項2号）。
この点に関連して，大規模内部取引規程は，更に，いくつかの規定をおいており，それらの中で主なものは，次のとおりである。

金融業又は保険業以外の事業を営む内部取引公示対象会社は，金融業又は保険業を営む内部取引公示対象会社（以下「系列金融会社」という。）と約款規制法2条の規定に基づく約款による大規模内部取引（以下「約款による金融取引行為」という。）をしようとするときは，取締役会の議決を，分期別に一括してすることができる。この場合において，議決内容には，系列金融会社との取引限度，取引の対象，取引条件等主要内容を含めなければならなず，議決された内容は，議決後1日以内に公示しなければならない（大規模内部取引規程9条2項）。

系列金融会社は，約款による金融取引行為をしたときは，分期別に，当該分期終了後翌月10日までに，取引の相手方との取引の対象，取引額，取引条件等主要内容を公示しなければならない（同条3項）。

金融業又は保険業以外の事業を営む内部取引公示対象会社は，約款による金融取引行為をしたときは，当該行為をした後1日以内に，公示しなければならない（同条4項）。

これらの規定の趣旨について，約款による定型化された金融取引行為は，日常的に行われており，このため，金融・保険会社については，取締役会の議決を不要とし，非金融・保険会社については，各取引行為ごとに取締役会の議決を行うのは困難であり，分期別に一括して行うことができるようにしたものである[9]。

(4) 以上のほか，2000年施行令改正においては，大規模内部取引についての取締役会の議決及び公示制度の導入と関連して，施行令17条1項の規定に，若干の改正が加えられている。

3 その他の改正内容

2000年施行令改正においては，出資総額制限制度並びに大規模内部取引についての取締役会の議決及び公示制度に関する規定のほか，次の規定が改正された。

なお，第8次法改正においては，右2項目のほか，不当支援行為に対する課徴金額の引上げが行われたが，施行令には，右改正に関連する規定はなく，これに関する改正は行われていない。

20条（株式所有状況等の届出）3項
20条の2（債務保証状況の届出）1項2号
21条（大規模企業集団等の指定）1項，2項，6項（新設）

　　21条に6項が新設され，大規模企業集団に属する国内会社の資産総額の合計額が，直近の指定時における30位の大規模企業集団の資産総額の70パーセント以下に減少したときは，その時点で，同企業集団を大規模企業集団から除外することとされた（21条6項2号）。

　　これは，近年，韓国において財閥の破綻が相い次ぐなかで，法律上，翌年度の大規模企業集団指定前に，直ちにこれから除外する数量的基準を新設したことになる。

21条の3（脱法行為の類型及び基準）1項2号(2)（新設）

（1）㈳韓国公正去来協会「コンジョンキョンジェン」56号，32頁
（2）業種専門化施策については，イジョンファ『コンジョンコレヨンゴサジョン』161頁
（3）㈳韓国公正去来協会「コンジョンキョンジェン」54号，34頁
（4）「コンジョンキョンジェン」56号，前掲，66頁
（5）「コンジョンキョンジェン」56号，前掲，66頁
（6）「コンジョンキョンジェン」56号，前掲，67頁
（7）「コンジョンキョンジェン」56号，前掲，67頁
（8）「コンジョンキョンジェン」56号，前掲，67頁
（9）「コンジョンキョンジェン」56号，前掲，32頁

第9章　第9次法改正（2001年）

第1節　法改正（2001年）

第9次改正法は，2000年12月15日，国会において議決され，翌2001年1月16

日に公布されて，同年4月1日から施行された。また，第8次法改正により復活した出資総額制限制度も，同改正法附則1条但書の規定により，第9次改正法の施行日となった2001年4月1日から施行された。

　第9次法改正は，①持株会社制度活用の円滑化，②不当な共同行為に対する処分の減免対象の拡大，③金融取引情報要求権の時限延長等を主な内容とするが，そのほか，いくつかの事項にも及んでいる。

　Ⅰ　改正の趣旨及び背景
　Ⅱ　改正内容
　　1　持株会社制度活用の円滑化
　　2　不当な共同行為に対する処分の減免対象の拡大
　　3　金融取引情報要求権の時限延長
　　4　再販売価格維持行為の範囲の拡大と一部容認
　　5　事件処理手続の整備
　　(1)　違反行為に対する処分等に関する改正
　　(2)　調査対象資料の範囲の明確化
　　(3)　国税課税情報要求権制度の新設
　　(4)　課徴金還給加算金制度の新設
　　6　その他
　　(1)　既存債務保証の解消規定の廃止とこれに伴う改正
　　(2)　企業結合届出対象の縮小
　　(3)　公正取引委員会の組織に関する改正
　　(4)　過料の引上げ
　　(5)　その他

Ⅰ　改正の趣旨及び背景

　第9次法改正の直接の動機は，第7次法改正により時限立法として導入された金融取引情報要求権制度のその後の取扱いをいかにするかにあった。金融取引情報要求権制度とは，大規模企業集団所属会社が不当支援行為（23条1項7号）をしている疑いがある場合に，公正取引委員会に，金融機関に対してこれ

に関する金融取引情報を求める権限を与えるものである（50条5項）。しかし，公正取引委員会にこのような強力な権限を与えることに対して，その濫用の弊害を危惧する意見も多く，2年間の時限立法とされた[1]。

本制度導入後，公正取引委員会は，この権限をさほど多く行使しないまでも，これを背景に，大規模企業集団内の不当支援行為に対して極めて積極的かつ厳格な姿勢を見せてきた[2]。このような中で，本制度のその後の取扱いが注目されたが，結局，公正取引委員会は，大規模企業集団内の不当支援行為を根絶するには，なお本制度の継続が必要であるとして，第9次法改正に及んだものである。

一方，持株会社制度については，これも右と同様，第7次法改正において改正されて，それまでの原則全面禁止から制限的許容へ転換し，その後の動向が注目されていた。持株会社許容から1年経過後の時点でみれば，持株会社設立の動きは活発であると言ってよく[3]，それまでに，8件の届出が受理され，更に2件の審査が行われている[4]。

右持株会社の制限的許容は，これを通じて，構造調整の推進を図ることを目的とするものであったが[5]，第9次法改正においては，持株会社を利用したより一層の構造調整が必要であるとして，持株会社の設立要件を緩和する等の改正が行われた。

次に，独占禁止法違反行為に対する効率的な調査の遂行は，各国の法運用当局において，実務上の重要課題であるが，第9次法改正においては，この点からの改正も行われた。

すなわち，これまでも，不当な共同行為（カルテル）をした事業者がその事実を公正取引委員会に申告したときは，当該申告者に対して処分を減免し得ることとされていたが，事件調査のより一層の効率化を図るため，証拠の提供等の方法により違反行為の調査に協助した者に対しても減免し得ることとされた。

このほか，再販売価格維持行為については，その定義規定を改正して，規制の範囲を広げ，一方，最高価格維持行為であって正当な理由がある場合は，これを容認することとされた。

また，事件処理手続に関しては，違反行為に対する処分の期限について，一部改正が行われ，また，調査対象の範囲については，昨今の新たな資料の出現

に対応して，その明確化が図られている。更に，課徴金の徴収及び還給について，国税課税情報要求権制度又は課徴金還給加算金制度が新設された。

このほか，企業結合の届出に関して，若干の範囲の縮小が行われ，経過規定的性格の強かった既存債務保証の解消に関する規定（法10条の3）が削除された。更に，公正取引委員会の組織に関して若干の改正が行われ，独占禁止法違反行為の一部について，過料の引上げが行われている。

以上のとおりの第9次法改正について，韓国公正取引委員会によれば，その改正理由は，次のとおりとされている[6]。

○持株会社の設立要件を一部緩和し，企業が現行の経済力集中抑制原則の範囲内において，持株会社を構造調整の手段として円滑に活用し得るようにし，

○不当な共同行為の調査に協助した者に対する免責規定の適用を拡大して，不当な共同行為を効果的に監視する一方，

○不当な支援行為に対する調査のための金融取引情報要求権の時限延長等を通じて，公正取引委員会の調査の実効性を高めることにある。

以上のような第9次法改正について，これを要約すれば，同改正は，法運用におけるより一層の円滑化を目的に行われたということができよう。

II 改正内容

1 持株会社制度活用の円滑化

(1) 韓国独占禁止法において持株会社制度は，第7次法改正により，制限的に許容された。

同制度は，持株会社に対して一定の行為を禁止すること（8条の2第1項各号）を主たる内容とするものであるが，右禁止行為とされるものの実態は，持株会社が満たすべき条件というべきものであり，したがって，韓国の持株会社制度は，一定の条件を満たす限り，その設立又は転換を自由に認めるものであると言ってよい。

持株会社の制限的許容以降，これの設立又は転換の動きは，活発である[7]。これを更に仔細に分析すれば，次のとおりである[8]。

その目的ないし動機についてみれば，分社化，重点分野への特化，外資の誘

致等，企業の構造調整の手段として活用しようとするものが多い。

　持株会社の形態についてみれば，純粋持株会社が圧倒的に多く，一部には，事業持株会社の形態のものもみられる。また，設立の方式は，主に，株式所得，現物出資等による転換方式が活用されている。

　持株会社設立の主体は，当初は，中堅企業が中心であったが，その後，大規模企業集団における設立の動きが本格化しており，例を挙げれば，ＳＫ，東洋，ＬＧ，三星等の企業集団において，積極的な動きがみられる。

　このような動きの背景には，ＩＭＦ経済危機以降，企業の構造調整の推進過程において，持株会社が有する経営効率性，外資の誘致，戦略産業への集中等の利点を活用しようとする企業が増加し，また，持株会社に対する税制面での支援体制が制度的に導入されたことがあるとみられる。その一方で，持株会社を通じて，新たな所有・支配構造の構築を模索する大規模企業集団も登場してきていると言われている。

　(2)　このような持株会社設立の動きについて，韓国内での評価は，①企業の効率性を高めるとするもの，②経済力の集中をより深化させるとするもの，及び③会社法制を歪曲化させるとするもの，の３種類に大別される[9]。

　一方，財界では，第７次法改正における持株会社の制限的許容にもかかわらず，持株会社の設立要件が厳しいため，容易にこれを設立することができず，企業の構造調整の円滑化のためには，要件のより一層の緩和が必要であるとする主張が支配的であった[10]。

　これに対して，韓国公正取引委員会は，現行経済力集中抑制原則の枠内において，企業が持株会社を構造調整の手段として円滑に活用できるよう支援するため，独占禁止法の持株会社に関する規定を改正することとした[11]。韓国経済においては，大規模企業集団内系列会社間の複雑な出資関係があるものの，持株会社は，このような形態と異なり，これを頂点とする単純な所有構造を基本とするものであるとみて，これに対する充分な監視は可能であると判断されたものと考えられる[12]。

　(3)　以上の経緯を経て改正された内容は，次のとおりである。
　まず，持株会社は，子会社の株式について，その発行済株式総数の50パーセント以上を所有すべきこととされているところ（８条の２第１項２号本文），旧

法では，当該子会社が1999年4月1日現在株式上場法人である場合には，30パーセント以上の所有でよいこととされていた（同本文カッコ書）。

改正により，1999年4月1日という要件は削除され，30パーセント以上の所有でよいこととなる株式上場法人たる子会社は，上場時点に関係ないこととされた。これは，持株会社の出資負担を軽減するためである[13]。また，右30パーセントの例外規定の適用を受けるものとして，新たに協会登録法人が追加された（8条の2第1項2号本文カッコ書前段）。これは，株式上場法人及び協会登録法人ともに，証券取引法，税法等において同様の取扱いを受けており，独占禁止法上の持株会社規定についての右出資負担の面で，異なる取扱いをすべき理由はないからである[14]。

更に，ベンチャー企業育成に関する特別措置法の規定に基づくベンチャー企業を子会社とする持株会社であって施行令に定める基準に該当するものの子会社については，20パーセント以上の所有でよいこととされた（8条の2第1項2号本文カッコ書後段）。これは，ベンチャー企業が既存の事業部門を分社化して売却したり，特定分野に特化して関連のベンチャー企業を買収するにあたり，持株会社を利用して円滑にこれを行い得るようにするためである。また，これにより，持株会社がベンチャー企業を新たに発掘し易くしたり，ベンチャー産業内における合併等の再編を容易にする効果も期待されている[15]。

なお，右改正と併せて，子会社についての定義規定も改正され（2条1の3），子会社の具体的基準は，施行令により定めることとされた。

(4) 持株会社に関する改正点の第2は，次のとおりである。

持株会社は，①純資産額を超える負債額を保有すること，②子会社の株式について，原則としてその発行済株式総数の50パーセント未満しか所有しないこと，及び③子会社でない国内の会社の株式を支配目的で所有することが禁止されている（8条の2第1項1号から3号まで）。但し，これらには，会社が資産の全部又は一部を他の会社に現物出資して持株会社に転換する場合には，それぞれ一定の猶予期間が設けられている（同項1号から3号までの各但書）。

改正により，これらの猶予期間の適用を受ける場合として，商法の規定に基づく会社の分割，分割合併又は物的分割により持株会社に転換し又はこれを設立するときが，新たに追加された（右各但書）。これは，1998年末の商法改正

で新たに導入された会社分割制度により企業の分社化が主として行われている現実を反映させたものである[16]。

なお，右改正と併せて，持株会社の禁止行為の一つである純資産額を超える負債額を保有する行為は，資本総額を超える負債額を保有する行為へと改められた（8条の2第1項1号）。また，これに伴い，課徴金について定める17条の規定においても，同条4項1号の純資産額は，資本総額へと改められた。

(5) 以上のほか，持株会社については，次の改正が行われている。

持株会社の設立及び転換については，これまで事前の届出制を採用していたが，改正により，事後の届出制へと改められた。これは，規制緩和の一環としてみることができよう。

また，出資総額制限制度と関連する改正も行われた。出資総額制限制度（10条）は，第6次法改正によりいったん廃止されたが，第8次法改正により復活した。しかし，その施行は，第8次改正法の施行から1年遅れて，2001年4月1日からとされていた（第8次改正法附則1条但書）。このため，右制度の施行日は，結果的には，第9次改正法の施行日と同日となることとなった。

出資総額制限制度とは，大規模企業集団所属会社は，その純資産額の25パーセント相当額を超えて他の国内会社の株式を保有してはならないとするものである（10条1項本文）。但し，これには，右制限の適用除外となる4つの場合が規定されている（同項但書1号から4号まで）。

第9次法改正においては，右適用除外の一つとして，大規模企業集団所属会社が，持株会社となるために又は持株会社であった者が持株会社でなくなるために，株式を保有し若しくは処分し又は資産を減少させ若しくは増加させることにより，出資限度額を超えて株式を保有することとなる場合であって，施行令に定める要件に該当するときは，新たに，一定の期間，適用除外を認めることとされた（10条1項5号・新設）。これは，大規模企業集団所属会社が持株会社に転換する場合等に，出資総額制限に一時的に抵触する事態を回避し[17]，持株会社の設立を容易にするためである。

2 不当な共同行為に対する処分の減免対象の拡大

(1) 不当な共同行為（カルテル）があるときは，これを行った事業者に対し

て，是正措置が命じられるほか（21条），課徴金が賦課される（22条）。

一方，独占禁止法違反行為は，近年ますます巧妙化し，事件における事実の解明は，一層困難となりつつある。このような悩みは，世界各国の独占禁止法運用当局に共通するものであると言ってよい。

この点に関して，韓国独占禁止法では，第5次法改正において，不当な共同行為をした事業者がその事実を公正取引委員会に申告したときは，当該申告者に対して是正措置又は課徴金を減軽し又は免除することができることとされ（22条の2第1項），事件処理の効率化が図られた。

第9次法改正においては，事件審査の実効性を確保し円滑な協助へ誘導するとともに，不当な共同行為を効果的に監視するため[18]，右減軽又は免除の対象者に，新たに，証拠の提供等の方法により違反行為の調査に協助した者が追加された（22条の2第1項2号）。

なお，右改正に伴う減軽又は免除の範囲，基準等は，従来どおり，施行令により定めることとされている（22条の2第2項）。

(2) 右に関連して，我が国では，水産庁発注に係る石油製品の入札談合事件について，平成12年10月5日に行われた排除勧告[19]に関し，一部において，公正取引委員会の調査に協力した企業が勧告対象からはずされた，あるいは，排除勧告を免除する措置が採られた旨の報道がなされたことがある。

これに対して，我が国公正取引委員会は，一部企業が勧告の対象とならなかったのは，48条2項の規定に照らして特に排除措置を講ずる必要がないと判断したものであって，同委員会の裁量によるものではないとしている。

更に，公正取引委員会は，平成12年10月1日付日本経済新聞の「公取委「司法取引」を導入」との記事について，これを全面的に否定し，排除勧告及び課徴金についての減免はあり得ないとの態度を採っている[20]。

このように，韓国をはじめとして，世界の多くの国々が排除措置の対象等について柔軟な対応を示している中で，ひとり我が国のみは，従来どおりの態度を固守している。

3 金融取引情報要求権の時限延長
(1) 金融取引情報要求権とは，大規模企業集団所属会社間に不公正取引行為

(23条1項)の一類型である不当支援行為(同項7号)があると認められるときに,これの調査と関連して,金融機関の長に対して金融取引情報の提出を求めることのできる公正取引委員会に与えられた権限である(50条5項)。

この権限は,第7次法改正において公正取引委員会に附与されたものであり,その背景には,財閥の系列会社間相互の資金,資産等の支援行為の多くが金融機関を媒介にして迂回的に行われ,その手法も極めて巧妙化しており,金融取引情報なくしては,調査を行うことが事実上不可能となっている状況があった[21]。また,不当支援行為とは,不当に他の会社等に対して経済的支援を行うことをいい,主として財閥に対する規制を念頭に,第5次法改正において不公正取引行為の一類型として規定されたものである。

このような公正取引委員会の権限は,極めて強いものであり,これが濫用されたときには,種々の弊害が生ずるとして[22],金融取引情報要求権制度は,第7次改正法施行の日である1999年2月5日から2001年2月4日までの2年間の時限立法とされた(第7次改正法附則2条)。

(2) 不当支援行為に対する公正取引委員会の姿勢は,極めて厳格である。

1999年度に例をとれば,不当支援行為の事件処理件数(警告以上。以下同じ)は,25件である。これは,不公正取引行為514件の4.9パーセント,独占禁止法違反事件685件の3.6パーセントを占めるに過ぎないが[23],課徴金賦課額でみれば,不当支援行為は,1,008億ウォンにものぼり,不公正取引行為1,058億ウォンの実に95.3パーセント,独占禁止法違反事件1,468億ウォンの68.7パーセントを占めている[24]。これらは,前年度から引き続く第3次の5大・大規模企業集団に対する不当内部取引調査,更には,99年度から始まったその他の大規模企業集団に対する不当内部取引調査,公企業に対する不当内部取引調査等の結果であると言ってよい[25]。

このように,韓国公正取引委員会が不当支援行為に対して厳しい態度をとり続け,その有力な武器となっているのが金融取引情報要求権であるという状況下において,その権限の期限である2001年2月4日が迫り来る中,右権限のその後の取扱いが注目されていた[26]。

この点について,韓国公正取引委員会は,金融機関を媒介とする各種支援を通じた最近の不当内部取引は,その手法がより知能化,高度化する状況にあり,

これに徹底的に対処する必要があるとの方針を固めていた[27]。

かくして、第7次法改正において2年間の時限立法として導入された金融取引情報要求権は、第9次法改正により更に3年間延長することとし、計5年間とすることとされた（第7次改正法附則2条・改正）。

なお、本規定の施行は、第9次改正法の施行日より一足早く、同法の公布の日からとされた（附則1条但書）。

4 再販売価格維持行為の範囲の拡大と一部容認

(1) 韓国独占禁止法において再販売価格維持行為は、不公正取引行為について定める第5章とは別に、第7章に規定がおかれている（29条以下）。再販売価格維持行為と狭義の不公正取引行為（23条1項に規定するもの。韓国公正取引委員会が公表する統計資料等において、不公正取引行為には一般に再販売価格維持行為が含まれており、これを広義の不公正取引行為とすることができる。）の最大の違いは、再販売価格維持行為が29条2項に定めるものを除いて全面的に禁止されるのに対し（29条1項）、不公正取引行為が公正な取引を阻害するおそれを要件とする点である（23条1項柱書）。また、韓国独占禁止法においては、主要概念について定義する2条に、再販売価格維持行為の規定もおかれている（2条6号）。

(2) 第9次法改正における再販売価格維持行為の改正点は、次の2点である。

第1は、再販売価格維持行為の定義についての改正である。

これまでの定義では、行為の対象は、当該商品について行われる場合に限られていたが（2条旧6号）、これでは、例えば外食産業やフランチャイズ事業（例，ハンバーガー等）における場合のように、事業本部が原材料を供給し、加盟店がこれを加工して完成品を供給するものについては、これを規制し得なかった。

このため、このような事業本部が末端における完成品の価格を固定させるような場合をも規制するため[28]、再販売価格維持行為の定義を改正して、事業者が商品又は役務を取引するにあたり、取引の相手方である事業者又は再取引段階別事業者について、取引価格を定めてその価格どおりに販売し若しくは提供し、又はこのために規約その他の拘束条件をつけて取引する行為とされた

(2条6号)。

　改正点の第2は，いわゆる最高価格維持行為については，これを許容した点である。

　すなわち，再販売価格維持行為については，29条2項に規定する商品以外は，全面的に禁止されるが（29条1項本文），商品又は役務を一定の価格以上で取引できないようにする最高価格維持行為であって正当な理由がある場合には，許容されることとされた（同項但書）。

5　事件処理手続の整備
(1)　違反行為に対する処分等に関する改正

　違反行為に対する是正措置及び課徴金の納付は，違反行為が終了した日から5年を経過したときは，命ずることができない（49条4項）。

　第9次法改正においては，この場合であっても，裁判所の判決により是正措置又は課徴金賦課処分が取り消され，その判決理由に従い新たな処分をするときは，命じ得ることとされた（49条4項但書）。

　また，公正取引委員会の職権調査は，これまで，違反事実があるときに開始されることとなっていたが，違反の疑いがあるときに改められた（49条1項）。

　このほか，訴の提起に関する54条1項の規定に，若干の改正が加えられた。

(2)　調査対象資料の範囲の明確化

　公正取引委員会の事件の調査対象となる資料，物件等については，50条2項に規定がおかれているが，近年新たに現われてきた電算資料等がその対象となるか否かが必ずしも明らかではなかった[29]。

　このため，改正により，調査対象には，電算資料，音声録音資料，画像資料その他施行令に定める資料又は物件を含めることが明記された（50条2項）。

　なお，50条の規定の右改正に併せて，同条の標題は，これまでの，違反行為の調査及び意見聴取等から，違反行為の調査等に改められた。

(3)　国税課税情報要求権制度の新設

　新たに，公正取引委員会が滞納された課徴金を徴収するために必要があると認めるときは，国税庁長に対して，課徴金滞納者についての国税課税に関する情報の提供を求めることができることとする等の規定が設けられた（55条の5

251

第4項，5項・新設。旧4項は新6項へ)。

(4) 課徴金還給加算金制度の新設

新たに，公正取引委員会が異議申立てに対する裁決又は裁判所の判決等の事由により課徴金を還給するときは，課徴金納付日から還給日までの期間について，施行令に定める還給加算金を支給しなければならないこととされた（55条の6）。

これは，課徴金が滞納された場合には，加算金を徴収すること（55条の5第1項）との均衡を保つためである[30]。

6 その他
(1) 既存債務保証の解消規定の廃止とこれに伴う改正

大規模企業集団所属会社による系列会社に対する債務保証は，第6次法改正において，それまでの一定の制限内でこれを認める制度から，新規の債務保証については全面的に禁止する制度に改められた（10条の2第1項）。その際，既存の債務保証については，各大規模企業集団がこれに指定された年度に応じて，一定の期限までにこれを解消すべきこととされた（10条の3第1項）。したがって，この既存債務保証の解消について定める右規定は，本来経過規定的性格を有するものであった。

このような事情から，第9次法改正では，右10条の3の規定の役割は終わったものと考えられ，削除された。

しかし，右10条の3の規定は，2001年以降に新たに指定される債務保証制限大規模企業集団所属会社については，指定の日から1年間，債務保証の解消について猶予期間を認めていたが（同条1項3号），同条の削除により，これも認められなくなった。したがって，今後は，債務保証制限大規模企業集団（その範囲は，大規模企業集団と同じ。令17条4項）所属会社は，同集団に指定された時点において，系列会社に対する債務保証をしてはならないことになる。

なお，これに伴い，10条の2の規定の標題は，系列会社に対する新規債務保証の禁止から，系列会社に対する債務保証の禁止に改められた。

このほか，14条3項に，右改正に伴う所要の改正が加えられている。

(2) 企業結合届出対象の縮小

企業結合の届出（12条）に関して，新たに，中小企業創業投資会社又は中小企業創業投資組合が創業者又はベンチャー企業と一定の企業結合をする場合（中小企業創業支援法を根拠），及び新技術事業金融業者又は新技術事業投資組合が新技術事業者と一定の企業結合をする場合（与信専門金融業法及び新技術事業金融支援法を根拠）には，届出の対象から除外することとされた（同条2項）。

これに伴い，12条旧2項から8項までの各規定は，3項から9項までへと順次繰り下げられた。

また，12条1項にも，若干の改正が行われている。

(3) 公正取引委員会の組織に関する改正

韓国公正取引委員会の会議は，我が国の制度と異なり，法律上，全員会議及び小会議なるものが設けられ（37条の2），それぞれについて，その所管事項が定められている（37条の3第1項，2項）。

第9次法改正では，全員会議の所管の一部に，改正が行われた（37条の3第1項1号）。

また，委員の任期について定める39条の規定において，表現が若干改められた。

(4) 過料の引上げ

公正取引委員会の事件調査の実効性を確保するため[31]，調査拒否，妨害又は忌避に対する過料の上限について，事業者又は事業者団体の場合は，1億ウォンから2億ウォンへ，これらの役員，従業員等の場合は，1,000万ウォンから5,000万ウォンへ，それぞれ引き上げられた（69条の2第1項）。

(5) その他

以上のほか，次の各規定に，前述の各改正内容に伴う等の改正が行われている。

　　13条3項
　　15条1項
　　16条1項，2項
　　17条2項
　　66条1項6号

第2編　韓国独占禁止法の沿革

（1）　孫珠瓚「韓国「独占禁止法および公正取引に関する法律」の1999年改正について」日韓比較法文化研究会発表論文（日本語），1999年8月23日，18頁
（2）　韓国公正去来委員会「公正去来白書2000年版」73頁
（3）　㈳韓国公正去来協会「コンジョンキョンジェン」58号，26頁
（4）　イドンギュ「持株会社制度の効率的運用方向」㈳韓国公正去来協会「コンジョンキョンジェン」61号，11頁
（5）　イビョンジュ「公正取引法改正主要内容」㈳韓国公正去来協会「コンジョンキョンジェン」41号，24頁
（6）　第9次法改正時，韓国公正取引委員会発表文
（7）　前掲，注（3）及び（4）参照
（8）　イドンギュ，前掲，11頁
（9）　イジェヒョン「持株会社の機能と役割」㈳韓国公正去来協会「コンジョンキョンジェン」61号，3頁
（10）　イジェヒョン，前掲，2頁。イドンギュ，前掲，11頁
（11）　韓国公正去来委員会「2001年から変ることとなる公正取引制度」㈳韓国公正去来協会「コンジョンキョンジェン」65号，35頁
（12）　イドンギュ，前掲，8頁
（13）　イドンギュ，前掲，12頁
（14）　イドンギュ，前掲，12頁
（15）　イドンギュ，前掲，12頁
（16）　イドンギュ，前掲，12頁
（17）　イドンギュ，前掲，12頁
（18）　韓国公正去来委員会「2001年から変わることとなる公正取引制度」前掲，35頁
（19）　水産庁発注石油製品入札談合事件（平成12・10・5勧告，審決集47巻登載予定）
（20）　平成12年10月6日我が国公正取引委員会「いわゆる「司法取引」導入等との報道について―委員長談話―」
（21）　イビョンジュ，前掲，25頁。チョハグック「新政府の公正取引制度運用成果と課題」㈳韓国公正去来協会「コンジョンキョンジェン」43号，3頁
（22）　孫珠瓚，前掲，注（1）参照
（23）　韓国公正去来委員会「公正去来白書2000年版」528頁
（24）　「公正去来白書2000年版」前掲，523頁
（25）　「公正去来白書2000年版」前掲，73頁

(26) 金融取引情報要求権は，5大・大規模企業集団に対する第3次不当内部取引調査において，初めて発動された（「公正去来白書2000年版」前掲，93頁）。
(27) 韓国公正去来委員会「公正取引法改正案立法予告」㈳韓国公正去来協会「コンジョンキョンジェン」61号，33頁
(28) 韓国公正去来委員会「公正取引法改正案立法予告」前掲，33頁
(29) 韓国公正去来委員会「2001年から変わることとなる公正取引制度」前掲，35頁
(30) 韓国公正去来委員会「公正取引法改正案立法予告」前掲，33頁
(31) 韓国公正去来委員会「2001年から変わることとなる公正取引制度」前掲，35頁

第2節　施行令改正（2001年）

2001年施行令改正は，第9次法改正を受けて行われた。同施行令改正は，第9次改正法により施行令に委任された事項について定めることを主たる目的とするものではあるが，改正内容は，それ以外の事項にもかなり及び多岐にわたっている。

2001年改正施行令は，同年3月27日に公布され，4月1日から施行された。

Ⅰ　改正趣旨及び主要内容
Ⅱ　改正内容
　1　持株会社に関する改正
　2　市場支配的地位濫用行為の明確化
　3　大規模内部取引に対する規制対象の拡大
　4　届出制度の簡素化
　5　不当な共同行為に対する処分の減免基準
　6　課徴金制度に関する改正
　　(1)　国税課税情報要求手続
　　(2)　還給加算金の料率
　7　その他

第2編　韓国独占禁止法の沿革

I　改正趣旨及び主要内容

　第9次法改正は，①持株会社制度活用の円滑化，②不当な共同行為に対する処分の減免対象の拡大，③金融取引情報要求権の時限延長等を主たる内容とするものであった。2001年施行令改正は，これら法改正事項のうち施行令に関係するものについて規定するとともに，右改正事項以外の内容についても改正を行っており，関係条項は多数に昇っている。

　韓国において，法律又は施行令を制定し又は改正するにあたっては，その内容を国民に広く知らせ意見を聴くために，行政手続法41条の規定により，立法予告という手続が採られている。2001年施行令改正の立法予告は，同年2月6日に行われたが，そこにおける改正趣旨は，次のとおりとされている。

　○持株会社の設立円滑化のために，法の適用対象となる持株会社の範囲を縮小し，ベンチャー企業に対する投資促進のために，この法律による特例が認められるベンチャー持株会社の範囲をより広く認め，

　○大規模内部取引についての取締役会の議決及び公示制度の適用対象範囲を拡大し，不当内部取引に対する自律的監視機能及び常時的構造調整システムを強化し，

　○不当な共同行為の予防及び調査の円滑化のために，不当な共同行為の申告者等に対する課徴金等の減免基準を明確に設定することにある。

　右3項目のうち，大規模内部取引についての取締役会の議決及び公示制度は，第9次法改正における改正項目ではない。また，右3項目以外についても，2001年施行令改正においては，かなりの改正が行われており，これらには，第9次法改正における改正項目及び非改正項目の双方が含まれている。

　右立法予告の後，政府関係部処との協議及び法制処審査の過程で，改正案に若干の修正が加えられて[1]，改正施行令は，2001年3月27日に公布され，同年4月1日から施行された。

　改正施行令公布にあたり，韓国公正取引委員会が公表した発表文によれば，2001年施行令改正の主要骨子は，次のとおりとされている。

　1　持株会社の設立を円滑にするため，法の適用対象となる持株会社の要件を，資産総額100億ウォン以上の会社から300億ウォン以上の会社に改める（令2条1項）。

2　市場支配的事業者による市場支配的地位の濫用行為の一類型である，他の事業者の事業活動又は参入を不当に妨害する行為の一部の内容については，その具体的事例が，現在告示により，正当な理由がないのに他の事業者の商品又は役務の生産等に必須の要素の使用又は接近を拒絶する等の行為として規定されているところ，これを施行令に移し，明確に規定する（令5条3項3号・新設，令5条4項3号・新設）。

3　子会社の発行済株式を所有する際の比率が緩和されるベンチャー持株会社の要件について，持株会社が所有しているベンチャー子会社の株式価額の合計額が，当該持株会社が所有している子会社すべての株式価額の合計額の50パーセント以上とする（令15条の2・新設）。

4　大規模内部取引についての取締役会の議決及び公示を要する大規模企業集団の範囲について，資産総額30位までの大規模企業集団に拡大し，不当内部取引に対する自律的監視機能及び常時的構造調整システムを強化する（令17条の8第1項）。

5　現在，大規模企業集団は，株式所有状況等に関する届出と債務保証状況に関する届出とを別個に行うことになっているところ，債務保証状況に関する届出については，株式所有状況等に関する届出を行う際に，併せて行い得るようにし，届出手続を簡素化する（令20条及び現行20条の2・削除）。

6　不当な共同行為についての減免基準に調査協助者を追加し，申告者及び調査協助者の寄与度等により，課徴金減免幅を3段階に区分し，段階別に具体的要件を設定する（令35条1項，2項）。

　　課徴金減免幅

　　　　調査寄与度等により，75パーセント以上，50パーセント以上，50パーセント未満に区分する。

7　第9次法改正において，国税課税情報要求権及び課徴金還給加算金支払の根拠規定が新設された。

(1)　これに伴い，国税課税情報を要請する際には，滞納者の滞納事実について証明することのできる関連証拠資料を添付して行うこととし，国税庁長は，特別の事情がない限り，30日以内に資料を提供しなければならないこととする（令34条の3第1項，2項）。

(2) 課徴金還給加算金を支払う際の料率は，金融機関の定期預金利子率を参酌して公正取引委員会告示で定めることとする。

2001年施行令改正の主要骨子は，以上のとおりであるが，以下では，はじめに本改正の中心である持株会社制度について述べ，次いで施行令の各章の順で改正内容をみていくこととする。

II 改正内容

1 持株会社に関する改正

(1) 韓国独占禁止法において持株会社とは，株式の所有を通じて国内の会社の事業内容を支配することを主たる事業とする会社であって，資産総額が大統領令（施行令）に定める金額以上である会社をいうとされている（法2条1号の2本文）。この規定を受けて，施行令は，右金額基準を定めており（2条1項），これまで，その額は，100億ウォンとされていた。2001年施行令改正では，この額を引き上げ，300億ウォンとされた。これは，資産総額が100億ウォン以上300億ウォン未満のものについて，持株会社に対する規制が及ばないようにすることにより，これの設立を促すためである[2]。

一方，子会社については，第9次法改正により，子会社とは，持株会社により施行令に定める基準に従い，その事業内容を支配される国内の会社をいうとされた（法2条1号の3）。このため，2001年施行令改正では，右改正規定に基づき，新たに子会社の基準が定められた（2条3項）。それによれば，子会社の基準は，次のとおりとされている。

① 持株会社の系列会社であること。
② 持株会社が単独で又はその子会社及び令15条の5の規定による会社と合わせて所有する株式が，11条1号又は2号にそれぞれ規定する者のうち最多出資者が所有する株式と同数以上であること。

なお，右のとおり，新たに子会社の基準が設けられたことにより，既に所有している会社が子会社の基準を満たすことによって持株会社の要件に該当することとなる会社が現われる可能性があるため，このような会社の持株会社設立・転換届（15条）について，経過措置が設けられた（附則2条）。

(2) 持株会社は，子会社の株式について，その50パーセント以上を所有すべ

きこととされているところ，これには，例外が認められてきた（法8条の2第1項2号）。第9次法改正では，この例外を更に拡大し，持株会社がベンチャー企業を新たに発掘し易くし，また，ベンチャー産業内における合併等の再編を容易にするため(3)，ベンチャー企業育成に関する特別措置法の規定に基づくベンチャー企業を子会社とする持株会社であって施行令に定める基準に該当するものの子会社については，20パーセント以上の所有でよいこととされた（法8条の2第1項2号本文カッコ書後段）。

2001年施行令改正では，右改正規定に基づき，右基準に該当する持株会社であるためには，自己が所有するベンチャー企業育成に関する特別措置法の規定によるベンチャー企業の株式価額の合計額は，自己が所有するベンチャー子会社の株式価額の合計額の50パーセント以上であることとされた（15条の2・新設）。

なお，右規定が新設されたことに伴い，これまでの15条の2から15条の5までの各規定は，15条の3から15条の6までへと，それぞれ繰り下げられた。

また，持株会社による子会社の株式の所有比率規制の例外（法8条の2第1項2号）について，第9次法改正では，新たに，当該子会社が協会登録法人である場合には，30パーセント以上の所有でよいこととされたが，これに関連して，企業結合の届出等について定める18条4項の規定で，右に伴う届出の緩和が，また，企業集団からの除外について定める3条の2第1項2号の規定で，右に符合させる改正がそれぞれ行われた。

(3) 第9次法改正では，持株会社の設立・転換の届出は，それまでの事前の届出から事後の届出でよいこととされた（法8条）。

このため，2001年施行令改正では，右届出について定める15条の規定に，右改正に伴う等の改正が行われた。

第9次法改正では，復活した出資総額制限制度について，大規模企業集団内における持株会社の設立を容易にするために(4)，同集団所属会社が持株会社に転換する場合等に，右制限に抵触する事態となるときは，一時的にこれを認める適用除外規定が設けられた（法10条1項5号）。

2001年施行令改正では，右適用除外を受けるためには，持株会社への転換等について株主総会の決議を要する旨が規定された（17条の2第4項・新設）。

持株会社は、各種行為について制限を課されているが（法8条の2第1項各号）、一定の場合には、猶予期間が認められている（同項1号から3号までの各但書）。第9次法改正においては、右一定の場合に、会社の分割等によるときが追加されたが、2001年施行令改正では、これに関連する改正が、持株会社の基準について定める2条1項の規定に、及び持株会社の設立・転換届等について定める15条1項の規定に、それぞれ行われた。

以上のほか、持株会社に関する届出（法8条）又は報告（法8条の2第3項）は、公正取引委員会が定めて告示するところによる旨が明記された（15条1項、15条の6第1項）。更に、15条の5の規定にも、既に述べたところに伴う改正が加えられている。

2 市場支配的地位濫用行為の明確化

市場支配的事業者によるその地位の濫用行為については、法律は、3条の2の規定でこれを禁止し、施行令は、5条の規定で濫用行為の類型又は基準を定め、更に、公正取引委員会においては、「市場支配的地位濫用行為の類型及び基準」と題する告示を行い、その内容について詳細に定めている。

2001年施行令改正においては、右濫用行為のうち「他の事業者の事業活動に対する不当な妨害」（法3条の2第1項3号、令5条3項）及び「新たな競争事業者の参入に対する不当な妨害」（法同項4号、令同条4項）に該当する事例の中で、現在右公正取引委員会告示に規定されているものの一部を施行令に移行させる改正が行われた。本改正の目的は、施行令に規定することにより、その内容を明確化することにあるとされている[5]。

右2つの行為類型については、これまで、施行令でそれぞれ3つの事例が列挙されていたが（5条3項1号から3号まで、同条4項1号から3号まで）、右改正により、1つずつ追加され（同条3項新3号、同条4項新4号）、それぞれ4つずつの事例が列挙されることとなった。

新たに追加された事例は、次のとおりである。

○正当な理由がないのに、他の事業者の商品又は役務の生産、供給又は販売に必須の要素への使用又は接近を拒絶し若しくは中断し又は制限する行為（5条3項新3号、他の事業者の事業活動に対する不当な妨害（法3条の2第

1項3号)の事例)

○正当な理由がないのに，新たな競争事業者の商品又は役務の生産，供給又は販売に必須の要素への使用又は接近を拒絶し又は制限する行為（5条4項新3号，新たな競争事業者の参入に対する不当な妨害（法3条の2第1項4号）の事例)

3 大規模内部取引に対する規制対象の拡大

大規模内部取引とは，大規模企業集団のうち施行令に定める基準に該当する企業集団に属する会社（内部取引公示対象会社）が，特殊関係人を相手方とし又は特殊関係人のために行う，施行令に定める規模以上の一定の取引行為をいう（法11条の2第1項）。内部取引公示対象会社は，大規模内部取引をしようとするときは，あらかじめ，取締役会の議決を経た後，これを公示しなければならない（法11条の2第1項）。

本制度は，大規模内部取引についての取締役会の責任の強化と少数株主，債権者等利害関係人による監視機能の強化を目的に[6]，第8次法改正により導入されたものである。

右規定に基づき，第8次法改正後の2000年施行令改正において，右制度の適用を受ける大規模企業集団は，集団に属する国内会社の資産総額の合計額の順位が1位から10位までの企業集団とされた（17条の8第1項）。

韓国独占禁止法においては，大規模企業集団なるものを規定し（法9条1項，令17条1項，4項），これに対して，各種規制を行っているが，これらの規制を受ける大規模企業集団は，本制度導入前は，いずれの規制についても，集団に属する国内会社の資産総額の合計額の順位が1位から30位までに入る大規模企業集団のすべてであった。しかし，本制度導入により，初めて，大規模企業集団の一部のもののみに対する規制が行われることとなったものである。

しかし，2001年施行令改正では，早速これを改め，本制度の適用を受ける大規模企業集団は，同集団に対する他の規制の場合と同様，大規模企業集団のすべてに拡大された（17条の8第1項）。

これは，本制度導入の背景にある財閥内部の不当内部取引の根絶が韓国競争政策における最重要課題の一つであり，これに対する自律的監視機能及び常時

的構造調整システムを強化するためであるとされている[7]。

なお，本改正は，第9次法改正に伴うものではない。

4 届出制度の簡素化

第9次法改正では，経過規定的性格の強かった，既存債務保証の解消について定める法10条の3の規定が削除された。

これに関連して，2001年施行令改正では，債務保証状況の届出について定める20条の2の規定を削除し，本届出は，20条の規定に基づく株式所有状況等の届出の際に併せて行い得るよう，同条の規定が改正された。これは，届出制度の簡素化を図るものである。

また，法10条の3第1項但書の規定に基づく既存債務保証解消時限の延長要件について定めていた17条の7の規定も，法10条の3の規定の削除に伴い削除された。

以上のほか，企業結合の届出等に関する18条2項から6項までの各規定及び企業結合届出代理人の指定等に関する19条1項の規定に，第9次法改正に伴う改正が行われている。

また，15条2項，17条4項，17条の5第1項及び2項，17条の6，21条の3第1項並びに23条の各規定に，法10条の3の規定の削除に関連する改正が行われている。

5 不当な共同行為に対する処分の減免基準

第9次法改正においては，不当な共同行為に対する処分の減免対象者に，これまでも認められてきた事件申告者に加えて，新たに，証拠の提供等の方法により違反行為の調査に協力した者が追加された（法22条の2第1項2号）。これは，事件審査の実効性を確保し円滑な協助を誘導するとともに，不当な共同行為を効果的に監視するためのものである[8]。

右減免の対象者の範囲，基準等については，施行令により定めることとされており（法22条の2第2項），2001年施行令改正では，その内容は，次のとおりとされた（35条）。

① 是正措置の減免対象者（同条1項）

ⓐ 公正取引委員会が，当該不当な共同行為についての情報を入手していないか，又は情報を入手していても充分な証拠を確保することができない状況において，申告し又は調査に協助したものであること（同項1号）。

ⓑ 不当な共同行為であることを立証するにあたり，必要な証拠を最初に提供したものであること（同項2号）。

ⓒ 不当な共同行為に対する調査が完了するときまで，協助したものであること（同項3号）。

ⓓ 当該不当な共同行為の主導的役割を果たしたものではなく，他の事業者に対して，不当な共同行為を強要した事実がないこと（同項4号）。

② 課徴金の減軽又は免除の基準（同条2項）

ⓐ 課徴金額の75パーセント以上の減免（同項1号）

㈎ 公正取引委員会が，当該不当な共同行為についての情報を入手していないか，又は情報を入手していても充分な証拠を確保することができない状況において申告したものであること。

㈏ 前記①のⓑからⓓまでに該当するものであること。

ⓑ 課徴金額の50パーセント以上の減免（同項2号）

㈎ 公正取引委員会が当該不当な共同行為についての充分な証拠を確保することができない状況において，調査に協助したものであること。

㈏ 前記①のⓑからⓓまでに該当するものであること。

ⓒ 課徴金額の50パーセント未満の減軽（同項3号）

㈎ 不当な共同行為の事実を申告し又は調査に協助したものであること。

㈏ 不当な共同行為であることを立証するにあたり，必要な証拠を提供したものであること。

㈐ 前記①のⓒ及びⓓに該当するものであること。

なお，不当な共同行為についての申告者又は協助者に対する課徴金の減免規定は，当初，任意規定とされていたが，関係部処との協議及び法制処審査を経て，強行規定へと変更された[9]。これにより，より活発な申告と円滑な事件調査への協助が期待されている。

6 課徴金制度に関する改正

(1) 国税課税情報要求手続

第9次法改正においては，公正取引委員会が滞納された課徴金を徴収するために必要があると認めるときは，国税庁長に対して，課徴金滞納者についての国税課税に関する情報の提供を求めることができることとされた（法55条の5第4項・新設）。

この規定を受けて，2001年施行令改正では，公正取引委員会は，国税庁長に対して，国税課税に関する情報の提供を求めるときは，一定の書類を添付して書面によりこれを行わなければならず（64条の3第1項），国税庁長は，この要請を受けたときは，特別の事由がない限り，30日以内に，書面によりこれを提供しなければならないこととされた（同条2項）。

(2) 還給加算金の料率

第9次法改正においては，公正取引委員会が異議申立てに対する裁決又は裁判所の判決等の事由により課徴金を還給するときは，課徴金納付日から還給日までの期間について，施行令に定める還給加算金を支給しなければならないこととされた（法55条の6・新設）。

この規定を受けて，2001年施行令改正では，右還給加算金は，還給された課徴金について，金融機関の定期預金の利子率を参酌して，公正取引委員会が告示により定める率を適用して計算した額とすることとされた（64条の4）。これに基づき制定された「還給課徴金についての加算金料率告示」では，右の率は，年6.5パーセントとすることとされた。

7 その他

(1) 施行令は，法2条2号の規定に基づき，その3条において企業集団の範囲について，3条の2において企業集団からの除外についてそれぞれ定めている。

2001年施行令改正においては，これら両条に，公共機関が投資している会社を有する企業集団に関係する等の改正が行われた。

また，大規模企業集団からの除外に関しても，改正が行われた（17条1項4号・削除）。

(2) 施行令8条は，これまで，法違反事実の公表に関する協議について定めていた。

2001年施行令改正では，同条が全文改正され，公正取引委員会が事業者に対して法違反事実の公表を命ずる際の考慮事項及び内容について定める規定に改められた。

なお，本条のみは，他の規定の施行から2ケ月遅れて，2001年6月1日から施行された（附則1条但書）。

このほか，違反行為の調査等に関する55条1項，2項及び3項，56条1項及び2項並びに57条の各規定に，改正が行われている。

（1） ㈳韓国公正去来協会「コンジョンキョンジェン」67号，37頁
（2） 2001年施行令改正時，韓国公正去来委員会発表文
（3） イドンギュ「持株会社制度の効率的運用方向」㈳韓国公正去来協会「コンジョンキョンジェン」61号，12頁
（4） イドンギュ，前掲，12頁
（5） 公正去来委員会公告第2001−1号，2001年2月6日，立法予告　公正去来法施行令改正（案）
（6） 洪復基「韓国独占禁止法の改正案（1999・9・18，立法予告）」（日本語論文）日韓比較法文化研究会，1999年10月20日，於延世大学校，6頁
（7） 2001年施行令改正時発表文，前掲
（8） 韓国公正去来委員会「2001年から変わることとなる公正取引制度」㈳韓国公正去来協会「コンジョンキョンジェン」65号，35頁
（9） ㈳韓国公正去来協会「コンジョンキョンジェン」67号，「公正取引法施行令改正（案）確定」37頁

第3編　韓国独占禁止法の内容

　韓国独占禁止法は，第2編で述べたとおりの沿革を経て今日にいたっており，現行法は，第14章第71条までから成っている。

　同法は，世界各国の独占禁止法のうち，欧米諸国のそれよりも，我が国独占禁止法に極めて近い法体系と構成を有している。したがって，日韓両国独占禁止法の間には，当然のことながら，非常に多くの類似点が存在する。しかし，その一方で，相違点も少なからずあり，これらの相違点は，多くの類似点の中で，より鮮明に浮かび上がってくる。しかも，これらは，その多くが韓国特有の事情を反映したものであり，この点を明らかにすることが，韓国独占禁止法の特徴を探る途でもある。

　以上の点を考慮し，本編では，韓国独占禁止法の各章ごとに，日韓の比較に主眼をおきながら同法について論説し，その特徴を明らかにしていきたいと考える。

　また，論説するにあたっては，単に法制面にとどまらず，法運用の実態にまで踏み込み，日韓両国独占禁止法運用当局のそれぞれの運用姿勢や両国の国情の違いをもみていきたいと考える。

第1章　総　則
第1条（目的）
　　この法律は，事業者の市場支配的地位の濫用と過度の経済力の集中を防止し，不当な共同行為及び不公正取引行為を規制して，公正かつ自由な競争を促進することにより，創意的な企業活動を助長し，消費者を保護するとともに，国民経済の均衡ある発展を図ることを目的とする。
第2条（定義）

第1章 総則

この法律において使用する用語の定義は，次のとおりとする。
一　「事業者」とは，製造業，サービス業，その他の事業を行う者をいう。事業者の利益のために行為をする役員，従業員，代理人その他の者は，事業者団体に関する規定の適用においては，これを事業者とみなす。
一の二　「持株会社」とは，株式（持分を含む。以下同じ。）の所有を通じて，国内の会社の事業内容を支配することを，主たる事業とする会社であって，資産総額が大統領令に定める金額以上である会社をいう。この場合において，主たる事業の基準は，大統領令により定める。
一の三　「子会社」とは，持株会社により，大統領令に定める基準に従い，その事業内容を支配される国内の会社をいう。
二　「企業集団」とは，同一人が次の各目の区分に従い大統領令の定める基準により，事実上その事業内容を支配する会社の集団をいう。
　(1)　同一人が会社である場合，その同一人とその同一人が支配する一以上の会社の集団
　(2)　同一人が会社でない場合，その同一人が支配する二以上の会社の集団
三　「系列会社」とは，二以上の会社が同一の企業集団に属する場合に，これらの会社を相互に相手方の系列会社という。
四　「事業者団体」とは，その形態の如何を問わず，二以上の事業者が共同の利益を増進することを目的として組織した結合体又はその連合体をいう。
五　「役員」とは，理事，代表理事，業務を執行する無限責任社員，監事若しくはこれに準ずる者又は支配人等本店若しくは支店の営業全般を総括的に処理することができる商業使用人をいう。
六　「再販売価格維持行為」とは，事業者が商品又は役務を取引するにあたり，取引の相手方である事業者又は再取引段階別事業者について，取引価格を定めてその価格どおりに販売し若しくは提供し，又はこのために規約その他の拘束条件をつけて取引する行為をいう。
七　「市場支配的事業者」とは，一定の取引分野における供給者又は需要者であって，単独で又は他の事業者と共に，商品又は役務の価格，数量，品質，その他の取引条件を決定し，維持し又は変更することができる市場地位を有する事業者をいう。市場支配的事業者に当たるか否かを判断するにおいては，市場占拠率，参入障壁の有無及びその程度，競争事業者の相対的規模等を総合的に考慮する。ただし，一定の取引分野における年間売上額又は購入額が10億ウォン未満である事業者を除く。

八　「一定の取引分野」とは，取引の客体別，段階別又は地域別に競争関係にあり，又は競争関係が成立し得る分野をいう。

八の二　「競争を実質的に制限する行為」とは，一定の取引分野における競争が減少し，特定の事業者又は事業者集団の意思により，ある程度自由に，価格，数量，品質その他取引条件等の決定に影響が及ぶか，又は及ぶおそれがある状態を招来する行為をいう。

九　「与信」とは，国内金融機関が行う貸出又は会社の債務の保証若しくは引受をいう。

〔論説〕

　韓国独占禁止法第1章総則は，1条・目的及び2条・定義から成っている。我が国独占禁止法第1章総則も，1条・目的及び2条・定義から成っており，この点で，日韓両国独占禁止法は，共通の構成を有している。

　1条・目的は，日韓両国の法律の間に，若干の表現の違いはあるものの，ともに，公正かつ自由な競争の促進を本法の直接目的としており，両者間に実質的相違はない。

　孫珠瓚法学博士（大韓民国学術院会員，延世大学校名誉教授）は，日韓両国の独占禁止法は，ともに競争の促進をその目的とし，公正取引委員会と執行力の強化の方向へ歩みながらも，競争政策の面で，韓国の方がはるかに積極的であったとし，その一例として，経済力抑制制度の一貫した強化や持株会社制度における両者の違いを挙げておられる[1]。筆者も，この点については，まさに同感である。

　一方，和田健夫教授（小樽商科大学）は，産業政策との関連の立場から，両国とも，政府主導の中で驚異的経済発展を遂げはしたが，その一方で，各種の矛盾を露呈させ，今後はより一層の市場秩序の確保が必要であると指摘される[2]。

　第2条は，定義規定である。

　韓国法の定義規定の中から，その特徴的なものを挙げれば，企業集団（2号）及び系列会社（3号）がこれに当たると言える。これらは，韓国経済の特徴である財閥を念頭においたものであり，法律上これを大規模企業集団（9条

1項）と定義し，これに対して特段の規制を行っている。企業集団及び系列会社なる概念は，右の規制に係わるものである。

このほか，韓国独占禁止法の定義規定のうち我が国にないものとして，持株会社（1号の2），子会社（1号の3），再販売価格維持行為（6号），市場支配的事業者（7号），一定の取引分野（8号），競争を実質的に制限する行為（8号の2）及び与信（9号）を挙げることができる。

まず，持株会社及び子会社は，第7次法改正における持株会社容認に伴い規定されたものであり，これらの定義は，我が国の場合と異なり，持株会社に関する実体規定の中ではなく，2条の中で定義されている。

市場支配的事業者は，韓国独占禁止法の特徴の一つでもある市場支配的地位の濫用禁止制度（第2章）において，規制の対象となる事業者である。

一定の取引分野及び競争を実質的に制限する行為は，独占禁止法の核心をなす概念であるが，韓国法は，日本法と異なり，これらを2条の規定の中で定義している。これに関連し，日本法は，競争なる概念を定義しているが（2条4項），これに対しては，競争の概念は，一般的には，独占禁止法上特に定義を必要とする技術概念というより，むしろ，独占禁止法のよって立つ社会的基盤を構成する事実に関する観念であるから，これに対する法的加工を目的とする概念規定を試みるようなことは不必要であったとする有力な批判がある[3]。韓国法には，競争の定義はない。

韓国法は，再販売価格維持行為及び与信についても，2条中に定義規定をおいている。これらのうち与信は，債務保証禁止制度（第6次法改正前は，制限制度）に関するものであり，債務保証制限制度が導入された第3次法改正において設けられた。

（1）　孫珠瓚「独禁法の課題と最近の変遷の特徴―日韓両国の比較法的考察―」（日本語論文）日韓比較法文化研究会報告『東アジア文化と近代法』176頁
（2）　和田健夫「日韓における構造改善と法」日韓比較法文化研究会報告『経済発展と法意識・法制度の相互関係の研究』13頁
（3）　今村成和，法律学全集『独占禁止法（新版）』45頁

第2章　市場支配的地位の濫用禁止

第3条（独寡占的市場構造の改善等）

① 公正取引委員会は，独寡占的市場構造が長期間維持されている商品若しくは役務の供給又は需要市場について，競争を促進するための施策を作成し，施行しなければならない。

② 公正取引委員会は，前項の規定に基づく施策を推進するために必要があるときは，関係行政機関の長に，競争の導入その他市場構造の改善等に関して必要な意見を提示することができる。

③ 公正取引委員会は，第1項の規定による施策を作成し推進するため，市場構造を調査し，その結果を公表する。

④ 公正取引委員会は，事業者に対して，前項の規定に基づく市場構造の調査及び公表をするため，必要な資料の提出を求めることができる。

⑤ 公正取引委員会は，第3項及び前項の事務を，大統領令の定めるところにより，他の機関に委託することができる。

第3条の2（市場支配的地位の濫用禁止）

① 市場支配的事業者は，次の各号の一に該当する行為（以下「濫用行為」という。）をしてはならない。

　一　商品の価格又は役務の代価（以下「価格」という。）を不当に決定し，維持し又は変更する行為

　二　商品の販売又は役務の提供を不当に調節する行為

　三　他の事業者の事業活動を不当に妨害する行為

　四　新たな競争事業者の参入を不当に妨害する行為

　五　不当に競争事業者を排除するために取引し，又は消費者の利益を著しく阻害するおそれがある行為

② 濫用行為の類型又は基準は，大統領令により定めることができる。

第4条（市場支配的事業者の推定）

　一定の取引分野において，市場占拠率が次の各号の一に該当する事業者は，第2条（定義）第7号の市場支配的事業者であると推定する。

　一　一の事業者の市場占拠率が，100分の50以上であること。

　二　三以内の事業者の市場占拠率の合計が，100分の75以上であること。ただし，この場合において，市場占拠率が100分の10未満の者は，これを除く。

第5条（是正措置）

　公正取引委員会は，第3条の2（市場支配的地位の濫用禁止）の規定に違反する

行為があるときは，当該市場支配的事業者に対して，価格の引下げ，当該行為の中止，法違反事実の公表その他是正するために必要な措置を命ずることができる。
第6条（課徴金）
　公正取引委員会は，市場支配的事業者が第3条の2（市場支配的地位の濫用禁止）各号の濫用行為をしたときは，当該事業者に対して，大統領令に定める売上額（大統領令に定める事業者の場合には，営業収益をいう。以下同じ。）に100分の3を乗じて得た額を超えない範囲において，課徴金を賦課することができる。ただし，売上額がないとき，又は売上額の算定が困難な場合であって，大統領令に定めるとき（以下「売上額がない場合等」という。）は，10億ウォンを超えない範囲において，課徴金を賦課することができる。

〔論説〕
(1)　市場支配的地位の濫用規制制度は，我が国独占禁止法における私的独占の禁止規定（2条5項，3条前段）に類似する。市場支配的地位の濫用規制，カルテル規制及び不公正な取引行為規制の，いわゆる独占禁止法における禁止行為の3本柱と言われるものの中で，後2者は，日韓両国独占禁止法の間にさほど大きな違いはみられない。しかし，市場支配的地位の濫用規制には，かなりの違いが認められる。詳細は後述するが，その違いを一言で言えば，我が国独占禁止法における私的独占禁止規定が概括的・抽象的であるのに対し，韓国独占禁止法における市場支配的地位の濫用禁止規定は，その規制対象及び規制行為がかなり具体的である点である。この点は，韓国独占禁止法における制定当初からの特徴であり[(1)]，筆者の印象では，韓国では，独占禁止法制定に際し，我が国独占禁止法を参考としつつも，その中で運用事例の多くない私的独占の禁止については，その内容が概括的・抽象的にすぎ，有効に機能しないと考え，右市場支配的地位の濫用禁止規定（原始独占禁止法3条）を採用したものと考えられる。
(2)　韓国独占禁止法は，まず規制の対象となる事業者を市場支配的事業者として定義する（2条7号）。現2条7号の定義規定は，第7次法改正によるものであり，それ以前の定義に比し，規定の内容が幾分弾力化された。第7次法改正前は，市場支配的事業者の定義につき，市場占拠率，出荷額等による明確な数量的基準をおき（法2条旧7号，令旧4条），これに当たる事業者を，公正

取引委員会が毎年指定し告示することとされていた（法旧4条，令旧7条）。しかし，旧規定では，①地域的独寡占業者や需要面での独寡占業者を規制することが困難であること[2]，及び②市場支配的事業者の指定及び告示は，これを行うために事業者側が資料提出する際の負担及び行政側のコストが大きすぎることを理由に，右法改正が行われたのである[3]。

現規定は，市場支配的事業者を次のとおり定義する。

市場支配的事業者とは，一定の取引分野における供給者又は需要者であって，単独で又は他の事業者と共に，商品又は役務の価格，数量，品質，その他の取引条件を決定し，維持し又は変更することができる市場地位を有する事業者をいう（法2条7号柱書）。また，市場支配的事業者に当たるか否かを判断するに際しては，市場占拠率，参入障壁の有無及びその程度，競争事業者の相対的規模等が総合的に判断される（同号柱書）。但し，一定の取引分野における年間売上額又は購入額が10億ウォン未満の事業者は，除外される（同号但書）。

このように，現定義規定は，一見弾力的であるかのようには見えるが，その一方で，市場支配的事業者について，数量的基準による推定規定をおいており（法4条），同事業者の定義は，旧規定よりは若干弾力的になったという程度であろう。右推定規定によれば，①市場占拠率50パーセント以上の事業者，又は②市場占拠率上位3社合計75パーセント以上に該当する事業者（但し，10パーセント未満の事業者を除く。）は，市場支配的事業者と推定される。

我が国独占禁止法における私的独占の禁止規定には，規制の対象となる事業者に制約はない。要すれば，他の事業者の事業活動に対する支配又は排除を行い，これにより，競争制限を生じさせれば，いかなる事業者であろうとも，規制の対象となる。

以上のとおり，規制の対象となる事業者については，我が国の私的独占の禁止規定には制約がないのに対し，韓国の市場支配的地位の濫用規制には，かなり明確な基準が存在する。

(3) 韓国独占禁止法において市場支配的事業者は，その地位の濫用行為をすることが禁止される（法3条の2第1項）。濫用行為の内容は，法に具体的に列挙されており（同項各号），その内容については，これまで若干の改正はあったものの，基本的には，原始独占禁止法以来，大きな変更はない[4]。これら濫

用行為の内容は，次のとおりである（法3条の2第1項）。
① 価格の不当な決定，維持又は変更（同項1号）
② 供給量の不当な調節（同項2号）
③ 他の事業者の事業活動に対する不当な妨害（同項3号）
④ 競争事業者の新規参入の不当な妨害（同項4号）
⑤ 競争事業者の不当な排除又は消費者利益の顕著な阻害（同項5号）

韓国独占禁止法制では，右各濫用行為につき，更に施行令でその具体的内容を定めている（令5条）。それによれば，これらの内容は，正当な理由なく又は不当に次の行為をすることとされている。
① 価格の不当な決定，維持又は変更
　　価格を需給の変動又は供給に必要な費用の変動に比して，著しく上昇させ又は僅少に下落させる場合（同条1項）
② 供給量の不当な調節
　イ　最近の趨勢に比して，供給量を著しく減少させる場合（同条2項1号）
　ロ　流通段階において供給不足があるにもかかわらず，供給量を減少させる場合（同項2号）
③ 他の事業者の事業活動に対する不当な妨害
　イ　他の事業者の生産活動に必要な原材料の購入を妨害する場合（同条3項1号）
　ロ　過度の経済上の利益を提供し又は提供することを約束して，他の事業者の事業活動に必須の人力を採用する場合（同項2号）
　ハ　他の事業者の商品又は役務の生産，供給又は販売に必須の要素への使用又は接近を拒絶し若しくは中断し又は制限する場合（同項3号）
　ニ　右イ，ロ及びハ以外の不当な妨害行為であって，公正取引委員会が指定するもの（同項3号）
④ 競争事業者の新規参入の不当な妨害
　イ　流通業者と排他的取引契約を締結する場合（同条4項1号）
　ロ　既存事業者の継続的事業活動に必要な権利等を購入する場合（同項2号）

ハ　新たな競争事業者の商品又は役務の生産，供給又は販売に必須の要素への使用又は接近を拒絶し又は制限する場合（同項3号）
　　　ニ　右イ，ロ及びハ以外の新規参入妨害行為であって，公正取引委員会が指定するもの（同項4号）
　⑤　競争事業者の不当な排除
　　　イ　通常の取引価格に比して，低い対価で供給し又は高い対価で購入する場合（同条5項1号）
　　　ロ　取引の相手方が競争事業者と取引しないことを条件に，その取引の相手方と取引する場合（同項2号）

　このように，韓国独占禁止法は，市場支配的事業者の規制対象となる行為内容につき，極めて詳細に定めている。この点は，我が国独占禁止法における私的独占の禁止規定が，支配又は排除の手段につきいかなる方法を以てするかを問わないとしている（法2条5項）のと比較して，大きな相違点であるということができる。

　また，違法性の基準については，我が国の私的独占が一定の取引分野における競争の実質的制限を要件とするのに対し，韓国の市場支配的地位の濫用行為には，右にみたとおり，これが要件となっていない。

　(4)　以上の相違点を念頭におきつつ，日韓両国独占禁止法の運用状況を比較すれば，次のとおりである。

　我が国独占禁止法において私的独占の審決件数は，法制定以降平成11年度末（2000年3月末）までの半世紀余りの間に，計11件である。平成8年度以降は，毎年審決事件があり，運用がやや活発化してきているとは言え，昭和48年度から平成7年度までの20年以上の間は，審決は皆無であった[5]。

　一方，韓国独占禁止法において市場支配的地位の濫用行為事件数（法的措置）[6]は，法制定以降1999年末までの約20年の間に，計24件である[7]。これらの事件（右24件のほかに，警告事件5件を含む29件）を行為類型別にみれば[8]，価格の濫用（法3条の2第1項1号）が3件，供給量の不当な調節（同項2号）が3件，他の事業者の事業活動の妨害（同項3号）が19件，新規参入の妨害（同項4号）が2件，その他消費者利益の阻害（同項5号）が2件である[9]。このように，違反行為の類型では，他の事業者の事業活動の妨害が圧倒的に多い。

第2章　市場支配的地位の濫用禁止

　ところで，自由経済社会においては，価格に対する介入は，厳に慎まなければならず，独占禁止法も，この考え方に立脚し，市場メカニズムを最大限に発揮させることを，その使命とする。この立場からすれば，価格に関して，その決定等を濫用行為とする法3条の2第1項1号の規定自体に必ずしも同意しかねる面もあるが，それはさておき，その運用が注目されるところである。これの具体的内容は，既に述べたとおり，施行令5条1項に規定されているが，価格の濫用とされた右3件は，いずれもかなり以前の事件であって，最近では，運用事例がない。

　(5)　韓国独占禁止法は，市場支配的地位に関してこれの濫用禁止のほかに，独寡占的市場構造改善のための規定をおいている（法3条）。これは，第5次法改正により導入されたものであり，独寡占的市場構造の形成・強化がなされないよう[10]，公正取引委員会にしかるべき施策を講じさせることを内容としている。右規定は，第7次法改正において，独寡占的市場構造についての資料を公にして研究の用に供するとともに，併せて，これら市場に対する市民的監視機能を持たせようとの意図の下[11]に，改正が行われた（法3条3項から5項まで追加）。一方，我が国独占禁止法には，これに対応するような規定はない。

　韓国の全産業について，これを集中型（上位3社占有率50パーセント以上）又は競争型（上位3社占有率50パーセント未満）に分けてみたとき，前者の比率は，1981年87.8パーセント，90年80.9パーセント，95年71.6パーセントとなっており[12]，市場構造は，徐々に改善されてきてはいるものの，依然集中度は高い状態にあると言わなければならない。したがって，我が国にはない独寡占的市場構造の改善に関する規定が独占禁止法に導入された背景には，右の事情があったものとみることができる。

　(6)　韓国独占禁止法上，市場支配的事業者によるその地位の濫用行為に対しては，是正措置が命じられる（法5条）。その内容は，価格の引下げ，当該行為の中止，法違反事実の公表等とされており，これらの中で，特に価格の引下命令が注目される。我が国において価格の引下命令は，昭和52年の独占禁止法改正にいたる過程で，カルテルに対する規制手段の一つとして検討されたことはあったが，市場メカニズムに対する介入であるとして反対論が多く，結局採用されるところとはならなかった。韓国では，日本と異なり，価格の引下げを

命じ得るが，前述したように，価格の濫用とされた事件がほとんどないこと等を考慮すれば，価格の引下命令は，規定上はあるものの，その運用は，極めて抑制的であるとみてよいであろう。

　市場支配的事業者の地位濫用行為に対しては，是正措置のほか，課徴金が賦課される。我が国独占禁止法において課徴金は，価格カルテル又は数量カルテルのうち対価に影響のあるものに対してのみ課され（法7条の2），その性格は，国が不当利得を徴収する行政上の措置であって，賦課するにあたり，裁量は許されない[13]。これに対して，韓国では，日本のように特定の違反行為に限ることなく，独占禁止法違反の多くの行為に対して課され，その性格も，裁量の許される行政制裁的措置であるとされる[14]。このように，両国の課徴金制度には，その性格に違いがみられ，韓国の方が市場メカニズムに対して介入的であると言うべきであろう。市場支配的事業者の濫用行為に対しては，これまで5件の事件で課徴金が賦課されている[15]。

（1）　拙稿「韓国における独占禁止法の改正について」商事法務，903号，22頁
　　　なお，右拙稿では，独占禁止法の制定（1980年）につき，「改正」の語を用いているが，これは，①同法の制定がその附則2条に規定するように1975年制定の「物価安定及び公正取引に関する法律」の改正という手続を採ったこと，及び②当時一般に1980年法の制定を1975年法の改正とみていたことによる。
　　　言うまでもなく，韓国における独占禁止法制の本格的導入は，1980年法の制定によるとみるのが今日の通説となっており，韓国公正取引委員会をはじめとして，韓国内の諸説も，すべてこの立場にある。
（2）　イビョンジュ「公正取引法改正主要内容」㈳韓国公正競争協会「コンジョンキョンジェン」41号，25頁
（3）　韓国公正去来委員会，第7次法改正時「公正去来法改正案」1998年10月28日，4頁
（4）　拙稿「韓国における独占禁止法の改正について」前掲，22頁
（5）　我が国公正取引委員会，平成12年度独占禁止白書，附属資料47頁
（6）　韓国公正取引委員会が公表する統計数値において違反事件に関するものは，通常警告件数も含むが，ここでは，我が国の私的独占の審決件数と比較するため，警告を除く件数を記載する。したがって，これに含まれるものは，告発，是正命令，課徴金及び是正勧告の4種であるが，市場支配的地位の濫用行為事

件において，告発は，これまで運用事例がない。
(7) 韓国公正去来委員会「公正去来白書2000年版」540頁
(8) 警告を除く24件については，行為類型別統計数値がないため，警告を含む29件について検討する。
(9) 「公正去来白書2000年版」前掲，540頁
(10) ㈳韓国公正競争協会「公正協会報」17号，2頁
(11) 韓国公正去来委員会，第7次法改正時「公正去来法改正案」前掲，4頁。イビョンジュ「公正取引法改正主要内容」前掲，25頁
(12) 韓国公正去来委員会「公正去来白書1998年版」89頁
(13) 『改正独占禁止法の知識』公正取引委員会事務局編（相場照美担当部分），29頁他多数
(14) 洪復基延世大学校教授によれば，韓国独占禁止法における課徴金制度の法的性格については，不当利得還収説，行政制裁説，不当利得還収及び行政罰則的性格をすべて有するとする折衷説が対立しているが，同教授は，本制度には①課徴金賦課における参酌事由が列挙されていること（法55条の3），②賦課及び金額算定にあたり，裁量が許されていることを理由に，法の実効性確保のための制度として，行政制裁の性格を有する行政上の措置であるとされる（洪復基（中山武憲訳）「韓国独占禁止法における課徴金制度」北大法学論集50巻2号，137頁）。
(15) 「公正去来白書2000年版」前掲，523頁

第3章　企業結合の制限及び経済力集中の抑制

第7条（企業結合の制限）
① 何人も，直接又は大統領令に定める特殊な関係にある者（以下「特殊関係人」という。）を通じて，次の各号の一に該当する行為（以下「企業結合」という。）であって，一定の取引分野における競争を実質的に制限する行為をしてはならない。ただし，資産総額又は売上額の規模（系列会社の資産総額又は売上額を合計した規模をいう。）が大統領令に定める規模に該当する会社（以下「大規模会社」という。）でない者が，第2号に該当する行為をするときは，この限りでない。
一　他の会社の株式の取得又は所有
二　役員又は従業員（継続して会社の業務に従事する者であって，役員以外の者をいう。以下同じ。）による他の会社の役員の地位の兼任（以下「役員兼任」という。）

三　他の会社との合併
四　他の会社の営業の全部若しくは主要部分の譲受若しくは賃借，経営の受任又は他の会社の営業用固定資産の全部若しくは主要部分の譲受（以下「営業の譲受」という。）
五　新たな会社の設立への参加。ただし，次の各目の一に該当する場合は，これを除く。
　　(1)　特殊関係人（大統領令に定める者を除く。）でない者が参加しないとき。
　　(2)　商法第530条の2（会社の分割及び分割合併）第1項の規定により，分割による会社設立に参加するとき。
② 次の各号の一に該当すると公正取引委員会が認める企業結合については，前項の規定を適用しない。この場合において，該当要件を満たすか否かの立証は，当該事業者がしなければならない。
　一　当該企業結合以外の方法によっては達成することが困難な効率性の増大効果が，競争制限による弊害より大きいとき。
　二　相当期間，貸借対照表上の資本の総計が，払込資本金より少ない状態にある等，回生不可能な会社との企業結合であって，大統領令に定める要件に該当するとき。
③ 何人も，強要その他不公正な方法により企業結合をしてはならない。
④ 企業結合が次の各号の一に該当するときは，一定の取引分野における競争が実質的に制限されるものと推定する。
　一　企業結合の当事会社の市場占拠率（系列会社の市場占拠率を合計した占拠率をいう。以下，この条において同じ。）の合計が，次の各目の要件をすべて満たす場合
　　(1)　市場占拠率の合計が，市場支配的事業者の推定要件に該当することとなるとき。
　　(2)　市場占拠率の合計が，当該取引分野において，第1位となるとき。
　　(3)　市場占拠率の合計と，市場占拠率が第2位である会社（当事会社を除く会社のうち，第1位である会社をいう。）の市場占拠率との差異が，その市場占拠率の合計の100分の25以上となるとき。
　二　大規模会社が，直接又は特殊関係人を通じて行う企業結合が，次の各目の要件をすべて満たす場合
　　(1)　中小企業基本法に基づく中小企業の市場占拠率が，合わせて3分の2以上である取引分野における企業結合であるとき。
　　(2)　当該企業結合により，100分の5以上の市場占拠率を有することとなるとき。

⑤　第1項に規定する一定の取引分野における競争を実質的に制限する企業結合，第2項の規定により第1項の規定を適用しない企業結合及び第3項に規定する強要その他不公正な方法による企業結合に関する基準は，公正取引委員会が定めて，これを告示することができる。

第7条の2（株式の取得又は所有の基準）

　　この法律の規定に基づく株式の取得又は所有関係は，取得又は所有の名義と係わりなく，実質的所有関係を基準に判断する。

第8条（持株会社の設立及び転換の届出）

　　持株会社を設立し又は持株会社に転換した者は，大統領令の定めるところにより，公正取引委員会に届出をしなければならない。

第8条の2（持株会社の行為の制限等）

① 持株会社は，次の各号の行為をしてはならない。

　一　資本総額（資産総額から負債額を差し引いた額をいう。以下同じ。）を超える負債額を保有する行為。ただし，会社が資産の全部又は一部を他の会社に現物出資し持株会社に転換する場合，及び商法第530条の2（会社の分割及び分割合併）又は第530条の12（物的分割）の規定による会社の分割，分割合併又は物的分割により，持株会社に転換し又はこれを設立する場合は，その転換し又は設立した日から1年間は，資本総額を超える負債額を保有することができる。

　二　子会社の株式を，当該子会社の発行済株式総数の100分の50〔当該子会社が，証券取引法の規定による株式上場法人又は協会登録法人である場合は，100分の30，ベンチャー企業育成に関する特別措置法第2条第1項の規定によるベンチャー企業（以下「ベンチャー企業」という。）を子会社とする持株会社であって大統領令に定める基準に該当するものの子会社である場合は，100分の20〕未満所有する行為。ただし，会社が資産の全部又は一部を他の会社に現物出資し持株会社に転換する場合，及び商法第530条の2（会社の分割及び分割合併）又は第530条の12（物的分割）の規定による会社の分割，分割合併又は物的分割により持株会社に転換し又はこれを設立する場合であって，その転換し又は設立する日において，子会社の株式を所有しているときは，持株会社に転換し又はこれを設立した日から2年間は，例外とする。

　三　子会社でない国内の会社の株式を，大統領令に定める支配目的として所有する行為。ただし，会社が資産の全部又は一部を他の会社に現物出資し持株会社に転換する場合，及び商法第530条の2（会社の分割及び分割合併）又は第530条の12（物的分割）の規定による会社の分割，分割合併又は物的分割により持株会社に

転換し又はこれを設立する場合であって，その転換し又は設立した日において，他の国内の会社の株式を所有しているときは，持株会社に転換し又はこれを設立した日から２年間は，当該国内の会社が発行した株式を所有することができる。
四　金融業又は保険業を営む子会社の株式を所有する持株会社・(以下「金融持株会社」という。)である場合，金融業又は保険業を営む会社（金融業又は保険業と密接な関連がある等大統領令に定める基準に該当する会社を含む。）でない国内の会社の株式を所有する行為
五　金融持株会社でない持株会社（以下「一般持株会社」という。）である場合，金融業又は保険業を営む国内の会社の株式を所有する行為
②　一般持株会社の子会社は，他の国内の会社（当該子会社の事業内容と密接な関連がある等大統領令に定める基準に該当する会社，及び当該子会社を支配する一般持株会社の他の子会社を除く。）の株式を，大統領令に定める支配目的で所有してはならない。ただし，当該子会社が，一般持株会社の子会社となるときに所有していた他の国内の会社の株式（新株引受権の行使又は株式配当により取得する株式を含む。）は，その子会社となった日から２年間は，これを所有することができる。
③　持株会社は，大統領令の定めるところにより，当該持株会社及び子会社の株式所有状況，財務状況等事業内容に関する報告書を，公正取引委員会に提出しなければならない。

第８条の３（債務保証制限大規模企業集団の持株会社の設立制限）

　　第14条（大規模企業集団の指定等）第１項の規定により指定された債務保証制限大規模企業集団に属する会社を支配する同一人又は当該同一人の特殊関係人が，持株会社を設立しようとし，又は持株会社に転換しようとするときは，第10条の３（既存債務保証の解消）の規定による既存債務保証であって，次の各号の一に該当する債務保証を解消しなければならない。
一　持株会社及び子会社間の債務保証
二　持株会社及び他の国内の系列会社（当該持株会社が支配する子会社を除く。）間の債務保証
三　子会社相互間の債務保証
四　子会社及び他の国内の系列会社（当該子会社を支配する持株会社及び当該持株会社が支配する他の子会社を除く。）間の債務保証

第９条（相互出資の禁止等）

①　一定規模以上の資産総額等大統領令の定める基準に該当する企業集団（以下「大規模企業集団」という。）に属する会社は，自己の株式を取得し又は所有している

系列会社の株式を取得し又は所有してはならない。ただし，次の各号の一に該当する場合は，この限りでない。
　一　会社の合併又は営業の全部の譲受
　二　担保権の行使又は代物弁済の受領
② 　第 1 項但書の規定により出資した会社は，当該株式を取得し又は所有した日から 6 カ月以内に，これを処分しなければならない。ただし，自己の株式を取得し又は所有している系列会社がその株式を処分したときは，この限りでない。
③ 　大規模企業集団に属する会社であって，中小企業創業支援法に基づく中小企業創業投資会社は，国内の系列会社の株式を取得し又は所有してはならない。

第10条（出資総額の制限）
① 　大規模企業集団に属する会社（金融業又は保険業を営む会社及び持株会社を除く。以下，この条において同じ。）は，当該会社の純資産額に100分の25を乗じて得た額（以下「出資限度額」という。）を超えて，他の国内会社の株式を取得し又は所有してはならない。ただし，次の各号の一に該当する場合は，この限りでない。
　一　取得し又は所有している株式に対する新株の配当又は株式配当により新株を取得し又は所有する場合。ただし，取得し又は所有した日から 2 年以内に限る。
　二　担保権の行使又は代物弁済の受領により株式を取得し又は所有する場合。ただし，取得し又は所有した日から 6 月以内に限る。
　三　社会間接資本施設に対する民間投資法第 4 条（民間投資事業の推進方式）第 1 号又は第 2 号の規定に基づく方式により民間投資事業を営む会社の株式を取得し又は所有する場合。ただし，取得し又は所有した日から20年以内とし，当該民間投資事業の工事期間及び無償使用期間を合わせて20年を超える場合等公正取引委員会が必要であると認めるときは，10年以内の範囲において，これを延長することができる。
　四　企業の競争力を強化するための構造改善（以下「企業構造調整」という。），外国人による投資の誘致又は中小企業との技術協力を行うため株式を取得し又は所有する場合であって，大統領令に定める要件に該当すると公正取引委員会が認めるとき。ただし，取得し又は所有した日から 5 年以内の範囲であって，大統領令に定める期間とし，公正取引委員会が必要であると認めるときは， 3 年以内の範囲において，これを延長することができる。
　五　持株会社となるために，又は持株会社であった者が持株会社でなくなるために，株式を取得し，所有し若しくは処分し又は資産を減少させ若しくは増加させることにより，出資限度額を超えて株式を取得し又は所有することとなる場合であっ

て，大統領令に定める要件に該当するとき。ただし，取得し又は所有した日から当該事業年度の終了日までとし，持株会社又は持株会社でない会社への転換に相当の期間を要する場合であって，正当な理由があるときは，公正取引委員会は，翌事業年度の終了日まで，その期間を延長することができる。
② 前項本文の規定にいう純資産額は，次の各号の方法により算定した額とする。
　一　最終事業年度の貸借対照表に表示された資本の総計から，最終事業年度終了日現在の当該会社に対する系列会社の出資額（所有株式数に1株当たりの額面価額を乗じて得た額をいう。以下，この項において同じ。）を控除した額
　二　新たに設立された会社であって最終事業年度の貸借対照表がない場合は，設立時における払込資本金額から当該会社に対する系列会社の出資額を控除した額
　三　前2号の場合において，最終事業年度終了日又は会社の設立日以降に，新株の発行，合併又は転換社債の転換により資本の総計が増加したときは，その増加した資本の総計から当該会社に対する系列会社の出資額を控除した額
③ 第1項本文の規定において，取得し又は所有した株式の価額は，取得時における価格を基準に算定する。
④ 第1項の規定を適用するにあたり，会社の純資産額が減少して（自己株式の取得により純資産額が減少する場合を除く。以下同じ。），出資限度額を超過し又は既に超過した額が増加する場合は，純資産額が減少した日から2年間は，次の各号のいずれか少ない額を出資限度額とみなす。その期間が経過した後，会社の純資産額が更に減少した場合もまた同様とする。
　一　純資産額が減少した日の他の国内会社に対する出資総額
　二　純資産額が減少する直前に算定される出資限度額
⑤ 第2項第3号の規定において，純資産額が増加することにより，出資限度額が前項において出資限度額とみなす額を超えるときは，前項の規定を適用しない。

第10条の2（系列会社に対する債務保証の禁止）
① 大規模企業集団のうち大統領令に定める基準に該当する企業集団（以下「債務保証制限大規模企業集団」という。）に属する会社（金融業又は保険業を営む会社を除く。以下同じ。）は，国内の系列会社に対して，債務保証をしてはならない。ただし，次の各号の一に該当する債務保証については，この限りでない。
　一　工業発展法又は租税減免規制法に基づく合理化計画若しくは合理化基準に従い引き受けられる会社の債務と関連して行う保証
　二　〈削除〉
　三　企業の国際競争力強化のために必要な場合，その他大統領令に定めるところに

よる債務に対する保証
② 前項において「債務保証」とは，次の各号の一に該当する国内金融機関の与信に関連して，債務保証制限大規模企業集団に属する会社が国内の系列会社に対して行う保証をいう。
　一　銀行法に基づく金融機関並びに韓国産業銀行，韓国輸出入銀行，長期信用銀行及び中小企業銀行
　二　〈削除〉
　三　保険業法に基づく保険会社
　四　証券取引法に基づく証券会社
　五　総合金融会社に関する法律に基づく総合金融会社
　六　その他大統領令に定める金融機関

第10条の3（既存債務保証の解消）
〈削除〉

第11条（金融又は保険会社の議決権の制限）
　　大規模企業集団に属する会社であって，金融業又は保険業を営む会社は，取得し又は所有している国内の系列会社の株式について議決権を行使することはできない。ただし，金融業又は保険業を営む会社が，金融業若しくは保険業を営むために，又は保険資産の効率的な運用若しくは管理をするために，関連法令に基づく承認等を得て株式を取得し若しくは所有する場合は，この限りでない。

第11条の2（大規模内部取引についての取締役会の議決及び公示）
① 大規模企業集団のうち大統領令に定める基準に該当する企業集団に属する会社（以下「内部取引公示対象会社」という。）は，特殊関係人を相手方とし又は特殊関係人のために，大統領令に定める規模以上の次の各号の一に該当する取引行為（以下「大規模内部取引」という。）をしようとするときは，あらかじめ，取締役会の議決を経た後，これを公示しなければならない。第2項の規定にいう主要内容を変更しようとするときもまた同様とする。
　一　仮払金，貸与金等の資金を提供し又は取引する行為
　二　株式，会社債等の有価証券を提供し又は取引する行為
　三　不動産，無体財産権等の資産を提供し又は取引する行為
② 内部取引公示対象会社は，前項の規定により公示をするにあたり，取引の目的，相手方，規模及び条件等大統領令に定める主要内容をこれに含めなければならない。
③ 公正取引委員会は，第1項の規定による公示と関連する業務を，証券取引法第186条（上場法人の届出，公示義務等）の規定による届出受理機関に委託すること

ができる。この場合において，公示の方法，手続その他必要な事項は，公示と関連する業務の委託を受けた届出受理機関との協議を経て，公正取引委員会がこれを定める。

④　金融業又は保険業を営む内部取引公示対象会社は，約款に従い定型化された取引であって，大統領令に定める基準に該当する取引行為をしようとするときは，第1項の規定にかかわらず，取締役会の議決を経ずに，これをすることができる。ただし，その取引内容は，これを公示しなければならない。

第12条（企業結合の届出）

①　資産総額若しくは売上額の規模（系列会社の資産総額若しくは売上額を合計した規模をいう。）が大統領令に定める基準に該当する会社（第2号に該当する企業結合をするときは，大規模会社に限り，以下，この条において「企業結合届出対象会社」という。）又は企業結合届出対象会社の特殊関係人は，次の各号の一に該当する企業結合をしようとするときは，大統領令の定めるところにより，公正取引委員会に届出をしなければならない。企業結合届出対象会社以外の会社が，企業結合届出対象会社に対して，次の各号の一に該当する企業結合をしようとするときもまた同様とする。

一　他の会社の発行済株式総数〔商法第370条（議決権のない株式）に規定する議決権のない株式を除く。以下同じ。〕の100分の20（証券取引法の規定による株式上場法人又は協会登録法人の場合には，100分の15）以上を所有することとなる場合

二　役員兼任の場合

三　第7条（企業結合の制限）第1項第3号又は第4号に該当する行為をする場合

四　新たに設立される会社の株式の100分の20以上を引き受ける場合

②　前項の規定にかかわらず，次の各号の一に該当する企業結合であって，同項第1号又は第4号の規定に該当する場合は，届出の対象からこれを除外する。

一　中小企業創業支援法第2条第4号又は第5号の中小企業創業投資会社又は中小企業創業投資組合が，同条第2号の創業者又はベンチャー企業と企業結合をする場合

二　与信専門金融業法第41条（適用範囲）第1項又は第3項の新技術事業金融業者又は新技術事業投資組合が，新技術事業金融支援に関する法律第2条第1号の新技術事業者と企業結合をする場合

③　第1項の規定は，関係行政機関の長が，他の法律の規定に基づき，あらかじめ，当該企業結合に関して，公正取引委員会に協議する場合には，これを適用しない。

第3章　企業結合の制限及び経済力集中の抑制

④　第1項第1号及び第4号に規定する株式の所有又は引受の比率を算定するにあたっては，当該会社の特殊関係人が所有している株式を合計する。
⑤　第1項の規定による企業結合の届出は，当該企業結合の日から30日以内に，これをしなければならない。ただし，第1項第3号又は第4号に規定する企業結合であって，企業結合の当事会社のうち1以上の会社が，大規模会社である場合には，それぞれ，合併契約の締結，営業譲受契約の締結又は会社設立への参加についての株主総会（又はこれに代わる取締役会）の議決があった日から30日以内に，これを届け出なければならない。
⑥　前項但書の規定により届出をしなければならない者は，届出後，30日が経過するときまで，それぞれ，合併登記若しくは営業譲受契約の履行行為又は株式引受行為をしてはならない。ただし，公正取引委員会が必要であると認めるときは，この期間を短縮し，又はこの期間の満了の日の翌日から起算して60日を超えない範囲において，この期間を延長することができる。
⑦　第7条（企業結合の制限）第1項に規定する企業結合をしようとする者は，第5項に規定する届出期間前であっても，当該行為が競争を実質的に制限する行為に該当するか否かについて，公正取引委員会に審査を求めることができる。
⑧　公正取引委員会は，前項の規定により審査の要請を受けたときは，30日以内にこれを審査し，その結果を審査の要請をした者に通知しなければならない。ただし，公正取引委員会が必要であると認めるときは，その期間の満了の日の翌日から起算して60日を超えない範囲において，この期間を延長することができる。
⑨　第1項の規定による届出義務者が2以上である場合は，各届出義務者が共同して届出をしなければならない。ただし，公正取引委員会が，大統領令の定めるところにより，届出義務者が所属する企業集団に属する会社のうち，一の会社を企業結合届出代理人（以下，この条において「代理人」という。）として定めて，この代理人が届出する場合は，この限りでない。

第13条（株式所有状況等の届出）
①　大規模企業集団に属する会社は，大統領令の定めるところにより，当該会社の株主の株式所有状況，財務状況及び他の国内会社の株式の所有状況を，公正取引委員会に届け出なければならない。
②　債務保証制限大規模企業集団に属する会社は，大統領令の定めるところにより，国内の系列会社に対する債務保証状況を，国内の金融機関の確認を受けて公正取引委員会に届け出なければならない。
③　第12条（企業結合の届出）第9項但書の規定は，第1項及び第2項の届出に関し

て，これを準用する。

第14条（大規模企業集団の指定等）

① 公正取引委員会は，大統領令の定めるところにより，大規模企業集団及び債務保証制限大規模企業集団を指定し，当該企業集団に属する会社にこれを通知しなければならない。

② 第9条（相互出資の禁止等）から第11条（金融又は保険会社の議決権の制限）まで及び第13条（株式所有状況等の届出）の規定は，前項の規定による通知を受けた日から適用する。

③ 前項の規定にかかわらず，第1項の規定により大規模企業集団に指定され同企業集団に属する会社である旨の通知を受けた会社，又は第14条の2（系列会社の編入及び除外等）第1項の規定により大規模企業集団の系列会社に編入され同企業集団に属する会社である旨の通知を受けた会社が，通知を受けた日において，第9条（相互出資の禁止等）第1項若しくは第3項，第10条（出資総額の制限）第1項又は第10条の2（系列会社に対する債務保証の禁止）第1項の規定に違反しているときは，次各号の区分による。

一 第9条（相互出資の禁止等）第1項又は第3項の規定に違反している場合〔取得し又は所有する株式を発行する会社が新たに系列会社に編入され，第9条（相互出資の禁止等）第3項の規定に違反することとなる場合を含む。〕は，指定の日又は編入の日から1年間は，同項の規定を適用しない。

二 第10条（出資総額の制限）第1項の規定に違反している場合は，指定の日又は編入の日から1年間は，指定の日又は編入の日の出資総額を出資限度額とみなす。ただし，純資産額が増加して，出資限度額が出資限度額とみなす額を超えるときは，この限りでない。

三 第10条の2（系列会社に対する債務保証の禁止）第1項の規定に違反している場合（債務保証を受けた会社が新たに系列会社に編入され違反することとなる場合を含む。）は，指定の日又は編入の日から1年間は，同項の規定を適用しない。

④ 公正取引委員会は，会社又は当該会社の特殊関係人に対して，第1項の企業集団を指定するために必要な資料の提出を要請することができる。

⑤ 大規模企業集団に属する会社は，公認会計士の会計監査を受けなければならず，公正取引委員会は，公認会計士の監査意見に従い修正された貸借対照表を使用しなければならない。

第14条の2（系列会社の編入及び除外等）

第3章　企業結合の制限及び経済力集中の抑制

① 公正取引委員会は，大規模企業集団の系列会社に編入され，又は系列会社から除外される事由が生じたときは，当該会社（当該会社の特殊関係人を含む。以下，この条において同じ。）の要請又は職権により，系列会社に該当するか否かについて審査し，系列会社に編入し，又は系列会社から除外しなければならない。
② 公正取引委員会は，前項の規定による審査をするために必要があると認めるときは，当該会社に対して，株主及び役員の構成，債務保証関係，資金貸借関係，取引関係その他必要な資料の提出を求めることができる。
③ 公正取引委員会は，第1項の規定により審査の要請を受けたときは，30日以内にこれを審査し，その結果を審査の要請をした者に通知しなければならない。ただし，公正取引委員会が必要であると認めるときは，60日を超えない範囲において，この期間を延長することができる。

第14条の3（系列会社の編入及び通知日の擬制）
　　公正取引委員会は，第14条（大規模企業集団の指定等）第4項又は前条（系列会社の編入及び除外等）第2項の規定による要請を受けた者が，正当な理由なく，資料の提出を拒否し又は虚偽の資料を提出することにより，大規模企業集団の所属会社に編入されなければならないにもかかわらず，編入されないときは，大統領令に定める日に，その大規模企業集団の所属会社に編入され，通知があったものとみなす。

第14条の4（関係機関に対する資料の確認要求等）
　　公正取引委員会は，第9条（相互出資の禁止等）から第11条（金融又は保険会社の議決権の制限）まで及び第13条（株式所有状況等の届出）から第14条の2（系列会社の編入及び除外等）までの規定を施行するために必要であると認めるときは，次の各号の機関に対して，大規模企業集団又は債務保証制限大規模企業集団の国内系列会社の株主の株式所有状況，債務保証関連資料，仮支給金若しくは貸与金又は担保の提供に関する資料，不動産の取引又は提供に関する資料等必要な資料の確認又は調査を求めることができる。
　一　金融監督機構の設置等に関する法律により設立された金融監督院
　二　〈削除〉
　三　第10条の2（系列会社に対する新規債務保証の禁止）第2項各号の一の規定に基づく国内金融機関
　四　その他金融又は株式の取引に関連する機関として大統領令に定める機関

第15条（脱法行為の禁止）
① 何人も，第7条（企業結合の制限）第1項若しくは第3項，第8条の2（持株会

社の行為の制限等）第1項若しくは第2項，第8条の3（債務保証制限大規模企業集団の持株会社の設立制限），第9条（相互出資の禁止等），第10条（出資総額の制限）第1項，第10条の2（系列会社に対する債務保証の禁止）第1項又は第11条（金融又は保険会社の議決権の制限）の規定の適用を免れようとする行為をしてはならない。

② 前項に規定する脱法行為の類型及び基準は，大統領令により定める。

第16条（是正措置）

① 公正取引委員会は，第7条（企業結合の制限）第1項若しくは第3項，第8条の2（持株会社の行為の制限等）第1項若しくは第2項，第8条の3（債務保証制限大規模企業集団の持株会社の設立制限），第9条（相互出資の禁止等），第10条（出資総額の制限）第1項，第10条の2（系列会社に対する債務保証の禁止）第1項，第11条（金融又は保険会社の議決権の制限）又は前条（脱法行為の禁止）の規定に違反し，又は違反するおそれのある行為があるときは，当該事業者（第7条（企業結合の制限）第1項第1号又は第5号の規定に違反したときは，企業結合当事会社をいう。）又は違反行為者に対して，次の各号の一の是正措置を命ずることができる。この場合において，第12条（企業結合の届出）第5項但書の規定による届出を受けて行うときは，同条第6項の規定による期間内に，これをしなければならない。

一　違反行為の禁止
二　株式の全部又は一部の処分
三　役員の辞任
四　営業の譲渡
五　債務保証の取消し
六　法違反事実の公表
七　企業結合に伴う競争制限の弊害を防止することができる営業方式又は営業範囲の制限
八　その他法違反状態を是正するために必要な措置

② 公正取引委員会は，第7条（企業結合の制限）第1項若しくは第3項，第8条の3（債務保証制限大規模企業集団の持株会社の設立制限）又は第12条（企業結合の届出）第6項の規定に違反した会社の合併又は設立があるときは，当該会社の合併又は設立無効の訴を提起することができる。

第17条（課徴金）

① 公正取引委員会は，第9条（相互出資の禁止等）又は第10条（出資総額の制限）第1項の規定に違反して株式を取得し又は所有した会社に対して，違反行為により

第3章　企業結合の制限及び経済力集中の抑制

取得し又は所有した株式の取得価額に100分の10を乗じて得た額を超えない範囲において，課徴金を賦課することができる。
② 公正取引委員会は，第10条の2（系列会社に対する債務保証の禁止）第1項の規定に違反して債務保証をする会社に対して，当該法違反債務保証額に100分の10を乗じて得た額を超えない範囲において，課徴金を賦課することができる。
③ 〈削除〉
④ 公正取引委員会は，第8条の2（持株会社の行為の制限等）第1項又は第2項の規定に違反した者に対して，次の各号の金額に100分の10を乗じて得た額を超えない範囲において，課徴金を賦課することができる。
　一　第8条の2（持株会社の行為の制限等）第1項第1号の規定に違反したときは，資本総額を超えた負債額
　二　第8条の2（持株会社の行為の制限等）第1項第2号本文の規定に違反したときは，当該子会社の株式の帳簿価額の合計額に100分の50（当該子会社が，1999年4月1日現在，株式上場法人である場合には，100分の30）から当該子会社の株式の所有比率を差し引いた率を乗じて得た額を，当該子会社の株式の所有比率で分けて算出した額
　三　第8条の2（持株会社の行為の制限等）第1項第3号本文，第4号，第5号又は同条第2項本文の規定に違反したときは，所有する株式の帳簿価額の合計額

第17条の2（履行強制金）
① 公正取引委員会は，第7条（企業結合の制限）第1項又は第3項の規定に違反して，第16条（是正措置）の規定により是正措置を採るよう命じられた後，その定められた期間内にこれを履行しない者に対して，1日当たり次の各号の金額に1万分の3を乗じて得た額を超えない範囲において，履行強制金を賦課することができる。ただし，第7条（企業結合の制限）第1項第2号の企業結合をした者に対しては，1日当たり200万ウォンの範囲において，履行強制金を賦課することができる。
　一　第7条（企業結合の制限）第1項第1号及び第5号の企業結合の場合には，取得し又は所有した株式の帳簿価額と引受をした債務の合計額
　二　第7条（企業結合の制限）第1項第3号の企業結合の場合には，合併の対価として交付した株式の帳簿価額と引受をした債務の合計額
　三　第7条（企業結合の制限）第1項第1号の企業結合の場合には，営業譲受の額
② 履行強制金の賦課，納付，徴収，還給等に関して必要な事項は，大統領令により定める。ただし，滞納された履行強制金は，国税滞納処分の例により，これを徴収する。

③　公正取引委員会は，前２項の規定による履行強制金の徴収及び滞納処分に関する業務を，国税庁長に委任することができる。

第18条（是正措置の履行確保）

①　第16条（是正措置）第１項の規定による株式処分命令を受けた者は，その命令を受けた日から，当該株式についてその議決権を行使することができない。

②　第９条（相互出資の禁止等）の規定に違反して相互出資をする株式については，その是正措置の命令を受けた日から法違反状態が解消されるまで，当該株式の全部について議決権を行使することができない。

③　第10条（出資総額の制限）第１項の規定に違反した者に対して，公正取引委員会が第16条（是正措置）第１項第２号の規定により株式処分命令をするにあたり，その処分対象株式が確定していない場合は，当該命令を受けた会社は，その命令を受けた日から10日以内に，議決権を行使しない株式の内訳を，公正取引委員会に通知しなければならない。この場合において，当該会社は，第１項の規定にかかわらず，命令を受けた日から10日が経過した後は，公正取引委員会に通知した当該株式について，議決権を行使することができない。

④　公正取引委員会は，前項の規定による期間に通知を受けることができないときは，大統領令の定めるところにより，当該会社が議決権を行使することができない株式を指定することができる。

〔論説〕

　経済力の集中を防止するための構造規制は，我が国独占禁止法においては第４章企業結合の制限のための諸規定により，また，韓国独占禁止法においては第３章企業結合の制限及び経済力集中の抑制のための諸規定により，それぞれ行われている。

　構造規制は，一般にこれを市場集中規制と一般集中規制とに分けることができ，本章でも，このように分けて論述することとする。但し，韓国では，財閥による経済力の集中が同国経済の大きな特徴となっており，独占禁止法上も，これに対して特段の規制を行っている。このため，一般集中規制のうち財閥規制に関する内容については，別途の項を設けて論述する。

第3章　企業結合の制限及び経済力集中の抑制

1　市場集中規制

(1)　韓国独占禁止法上，市場集中規制は，企業結合の制限について定める法7条の規定により行われている。同条1項は，何人も，直接又は特殊関係人（法7条1項，令11条）を通じて，一定の取引分野における競争を実質的に制限する①株式保有（1号），②役員兼任（2号），③合併（3号），④営業譲受等（4号）及び⑤新会社設立への参加（5号）を行うことを禁止する。右各行為のうち，①は我が国独占禁止法10条の規定に，②は同じく13条の規定に，③は同じく15条の規定に，④は同じく16条の規定にそれぞれ相当する。⑤に相当する規定は，我が国独占禁止法にはないが，法10条の規制範囲に含まれるとみてよい。また，我が国独占禁止法14条の規定は，韓国独占禁止法では，右①に含まれる。

韓国独占禁止法上，規制対象は，第5次法改正前は，一定規模以上の会社（資本金額50億ウォン以上又は資産総額200億ウォン以上（令旧11条1項））に限られていたが，同改正により，すべての者にまで拡大された。しかし，その一方で，規制緩和等の観点から，規制行為や届出範囲の縮小も行われてきている。第7次法改正では，競争制限を生ずる余地がほとんどなく又は競争促進効果を有すると思われる一定の行為類型については，規制対象から除外された[1]。また，届出範囲（法12条）については，第5次法改正後の97年施行令改正において，更に第7次法改正において，届出すべき事業者の規模又は行為類型が縮小されている。

企業結合の規制基準は，日韓両国とも，一定の取引分野における競争を実質的に制限することとなる場合である。韓国独占禁止法は，この基準につき，法律自体に詳細な定義規定をおいている。それによれば，一定の取引分野とは，取引の客体別，段階別又は地域別に競争関係にあり又は競争関係が成立し得る分野をいうとされ（2条8号），また，競争を実質的に制限する行為とは，一定の取引分野における競争が減少し，特定の事業者又は事業者集団の意思により，ある程度自由に，価格，数量，品質その他取引条件等の決定に影響が及ぶか又は及ぶおそれがある状態を招来する行為をいうとされている（2条8号の2）。右定義内容は，我が国東宝・新東宝事件東京高裁判決[2]本に，極めて類似していることは明らかである。我が国独占禁止法では，法律自体に，このよ

うな定義規定はおいていない。韓国独占禁止法は，更に，企業結合当事会社の市場占拠率，順位等が一定の基準を満たす場合には，一定の取引分野における競争が実質的に制限されるものと推定するとの規定をおき（7条4項），その中には，大規模会社（法7条1項，令12条の2）が一定の中小企業分野において行う企業結合は，競争制限とみなすとする規定さえもある（法7条4項2号）。右中小企業分野における競争制限の推定規定は，第5次法改正により導入されたものであり，大規模会社が中小企業分野へ進出することをできるだけ抑えようとするものである[3]。このような規定は，市場メカニズムに反するものではあるが，企業結合規制政策においても，中小企業に配慮する韓国競争政策の特徴をみてとることができる。

(2) 韓国独占禁止法においては，企業結合制限からの適用除外が認められており（7条2項），①当該企業結合以外の方法によっては達成することが困難な効率性の増大効果が，競争制限による弊害より大きいとき（同項1号），及び②回生不可能な会社との企業結合（同項2号）は，企業結合制限の適用を受けない。このような制度は，産業政策的要素を有しているが，その趣旨は，円滑な構造調整を促進させようとする点にある[4]。我が国の企業結合規制においては，運用上これらの点に配慮することを窺わせる解釈・ガイドライン[5]は存するが，法律上このような規定はない。

(3) 企業結合違反に対しては，日韓両国とも，是正措置が命じられるほか，韓国では，企業結合に対しても，これまで課徴金制度が設けられていた（17条旧3項）。しかし，是正措置の速やかな履行を確保するには，1回限りの納付を命ずるにすぎない課徴金の賦課によるよりも，履行しない期間に応じて納付すべき額の増える履行強制金によるのが効果的であると考えられた[6]。

こうして，第7次法改正では，企業結合違反に対しては，課徴金制度を廃止し（注：但し，経済力集中抑制規定違反に対する課徴金制度は，従来どおり），履行強制金制度が新設された（17条の2）。本制度は，公正取引委員会が命じた是正措置を履行しない者に対し，一日当たり一定の率又は額による履行強制金を賦課するものである。このような制度は，我が国にはなく，現実に生ずる問題に機動的に対処する韓国競争政策の一端をみる思いがする。

2　一般集中規制

(1)　一般集中規制に属するものとしては，韓国では，持株会社に関する制限（8条から8条の3まで）及び大規模企業集団に対する規制（9条から11条まで）がこれに該当し，また，我が国では，持株会社の制限（9条），大規模事業会社の株式保有総額制限（9条の2）及び金融会社の株式保有制限（11条）がこれに該当する。

　これらのうち，韓国の大規模企業集団に対する規制は，財閥（大規模企業集団）が同国経済に占める地位の大きさに鑑み，韓国独占禁止法が特段の規制を行っているので，これを後記3で論ずることとし，ここでは，それ以外の規制，主として持株会社に関する制限を中心に論ずることとする。

(2)　持株会社について，韓国独占禁止法は，第7次法改正前は，これの設立及び転換を原則として禁止し（旧8条1項），①他の法律に基づき設立する場合（旧8条2項1号），及び②外資導入法に基づき外国人投資事業を営むために設立する場合であって大統領令の定めるところにより公正取引委員会の承認を得たとき（同項2号）にのみ，例外的にこれを認めてきた[7]。

　しかし，韓国においても，構造調整の円滑な推進が求められる中，むしろ持株会社を容認して，構造調整と外国からの投資を促進しようとの考え方の下に，一部に反対意見はあったものの，第7次法改正において，持株会社の設立及び転換が認められた[8]。

　右改正による韓国持株会社制度は，その設立及び転換を容認したうえで，一定の行為を禁止している（8条の2第1項）。しかし，同規定は，持株会社に対する一定の行為の禁止という形式を採ってはいるものの，そこに列挙される内容は，持株会社が満たすべき条件とでもいうべきものであり，したがって，韓国の制度は，実質的には，一定の要件を満たす持株会社を全面的に認めるというものである。

　これに対して，我が国の持株会社制度は，事業支配力が過度に集中することとなる持株会社の設立及び転換を禁止するというものであり（9条1項，2項），両国制度間に，違いがみられる。

　持株会社の定義について，韓国では，資産総額が300億ウォン以上の会社であって（法2条1号の2前段，令2条1項），子会社の株式価額の合計額が当該

会社の資産総額の50パーセント以上の会社とされる（法2条1号の2後段，令2条2項）。一方，我が国では，子会社の株式の取得価格の合計額が，当該会社の資産総額の50パーセント超の会社とされる（9条3項）。両者を比較すれば，その違いは，持株会社の規模につき，金額基準を採用しているか否かの点にみられる。これは，両者の制度の違いに起因するものと考えられる。

すなわち，韓国の制度は，一定の行為を禁止するものであるため（実質的には，一定の条件を要求するもの。前述），会社の規模が一定の水準以下のものには，このような禁止を課す必要がないとして，右制度となったと考えられるのに対し，我が国の制度は，事業支配力の過度の集中をもたらす持株会社を禁止するというものであるから，そもそも持株会社なるものの規模につき，韓国のような基準をおいておく必要がないと考えられるからである。

次に，定義の形式面では，持株会社の定義に限らず，韓国独占禁止法制の一般的特徴として，具体的基準は，施行令に委任されている。しかも，右300億ウォン及び50パーセント以上という基準は，実質的には立法行為であり，このような委任の仕方は，我が国との大きな違いであると言えよう。

一方，持株会社の子会社の定義については，韓国では，持株会社により施行令に定める基準に従いその事業内容を支配される国内の会社をいうとされ（法2条1号の3），施行令で具体的基準を定めている。一方，我が国では，持株会社により株式総数の50パーセント超を所有される会社とされ（9条3項），更に，みなし子会社（9条4項）及び実質子会社（9条5項）なる概念が設けられている。しかし，韓国独占禁止法には，このような概念はない。

韓国独占禁止法は，持株会社について，次の行為を禁止する（8条の2第1項）。禁止とはいうものの，その実態は，持株会社に一定の条件を求めるものであることは，前述のとおりである。

① 資本総額を超える負債額を保有する行為（同項1号）

資本総額とは，資産総額から負債額を差し引いたものであるから，本規定は，いわゆる負債比率を100パーセント以内とするというものである。その趣旨は，持株会社は直接事業を行うことなく，他の会社の支配を目的としているので，資金調達を負債に大きく頼るようなことは好ましくないとの考え方による[9]。

② 子会社の株式を，当該子会社の株式総数の50パーセント（但し，上場子会

社等の場合は，30パーセント。また，ベンチャー企業を子会社とする一定の持株会社の子会社については，20パーセント）未満所有する行為（同項2号）

本規定は，持株会社に対し，子会社の株式は必ず50パーセント（又は30パーセント若しくは20パーセント）以上所有することを求めるものである。その趣旨は，持株会社の属性が支配領域の過度の拡張にあることに鑑み，低い持株比率により，多数の会社を傘下におくことを防止しようとするものである[10]。

③　子会社でない国内の会社の株式を，支配目的で所有する行為（同項3号）

本規定は，コンツェルンないしピラミッド方式による財閥の形成を防止するためのものであろうと考えられる[11]。

持株会社に対する禁止行為には，更に2つの内容があるが，とりあえず，右①から③までを，我が国の制度と比較すれば，次の違いが認められる。

我が国持株会社制度は，事業支配力が過度に集中することとなる持株会社の設立及び転換を禁止し（9条1項，2項），具体的には，①総合的事業規模が相当数の事業分野にわたって著しく大きいこと，②持株会社傘下の会社の資金に係る取引に起因する他の事業者に対する影響が著しく大きいこと，又は③これらの会社が相互に関連性のある相当数の事業分野においてそれぞれ有力な地位を占めていることにより，国民経済に大きな影響を及ぼし，公正かつ自由な競争の促進の妨げとなる（9条5項）場合が，これに当たるとしている。

しかし，右内容の解釈基準たるガイドライン[12]によれば，右3類型のいずれかに該当する場合は，我が国産業の実態に照らして，ほとんど考えにくく，したがって，その実質は，我が国において持株会社は，完全に容認されたと言ってよく，これに何らの条件も付されていない。これに対して，韓国の制度は，そもそも持株会社の設立及び転換は，完全に容認するものではあるが，これに対して，右①ないし③の条件が付されるものであって，この点に，両国持株会社制度の最大の相違を認めることができる。

韓国独占禁止法8条の2第1項は，更に次の2つの行為を禁止している（同項4号及び5号）。

①　金融持株会社が，非金融・保険国内会社の株式を所有する行為（4号）
②　一般持株会社が，金融・保険国内会社の株式を所有する行為（5号）

これらの規定は，財閥が金融機関を自らの金庫と化すことを防止するととも

に，金融部門及び産業部門間で，一方の危険が他方に及ぶことのないようにするためのものである(13)。

一方，我が国では，金融会社と一般事業会社が併存する持株会社グループについては，ガイドライン第2類型が規定を設けているが，その内容は，韓国のように，金融会社と一般事業会社を完全に分離しようとするものではない。この点に関し，我が国では，金融持株会社法により，規制が行われている。

以上のほか，韓国独占禁止法は，一般持株会社の子会社が他の国内会社の株式を支配目的で所有することを禁止している（8条の2第2項）。その趣旨は，子会社による孫会社の株式所有を禁止することにより，持株会社が出資を通じて多段階にわたり多くの会社を支配するのを防止しようとすることにある(14)。我が国には，このような子会社による株式所有にのみ焦点を当てた規制はなく，要は，株式会社グループ全体として，そこにおける株式所有関係が事業支配力の過度の集中をもたらすものであるか否かが問題となる。

以上のとおりの日韓両国持株会社制度の違いについて，孫珠瓚法学博士（大韓民国学術院会員，延世大学校名誉教授）及び厚谷襄児教授（北海道大学名誉教授，帝京大学教授）は，ともに韓国持株会社制度の方が我が国のそれよりも厳しいと指摘される(15)(16)。

更に，厚谷教授は，このような韓国側制度の厳しさの背景には，海外からの投資を促進するなどより一層の市場開放を図っていくべき中で，現存する財閥の弊害に対して警戒を解くことのできない事情があったとの見解を示しておられる(17)。

韓国独占禁止法は，更に，債務保証制限大規模企業集団（10条の2第1項）について，持株会社の設立又は転換を行うためには，集団内会社間相互の債務保証を解消しなければならないこととしている（8条の3）。その趣旨は，分社化による事業部門の分離及び売却，海外資本の誘致等を通じて，構造改善が効果的に行われるためには，債務保証が解消され，独立した経営が行われ得る環境を整備しておく必要があるというものである(18)。債務保証制限大規模企業集団は，その範囲が大規模企業集団と完全に一致しているから（法9条1項，10条の2第1項，令17条1項，同条4項），本規定は，上位30位までとなる大規模企業集団について，債務保証を解消しない限り，持株会社を認めないことを

意味する。

(3) 持株会社については，以上のとおりであるが，このほか，一般集中規制に属するものとして，我が国では，大規模事業会社の株式保有総額制限（9条の2）及び金融会社の株式保有制限（11条）がある。これらのうち，大規模事業会社の株式保有総額制限については，これと類似する韓国の出資総額制限制度との対比の中で，後記3で検討することとする。

また，金融会社の株式保有制限については，韓国にこれと類似する規定として，金融又は保険会社の議決権の制限（11条）があるが，①韓国の規定は，大規模企業集団所属の金融会社に対する規制であるのに対し，我が国の規定は，金融会社一般に対する規制であり，②韓国の規定は，議決権の行使を禁止するのに対し，我が国の規定は，株式所有比率を制限するものである点に，両者の違いが存在する。

なお，韓国における大規模企業集団に対する規制も，一般集中規制のうちに入るが，前述のとおり，韓国経済の特徴である財閥（大規模企業集団）の地位の大きさに鑑み，この点については，項を改め，次に検討する。

3 財閥規制
(1) 大規模企業集団

競争政策からみた韓国経済の最大の特徴は，財閥の存在とこれによる経済力の集中である。財閥は，「少数特定人」を中心に血縁関係で結ばれた者が，多数の企業を所有し支配する関係で構成されており，多くの市場において，独寡占化をもたらしてきた[19]。しかも，これらの企業は，財閥グループ内での連携に支えられてきたため，独立性が希薄であり，その脆弱性の故に，1997年年初に始まる経済危機を招いたことは，周知のとおりである。財閥の発生は，1960年代の政府による経済開発計画に起因しており，限られた資源の集中的活用，特定の産業又は企業に対する金融・税制上の選別的支援，対外競争圧力からの競争制限的施策の結果であるということができる[20]。

韓国独占禁止法は，このような財閥による経済力の集中を防止し，更にはこれを改善するため，これまで，様々な制度の導入や改正を行ってきた。我が国においても，かつて，財閥は存在したが，戦後解体されて，それ以降，このよ

うなものは存在しない。したがって，我が国独占禁止法には，財閥に焦点を当てた規定はなく，一方，韓国独占禁止法においては，財閥規制のための特段の制度を設けており，この点に，その最大の特徴を指摘することができる。

韓国独占禁止法は，財閥を対象に，法律上大規模企業集団なる概念を設けて，これに対して，特段の規制を行っている。

大規模企業集団とは，集団に属する国内会社の資産総額の合計額の順位が，1位から30位までの企業集団とされている（法2条2号，9条1項，令3条，3条の2，17条1項）。1999年施行令改正前までは，所有分散優良企業集団なる制度があり，同企業集団は，大規模企業集団に含まれることはなかった。所有分散優良企業集団とは，右資産総額順位が30位以内に入る企業集団であって，株式の所有の分散及び財務構造が優良であるとする一定の要件を満たす企業集団とされていた（法9条1項，令17条旧1項，旧2項，旧3項）。所有分散優良企業集団制度は，95年4月の施行令改正により導入され，同集団が資産総額順位30位以内に入るにもかかわらず，あえて大規模企業集団に指定しないこととしたのは，今後のより一層の国際化・開放化の中で，韓国企業が外国の巨大企業と競争していくには，大規模企業集団においてより一層の所有分散と財務構造の改善を図る必要があると考えられ，これを促進するため，一定の基準に達した企業集団には，大規模企業集団に指定せず，これに対して課される特段の規制を免除する特典を与えようとの趣旨によるものであった[21]。しかし，このような制度も，99年施行令改正において廃止されたが，韓国公正取引委員会は，その理由について明らかにしていない[22]。したがって，廃止の理由は，推測するほかはないが，これまで所有分散優良企業集団に該当したものがないことに加えて，同制度導入以降，財閥改革のためになされてきた諸制度の大胆な改革は，右制度の趣旨をもはるかに越えるものであり，もはや同制度を残しておく必要がないと考えられたためではなかろうか。かりに，そうであるとすれば，ここ数年ないしはそれ以上の間における，韓国の財閥改革の激しさをあらためて知る思いがする。

なお，大規模企業集団は，毎年1回，公正取引委員会により指定される（法14条1項，令21条1項）。

(2) 相互出資の禁止

第3章　企業結合の制限及び経済力集中の抑制

　大規模企業集団に属する会社は，自己の株式を取得し又は所有している系列会社（法2条3号）の株式を取得し又は所有してはならない（法9条1項）。これは大規模企業集団内系列会社間相互の出資関係を禁止するものであり，相互出資の禁止規定と言われている。本規定の趣旨は，大規模企業集団内系列会社間の相互出資は，①実質的な出資がないのに資本金額をみかけ上増加させ，系列会社を拡張する手段となり易く，企業の出資形態中最も不合理なものであり，②企業公開を回避し，特定の大株主が多数の系列会社を支配する手段として活用されるおそれがあるため，これを禁止することにある[23]。

　しかし，相互出資であっても，非系列会社間とのものは，出資の決定が別個の主体により行われるとして[24]，禁止の対象とはならない。このように，韓国独占禁止法上，相互出資に対する規制は，大規模企業集団所属会社に対して，厳しく行われている。

(3)　出資総額の制限

　出資総額制限制度とは，大規模企業集団所属会社による他の国内会社への出資を，一定の額以下に抑えるものである。本制度は，第6次法改正において廃止されたものの，第8次法改正により復活された。本制度は，大規模企業集団所属会社による他の国内会社への出資総額は，その純資産額の25パーセント相当額を超えてはならないとするものである（法10条1項）。本制度は，第1次法改正において導入され，当時の出資限度額は，当該会社の純資産額の40パーセント相当額とされていた。その後，この規定の下で，各社の出資比率がかなり低下し，これを更に改善・強化しようとの趣旨により[25]，第4次法改正において，右比率は，25パーセントへと引き下げられたものである。

　本制度導入の趣旨は，①大規模企業集団所属会社による無分別な系列会社の拡張を抑制し，②他の会社への出資を合理的な能力の範囲内にとどめ，③出資能力拡張のために，企業公開，有償増資，内部留保の増加等の方向へ誘導し，これを通じて所有の分散及び財務構造の改善を図ることにあった[26]。

　本制度は，我が国独占禁止法における大規模事業会社の株式保有総額制限制度（9条の2）に類似している。両者を比較すれば，共通点は，ともに会社の出資総額を制限する制度であり，相違点は，①規制対象について，韓国法が大規模企業集団所属会社とするのに対し，日本法は資本金額350億円以上又は純

299

資産額1,400億円以上の会社（法9条の2第1項）とし，②規制内容について，韓国法が純資産額の25パーセント相当額を限度とするのに対し，日本法は資本金額又は純資産額のいずれか多い額としている点にある。日本法の場合，純資産額は，通常資本金額を上回るであろうから，これが出資限度となる。したがって，韓国法はその25パーセント相当額を，日本法は同じく100パーセント相当額（純資産額と同額）を，それぞれその限度とすることとなり，韓国法の規制が，日本法のそれよりかなり厳しいということができる。

　しかし，このような韓国の出資総額制限制度も，第6次法改正により廃止された。廃止の理由は，①企業の構造調整を通じて，韓国企業の競争力を強化しなければならず，②一方で，結合財務諸表制の導入，支配構造の先進化，外国人についての敵対的M&Aの許容等が推進されるにつれて，企業が無分別に事業を多角化する可能性が縮小し，制度を維持する実益が少なくなっており，③更に，外国企業から韓国企業を逆差別することになるからであるとされている[27]。また，この考え方の根底には，競争政策が直接規制形態から構造改善推進策へと移行しなければならないとする政策基調の変化があったといわれている[28]。

　ところが，本制度廃止に伴い，その後，大規模企業集団所属会社による系列会社に対する出資は，再び増加し，①同一人が少ない持分で多くの系列会社を支配する構造が深化するとともに，系列会社間の出資が相互に連鎖する循環的出資関係が形成されることにより，一部の系列会社の危機が企業集団全体に影響を及ぼすようになってきたこと，②外部からの資本を実質的に導入することなく，自己資本の額を形式的に増加させ，負債率を安易に減少させるようになってきたこと，③有償増資により危機にある系列会社（限界企業）を支援し構造調整に反する事例がみられるようになってきたこと等の問題が生じてきた[29]。

　このため，第8次法改正において，第6次法改正により廃止された出資総額制限制度は，ほぼ2年ぶりに復活された。また，この改正は，右問題点を解消するとともに，大規模企業集団の経営を自己の得意部門にできるだけ特化させ，これを通じて構造調整を促進させようとするものでもある[30]。

　以上の経緯を経て復活された出資総額制限制度の内容は，次のとおりである。

第3章　企業結合の制限及び経済力集中の抑制

　大規模企業集団所属会社（金融業又は保険業を営む会社及び持株会社を除く。）は，当該会社の純資産額の25パーセント相当額を超えて，他の国内会社の株式を取得し又は所有してはならない（法10条1項本文）。

　上記制限の率は，本制度が第6次法改正において廃止される直前の率と同一である。これは，本制度廃止前の調査時（96年4月）における24.8パーセントを考慮し決定されたものである。

　本制度には，いくつかの適用除外が認められており（法10条1項各号），これらのうち主なものは，①企業の構造調整，②外国人による投資の誘致，又は③中小企業との技術協力の維持のために株式を保有する場合（同項4号）及び社会間接資本施設に対する民間投資法の規定に基づく民間投資事業を営む会社の株式を保有する場合（同項3号）である。

(4)　債務保証の禁止

　韓国独占禁止法では，債務保証制限大規模企業集団（10条の2第1項）に属する会社は，国内の系列会社に対して，債務保証をしてはならないこととされている（同項）。債務保証制限大規模企業集団は，その範囲が大規模企業集団と完全に一致するから（令17条4項），右規定は，要するに，大規模企業集団に属する会社は，国内の系列会社に対して債務保証をしてはならないことを意味する。このような規定は，我が国独占禁止法にはないものであり，韓国特有の制度であると言える。

　債務保証に関する本制度は，現行規定では，右に述べたとおり，全面禁止をするものであるが，制度が導入された第3次法改正時では，債務保証総額が当該会社の自己資本金額の200パーセント相当額を超えてはならないというものであった（10条の2旧1項）。その趣旨は，韓国企業が今後国際競争力を確保していくには，企業集団内会社間の過度の債務保証による依存関係を排除していかなければならず，これに一定の制限を加えることにあった。一方，このような規制は，金融行政の一環として，これを行うことも考えられ得るが，韓国では，これまで，企業集団内会社間の相互債務保証関係が限界企業を温存し，産業調整を妨げてきた点が考慮され，産業構造及び競争政策の問題として，独占禁止法上の制度とされたものである[31]。更に，韓国公正取引委員会によれば，債務保証は，①企業集団内に過度の与信をもたらし，結果的に集団外の中小企

301

業の与信利用を制約することにより，経済力の集中を深化させ，②競争力を喪失した企業集団内限界企業の市場からの退出を妨げ，ひいては，当該企業集団内各社の経営を不健全なものとして，大規模連鎖倒産を招くこととなりかねず，国際競争力確保の観点からも看過し得ないとされる(32)。

第3次法改正により導入された債務保証制限制度は，債務保証限度額が当該会社の自己資本金額の200パーセント相当額とされていたが，第5次法改正においては，これが強化され，右比率は，100パーセントとされた。これは，今後の金融構造の動向等を考慮し，また，産業構造の健全な構築を図るためには，本制度のより一層の強化を行う必要があると考えられたからである(33)。

本制度は，第6次法改正において，更に強化されて，大規模企業集団所属系列会社間相互の債務保証は，全面的に禁止されるにいたった。全面禁止にいたる過程においては，大規模企業集団側からの強い反発があったが(34)，これまでの規制の強化にもかかわらず，企業の構造調整はなお不十分であるとの認識があり，IMFからも改善を求められてきた経緯があったためである(35)。

大規模企業集団所属系列会社間相互の債務保証についての，このような一定の制限から全面禁止にいたる一連の施策は，「他人資本依存主義からの脱皮(36)」(孫珠瓚法学博士)を図り，韓国企業の体質を強化し，来るべき大競争時代に備えようとするものであると言えよう。

また，向田直範教授(北海学園大学)は，相互債務保証が生じてきた背景には，韓国の財閥企業がかつては未成熟であったため，市場から資金を吸収するには，相互債務保証によらざるを得ない事情があったのであろうとの見解を示しておられる(37)。

(5) 大規模内部取引についての取締役会の議決及び公示の義務化

第8次法改正においては，大規模企業集団のうち一定のものに属する会社が行う大規模内部取引について，取締役会での議決及び公示が義務づけられた(11条の2)。このような制度は，我が国独占禁止法にはないものである。

本制度のねらいは，財閥内部における不当な支援関係を事前に予防することにある(38)。財閥内部における企業間の不当な支援関係は，公正取引委員会のそれまでの数次にわたる調査や規制にもかかわらず，その形態は多様化し，かつ，隠密裡に行われていた。また，このような状況は，コーポレート・ガバナ

第3章　企業結合の制限及び経済力集中の抑制

ンスの観点からも，看過し得ないものであった[39]。このため，第8次改正においては，競争政策の観点から，主要な財閥に属する会社に対して，これらが行う大規模内部取引についての取締役会の議決及び公示を義務づけることとしたものである。

　法11条の2の規定によれば，大規模企業集団のうち施行令に定める基準に該当するものに属する会社（「内部取引公示対象会社」）は，特殊関係人を相手方とし又は特殊関係人のために，一定規模以上の取引（「大規模内部取引」）をしようとするときは，あらかじめ，取締役会の議決を経た後，これを公示しなければならない（同条1項）。これの対象となる企業集団は，施行令により，当初，上位10位までの大規模企業集団とされていたが，2001年施行令改正により大規模企業集団のすべてに拡大された（令17条の8第1項）。また，対象となる取引は，施行令に定める規模以上の，①仮払金，貸与金等の資金の提供又は取引，②株式，会社債等の有価証券の提供又は取引，並びに③不動産，無体財産権等の資産の提供又は取引とされていた（法11条の2第1項）。施行令では，右の規模につき，資本金額の10パーセント相当額又は100億ウォン以上とされている（令17条の8第2項）。内部取引公示対象会社は，上記公示をするにあたっては，取引の目的，相手方，規模，条件等を，公示内容に含めなければならない（法11条の2第2項）。

　一方，公正取引委員会は，上記公示と関連する業務を，証券取引法の規定に基づく届出受理機関に委託することができ，この場合の公示の方法，手続その他必要な事項については，上記委託を受けた機関との協議を経て，同委員会が定めることとされている（法11条の2第3項）。

　なお，内部取引公示対象会社のうち金融業又は保険業を営むものは，約款に従い定型化された取引であって一定の基準に該当するものを行うときは，取締役会の議決を経ずに，これをすることができるが，この場合でも，公示は行わなければならない（法11条の2第4項）。

　本制度は，上記取締役会の議決及び公示を通じて，取締役の責任を強化（内部統制機能）するとともに，少数株主や債権者等利害関係人による監視の強化（外部統制機能）を図ろうとするものである[40]。

第3編　韓国独占禁止法の内容

（1）　韓国公正去来委員会「報道資料―規制対象企業結合範囲縮小のための法改正の検討」1998年7月16日。イビョンジュ「公正取引法改正主要内容」㈳韓国公正競争協会「コンジョンキョンジェン」41号，26頁。拙稿「韓国独占禁止法第7次改正とその内容」名古屋経済大学論叢・名経法学12号
（2）　東宝・新東宝事件，昭和28・12・7東京高裁判決，審決集5巻，118頁
（3）　㈳韓国公正競争協会「公正協会報」17号，2頁
（4）　韓国公正去来委員会，第7次法改正時「公正去来法改正案」1998年10月28日，6頁。イビョンジュ「公正取引法改正主要内容」前掲，26頁
（5）　株式保有，合併等に係る「一定の取引分野における競争を実質的に制限することとなる場合」の考え方中，例えば第3，2，(3)，ア
（6）　韓国公正去来委員会，第7次法改正時「公正去来法改正案」前掲，6頁。イビョンジュ「公正取引法改正主要内容」前掲，27頁
（7）　第7次法改正前の持株会社に関する著書としては，朴吉俊，林雄基，洪復基『持株会社に関する研究』韓国上場協議会（1997年）
（8）　孫珠瓚『経済法の変遷』法制研究15号，125頁（1998年）
（9）　キムハッキョン「持株会社禁止制度改善方案」㈳韓国公正競争協会「コンジョンキョンジェン」33号，9頁
（10）　キムハッキョン，前掲，10頁
（11）　孫珠瓚「韓国「独占規制および公正取引に関する法律」の1999年改正について」日韓比較法文化研究会（日本語論文），1998年8月23日，9頁
（12）　事業支配力が過度に集中することとなる持株会社の考え方（平成9年12月8日）
（13）　キムハッキョン「持株会社禁止制度改善方案」前掲，10頁。イビョンジュ「公正取引法改正主要内容」前掲，24頁
（14）　イビョンジュ「公正取引法改正主要内容」前掲，25頁
（15）　孫珠瓚「独禁法の課題と最近の変遷の特徴―日韓両国の比較法的考察―」（日本語論文）日韓比較法文化研究会報告『東アジア文化と近代法』182頁
（16）　厚谷襄児「日本・韓国における持株会社規制の比較」日韓比較法文化研究会報告『経済発展と法意識・法制度の相互関係の研究』8頁
（17）　厚谷襄児「日本・韓国における持株会社規制の比較」前掲，8頁
（18）　キムハッキョン「持株会社禁止制度改善方案」前掲，11頁
（19）　韓国公正去来委員会「公正去来白書1998年版」118頁
（20）　韓国公正去来委員会「公正去来年報1995年版」63頁
（21）　韓国公正去来委員会「公正去来年報1995年版」63頁

第3章　企業結合の制限及び経済力集中の抑制

(22)　韓国公正取引委員会は，1999年施行令改正にあたり，その趣旨及び主要内容等について公表したほか，同委員会幹部も，各種学術専門誌に同様の寄稿を行っているが，これらには，所有分散優良企業集団制度廃止について，一切触れられていない。
(23)　㈳韓国公正競争協会「公正去来法上経済力集中抑制制度内容」2頁
(24)　「公正去来法上経済力集中抑制制度内容」前掲，13頁
(25)　韓国公正去来委員会「公正去来年報1994年版」67頁。韓国公正去来委員会「独占規制及公正取引に関する法律中改正法律（案）」1994年12月，3頁
(26)　「公正去来年報1995年版」前掲，67頁
(27)　第6次法改正，韓国政府提案理由
(28)　チョフィカッブ（公正去来委員会政策局長）「公正取引制度の運用成果と今後の課題」㈳韓国公正競争協会「コンジョンキョンジェン」31号，6頁
(29)　洪復基「韓国独占禁止法の改正案（1999年9月18日立法予告）」日韓比較法文化研究会（日本語論文），2頁，1999年10月20日，於延世大学校
(30)　洪復基「韓国独占禁止法の改正案（1999年9月18日立法予告）」前掲，3頁
(31)　韓国公正去来委員会「公正去来年報1993年版」25頁
(32)　「公正去来年報1995年版」前掲，79頁
(33)　ハンジョンギル（公正去来委員会事務処長）「公正取引政策の推進課題」㈳韓国公正競争協会「コンジョンキョンジェン」6号，17頁
(34)　孫珠瓚「韓国に於ける企業の経済力集中の抑制—最近の公正去来（取引）委員会の審決例を中心に—」日韓比較法文化研究会（日本語論文），18頁，1998年2月3日，於延世大学校
(35)　韓国独占禁止法第6次改正の改正理由（1998年2月21日付官報）
(36)　孫珠瓚「韓国に於ける企業の経済力集中の抑制—最近の公正去来（取引）委員会の審決例を中心に—」前掲，19頁
(37)　向田直範「日本と韓国における持株会社規制の変遷」日韓比較法文化研究会報告『東アジア文化と近代法』229頁
(38)　洪復基「韓国独占禁止法の改正案（1999年9月18日立法予告）」前掲，6頁
(39)　洪復基「韓国独占禁止法の改正案（1999年9月18日立法予告）」前掲，6頁
(40)　洪復基「韓国独占禁止法の改正案（1999年9月18日立法予告）」前掲，6頁

第4章 不当な共同行為の制限

第19条（不当な共同行為の禁止）

① 事業者は，契約，協定，決議その他いかなる方法によるかを問わず，他の事業者と共同して，不当に競争を制限する次の各号の一に該当する行為をすることの合意（以下「不当な共同行為」という。）をしてはならない。

一 価格を決定し，維持し又は変更する行為

二 商品若しくは役務の取引条件又はその代金若しくは代価の支給条件を定める行為

三 商品の生産，出荷，輸送若しくは取引の制限又は役務の取引を制限する行為

四 取引地域又は取引の相手方を制限する行為

五 生産若しくは役務の取引をするための設備の新設若しくは増設若しくは装備の導入を妨害し，又は制限する行為

六 商品の生産又は取引にあたり，その商品の種類又は規格を制限する行為

七 営業の主要部分を共同して遂行し又は管理するための会社等を設立する行為

八 その他他の事業者の事業活動若しくは事業内容を妨害し又は制限することにより，一定の取引分野における競争を実質的に制限する行為

② 第1項の規定は，不当な共同行為が，次の各号の一に該当する目的のために行われる場合であって，大統領令に定める要件に該当し，公正取引委員会の認可を受けたときは，これを適用しない。

一 産業の合理化

二 研究技術開発

三 不況の克服

四 産業構造の調整

五 取引条件の合理化

六 中小企業の競争力の向上

③ 前項の規定による認可の基準，方法，手続及び認可事項の変更等に関して必要な事項は，大統領令により定める。

④ 第1項に規定する不当な共同行為をすることを約定する契約等は，事業者間において，これを無効とする。

⑤ 2以上の事業者が，一定の取引分野における競争を実質的に制限する第1項各号の一に該当する行為をしている場合において，当該事業者間に当該行為をすることを約定した明示的な合意がなくても，不当な共同行為を行っているものと推定する。

第20条（認可手続等）

〈削除〉
第21条（是正措置）
　　公正取引委員会は，第19条（不当な共同行為の禁止）の規定に違反する不当な共同行為があるときは，当該事業者に対して，当該行為の中止，法違反事実の公表その他是正するために必要な措置を命ずることができる。
第22条（課徴金）
　　公正取引委員会は，第19条（不当な共同行為の禁止）の規定に違反して不当な共同行為をした事業者に対して，大統領令に定める売上額に100分の5を乗じて得た額を超えない範囲において，課徴金を賦課することができる。ただし，売上額がない場合等には，10億ウォンを超えない範囲において，課徴金を賦課することができる。
第22条の2（申告者等に対する減免）
① 次の各号の一に該当する者については，第21条（是正措置）の規定による是正措置又は前条（課徴金）の規定による課徴金を減軽し又は免除することができる。
　一　不当な共同行為の事実を申告した者
　二　証拠の提供等の方法により，第50条（違反行為の調査等）の規定による調査に協助した者
② 前項の規定により減軽し又は免除する者の範囲，減軽又は免除の基準，程度等に関して必要な事項は，大統領令により定める。

〔論説〕
　(1)　韓国独占禁止法においてカルテルは，不当な共同行為とされ，同法19条に，その具体的内容が規定されている。同条1項は，不当な共同行為を，事業者が他の事業者と共同して不当に競争を制限する行為をすることの合意として定義し，これを禁止する。右合意をもって不当な共同行為として定義したのは，第3次法改正においてであり，その趣旨は，それまで，不当な共同行為の成立には，①事業者間における共同行為の合議，②行為の実行及び③競争制限性の3要件が必要であると解されてきたところ，これでは，共同行為の防止に限界があるとして，右②の要件を除外すべく，合意をもって足るとしたものである[1]。一方，我が国独占禁止法における不当な取引制限には，このような合意をもって足るとする定義はないが（法2条6項），合意の形成により右行為の違

反が成立するとの解釈・運用は確立しており[2]，したがって，この点において，日韓両国に実質的な差異は認められない。韓国独占禁止法では，更に，不当な共同行為の認定にあたり，明示的な合意がなくとも，これを推定する旨の規定がおかれている（19条5項）。これも，第3次法改正により設けられた規定である。

次に，韓国の不当な共同行為は，その行為内容が具体的に列挙されており（19条1項各号），日本の不当な取引制限（2条6項）とは，定義形態を異にする。しかし，韓国の定義規定中に列挙される行為（19条1項1号から7号まで）は，およそカルテルとされるもののほとんどすべてを含み，更に最後に包括条項（同項8号）をもおいているから，日韓両国とも，カルテルのすべてを捕捉するに遺漏はなく，この点においても，日韓両国に差異はない。

韓国独占禁止法上，違反行為に対しては，是正措置（21条）が命じられるほか，課徴金（22条）が賦課される。課徴金は，我が国のように，価格カルテル又は数量カルテルのうち対価に影響のあるものに限るのではなく，不当な共同行為のすべてがその対象となる。また，韓国では，我が国と異なり，売上額のない場合でも，10億ウォンを超えない範囲で，課徴金賦課の対象となる。なお，日韓両国間で，課徴金制度の法的性格に違いがあることについては，本編第2章で述べたとおりである。

韓国独占禁止法には，我が国と異なり，申告者に対する免責制度がある（22条の2）。これは，違反行為者が違反事実を自ら進んで申告したとき等には，是正措置及び課徴金額を減軽し又は免除するものであり，その具体的基準は，施行令に定められている（令35条）。本制度は，第5次法改正により導入されたものであり，当初は，更に刑事罰をも対象にすることが検討されていたが，結局，これは除かれた[3]。また，第9次法改正においては，より効果的な監視を図る観点から，改正が行われた。

稗貫俊文教授（北海道大学）は，右課徴金減免制度の導入につき，韓国の財閥系企業の特性から，その実効性に疑問を呈しながらも，これを伝統的慣行・法意識と訣別し経済構造改革を目指そうとする試みであるとして評価される[4]。

(2) 韓国独占禁止法上，カルテルに対しては，当初，登録制が採られてお

り(5)。これらのうち競争制限をもたらすものについては，経済企画院長官(6)は，登録を拒否することとされ，したがって，事業者又は事業者団体は，カルテルを行うことはできなかった（原始独占禁止法11条1項，12条，18条1項，2項）。

その後，第1次法改正において，登録制が廃止されて現在の原則禁止主義が採られ，また，カルテルに対する課徴金制度が導入された(7)。更に，第3次法改正では，前述のとおり，競争制限の合意をもってカルテル（不当な共同行為）の成立とする改正が行われ，第5次法改正では，前述の申告者に対する免責制度が導入された。

第7次法改正においては，不当な共同行為について，それまで，一定の取引分野における競争を実質的に制限することとされていたのを，不当に競争を制限することへと改められた。その趣旨は，いわゆる硬性カルテルについては，競争に与える影響が極めて大きいにもかかわらず，従来の規定では，その競争制限性につき，個別事件ごとに逐一これを立証しなければならず，審査コストの面で難点があったため，当然違法の原則を採用することにあるとされる(8)。また，これは，これらのカルテルを当然違法とする国際的趨勢に符合させるためのものであり，その対象は，価格カルテル，入札談合，市場分割等であるとされている(9)。

ところで，不当な共同行為とされる行為には，右硬性カルテルとされるもののほか，法19条1項各号に列挙されるその他のものも含まれる。右改正は，硬性カルテルについては当然違法の原則を，その他のカルテルについては合理の原則を採用するものであるとされており(10)，このことは，「不当に（プタンハゲ）」という同一の文言を，ある種の行為については当然違法として，他のものについては合理の原則の下に解釈することを意味する。これに関連し，我が国独占禁止法では，不当な取引制限について，当然違法又は合理の原則という概念は用いていない。実態的には，硬性カルテルは，当然違法に近く，また，その他のものは，合理の原則によることとなろうが，それは，行為の形態により，いずれかに分類するということではなく，競争制限性の有無により，結果として右のようになるにすぎない。したがって，以上の点は，日韓両国の相違点とみるべきであろう。

なお，韓国独占禁止法では，「不当に（プタンハゲ）」という文言は，不公正

取引行為にも用いられており，ここでは，公正競争阻害性を指すものとされている。したがって，韓国独占禁止法上，「不当に（プタンハゲ）」は，多様な意味で用いられている。

(3) 韓国独占禁止法上，カルテル規制の運用状況は，次のとおりである。

まず，不当な共同行為について，法制定以降1999年までの措置別処理件数をみれば，告発4件，是正命令142件，うち課徴金64件，是正勧告44件，警告94件となっている[11]。一方，行為類型別にみれば，期間は右と同じく，価格の共同決定・維持192件（警告以上，以下同じ），商品の販売条件等の共同決定12件，商品の生産・出荷等の制限21件，取引地域・取引の相手方の制限28件，商品の種類・規格等の制限9件，共同会社の設立5件，事業活動の制限14件となっている[12]。韓国においても，入札談合事件は，非常に多く，これは右の価格の共同決定・維持の件数に含まれているので[13]，価格カルテル事件の件数が最も多くなっている。

我が国の場合は，入札談合事件を含めた価格カルテル事件がほとんどすべてであり，これ以外のカルテル事件は，皆無に近い[14]。これに比べれば，韓国では，価格以外のカルテル事件も非常に多いと言える。このことは，そもそも韓国において，これらの事件の比率が日本より高いというだけではなく，韓国公正取引委員会が価格以外のカルテル事件の規制にも積極的に取り組んでいることを物語るものではあるまいか。

(4) 日韓両国とも，入札談合事件は，カルテル事件の中で大きなウエイトを占めており，これの根絶は，カルテル対策における最重要課題となっている。韓国では，その一環として，調達庁，韓国道路公社等大規模公共工事発注機関に対し，一定金額以上の入札物件について，その内訳を公正取引委員会に通報させる等常時監視体制の確立が図られている[15]。

また，カルテル規制の実務において，証拠の収集は，最大の課題であり，また，難関でもある。この問題に関し，韓国独占禁止法では，既に述べたとおり，申告者等に対する免責制度（22条の2）を設けて，証拠の収集の促進が図られているが，このほか更に，報償金の支給，捜査機関の協助，調査官への押収・捜査権の付与等が検討されている[16]。

（1） 韓国公正去来委員会「公正去来年報1993年版」42頁
（2） 競争制限的合意の成立時点をもって不当な取引制限の成立時期とすることについては，静岡薄葉紙組合事件（昭和49・8・8勧告審決，審決集21巻，76頁），石油価格カルテル刑事事件（昭和59・2・24最高裁判決，審決集30巻，244頁）等にみられるように，その解釈及び運用は，確立しており，また，学説上も，異論はない。
（3） ㈳韓国公正競争協会「公正協会報」17号，2頁
（4） 稗貫俊文「韓国・競争去来法における協力者に対する課徴金軽減制度の比較法的検討」日韓比較法文化研究会報告『経済発展と法意識・法制度の相互関係の研究』1頁
（5） 拙稿「韓国における独占禁止法の改正について」商事法務903号，24頁
（6） 韓国において独占禁止法の運用主体は，第2次法改正までは，経済企画院長官であった。
（7） 韓国独占禁止法における課徴金制度は，法制定時，市場支配的事業者が価格引下命令に従わない場合に適用することとされた（制定法3条，6条）のが最初であり，カルテルに対しては，第1次法改正により導入された。
（8） イビョンジュ「公正取引法改正主要内容」㈳韓国公正競争協会「コンジョンキョンジェン」41号，25頁
（9） 孫珠瓚「韓国「独占規制および公正取引に関する法律」の1999年改正について」日韓比較法文化研究会（日本語論文）1999年8月28日，於北海道大学，3頁
（10） イビョンジュ「公正取引法改正主要内容」前掲，25頁
（11） 韓国公正去来委員会「公正去来白書2000年版」550頁
（12） 「公正去来白書2000年版」前掲，551頁
（13） 例えば，ソウル地域建設業者37社による不当な共同行為事件（公正去来委員会議決第97－77号，1997年5月16日），設計・管理業者24社による不当な共同行為事件（公正去来委員会議決第97－155号，1997年10月27日），その他をみても，談合入札事件は，価格競争を制限するものとされ，統計上も，価格カルテルのうちに含まれている。
（14） 我が国における平成7年から11年までのカルテル事件97件（法的措置のみ。以下同じ。）のうち，価格カルテルは19件，入札談合等は76件，その他のカルテルは2件となっている（平成12年度独占禁止白書，23頁）。したがって，入札談合等を含めた場合の価格カルテルは，97件中，実に95件までを占めることとなり，韓国とは，大きな違いが認められる。

(15) 韓国公正去来委員会「公正去来白書1998年版」209頁
(16) 「公正去来白書1998年版」前掲，210頁

第5章 不公正取引行為の禁止

第23条（不公正取引行為の禁止）

① 事業者は，次の各号の一に該当する行為であって，公正な取引を阻害するおそれがある行為（以下「不公正取引行為」という。）をし，又は系列会社若しくは他の事業者をして，これを行わせてはならない。
　一　不当に取引を拒絶し，又は取引の相手方を差別して取り扱う行為
　二　不当に競争者を排除する行為
　三　不当に競争者の顧客を自己と取引するように誘引し，又は強制する行為
　四　自己の取引上の地位を不当に利用して，相手方と取引する行為
　五　取引の相手方の事業活動を不当に拘束する条件で取引し，又は他の事業者の事業活動を妨害する行為
　六　〈削除〉
　七　不当に，特殊関係人又は他の会社に対して，仮支給金，貸与金，人力，不動産，有価証券，無体財産権等を提供し，又は著しく有利な条件で取引して，特殊関係人又は他の会社を支援する行為
　八　前7号に該当する行為のほか，公正な取引を阻害するおそれがある行為

② 不公正取引行為の類型又は基準は，大統領令により定める。
③ 公正取引委員会は，第1項の規定に違反する行為を予防するために必要なときは，事業者が遵守しなければならない指針を制定し，告示することができる。
④ 事業者又は事業者団体は，不当な顧客の誘引を防止するため，自主的に規約（以下「公正競争規約」という。）を定めることができる。
⑤ 事業者又は事業者団体は，公正取引委員会に対して，前項の公正競争規約が第1項第3号又は第6号の規定に違反するか否かについて，審査を求めることができる。

第24条（是正措置）

　　公正取引委員会は，前条（不公正取引行為の禁止）第1項の規定に違反する行為があるときは，当該事業者に対して，当該不公正取引行為の中止，契約条項の削除，法違反事実の公表その他是正するために必要な措置を命ずることができる。

第24条の2（課徴金）

　　公正取引委員会は，第23条（不公正取引行為の禁止）第1項の規定に違反する不公正取引行為があるときは，当該事業者に対して，大統領令に定める売上額に100

分の2（第7号の規定に違反した場合は，100分の5）を乗じて得た額を超えない範囲において，課徴金を賦課することができる。ただし，売上額がない場合等には，5億ウォンを超えない範囲において，課徴金を賦課することができる。

〔論説〕
(1) 韓国独占禁止法における不公正取引行為は，我が国独占禁止法の不公正な取引方法に相当する。韓国独占禁止法上，不公正取引行為とは，法23条1項各号の一に該当する行為であって，公正な取引を阻害するおそれがある行為をいう（23条1項本文）。不公正取引行為の類型又は基準は，大統領令（施行令）により定めることとされており（法23条2項），これに基づき，施行令36条1項は，その別表1において，一般不公正取引行為の内容を具体的に規定している。

不公正取引行為には，このほか，特定の分野又は特定の行為に対して適用されるものがあり（令36条2項），これら特殊のものは，我が国と異なり，改廃がしばしば行われるが，現在は，大規模小売店業における特定不公正取引行為の類型及び基準，景品類提供に関する不公正取引行為の類型及び基準，並びに加盟事業（フランチャイズ）における不公正取引行為の基準がある。

なお，不公正取引行為の類型及び基準は，かつては公正取引委員会告示により定めることとされていたが，第5次法改正において，現在のように，大統領令（施行令）により定めることとされた。

以上のような韓国の不公正取引行為を，我が国の不公正な取引方法と比較すれば，次の点を指摘することができる。

我が国の不公正な取引方法は，法2条9項の規定に基づき，公正取引委員会が指定したものを指すのに対し，韓国の不公正取引行為は，法23条1項各号に定める行為自体を指し，施行令に定めるこれの類型及び基準は，法定の行為の解釈・運用基準たるにとどまる。もっとも，韓国においても，かつては独占禁止法運用当局[1]が指定した行為が不公正取引行為とされていたが，第2次法改正により，法に定める行為自体が不公正取引行為とされた。

また，韓国独占禁止法では，事業者は，自ら不公正取引行為を行うことが禁止されるほか，系列会社（法2条3号）又は他の事業者をして，これを行わせることも禁止される（23条1項本文）。これは，我が国にはない規定である。こ

のように，事業者が自ら行う場合以外をも禁止の対象としたのは，第1次法改正においてであるが，その趣旨は，禁止の対象を企業集団にまで拡げ，経済力の集中を間接的に抑制するとともに，不公正取引行為に対する監視機能を強化するためであるとされる[2]。

(2) 不公正取引行為の内容は，次のとおりである（法23条1項）。
① 不当な取引拒絶又は差別的取扱い（同項1号）
② 競争者の不当な排除（2号）
③ 不当な顧客誘引又は強制（3号）
④ 取引上の地位の不当利用（4号）
⑤ 不当な拘束条件付取引又は事業活動妨害（5号）
⑥ 不当な支援行為（7号）
⑦ 右以外の公正な取引を阻害するおそれのある行為（8号）

第7次法改正までは，不当な表示又は広告も，不公正取引行為の中に含まれていたが（旧6号），右改正時に同時に制定された「表示及び広告の公正化に関する法律」（表示広告公正化法）[3]の施行に伴い同法の所管するところとなり，1999年7月1日をもって，同規定は削除された。

右にいう不当な支援行為とは，第5次法改正により追加された規定であり，我が国の不公正な取引方法にはない韓国特有の類型である。本規定は，事業者が，他の事業者に対して，不当に，資金，不動産，人力等を支援することをいう。その趣旨は，財閥内における不当な内部取引の規制にあり[4]，当初は，これらの者のみに対する規制が検討されていたが，最終的には，すべての事業者を規制の対象とすることとされた[5]。

右⑦は，第7次法改正により導入された規定であり，これにより，不公正取引行為の類型は，それまでの限定列挙方式から例示方式へと変更された。右変更の趣旨は，脱法的行為に対して適切に対処していくためであるとされる[6]。本改正が実現した背景には，韓国公正取引委員会競争政策諮問委員長である朴吉俊延世大学校教授の強い主張があったとされている[7]。

以上の内容を持つ不公正取引行為は，施行令36条1項別表1に，その類型及び基準が掲げられ，計9項目27の号に分けて具体的に規定されている。

これらの不公正取引行為の内容をみれば，我が国独占禁止法における不公正

な取引方法にかなり類似しているということができる。しかし，相違点もいくつかあり，その最大のものは，再販売価格の拘束が含まれていない点である。韓国独占禁止法上，再販売価格維持行為は，不公正取引行為とは別に規制されており，法29条1項において原則として禁止され，同条2項において，施行令に定める著作物及び公正取引委員会が指定する商品について，その適用除外が認められている。

(3) 韓国独占禁止法では，前述の一般不公正取引行為及び特定分野又は特定行為についての不公正取引行為の類型及び基準（法23条1項，2項，令36条1項，2項）の他に，公正取引委員会が必要に応じて事業者が遵守すべき指針を制定し得る法的根拠が設けられている（23条3項）。これは，第2次法改正により導入された規定であり，違反行為を予防するためのものである。我が国でも，各種行為について，指針，ガイドラインが制定されているが，これらは，法的根拠を有するものではない。韓国では，この規定に基づき，現在，並行輸入における不公正取引行為の類型に関する指針があるほか，右23条3項の規定に基づく指針以外に，大規模企業集団の不公正取引行為についての審査基準及び不当な支援行為の審査指針がある。

また，韓国独占禁止法では，事業者又は事業者団体が不当な顧客誘引を防止するために定める公正競争規約制度が設けられている（23条4項）。本制度は，第1次法改正により導入されたものであり，表示広告公正化法の施行により，表示又は広告に関する事項は，同法に基づく表示又は広告の自律規約（同法14条）へと移管された。我が国にも，公正競争規約制度はあるが，これは，景品表示法に基づくものであって（同法10条），独占禁止法に基づくものではない。

韓国独占禁止法上，不公正取引行為に対しては，是正措置（24条）が命じられるほか，課徴金（24条の2）が賦課される。不公正取引行為に対する課徴金制度は，第3次法改正において導入され，第4次法改正では，更に，再販売価格維持行為にまで拡大された。

(4) 韓国における再販売価格維持行為をも含む不公正取引行為規制の運用状況は，次のとおりである。

まず，措置別処理件数についてみれば，法制定以降1999年までの件数は，告発64件，うち課徴金事件4件，是正命令1,758件，うち課徴金事件224件，是正

勧告949件，警告2,316件となっている[8]。

以上の運用状況からは，次の特徴を指摘することができる。

第1に，不公正取引行為の処理件数は，カルテル事件の処理件数の約6.9倍にものぼっており，圧倒的に多い[9]。

第2に，年間処理件数を我が国の不公正な取引方法の場合と比較しても，韓国側が圧倒的に多い[10]。もっとも，韓国側の件数の中には，我が国であれば，景品表示法で処理する過大な景品類の提供並びに不当表示及び広告も含まれているから，これを控除しなければならないが，この点を考慮しても，なお韓国側が圧倒的に多いと言える。

第3に，告発件数も，非常に多く，カルテル事件の約3倍にものぼっている[11]。我が国の場合，不公正な取引方法は，罰則の対象とはならないが，韓国では，不公正取引行為も，罰則の対象とされている（法67条，71条）。

次に，右と同一期間における違反件数を行為類型別にみれば，次のとおりとなっている[12]。

最も多い違反行為は，不当表示及び不当広告の1,509件であり，次いで，不当顧客誘引の888件が続き，更に，取引上の地位の濫用が719件となっている。なお，不当顧客誘引の中には，我が国であれば，景品表示法で処理される過大な景品類の提供が483件あり，半数強を占めている。以上三者が不公正取引行為違反事件の上位3位までであるが，以下，不当な取引拒絶157件，不当な差別的取扱い156件，拘束条件付取引142件，再販売価格維持126件，取引強制106件等々と続いている。

以上の内訳を我が国と比較すれば，再販売価格維持行為の比率が極端に低いことが，韓国の特徴として指摘することができる。また，不当内部支援については，これまで37件あるにすぎないが，これは，本規定が施行されたのは，97年4月1日であるためである。不公正取引行為規制における韓国公正取引委員会の現下の最重要課題は，財閥内における不当内部支援行為の根絶にあり[13]，将来統計上，これが大きな比率を占めてくることは確実であると思われる。

　　（1）　この当時の独占禁止法運用当局は，公正取引委員会ではなく，経済企画院であった。

（２）　趙炳澤「韓国独占禁止法の改正内容とその問題点」公正取引449号，20頁
（３）　拙稿（翻訳）「韓国表示広告公正化法及び同法施行令」名古屋経済大学論叢・企業法研究12号
（４）　ハンジョンギル（公正去来委員会事務処長）「公正取引政策の推進課題」㈳韓国公正競争協会「コンジョンキョンジェン」6号，17頁
（５）　「公正協会報」17号，前掲，2頁
（６）　イビョンジュ「公正取引法改正主要内容」「コンジョンキョンジェン」41号，26頁
（７）　朴吉俊（中山武憲訳）「韓日独占禁止法と不公正取引行為に対する規制」日韓比較法文化研究会報告『東アジア文化と近代法』187頁
（８）　韓国公正去来委員会「公正去来白書2000年版」560頁
（９）　不公正取引行為の処理件数は，5,087件
　　　カルテルの処理件数は，737件（不当な共同行為284件，事業者団体の違反事件のうち法26条１項１号事件453件）「公正去来白書2000年版」前掲，550頁，553頁，560頁
（10）　平成７年度から平成11年度までの５年間における我が国の不公正な取引方法の法的措置件数は，137件（「平成12年度独占禁止白書」23頁）
　　　1995年から99年までの５年間における韓国の不公正取引行為の法的措置件数は，1,330件（「公正去来白書2000年版」前掲，560頁）
（11）　不公正取引行為の告発件数は，64件。カルテルの告発件数は，22件（不当な共同行為４件，事業者団体の違反事件18件）「公正去来白書2000年版」前掲，550頁，552頁，560頁）
（12）　「公正去来白書2000年版」前掲，561頁。
　　　なお，違反類型別処理件数と措置別処理件数（前記注（８））は，1992年までとそれ以降の統計のとり方が異なる等の事情により，合計が一致しない。
（13）　韓国公正去来委員会「公正去来白書1998年版」147頁

第６章　事業者団体

第25条（事業者団体の設立届）

　〈削除〉

第26条（事業者団体の禁止行為）

①　事業者団体は，次の各号の一に該当する行為をしてはならない。

　一　第19条（不当な共同行為の禁止）第１項各号の行為により，不当に競争を制限

する行為
二　一定の取引分野における現在又は将来の事業者の数を制限する行為
三　構成事業者（事業者団体の構成員である事業者をいう。以下同じ。）の事業内容又は活動を不当に制限する行為
四　事業者に第23条（不公正取引行為の禁止）第1項に規定する不公正取引行為又は第29条（再販売価格維持行為の制限）に規定する再販売価格維持行為をさせるようにし，又はこれを幇助する行為

②　第19条（不当な共同行為の禁止）第3項の規定は，第1項第1号の場合に，これを準用する。この場合において，「事業者」とあるのは「事業者団体」と読み替えるものとする。

③　公正取引委員会は，第1項の規定に違反する行為を予防するために必要なときは，事業者団体が遵守しなければならない指針を制定し，告示することができる。

④　公正取引委員会は，前項の指針を制定しようとするときは，関係行政機関の長の意見を聴かなければならない。

第27条（是正措置）

　　公正取引委員会は，第26条（事業者団体の禁止行為）の規定に違反する行為があるときは，当該事業者団体（必要な場合は，関連する構成事業者を含む。）に対して，当該行為の中止，法違反事実の公表その他是正するために必要な措置を命ずることができる。

第28条（課徴金）

①　公正取引委員会は，第26条（事業者団体の禁止行為）第1項各号の一の規定に違反する行為があるときは，当該事業者団体に対して，5億ウォンの範囲において，課徴金を賦課することができる。

②　公正取引委員会は，第26条（事業者団体の禁止行為）第1項各号の一の規定に違反する行為に参加した事業者に対して，大統領令に定める売上額に100分の5を乗じて得た額を超えない範囲において，課徴金を賦課することができる。ただし，売上額がない場合等には，5億ウォンを超えない範囲において，課徴金を賦課することができる。

〔論説〕

　(1)　事業者団体の禁止行為について規定する法26条1項の規定は，我が国独占禁止法8条1項の規定に相当する。韓国独占禁止法は，事業者団体の禁止行

為として，次のものを列挙する（法26条1項）。
  ①　不当に競争を制限する行為（同項1号）
  ②　一定の取引分野の事業者の数の制限（同項2号）
  ③　構成事業者の事業内容又は活動の不当な制限（同項3号）
  ④　事業者に不公正取引行為等をさせること等（同項4号）
　このほか，事業者団体自らがいわゆる不当表示を行うことも禁止されていたが（26条1項旧5号），表示広告公正化法（正式名称「表示及び広告の公正化に関する法律」）の施行に伴い，1999年7月1日，同規定は，削除された。
　右のうち，①及び③がカルテルに係るものであり，我が国独占禁止法8条1項1号及び4号の規定と極めて類似している。
　なお，韓国の右禁止規定中，我が国の8条1項2号に対応する規定はない。しかし，これに相当する規制は，韓国法では，不当な国際契約の締結制限について規定する32条1項の規定の中で行われている。
　事業者団体の違反行為に対しても，是正措置（27条）が命じられるほか，課徴金（28条）が賦課される。右課徴金は，構成事業者に賦課されるのみならず，我が国と異なり，事業者団体自体に対しても賦課される（28条1項，2項）。また，課徴金の対象となる行為は，我が国の場合よりもかなり広く，法26条1項各号に違反するすべての行為である（28条）。
(2)　事業者団体の禁止行為についてみれば，法制定以降1999年までの措置別処理件数（26条1項各号）は，告発18件，是正命令353件，うち課徴金事件22件，是正勧告94件，警告256件となっている[1]。また，これらを違反類型別にみれば，カルテルに相当する競争制限行為（26条1項1号）が453件，これと関連の深い構成事業者の事業内容又は活動の制限（同項3号）が110件となっており，残りがその他の類型である[2]。
　事業者団体の違反行為のうち最も大きなウエイトを占めるものは，言うまでもなくカルテルである。これについて，その行為主体の観点からみたとき，それが事業者間の共同行為によるものか，又は事業者団体によるものかにつき，実務上，明確に峻別し得る場合はむしろ少ないと言えよう。したがって，カルテルが行われた場合，これを右のいずれの主体によるものとして処理するかにあたっては，その時々の法運用主体の意向が反映されがちである[3]。このよう

な観点から韓国の実情をみたとき，不当な共同行為（19条1項）284件（警告以上。期間は右と同じ。以下同様。），事業者団体による競争制限行為（26条1項1号）453件となっており[4]，事業者団体の行為として処理する場合が多く，また，年度による顕著な差異は認められない。我が国では，かつては事業者団体の行為として処理する場合が多かったが，その後，できる限り事業者間の共同行為として処理するようになって，今日にいたっている[5]。この点において，日韓両国間には，顕著な相違が認められる。

（1）　韓国公正去来委員会「公正去来白書2000年版」552頁
（2）　「公正去来白書2000年版」前掲，553頁
（3）　石油価格カルテル刑事事件（昭和59・2・24最高裁判決，審決集30巻，244頁）では，「不当な取引制限行為が事業者団体によって行われた場合であっても，これが同時に右事業者団体を構成する各事業者の従業員等によりその業務に関して行われたと観念し得る事情のあるときは，右行為を行ったことの刑責を事業者団体のほか各事業者に対して問うことも許され，そのいずれに対し刑責を問うかは，公取委ないし検察官の合理的裁量に委ねられている」と判示している。
（4）　「公正去来白書2000年版」前掲，550頁，553頁
（5）　我が国において，カルテル事件を主として事業者団体の行為として処理する方向から，事業者間の共同行為として処理する方向へと転換したのは，おおむね昭和48年頃である（「平成10年度独占禁止白書」附属資料38～39頁）

第7章　再販売価格維持行為の制限

第29条（再販売価格維持行為の制限）
① 事業者は，再販売価格維持行為をしてはならない。ただし，商品又は役務を一定の価格以上で取引できないようにする最高価格維持行為であって，正当な理由がある場合は，この限りでない。
② 前項の規定は，大統領令に定める著作物，及び次の各号の要件を満たす商品であって事業者が当該商品について再販売価格維持行為をすることができるように公正取引委員からあらかじめ指定を受けたものには，これを適用しない。
　一　当該商品の品質が同一であることを容易に識別できること。
　二　当該商品が一般消費者に日常使用されるものであること。

第7章 再販売価格維持行為の制限

　　三　当該商品について，自由な競争が行われていること。
③　事業者が，前項の規定による指定を受けようとするときは，大統領令の定めるところにより，これを公正取引委員会に申請しなければならない。
④　公正取引委員会が，第2項の規定により再販売価格維持行為をすることができる商品を指定したときは，これを告示しなければならない。

第30条（再販売価格維持契約の修正）
　　公正取引委員会は，前条（再販売価格維持行為の制限）第4項の規定により，公正取引委員会が指定し告示した商品を生産し又は販売する事業者が，当該商品の再販売価格を決定し維持するために締結した契約が，消費者の利益を著しく阻害するおそれがあり，又は公共の利益に反するときは，契約内容の修正を命ずることができる。

第31条（是正措置）
　　公正取引委員会は，第29条（再販売価格維持行為の制限）第1項の規定に違反する行為があるときは，当該事業者に対して，当該行為の中止，法違反事実の公表その他是正するために必要な措置を命ずることができる。

第31条の2（課徴金）
　　公正取引委員会は，第29条（再販売価格維持行為の制限）の規定に違反する再販売価格維持行為があるときは，当該事業者に対して，大統領令に定める売上額に100分の2を乗じて得た額を超えない範囲において，課徴金を賦課することができる。ただし，売上額がない場合等には，5億ウォンを超えない範囲において，課徴金を賦課することができる。

〔論説〕
(1)　不公正な取引行為規制における日韓両国の最大の相違点は，韓国では，再販売価格の拘束が不公正取引行為の中に含まれていない点である。韓国独占禁止法は，第7章に再販売価格維持行為の制限と題する章を設け，第5章の不公正取引行為の禁止とは別に，再販売価格維持行為に対する規制を行っている。
　法29条1項は，再販売価格維持行為を原則として禁止し，同条2項において，施行令に定める著作物及び公正取引委員会が指定する商品について，その適用除外を認めている。
　なお，第9次法改正においては，再販売価格維持行為であっても，商品又は

役務を一定の価格以上で取引できないようにする最高価格維持行為であって，正当な理由があるものについては，禁止の対象から除外された（29条1項但書）。

このように，再販売価格維持行為に対する規制を不公正取引行為に対する規制と別に行うのは，法制定当時からのことであり，制定時における筆者の印象では，先進国の多くが再販売価格の拘束については原則違法とし，その他の行為については合理の原則により違法性を判断するという傾向に従ったためであろうと思われた。したがって，現行法においても，不公正取引行為については，公正な取引を阻害するおそれがあることが違法性の要件となっている（23条1項本文）のに対し，再販売価格維持行為については，このような違法性要件は付されていない（29条1項）。

再販売価格維持行為の適用除外については，我が国では，著作物の範囲について，これまで多くの議論がなされてきたが[1]，韓国では，99年施行令改正において，その範囲が縮小された（令43条）。これは，従来その範囲が広きにすぎる憾みがあり，これを改善するためであるとされる[2]。

なお，指定再販品目は，韓国においても現在認められていない[3]。

再販売価格維持行為に対しても，不公正取引行為の場合と同様，是正措置（31条）が命じられるほか，課徴金（31条の2）が賦課される。再販売価格維持行為に対する課徴金制度は，第4次法改正により導入されたものである。

(2) 我が国において，再販売価格の拘束事件は，不公正な取引方法事件の中で圧倒的多数を占めるが，韓国では，必ずしもそうではない。

法制定以降1999年までの不公正取引行為（再販売価格維持行為を含む。）全事件数3,951件（但し，これには，我が国であれば，景品表示法で処理される過大な景品類の提供及び不当表示事件も含まれる。）のうち，再販売価格維持事件は126件にすぎず，その比率は，わずか3.2パーセントにすぎない[4]。

 (1) 平成10年3月31日，我が国公正取引委員会は，著作物再販制度の取扱いについて，一定の方針を示している。
 (2) 韓国公正去来委員会，1999年施行令改正時発表文
 (3) 韓国公正去来委員会「公正去来白書1999年版」185頁
 (4) 韓国公正去来委員会「公正去来白書2000年版」561頁

第8章　国際契約の締結制限

第32条（不当な国際契約の締結制限）

① 事業者又は事業者団体は，不当な共同行為，不公正取引行為又は再販売価格維持行為に該当する事項を内容とするものであって，大統領令に定める国際的協定又は契約（以下「国際契約」という。）を締結してはならない。ただし，当該国際契約の内容が，一定の取引分野における競争に及ぼす影響が軽微であり，又はその他やむを得ない事由があると公正取引委員会が認めるときは，この限りでない。

② 公正取引委員会は，前項の規定による不当な共同行為，不公正取引行為又は再販売価格維持行為の類型及び基準を定めて，告示することができる。

第33条（国際契約の審査要請）

　　事業者又は事業者団体は，国際契約を締結するにあたり，当該国際契約が前条（不当な国際契約の締結制限）第1項の規定に違反するか否かについて，大統領令の定めるとろに従い，公正取引委員会に審査を求めることができる。

第34条（是正措置）

　　公正取引委員会は，第32条（不当な国際契約の締結制限）第1項の規定に違反し又は違反するおそれのある国際契約があるときは，当該事業者又は事業者団体に対して，契約の取消し，契約内容の修正又は変更，その他是正するために必要な措置を命ずることができる。

第34条の2（課徴金）

　　公正取引委員会は，第32条（不当な国際契約の締結制限）第1項の規定に違反して国際契約が締結されたときは，当該事業者団体に対して，5億ウォンの範囲において，また，当該事業者に対して，大統領令に定める売上額に100分の2を乗じて得た額を超えない範囲において，課徴金を賦課することができる。ただし，事業者の場合であって売上額がないとき等には，5億ウォンを超えない範囲において，課徴金を賦課することができる。

〔論説〕

（1）事業者又は事業者団体は，不当な共同行為，不公正取引行為又は再販売価格維持行為に該当する事項を内容とする国際契約を締結してはならない（法32条1項）。右国際契約の内容は，施行令に定められており，これによれば，産業財産権導入契約，著作権導入契約，ノウハウ導入契約，フランチャイズ導入契約，共同研究開発協定，輸入代理店契約及び合弁投資契約がこれに当たる

(令47条)。

　また，不当な共同行為，不公正取引行為又は再販売価格維持行為の類型及び基準は，公正取引委員会がこれを定めて告示することができるとされており（法32条2項），これに基づき，「国際契約上の不公正取引行為の類型及び基準」が告示されている。右告示は，規制の対象となる右7つの契約ごとに，不公正取引行為等に該当するおそれのある各種制限等を列挙している。

　(2) 国際契約については，事業者又は事業者団体は，公正取引委員会に対してその違法性の有無を審査要請し得ることとすることにより，その適正化が図られている（法33条）。これに基づき，「国際契約審査要領」が告示され，審査要請にあたっての手続が定められている。

　しかし，第4次法改正前は，届出制を採ることにより，国際契約に対する監視が行われていた。ところが，90年代に入って，韓国企業の事業活動がより国際化するにつれ，国際契約の届出制は，その足かせともなりかねず，また，国内契約については届出を要しないこととの衡平上の問題点をも指摘されるに及び，同制度は廃止され，代わって，審査要請制度が採用されるにいたった[1]。

　不当な国際契約事件（そのほとんどすべては，国際契約書の規定を修正させる軽微な警告事件）は，法施行から日の浅い1980年代は，違反事件の中でかなりのウエイトを占めていたが，独占禁止法の浸透とともに，急激にその比率を下げ，届出制の廃止及び審査要請制の導入により，現在では，わずかばかりの件数となっている[2]。

　（1）　韓国公正去来委員会「独占規制及び公正取引に関する法律中改正法律（案）」1994年12月，6頁
　（2）　韓国公正去来委員会「公正去来白書2000年版」519頁，524頁

第9章　専担機構
第35条（公正取引委員会の設置）
① この法律による事務を独立して遂行するために，国務総理に所属する公正取引委員会を置く。
② 公正取引委員会は，政府組織法第2条（中央行政機関の設置と組織）に規定する

第9章　専担機構

中央行政機関として，その所管事務を遂行する。

第36条（公正取引委員会の所管事務）

　公正取引委員会の所管事務は，次の各号のとおりとする。
　一　市場支配的地位の濫用行為の規制に関する事項
　二　企業結合の規制及び経済力集中の抑制に関する事項
　三　不当な共同行為及び事業者団体の競争制限行為の規制に関する事項
　四　不公正取引行為及び再販売価格維持行為の規制に関する事項
　五　不当な国際契約の締結の制限に関する事項
　六　競争制限的な法令及び行政処分の協議，調整等の競争促進政策に関する事項
　七　その他法令により公正取引委員会の所管として規定された事項

第37条（公正取引委員会の構成等）

① 公正取引委員会は，委員長1人及び副委員長1人を含む9人の委員をもって構成し，うち4人は非常任委員とする。
② 公正取引委員会の常任委員及び非常任委員（以下「委員」という。）は，次の各号の一に該当する者のうち，委員長及び副委員長については国務総理の要請により大統領が任命し，その他の委員については委員長の要請により大統領が任命する。
　一　独占規制及び公正取引に関して経験のある2級以上の公務員の職にあった者
　二　判事，検事又は弁護士の職に15年以上あった者
　三　大学において法律学，経済学又は経営学を専攻した者であって，大学若しくは公認された研究機関において副教授以上又はこれに相当する職に15年以上あった者
　四　企業経営又は消費者保護活動に15年以上従事した経歴のある者
③ 委員長及び副委員長は，政務職とし，その他の常任委員は，1級相当の別定職の国家公務員に補する。
④ 委員長，副委員長及び第47条（事務処の設置）に規定する事務処の長は，政府組織法第9条（政府委員）に規定する政府委員とする。

第37条の2（会議の区分）

　公正取引委員会の会議は，委員全員をもって構成する会議（以下「全員会議」という。）と，常任委員1人を含む委員3人をもって構成する会議（以下「小会議」という。）に区分する。

第37条の3（全員会議及び小会議の管掌事項）

① 全員会議は，次の各号の事項を審議し，議決する。
　一　公正取引委員会が所管する法令又は規則，告示等の解釈又は適用に関する事項

二 第53条（異議の申立て）の規定に基づく異議の申立て
三 小会議において議決されず，又は小会議が全員会議において処理するよう決定した事項
四 規則若しくは告示の制定又は変更
五 経済的波及効果が重大な事項その他全員会議において自ら処理することが必要であると認めた事項
② 小会議は，前項各号の事項以外の事項を審議し，議決する。

第38条（委員長）
① 委員長は，公正取引委員会を代表する。
② 委員長は，国務会議に出席して，発言することができる。
③ 委員長が事故により職務を遂行できないときは，副委員長がその職務を代行し，委員長及び副委員長がともに事故により職務を遂行できないときは，先任の常任委員がその職務を代行する。

第39条（委員の任期）
公正取引委員会の委員長，副委員長その他の委員の任期は，それぞれ3年とし，1回に限り再任することができる。

第40条（委員の身分保障）
委員は，次の各号の一に該当する場合を除き，その意思に反して免職されることがない。
一 禁固以上の刑の宣告を受けた場合
二 長期間の心身衰弱により職務を遂行することができなくなった場合

第41条（委員の政治運動の禁止）
委員は，政党に加入し，又は政治運動に関与することができない。

第42条（会議の議事及び議決定足数）
① 全員会議の議事は，委員長が主宰し，在籍する委員の過半数の賛成により議決する。
② 小会議の議事は，常任委員が主宰し，構成委員全員の出席及び出席委員全員の賛成により議決する。

第43条（審理及び議決の公開並びに合議の非公開）
① 公正取引委員会の審理及び議決は，これを公開する。ただし，事業者又は事業者団体の事業上の秘密を保護する必要があると認めるときは，この限りでない。
② 公正取引委員会の事件に関する議決の合議は，これを公開しない。

第43条の2（審判廷の秩序維持）

全員会議及び小会議の議長は，審判廷に出席する当事者，利害関係人，参考人及び参観人等に対して，審判廷の秩序を維持するために必要な措置を命ずることができる。

第44条（委員の除斥，忌避及び回避）
① 委員は，次の各号の一に該当する事件についての審議及び議決から除斥される。
　一　自己又は配偶者若しくは配偶者であった者が，当事者又は共同権利者若しくは共同義務者である事件
　二　自己が当事者と親族関係にあり，又は自己が属する法人が，当事者の法律，経営等について諮問若しくは顧問等をしている事件
　三　自己又は自己が属する法人が，証言若しくは鑑定をした事件
　四　自己又は自己が属する法人が，当事者の代理人として関与し，若しくは関与した事件
　五　自己又は自己が属する法人が，事件の対象となる処分若しくは不作為に関与した事件
② 当事者は，委員に審議又は議決の公正を期待することが困難な事情があるときは，忌避の申立てをすることができる。委員長は，この忌避の申立てに対して，委員会の議決を経ないで決定を行う。
③ 委員本人は，第1項又は前項の事由に該当するときは，自らその事件の審議及び議決を回避することができる。

第45条（委員の署名捺印）
　公正取引委員会は，この法律の規定に違反する事項について議決するときは，その理由を明示した議決書にしなければならず，議決に参加した委員は，その議決書に署名捺印しなければならない。

第46条（罰則適用における公務員の擬制）
　公正取引委員会の委員のうち公務員でない委員は，刑法その他の法律による罰則の適用において，公務員とみなす。

第47条（事務処の設置）
　公正取引委員会の事務を処理するために，公正取引委員会に事務処を置く。

第48条（組織に関する規定）
① この法律に規定するものを除く外，公正取引委員会の組織に関して必要な事項は，大統領令により定める。
② この法律に規定するものを除く外，公正取引委員会の運営等に関して必要な事項は，公正取引委員会の規則により定める。

〔論説〕

　独占禁止法を運用する機関は，日韓ともに，公正取引委員会である。
　しかし，韓国において，公正取引委員会が名実ともに独占禁止法の運用主体となったのは，第2次法改正以降であり，それ以前は，経済企画院が運用主体であって，公正取引委員会は，補完的機能を果たすにすぎなかった。
　公正取引委員会の組織は，日韓ともに，独立性を有する行政委員会である。
　しかし，その構成は，日韓両国間で若干相違する。我が国は，委員長及び委員4名から成るのに対して，韓国は，委員長，副委員長，常任委員3名，非常任委員4名の計9名から成っている。
　また，韓国は，公正取引委員会の会議を，全員会議及び小会議の2種類に分け，事案の内容に応じて，これらのいずれかで審議させることとし，事務の効率化が図られているが，我が国には，このような制度はない。
　韓国公正取引委員会の下には，事務処がおかれている。事務処には，総務課，企画管理官，審判管理官，政策局，独占局，競争局，消費者保護局，下請局及び調査局がおかれ，更に，釜山，光州，大田及び大邱に，地方事務所がおかれている。このほか，委員会の下ではあるが，事務処とは別に，公報官及び監査担当官がおかれている[1]。これら公正取引委員会の総定員は，402名となっている[2]。
　公正取引委員会の運営に関しては，施行令第9章に所要の規定がおかれるほか，「公正取引委員会会議運営及び事件手続等に関する規則」が定められている。

（1）　韓国公正去来委員会「公正去来白書2000年版」394頁
（2）　「公正去来白書2000年版」前掲，391頁

第10章　調査等の手続

第49条（違反行為の探知，申告等）
① 公正取引委員会は，この法律の規定に違反する疑いがあると認めるときは，職権により必要な調査をすることができる。
② 何人も，この法律の規定に違反する事実があると認めるときは，その事実を公正取引委員会に申告することができる。

③　公正取引委員会は，第1項又は前項の規定により調査をしたときは，その結果（調査の結果，是正措置命令等の処分をしようとするときは，その処分の内容を含む。）を，書面により当該事件の当事者に通知しなければならない。

④　公正取引委員会は，この法律の規定に違反する行為が終了した日から5年を経過したときは，当該違反行為について，この法律による是正措置及び課徴金の納付等を命ずることができない。ただし，裁判所の判決により，是正措置又は課徴金賦課処分が取り消された場合であって，その判決理由に従い新たな処分をするときは，この限りでない。

第50条（違反行為の調査等）

①　公正取引委員会は，この法律の施行のために必要があると認めるときは，大統領令の定めるところにより，次の各号の処分をすることができる。
　一　当事者，利害関係人若しくは参考人の出頭又は意見の聴取
　二　鑑定人の指定又は鑑定の委嘱
　三　事業者，事業者団体又はこれらの役職員に対して，原価若しくは経営状況に関する報告，その他必要な資料若しくは物件の提出を命じ，又は提出された資料若しくは物件を領置すること

②　公正取引委員会は，この法律の施行のために必要があると認めるときは，その所属公務員（第65条（権限の委任又は委託）の規定による委任を受けた機関の所属公務員を含む。）をして，事業者又は事業者団体の事務所若しくは事業場に立ち入らせ，業務若しくは経営状況，帳簿，書類，電算資料，音声録音資料，画像資料その他大統領令に定める資料又は物件を調査させることができ，大統領令の定めるところにより，指定された場所において，当事者，利害関係人又は参考人の陳述を聴取させることができる。

③　前項の規定により調査をする公務員は，大統領令の定めるところにより，事業者，事業者団体又はこれらの役職員に対して，調査に必要な資料若しくは物件の提出を命じ，又は提出された資料若しくは物件を領置することができる。

④　第2項の規定により調査をする公務員は，その権限を示す証明書を関係人に提示しなければならない。

⑤　公正取引委員会は，第23条（不公正取引行為の禁止）第1項第7号の規定に違反する相当の疑いがある大規模企業集団の系列会社の調査と関連して，金融取引関連情報又は資料（以下「金融取引情報」という。）によらない資金等の支援であるか否かを確認することができないと認めるときは，他の法律の規定にかかわらず，次の各号の事項を記載した文書により，金融機関の長に，金融取引情報の提出を求め

ることができ，当該金融機関の長は，これを提供しなければならない。
一　取引者の人的事項
二　使用目的
三　要求する金融取引情報の内容（不当支援行為と関連する疑いがあると認められる者の金融機関との不当支援行為と関連する金融取引情報に限る。）
⑥　前項の規定により，金融機関が，公正取引委員会に金融取引情報を提供する場合，金融機関は，金融取引情報を提供した日から10日以内に，提供した金融取引情報の主要内容，使用目的，提供を受けた者及び提供した日等を，名義人に書面により通知しなければならない。
⑦　公正取引委員会は，第5項の規定により，金融機関に対して，金融取引情報を要求するときは，その事実を記録しなければならず，金融取引情報を要求した日から3年間は，この記録を保管しなければならない。
⑧　第5項の規定により，金融取引情報の提供を受けた者は，その資料を，他人に提供し若しくは漏洩し又はその目的以外の用途にこれを利用してはならない。

第51条（違反行為の是正勧告）
①　公正取引委員会は，この法律の規定に違反する行為があるときは，当該事業者又は事業者団体に対して，是正措置方案を定めて，これに従うことを勧告することができる。
②　前項の規定により勧告を受けた者は，是正勧告の通知を受けた日から10日以内に，当該勧告に応諾するか否かについて，公正取引委員会に通知しなければならない。
③　第1項の規定により是正勧告を受けた者が当該勧告を応諾したときは，この法律による是正措置が命じられたものとみなす。

第52条（意見陳述の機会の付与）
①　公正取引委員会は，この法律の規定に違反する事項について，是正措置又は課徴金の納付を命ずる前に，当事者又は利害関係人に意見を陳述する機会を与えなければならない。
②　当事者又は利害関係人は，公正取引委員会の会議に出席して，その意見を陳述し，又は必要な資料を提出することができる。

第52条の2（資料閲覧要求等）
　　当事者又は利害関係人は，公正取引委員会に対して，この法律の規定による処分と関連する資料の閲覧又は複写を求めることができる。この場合において，公正取引委員会は，資料を提出した者の同意があり，又は公益上の必要があると認めるときは，これに応じなければならない。

第10章　調査等の手続

第53条（異議申立て）
① この法律による公正取引委員会の処分に対して不服がある者は，その処分の通知を受けた日から30日以内に，その事由を添えて，公正取引委員会に異議の申立てをすることができる。
② 公正取引委員会は，前項の規定による異議の申立てに対して，60日以内に裁決をしなければならない。ただし，やむを得ない事情により，この期間内に裁決をすることができないときは，30日の範囲内において，決定によりこの期間を延長することができる。

第53条の2（是正措置命令の執行停止）
① 公正取引委員会は，この法律の規定により是正措置命令を受けた者が，前条（異議申立て）第1項の異議の申立てをした場合において，その命令の履行若しくは手続の続行により生ずる回復し難い損害を予防するために必要があると認めるときは，当事者の申立て又は職権により，その命令の履行若しくは手続の続行を停止すること（以下「執行停止」という。）を決定することができる。
② この法律により，公正取引委員会は，執行停止の決定をした後に，その事由が消滅したときは，当事者の申立て又は職権により，執行停止の決定を取り消すことができる。

第54条（訴の提起）
① この法律による公正取引委員会の処分に対して不服の訴を提起しようとするときは，処分の通知を受けた日又は異議申立てに対する裁決書の正本の送達を受けた日から30日以内に，これをしなければならない。
② 前項の期間は，これを不変期間とする。

第55条（不服の訴の専属管轄）
　　前条（訴の提起）の規定による不服の訴は，公正取引委員会の所在地を管轄するソウル高等法院の専属管轄とする。

第55条の2（事件処理手続等）
　　この法律の規定に違反する事件の処理手続等に関して必要な事項は，公正取引委員会が定めて告示する。

〔論説〕
(1) 韓国独占禁止法上，法違反に対しては，公正取引委員会により是正措置が命じられる。この是正措置の対象となる行為は，市場支配的地位の濫用（5

条)，企業結合の制限及び経済力集中の抑制違反（16条)，不当な共同行為（21条)，不公正取引行為（24条)，事業者団体の禁止行為（27条)，再販売価格維持行為（31条）及び不当な国際契約（34条）である。

右のほか，韓国独占禁止法には，是正勧告の制度があり（51条）これを受けた者が勧告に応諾したときは，是正命令があったものとみなされる（同条3項)。是正勧告は，違反行為をした事業者がその事実を直ちに認めて，是正する意図を速やかに示したとき等に採られている[1]。

また，韓国公正取引委員会が公表する違反行為の処理状況に関する統計の中には，必ず是正要請との類型が表れてくるが，これは，法律に基づくものではない。是正要請とは，行政官庁が作成したり認可した約款が不当である場合に，公正取引委員会が当該官庁に対してその是正を要請するものであり，主として地方自治体の公営開発事業に関連して行われている[2]。是正要請は，これまで公正取引委員会が所管する法律の一つである「約款の規制に関する法律」（略称「約款規制法」）の運用上行われてきており，独占禁止法の運用上行われたことはない[3]。

以上のほか，行政指導の一種である警告という措置も多く採られており，その件数は，韓国公正取引委員会の統計資料に必ず記載されている。

韓国独占禁止法では，公正取引委員会の処分に対する異議申立制度が設けられている（53条)。また，異議申立てがあった場合に，その命令の履行又は手続の続行により回復し難い損害が生ずると認められるときは，公正取引委員会は，その執行を停止することができることとされている（53条の2)。

更に，公正取引委員会の処分に対して不服があるときは，訴を提起することができ（54条1項)，その管轄は，ソウル高等法院の専属管轄とされている（55条)。韓国における行政訴訟は，かつては行政審判前置主義を採用していたが，行政訴訟法の改正により，1998年3月1日以降は，行政審判を経ることなく，直ちに行政訴訟を提起することが認められた。一方，独占禁止法は，改正前の行政訴訟法と同様，異議申立前置主義を採用していたため，第7次法改正において，行政訴訟法の右改正の趣旨に合うよう，公正取引委員会の処分に不服のある者は，同委員会に対して異議申立てを行うか，又は直ちに訴を提起するかにつき，選択し得ることとされた（54条1項)[4]。

(2) 次に，韓国独占禁止法違反事件の処理状況についてみていくこととする(5)。

　独占禁止法違反に対する措置として最も重いものは，告発である。法施行以降99年末までの19年間に，告発は，合計94件行われている(6)。これは，年間平均約5件であるから，我が国とは比較するまでもなく，運用面での韓国の積極性は，一目瞭然である。その内訳は，不公正取引行為が圧倒的に多くて64件，次いで，事業者団体の競争制限行為が18件，更に，不当な共同行為及び経済力集中抑制違反の各4件が続いている。我が国の告発事件は，ほとんどがカルテル事件であるから(7)，この点で，日韓両国の運用は，大きな違いをみせている。

　右と同一期間における韓国の措置別処理状況についてみれば，是正命令2,340件，是正勧告1,182件，警告5,567件となっている(8)。警告件数の中には，企業結合届出期間不遵守524件及び第4次法改正前まで採られていた国際契約届出制度(9)の下における国際契約の修正件数2,259件が含まれており，これら特殊な類型のものを除けば，2,784件となる。これを我が国と比較すれば，韓国は，法的措置（是正命令及び是正勧告）の比率が我が国よりかなり高く(10)，また，年間当たり法的措置件数も，我が国より圧倒的に多いことが明らかである(11)。

　一方，これらの事件を違反行為の内容別にみれば，不公正取引行為が5,087件（警告件数を含む。以下同じ。）で最も多く，以下，不当な国際契約2,341件（但し，そのほとんどが国際契約の修正を内容とする軽微な警告事件であることは，前述のとおり），事業者団体による違反行為721件，企業結合制限違反533件（但し，そのほとんどが届出期間不遵守の軽微な警告事件であることは，前述のとおり），不当な共同行為284件，経済力集中抑制違反185件，市場支配的事業者の濫用行為33件の順となっている(12)。

　異議申立て及び公正取引委員会の処分に対する訴の提起は，年々増加しており，99年末における係属中の事件は，異議申立てが29件(13)，訴訟が90件(14)，となっている（但し，これらの中には，独占禁止法以外の公正取引委員会所管法律によるものも含まれているが，その数は不明）。このような増加傾向は，被審人の権利意識の高揚と事件の複雑化・多様化に伴う事実及び法令の適用における争点の増加によるものとされる(15)。

（1） 韓国公正去来委員会「公正去来白書1998年版」34頁
（2） 「公正去来白書1998年版」前掲，34頁
（3） 「公正去来白書1998年版」前掲，374頁
（4） 「公正取引法令改正のための民官合同委員会報告」1998年8月13日。韓国公正去来委員会「公正去来法改正案」1998年10月28日
（5） 韓国公正取引委員会が公表する違反事件処理状況に関する統計資料には，通常，「下請取引の公正化に関する法律」及び「約款の規制に関する法律」違反のものも含まれるが，以下では，これら両法違反のものを除き，独占禁止法違反のものについてのみ言及することとする。
（6） 韓国公正去来委員会「公正去来白書2000年版」524頁
（7） 我が国公正取引委員会「平成12年度独占禁止白書」附属資料48頁
（8） 「公正去来白書2000年版」前掲，524頁
（9） 国際契約については，第4次法改正前は，届出制度が採られていたが，同改正により，本制度を廃止し，新たに事業者等による公正取引委員会に対する自主的審査要請制度が採用された（33条）。その趣旨は，より一層国際化する経済社会にあって，国際契約の届出制は，韓国企業に不必要な負担を強いるのみならず，国内契約について届出制が採られていないこととの均衡を欠くとしてこれを廃止し，今後は，事業者等が自主的にその国際契約の適否を公正取引委員会に審査要請できるようにすることにある（韓国公正去来委員会「独占規制及び公正取引に関する法律中改正法律（案）」1994年12月）。これによって，これまで警告件数の大多数を占めていた国際契約の修正件数は，その後なくなった。
（10） 我が国の最近5年間（平成7年度から平成11年度まで）における事件処理状況についてみれば，法的措置が137件，その他の処理が496件となっており，法的措置の比率は，かなり低い（「平成12年度独占禁止白書」前掲，21頁）。
（11） 年間当たりの法的措置件数は，我が国（審判審決，同意審決及び勧告審決の合計）が20.1件（法施行から平成11年度までの平均）であるのに対し「平成12年度独占禁止白書」前掲，附属資料44頁），韓国は，185.4件（法施行から1999年までの平均）である（「公正去来白書2000年版」前掲，524頁）。
（12） 「公正去来白書2000年版」前掲，524頁
（13） 「公正去来白書2000年版」前掲，48頁
（14） 「公正去来白書2000年版」前掲，51頁
（15） 「公正去来白書1998年版」前掲，47頁

第10章の2　課徴金の賦課及び徴収等

第55条の3　（課徴金の賦課）
① 公正取引委員会は，この法律の規定により課徴金を賦課するにあたり，次の各号の事項を参酌しなければならない。
　一　違反行為の内容及び程度
　二　違反行為の期間及び回数
　三　違反行為により取得した利益の規模等
② 公正取引委員会は，この法律の規定に違反した会社である事業者の合併があったときは，当該会社がした違反行為は，合併後存続し又は合併により設立された会社がした行為とみて，課徴金を賦課し，徴収することができる。
③ 第1項の規定による課徴金の賦課基準は，大統領令により定める。

第55条の4　（課徴金の納付期限の延長及び分割納付）
① 公正取引委員会は，課徴金の額が大統領令に定める基準を超える場合であって，次の各号の一に該当する事由により，課徴金を賦課された者（以下「課徴金納付義務者」という。）がその金額を一時に納付することが困難であると認めるときは，その納付期限を延長し，又は分割納付させることができる。この場合において，必要があると認めるときは，担保を提供させることができる。
　一　災害又は盗難等により，財産に著しい損失を受けたとき。
　二　事業与件の悪化により，事業が重大な危機にあるとき。
　三　課徴金を一時に納付することにより，資金事情に著しい困難の生ずることが予想されるとき。
　四　その他前3号に準ずる事由があるとき。
② 課徴金納付義務者が，前項の規定により課徴金の納付期限の延長又は分割納付の申請をしようとするときは，その納付期限の10日前までに，公正取引委員会に申請しなければならない。
③ 公正取引委員会は，第1項の規定により納付期限が延長され又は分割納付が許容された課徴金納付義務者が，次の各号の一に該当したときは，その納付期限の延長又は分割納付の決定を取り消し，一時に徴収することができる。
　一　分割納付の決定がなされた課徴金額を，その納付期限までに納付しないとき。
　二　担保の変更その他担保保全に必要な公正取引委員会の命令を履行しないとき。
　三　強制執行，競売の開始，破産宣告，法人の解散，国税若しくは地方税の滞納処分を受けたとき等課徴金額の全額又は残余分を徴収することができないと認められるとき。

④ 第1項から前項までに規定する課徴金の納付期限の延長，分割納付等に関して必要な事項は，大統領令により定める。

第55条の5 （課徴金の徴収及び滞納処分）

① 公正取引委員会は，課徴金納付義務者が納付期限までに課徴金を納付しないときは，納付期限の翌日から納付する日の前日までの期間について，大統領令に定める加算金を徴収する。

② 公正取引委員会は，課徴金納付義務者が納付期限までに課徴金を納付しない場合は，期間を定めて督促をし，その指定された期間内に課徴金及び前項の規定による加算金を納付しないときは，国税滞納処分の例により，これを徴収することができる。

③ 公正取引委員会は，第1項及び前項の規定による課徴金及び加算金の徴収並びに滞納処分に関する業務を，国税庁長に委託することができる。

④ 公正取引委員会は，滞納された課徴金を徴収するために必要があると認めるときは，国税庁長に対して，課徴金を滞納した者についての国税課税に関する情報を提供することを求めることができる。

⑤ 課徴金の業務を担当する公務員は，課徴金を徴収するために必要があるときは，登記所その他関係行政機関の長に，無料で必要な書類を閲覧し若しくは謄写し又はその謄本若しくは抄本の交付を求めることができる。

⑥ 課徴金の徴収に関して必要な事項は，大統領令により定める。

第55条の6 （課徴金還給加算金）

公正取引委員会は，異議申立てに対する裁決又は裁判所の判決等の事由により課徴金を還給するときは，課徴金が納付された日から還給された日までの期間に応じて，大統領令の定めるところにより，還給加算金を支給しなければならない。

〔論説〕

(1) 韓国独占禁止法は，第10章の2に課徴金の賦課及び徴収等と題する章を設け，ここに課徴金の賦課・徴収手続について定めている。本章は，第5次法改正において，第10章と第11章の間に新設されたものである。

一方，各違反行為に対する課徴金賦課の根拠規定は，それぞれの章に定められており，これらは，6条（市場支配的地位の濫用行為），17条（経済力集中抑制規定），22条（不当な共同行為），24条の2（不公正取引行為），28条（事業者団体の禁止行為），31条の2（再販売価格維持行為）及び34条の2（不当な国際契約

である。

　次に，課徴金の性格は，日韓両国で大きく異なっている。

　我が国における課徴金は，価格カルテル又は数量カルテルのうち対価に影響のあるものに対してのみ賦課され（7条の2），その性格は，国が不当利得を徴収する行政上の措置であって，賦課するにあたり，裁量は許されていない[1]。

　これに対して，韓国における課徴金は，我が国におけるような特定の行為に限って課されるものではなく，独占禁止法違反の多くの行為に対して賦課される。更に，その性格も，①課徴金賦課における参酌事由が列挙されていること（55条の3），②賦課及び金額算定にあたり，裁量が許されていることを理由に，法の実効性確保のための制度として，行政制裁の性格を有する行政上の措置であるとするのが有力である[2]。

　また，事業者団体の違反行為については，我が国では，事業者団体が課徴金賦課の主体とはなり得ないのに対し（8条の3），韓国では，賦課の主体となり得ることとされている（28条1項，34条の2前段）。

　更に，このような韓国独占禁止法における課徴金の性格等に起因すると考えられるが，課徴金額算定の基礎についても，我が国では，売上額に対する定率方式を採るのに対し（7条の2），韓国では，右方式のほか，株式の取得価額，債務保証額又はその他の価額に対する定率方式（17条1項，2項，4項1号から3号まで），売上額がない場合や算定が困難な場合の定額方式等が採られている。

　このように，韓国における課徴金制度は，複雑かつ膨大な体系を有しているため，施行令では，その第11章に課徴金に関する章をおき，更に，施行令61条3項を根拠に，「課徴金賦課細部基準等に関する告示」等が定められている。

　第9次法改正においては，公正取引委員会が滞納された課徴金を徴収するために必要があると認めるときは，国税庁長に対して課徴金滞納者についての国税課税情報の提供を求め得るとする国税課税情報要求権制度（55条の5第4項），及び課徴金が還給される場合に加算金を支給する課徴金還給加算金制度（55条の6）が新設された。

　課徴金制度のほか，韓国独占禁止法では，第7次法改正において，履行強制

金制度が導入された（17条の2）。これは，是正措置を履行しない者に対して，1日当たり一定の率又は額による履行強制金を賦課するものであり，これにより，速やかな履行を確保しようとするものである。このような制度は，我が国にはないものである。

(2) 課徴金制度の運用状況についてみれば，法施行以降99年末までの19年間に，355件，857事業者に対して，計3,146億2,200万ウォンが賦課されている[3]。その運用状況は，90年代前半ないし半ばあたりから活発化しはじめ，98年度には，年間賦課額が突如1,363億3,500万ウォンにも達し，更に，99年度には，1,467億9,400万ウォンが賦課されており，この2年間で，これまでの19年間の実に9割を占めている。これは，その約6割が不当支援行為（法23条1項7号，令36条1項別表1・10）に対するものであって[4]，主として大規模企業集団傘下の事業者に賦課されており，財閥規制にかける韓国公正取引委員会の強い意欲の表れであると言えよう。

(1) 『改正独占禁止法の知識』公正取引委員会事務局編（相場照美担当部分）29頁，他多数
(2) 韓国内では，課徴金の性格につき，不当利得返収説，行政制裁説，不当利得返収及び行政罰則的性格のすべてを有するとする折衷説が対立している。
詳しくは，洪復基（中山武憲訳）「韓国独占禁止法における課徴金制度」北大法学論集50巻2号，137頁参照
(3) 韓国公正去来委員会「公正去来白書2000年版」522頁
(4) 「公正去来白書2000年版」前掲，523頁

第11章 損害賠償

第56条（損害賠償責任）
① 事業者又は事業者団体は，この法律の規定に違反することにより，被害を受けた者があるときは，当該被害者に対して損害賠償の責任を負う。
② 前項の規定により損害賠償の責任を負う事業者又は事業者団体は，その被害者に対して，故意又は過失がなかったことにより，その責任を免れることができない。

第56条の2（記録の送付等）
第56条（損害賠償責任）の規定による損害賠償請求の訴が提起されたときは，裁判所は，必要がある場合，公正取引委員会に対して，当該事件の記録（事件関係人，

参考人若しくは鑑定人に対する尋問調書又は速記録その他裁判上証拠となる一切のものを含む。）の送付を求めることができる。

第57条（損害賠償請求権の裁判上の主張の制限等）
① 第56条（損害賠償責任）の規定による損害賠償請求権は，この法律の規定による是正措置が確定した後でなければ，これを裁判上主張することができない。ただし，民法第750条（不法行為の内容）の規定に基づく損害賠償請求の訴を提起することを妨げない。
② 前項の損害賠償請求権は，これを行使することができることとなった日から3年を経過したときは，時効により消滅する。

〔論説〕
　損害賠償については，我が国独占禁止法がその違反行為の対象を平成12年改正により若干広げたとは言え，限定しているのに対し，韓国独占禁止法は，すべての違反行為を対象としている。
　このため，責任主体について，韓国独占禁止法は，当初から，事業者のみならず，事業者団体をも含めて対象としていたが，我が国独占禁止法において事業者団体をも含めたのは，平成12年改正により，8条1項1号違反を25条1項の対象としたときである。
　一方，事業者又は事業者団体の責任を無過失損害賠償とする点は，日韓共通である。
　しかし，我が国独占禁止法平成12年改正により導入された差止請求制度は，韓国独占禁止法にはない。
　このほか，独占禁止法による損害賠償請求訴訟以外に，韓国においても，民法750条の規定により，不法行為を理由として損害賠償請求の訴を提起することが許され，この点は，日本と同様である。

　　第12章　適用除外
第58条（法令に基づく正当な行為）
　この法律の規定は，事業者又は事業者団体が他の法律又はその法律に基づく命令により行う正当な行為に対しては，これを適用しない。
第59条（無体財産権の行使行為）

この法律の規定は，著作権法，特許法，実用新案法，意匠法又は商標法による権利の行使と認められる行為に対しては，これを適用しない。
第60条（一定の組合の行為）
　この法律の規定は，次の各号の要件を満たして設立された組合（組合の連合会を含む。）の行為に対しては，これを適用しない。ただし，不公正取引行為又は不当に競争を制限し価格を引き上げることとなる場合は，この限りでない。
一　小規模の事業者又は消費者の相互扶助を目的とすること。
二　任意に設立され，かつ，組合員が任意に加入し，又は脱退することができること。
三　各組合員が平等な議決権を有すること。
四　組合員に対して利益分配を行う場合には，その限度が定款に定められていること。
第61条（金融又は保険業を営む事業者に対する特例）
　〈削除〉

〔論説〕
　韓国独占禁止法は，第12章に適用除外に関する規定を3ケ条おいている。
　58条は，法令に基づく正当な行為を適用除外するものであり，我が国では，平成11年の独占禁止法改正により削除された旧22条の規定に相当する。
　59条は，無体財産権の行使行為を，また，60条は，一定の組合の行為を，それぞれ適用除外するものであり，我が国独占禁止法21条（旧23条）又は22条（旧24条）の規定に相当する。
　我が国独占禁止法平成11年改正で廃止された不況カルテル（旧24条の3）及び合理化カルテル（旧24条の4）制度は，韓国独占禁止法第12章の規定の中にはないが，同法19条2項の規定に基づく適用除外6類型の中で認められている。
　また，再販売価格維持行為の適用除外は，29条2項の規定により認められている。
　我が国独占禁止法平成12年改正により廃止された自然独占に固有な行為に対する適用除外規定は，韓国独占禁止法において，当初から存在していない。

第13章　補　則

第62条（秘密厳守義務）

　この法律による職務に従事し又は従事していた委員又は公務員は，その職務上知り得た事業者又は事業者団体の秘密を漏洩し，又はこの法律の施行のための目的以外にこれを利用してはならない。

第63条（競争制限的法令の制定における協議等）

① 関係行政機関の長は，事業者の価格若しくは取引条件の決定，市場への参入若しくは事業活動の制限，不当な共同行為又は事業者団体の禁止行為等競争を制限する事項を内容とする法令を制定し若しくは改正し，又は事業者若しくは事業者団体に対して競争を制限する事項を内容とする承認その他の処分をしようとするときは，あらかじめ公正取引委員会に協議しなければならない。

② 関係行政機関の長は，競争を制限する事項を内容とする例規，告示等を制定し，又は改正しようとするときは，あらかじめ公正取引委員会に通報しなければならない。

③ 関係行政機関の長は，第1項に規定する競争を制限する事項を内容とする承認その他の処分をしたときは，当該承認その他の処分の内容を公正取引委員会に通報しなければならない。

④ 公正取引委員会は，第2項の規定により通報を受けた場合に，制定し又は改正されようとする当該例規，告示等に，競争を制限する事項が含まれていると認めるときは，関係行政機関の長に，競争を制限する当該事項の是正に関する意見を提示することができる。第1項に規定する協議がないのに制定し又は改正された法令及び通報がないのに制定し又は改正された例規，告示等並びに通報がないのに行われた承認その他の処分に関してもまた同様とする。

第64条（関係行政機関等の長の協調）

① 公正取引委員会は，この法律の施行のために必要があると認めるときは，関係行政機関その他の機関又は団体の長の意見を聴くことができる。

② 公正取引委員会は，この法律の施行のために必要があると認めるときは，関係行政機関その他の機関若しくは団体の長に必要な調査を依頼し，又は必要な資料を要請することができる。

③ 公正取引委員会は，この法律の規定による是正措置の履行を確保するために必要があると認めるときは，関係行政機関その他の機関又は団体の長に必要な協調を依頼することができる。

第65条（権限の委任又は委託）

第3編　韓国独占禁止法の内容

　公正取引委員会は，この法律の規定によるその権限の一部を，大統領令の定めるところにより，所属機関の長，特別市長，広域市長若しくは道知事に委任し，又は他の行政機関の長に委託することができる。

〔論説〕

　韓国独占禁止法は，第13章に補則と題する章を設け，4ケ条をおいている。

　62条は，秘密厳守義務を定めるものであり，我が国独占禁止法であれば，公正取引委員会の組織及び権限に関する規定のうちにおかれているものである。

　63条及び64条は，競争制限的法令の制定における協議等，又は関係行政機関等の長の協調に関する規定であり，これらに相当する規定は，我が国独占禁止法にはないが，他の法律におかれているものが少なくない。

　65条は，権限の委任又は委託に関する規定であるが，我が国では，独占禁止法の運用は，行政委員会たる公正取引委員会の専権とされており，このような規定はない。

第14章　罰　則

第66条（罰則）

① 　次の各号の一に該当する者は，3年以下の懲役又は2億ウォン以下の罰金に処する。

　一　第3条の2（市場支配的地位の濫用禁止）の規定に違反して濫用行為をした者

　二　第7条（企業結合の制限）第1項又は第3項の規定に違反して企業結合をした者

　三　第8条の2（持株会社の行為の制限等）第1項各号又は第2項の規定に違反した者

　四　第8条の3（債務保証制限大規模企業集団の持株会社の設立制限）の規定に違反して，持株会社を設立し又は持株会社に転換した者

　五　第9条（相互出資の禁止等）又は第10条（出資総額の制限）第1項の規定に違反して株式を取得し又は所有した者

　六　第10条の2（系列会社に対する債務保証の禁止）第1項の規定に違反して債務保証をした者

　七　第11条（金融又は保険会社の議決権の制限）又は第18条（是正措置の履行確保）の規定に違反して議決権を行使した者

第14章　罰則

　　八　第15条（脱法行為の禁止）の規定に違反して脱法行為をした者
　　九　第19条（不当な共同行為の禁止）第1項の規定に違反して不当な共同行為をした者
　　十　第26条（事業者団体の禁止行為）第1項第1号の規定に違反して事業者団体の禁止行為をした者
②　第1項の懲役刑及び罰金刑は，これを併科することができる。

第67条（罰則）
　　次の各号の一に該当する者は，2年以下の懲役又は1億5,000万ウォン以下の罰金に処する。
　　一　〈削除〉
　　二　第23条（不公正取引行為の禁止）第1項の規定に違反して不公正取引行為をした者
　　三　第26条（事業者団体の禁止行為）第1項第2号から第5号までの規定に違反した者
　　四　第29条（再販売価格維持行為の制限）第1項の規定に違反して再販売価格維持行為をした者
　　五　第32条（不当な国際契約の締結制限）第1項の規定に違反して国際契約を締結した者
　　六　第5条（是正措置），第16条（是正措置）第1項，第21条（是正措置），第24条（是正措置），第27条（是正措置），第30条（再販売価格維持契約の修正），第31条（是正措置）又は第34条（是正措置）の規定による是正措置等に応じない者
　　七　第14条（大規模企業集団の指定等）第5項の規定に違反して公認会計士の会計監査を受けない者

第68条（罰則）
　　次の各号の一に該当する者は，1億ウォン以下の罰金に処する。
　　一　第8条（持株会社の設立及び転換の届出）の規定に違反して，持株会社の設立又は転換の届出をせず，又は虚偽の届出をした者
　　二　第8条の2（持株会社の行為の制限等）第3項の規定に違反して，持株会社及び子会社の事業内容に関する報告をせず，又は虚偽の報告をした者
　　三　第13条（株式所有状況等の届出）第1項若しくは第2項の規定に違反して，株式所有状況若しくは債務保証状況の届出をせず，又は虚偽の届出をした者
　　四　第14条（大規模企業集団の指定等）第4項の規定による資料要請に対して，正当な理由なく，資料の提出を拒否し，又は虚偽の資料を提出した者

五　第50条（違反行為の調査及び意見聴取等）第１項第２号の規定に違反して虚偽の鑑定をした者
　　六　第50条（違反行為の調査及び意見聴取等）第６項の規定による通知をしない者

第69条（罰則）

① 第50条（違反行為の調査及び意見聴取等）第８項の規定に違反した者は，３年以下の懲役又は2,000万ウォン以下の罰金に処する。

② 第62条（秘密厳守義務）の規定に違反した者は，２年以下の懲役又は200万ウォン以下の罰金に処する。

第69条の２（過料）

① 事業者又は事業者団体が第１号から第５号まで又は第７号に該当するときは，１億ウォン以下の，第６号に該当するときは，２億ウォン以下の，また，会社又は事業者団体の役員若しくは従業員その他利害関係人が第１号から第５号まで又は第７号に該当するときは，1,000万ウォン以下の，第６号に該当するときは，5,000万ウォン以下の過料に，それぞれ処する。

　　一　第11条の２（大規模内部取引についての取締役会の議決及び公示）の規定による公示をするにあたり，取締役会の議決を経ず若しくは公示をしない者又は主要内容を漏泄し若しくは虚偽の公示をした者

　　二　第12条（企業結合の届出）第１項又は第５項の規定による企業結合の届出をせず若しくは虚偽の届出をした者又は同条第６項の規定に違反した者

　　三　第14条の２（系列会社の編入及び除外等）第３項の資料要請に対して正当な理由なく資料を提出せず，又は虚偽の資料を提出した者

　　四　第50条（違反行為の調査及び意見聴取等）第１項第１号の規定に違反して正当な理由なく出頭しない者

　　五　第50条（違反行為の調査及び意見聴取等）第１項第３号又は第３項の規定による報告若しくは必要な資料若しくは物件の提出をせず，又は虚偽の報告若しくは資料若しくは物件の提出をした者

　　六　第50条（違反行為の調査及び意見聴取等）第２項の規定による調査を拒否し，若しくは妨害し，又は忌避した者

　　七　第50条（違反行為の調査及び意見聴取等）第５項の規定による金融取引情報の提出を拒否した者

② 第43条の２（審判廷の秩序維持）の規定に違反して秩序維持の命令に従わない者は，100万ウォン以下の過料に処する。

③ 第１項又は前項の規定による過料は，大統領令の定めるところにより，公正取引

第14章 罰則

委員会が賦課し，徴収する。
④ 前項の規定による過料処分に不服がある者は，その処分の告知を受けた日から30日以内に，公正取引委員会に異議を提起することができる。
⑤ 第3項の規定による過料処分を受けた者が前項の規定により異議を提起したときは，公正取引委員会は，遅滞なく，管轄法院にその事実を通報しなければならず，その通報を受けた管轄法院は，非訟事件手続法による過料の裁判を行う。
⑥ 第4項の規定による期間内に異議を提起せず過料を納付しないときは，国税滞納処分の例により，これを徴収する。

第70条（両罰規定）
　法人（法人格のない団体を含む。以下，この条において同じ。）の代表者又は法人若しくは個人の代理人，使用人その他の従業員が，その法人又は個人の業務に関して第66条（罰則）から第68条（罰則）までの違反行為をしたときは，行為者を罰するほか，その法人又は個人に対しても，各本条の罰金刑を科する。

第71条（告発）
① 第66条（罰則）及び第67条（罰則）の罪は，公正取引委員会の告発を待って，公訴を提起することができる。
② 公正取引委員会は，第66条及び67条の罪のうち，その違反の程度が客観的にみて明らかに重大であり，競争秩序を著しく阻害すると認めるときは，検察総長に告発しなければならない。
③ 検察総長は，前項に規定する告発要件に該当する事実がある旨を，公正取引委員会に通報し，告発を求めることができる。
④ 公正取引委員会は，公訴が提起された後は，告発を取り消すことができない。

〔論説〕

　罰則については，韓国独占禁止法第14章に，規定がおかれている。実体規定違反については，公正取引委員会の専属告発とされており（71条1項），告発基準は，違反の程度が客観的にみて明らかに重大であり，競争秩序を著しく阻害するものと法定されている（71条2項）。この規定を根拠に，「独占規制及び公正取引に関する法律違反行為の告発に関する公正取引委員会の指針」が定められており，同指針2条は，各違反行為類型ごとに，告発の対象となる基準を列挙している。

附　則（1990年1月13日）
　　（略）

附　則（1992年12月8日）
　　（略）

附　則（1994年12月22日）
第1条（施行日）
　この法律は，1995年4月1日から施行する。
第2条（出資総額に対する経過措置）
　この法律の施行日又はこの法律の施行日から3年以内に大規模企業集団に指定された企業集団に属する会社であって，指定に際して第14条第1項の規定による通知を受けた会社が，通知を受けた時，出資限度額を超過して出資しているときは，第10条第1項の規定の適用については，この法律の施行日から3年間は，通知があった日の出資総額（以下「特例限度額」という。）を出資限度額とみなす。ただし，純資産額が増加して，出資限度額が特例限度額を超過するときは，この限りでなく，第14条第3項第2号本文に定める期間より短いときは，これを1年とする。
第3条（適用例）
　法第10条第2項の改正規定は，この法律の施行日以後に取得し又は所有する株式に限り，これを適用する。

附　則（1996年12月11日）
第1条（施行日）
　この法律は，1997年4月1日から施行する。
第2条（出資総額に関する経過措置）
　第10条（出資総額の制限）の改正規定を適用するにあたり，この法律の施行前に取得した株式の帳簿価額が，取得価額より少ないときは，その帳簿価額を当該株式の取得価額とみなす。
第3条（債務保証に関する経過措置）
　この法律の施行日において債務保証制限大規模企業集団に属する会社であって，この法律の施行日において国内の系列会社に対する債務保証総額が第10条の2（系列会社に対する債務保証の制限）第1項の改正規定による債務保証限度額を超過しているものについては，1998年3月31日までは，その債務保証総額を当該会社の債

務保証限度額とみなす。ただし，自己資本の増加により，当該会社の債務保証限度額が債務保証総額を超過することとなるときは，この限りでない。
第4条（罰則に関する経過措置）
　この法律の施行前の行為に対する罰則の適用については，従前の規定による。

　　附　則（1998年2月15日）
第1条（施行日）
　この法律は，1998年4月1日から施行する。ただし，第10条（出資総額の制限）の改正規定は，公布の日から施行する。
第2条（債務保証についての経過措置）
　1997年に指定された債務保証制限大規模企業集団であって，1998年に債務保証制限大規模企業集団に指定されるものに属する会社が，指定の日において，国内の系列会社に対する債務保証総額が従前の第10条の2第1項の規定による債務保証限度額を超えているときは，従前の規定による。ただし，従前の第10条の2第4項の自己資本の減少に伴う例外認定期間は，2000年3月31日を越えることができない。

　　附　則（1999年2月5日）
第1条（施行日）
　この法律は，1999年4月1日から施行する。ただし，第50条（違反行為の調査及び意見聴取等）第5項，第6項，第7項及び第8項，第68条（罰則）第6号，第69条（罰則）第1項並びに第69条の2（過料）第1項第7号の改正規定は，公布の日から施行する。
第2条（有効期間）
　第50条（違反行為の調査及び意見聴取等）第5項，第6項，第7項及び第8項，第68条（罰則）第6号，第69条（罰則）第1項並びに第69条の2（過料）第1項第7号の改正規定は，この法律の公布の日から2年間，その効力を有する。
第3条（有効期間満了に伴う経過措置）
　第2条の規定による有効期間満了前の行為に対する罰則又は過料の適用については，従前の規定による。
第4条（罰則適用に関する経過措置）
　この法律の施行前の行為に対する罰則の適用については，従前の規定による。

　　附　則（1999年12月28日）

第1条（施行日）

この法律は，2000年4月1日から施行する。ただし，第10条（出資総額の制限）及び第14条（大規模企業集団の指定等）第3項第2号の改正規定は，2001年4月1日から施行する。

第2条（企業構造調整のための出資に関する適用特例）

第10条（出資総額の制限）第1項第4号の改正規定のうち，企業構造調整のために株式を取得し又は所有する場合であって，出資限度額を超えて取得し又は所有することができるものは，1998年1月1日から2001年3月31日までの期間に取得し又は所有したものに限る。この場合において，同号の規定による期間を算定するにあたり，当該株式を取得し又は所有した日は，これを2001年4月1日とみなす。

第3条（出資総額に関する経過措置）

この法律の施行日において大規模企業集団に指定されている企業集団に属する会社が，出資限度額を超えて出資しているときは，第10条（出資総額の制限）第1項の改正規定を適用するにあたり，この法律の施行日から1年間は，施行日における出資総額を出資限度額とみなす。ただし，純資産額が増加して，出資限度額が出資限度額とみなす額を超えるときは，この限りでない。

第4条（社会間接資本施設のための出資に関する経過措置）

この法律の施行前に，従前の独占規制及び公正取引に関する法律（法律第5528号により改正される前の法律をいう。）第10条（出資総額の制限）第2項の規定により，従前の社会間接資本施設に対する民間資本誘致促進法（法律第5377号により改正される前の法律をいう。）第2条（定義）第2号の規定による第1種施設事業を営むために設立された会社の株式を取得し若しくは所有し又は延長することの認定を受けた者は，認定の日において，公正取引委員会が認定した期限までは，第10条（出資総額の制限）第1項第3号の改正規定により，これを取得し若しくは所有し又は延長されたものとみなす。

第5条（外国人による投資誘致のための出資に関する経過措置）

この法律の施行前に外国人投資の誘致のために株式を取得し又は所有した場合であって，第10条（出資総額の制限）第1項第4号の改正規定に該当するときは，当該株式は，2001年4月1日に，これを取得し又は所有したものとみなす。

法律第6371号（2001年1月16日）

法律第5813号独占規制及び公正取引に関する法律を改正する法律（1999年2月5日）附則第2条中，「2年間」を「5年間」に改める。

附　則（2001年1月16日）
第1条（施行日）
　　この法律は，2001年4月1日から施行する。ただし，法律第5813号独占規制及び公正取引に関する法律を改正する法律附則第2条の改正規定は，公布の日から施行する。
第2条（課徴金還給加算金に関する適用例）
　　第55条の6（課徴金還給加算金）の改正規定は，この法律の施行後，初めて還給事由が生じた分から適用する。
第3条（罰則適用に関する経過措置）
　　この法律の施行前の行為に対する罰則の適用については，従前の規定による。

第4編　関係法令

第1章　独占禁止法施行令

　韓国独占禁止法施行令は，独占禁止法により委任された事項及びその施行に関して必要な事項について定めることを目的とする（1条）。

　韓国独占禁止法は，同法に定める多くの事項について，その具体的内容又は基準を施行令に委任しており，このため，同法施行令は，膨大な内容のものとなっている。この点は，我が国独占禁止法施行令が18条までから成るにすぎないのに対し，韓国独占禁止法施行令が66条まで並びに別表1及び同2から成っており，極めて対照的である。しかも，我が国独占禁止法施行令は，同法の一部の規定の委任事項を定めるにすぎないのに対し，韓国独占禁止法施行令は，14章までから成る同法のうち，第1章から第10章の2までのすべての章の多くの規定について，その委任事項を定めている。したがって，韓国独占禁止法の体系において，同法施行令の占める地位は，極めて大きく，これを抜きにして，韓国独占禁止法を語ることは不可能である。

　韓国独占禁止法施行令は，1980年12月に独占禁止法が制定された後，その施行日である翌81年4月1日に制定し施行された。その後，同施行令は，法律から多くの事項について委任を受けているため，法律改正があれば，必ずその直後に施行令改正も行われてきている。更に，このような法律改正に伴う改正以外に，施行令独自の改正も行われている。

　一方，我が国独占禁止法施行令は，法律の制定及び施行から30年を経た昭和52年12月，初の独占禁止法強化改正に伴い，初めて制定し施行されたにすぎない。

このように，韓国独占禁止法施行令は，我が国独占禁止法施行令よりも，法の解釈・運用においてはるかに大きな地位を占めている。

独占規制及び公正取引に関する法律施行令

第1章　総　則

第1条（目的）

　この施行令は，独占規制及び公正取引に関する法律により委任された事項及びその施行に関して必要な事項を規定することを目的とする。

第2条（持株会社の基準）

① 独占規制及び公正取引に関する法律（以下「法」という。）第2条（定義）第1号の2本文において「資産総額が大統領令に定める金額以上である会社」とは，直前の事業年度終了日（当該事業年度に新たに設立され又は合併し，分割され，分割合併し若しくは物的分割をした（以上後三者を，以下「分割」という。）会社については，それぞれ設立登記日又は合併登記日若しくは分割登記日をいう。以下同じ。）現在の貸借対照表上の資産総額が300億ウォン以上である会社をいう。

② 法第2条（定義）第1号の2後段の規定による主たる事業の基準は，会社が所有している子会社の株式（持分を含む。以下同じ。）価額の合計額（直前の事業年度終了日現在の貸借対照表に表示された価額を合計した額をいう。）が，当該会社の資産総額の100分の50以上であるものとする。

③ 法第2条（定義）第1号の3において「大統領令に定める基準」とは，次の各号の要件を満たすものをいう。

　一　持株会社の系列会社であること。

　二　持株会社が単独で又はその子会社及び第15条の5（一般持株会社の子会社による他の会社の株式所有制限）の規定による会社と合わせて所有する株式が，第11条（特殊関係人の範囲）第1号又は第2号にそれぞれ規定する者のうち最多出資者が所有する株式と同数以上であること。

第3条（企業集団の範囲）

　法第2条（定義）第2号において「大統領令の定める基準により，事実上その事業内容を支配する会社」とは，次の各号の一に該当する会社をいう。

　一　同一人が，単独に又は次の各目の一に該当する者（以下「同一人関連者」という。）と合わせて，当該会社の発行済株式〔商法第370条（議決権のない株式）の規定による議決権のない株式を除く。以下，この条，第3条の2（企業集団からの除外），第17条の2（出資総額の制限）第1項第8号(1)，第17条の5（新規債

務保証禁止対象の除外要件）及び第18条（企業結合の届出等）において同じ。〕
総数の100分の30以上を所有する場合であって，最多出資者である会社
(1) 配偶者，8親等内の血族，4親等内の姻族（以下「親族」という。）
(2) 同一人が，単独に又は同一人関連者と合わせて，出捐総額の100分の30以上を出捐する場合であって最多出資者となり，又は同一人若しくは同一人関連者のうち一の者が設立者である非営利法人又は団体（法人格のない社団又は財団をいう。以同じ。）
(3) 同一人が，直接又は同一人関連者を通じて役員の構成又は事業運営等について支配的影響力を行使している非営利法人又は団体
(4) 同一人が本号又は第2号の規定により事実上事業内容を支配する会社
(5) 同一人又は同一人と(2)から(4)までの関係に該当する者の使用人（法人である場合には役員，個人である場合には商業使用人及び雇用契約による被用人をいう。）
二 次の各目の一に該当する会社であって，当該会社の経営について支配的影響力を行使していると認められる会社
(1) 同一人が，他の主要な株主との契約若しくは協議により代表理事を任免し，又は役員の100分の50以上を選任し，若しくは選任することのできる会社
(2) 同一人が，直接又は同一人関連者を通じて当該会社の組織変更若しくは新規事業への投資等主要な議事の決定若しくは業務の執行に支配的影響力を行使している会社
(3) 同一人が支配する会社（同一人が会社である場合には，同一人を含む。以下，本目において同じ。）と当該会社の間に，次のうちの一に該当する人事交流がある会社
　ア 同一人が支配する会社と当該会社の間に，役員の兼任がある場合
　イ 同一人が支配する会社の役員若しくは職員が，当該会社の役員として任命されたことがあり，同一人が支配する会社に復職する場合（同一人が支配する会社のうち，当初の会社でない会社に復職する場合を含む。）
　ウ 当該会社の役員が，同一人が支配する会社の役員若しくは職員として任命されたことがあり，当該会社又は当該会社の系列会社に復職する場合
(4) 通常の範囲を超えて，同一人又は同一人関連者と資金，資産，役務等の取引をし，又は債務保証をし，若しくは債務保証を受けている会社，その他当該会社が同一人の企業集団の系列会社であると認めることのできる営業上の表示行為をする等社会通念上経済的同一体であると認めることのできる会社

第３条の２（企業集団からの除外）
① 公正取引委員会は，次の各号の一に該当する会社であって，同一人がその事業内容を支配していないと認めるときは，第３条（企業集団の範囲）の規定にかかわらず，利害関係者の要請により，当該会社を同一人が支配する企業集団の範囲から除くことができる。
一 出資者間の協議，契約等により，次の各目の者以外の者が事実上経営していると認められる会社
　(1) 同一人が任命した者
　(2) 同一人と第３条（企業集団の範囲）第１号(1)又は(5)の関係にある者
二 次の各目の要件（以下「独立経営認定基準」という。）を備えた会社であって，同一人の親族が当該会社を独立して経営していると認めることのできる会社
　(1) 同一人が支配する企業集団から除くことを要請した各会社（以下「親族側系列会社」という。）について，同一人及び同一人関連者〔親族側系列会社を独立して経営する者（以下「独立経営者」という。）及び独立経営者の要請により公正取引委員会が同一人関連者の範囲から分離することを認める者を除く。〕が所有している株式の合計が，各会社の発行済株式総数の100分の3（株式上場法人又は協会登録法人でない会社の場合には，100分の10）未満であること。
　(2) 同一人が支配する各会社（同一人が支配する企業集団から親族側系列会社を除いた会社をいい，以下「同一人側系列会社」という。）について，独立経営者及び独立経営者と第３条（企業集団の範囲）第１号各目の一に該当する関係にある者（同一人関連者の場合には，(1)の規定により，その範囲から分離された者に限る。）が所有している株式の合計が，各会社の発行済株式総数の100分の3（株式上場法人又は協会登録法人でない会社の場合には，100分の15）未満であること。
　(3) 同一人側系列会社と親族側系列会社の間に，役員の相互の兼任関係がないこと。
　(4) 同一人側系列会社と親族側系列会社の間に，債務保証又は資金貸借関係がないこと。ただし，取引に付随して，正常に発生したと認めることのできる債務保証又は資金貸借を除く。
② 公正取引委員会は，次の各号の一に該当する会社については，第３条（企業集団の範囲）の規定にかかわらず，利害関係者の要請により，同一人が支配する企業集団の範囲からこれを除くことができる。

第4編 関係法令

一 次の各目の一に該当する者が，社会間接資本施設に対する民間投資法により設立された民間投資事業法人の発行済株式総数の100分の20以上を所有しているときの，当該民間投資事業法人。ただし，他の会社との相互出資がなく，出資者以外の者からの債務保証がないときに限る。
　(1) 国又は地方自治団体
　(2) 政府投資機関管理基本法第2条（適用範囲）の規定による政府投資機関
　(3) 特別法により設立された公社，公団その他の法人

二 次の各目の一に該当する会社であって，最多出資者（同一人又は同一人関連者が出資している場合を含む。）が2以上あり，当該出資者が役員の構成又は事業運営等について支配的影響力を行使していないと認められる会社
　(1) 同一の業種を営む2以上の会社が，事業構造調整を行うために，資産を現物出資し又は合併等の方法により新設された会社
　(2) 社会間接資本施設に対する民間投資法による民間投資事業法人であって，同法第4条（民間投資事業の推進方式）第1号又は第2号の規定による方式により，民間投資事業を推進する会社

③ 公正取引委員会は，第1項又は前項の規定により，同一人が支配する企業集団の範囲から除いた会社が，その除外要件に該当しなくなったときは，職権又は利害関係者の要請により，その除外決定を取り消すことができる。ただし，第1項第2号の規定により，同一人が支配する企業集団の範囲から除いた会社の場合は，その除いた日から3年以内に除外要件に該当しなくなったときに限る。

④ 第1項第2号の規定により，同一人が支配する企業集団からの除外を要請しようとする者は，次の各号の書類を，公正取引委員会に提出しなければならない。
　一 第1項第2号(1)又は(2)の場合は，株主名簿。この場合において，株式上場法人であるときは，名義書替代行機関の確認書を添付しなければならない。
　二 第1項第2号(3)の場合は，同一人側の系列会社及び親族側の系列会社の登記簿謄本
　三 第1項第2号(4)の場合は，公認会計士の確認を受けた債務保証及び資金貸借現況

第4条（売上額又は購入額の算定方法等）

① 法第2条（定義）第7号但書において「年間売上額又は購入額」とは，当該事業者が，法第3条の2（市場支配的地位の濫用禁止）の規定に違反する疑いがある行為の終了日（当該行為が探知日又は申告日から継続しているときは，探知日又は申告日を当該行為の終了日とみなす。以下同じ。）が属する事業年度の直前の事業年

度1年間に，供給し又は購入した商品又は役務の額（商品又は役務に対する間接税を除く額をいう。以下同じ。）をいう。
② 法第2条（定義）第7号及び法第4条（市場支配的事業者の推定）において「市場占拠率」とは，法第3条の2（市場支配的地位の濫用禁止）の規定に違反する疑いがある行為の終了日が属する事業年度の直前の事業年度1年間に，国内において供給し又は購入された商品又は役務の額のうち，当該事業者が国内において供給し又は購入した商品又は役務の額が占める比率をいう。ただし，市場占拠率を金額基準により算定することが困難な場合は，物量基準又は生産能力基準により，これを算定することができる。
③ 法第2条（定義）第7号及び法第4条（市場支配的事業者の推定）の規定を適用するにあたり，当該事業者及びその系列会社は，これを一の事業者とみなす。
④ 法第2条（定義）第7号の規定による市場支配的事業者の判断に関して必要な細部基準は，公正取引委員会が定めて告示することができる。

　　　　第2章　市場支配的地位の濫用禁止
第4条の2（市場構造調査又は公表事務の委託）
① 公正取引委員会は，法第3条（独寡占的市場構造の改善等）第5項の規定により，独寡占的市場構造の調査又は公表及びこれと関連する資料提出要請に関する事務を，関係行政機関の長又は政府出捐研究機関の長に委託することができる。
② 前項の規定により市場構造の調査又は公表事務の委託を受けた機関の長は，委託事務の処理内容を，公正取引委員会に通報しなければならない。
第5条（濫用行為の類型又は基準）
① 法第3条の2（市場支配的地位の濫用禁止）第1項第1号の規定にいう価格の不当な決定，維持又は変更とは，正当な理由がないのに，商品の価格又は役務の対価を需給の変動又は供給に必要な費用（同種又は類似の業種における通常の水準のものに限る。）の変動に比して，著しく上昇させ又は僅少に下落させる場合とする。
② 法第3条の2（市場支配的地位の濫用禁止）第1項第2号の規定にいう商品の販売又は役務の提供の不当な調節とは，次の各号の一に該当する場合とする。
　一　正当な理由がないのに，最近の趨勢に比して，商品又は役務の供給量を著しく減少させたとき。
　二　正当な理由がないのに，流通段階において供給不足があるにもかかわらず，商品又は役務の供給量を減少させたとき。
③ 法第3条の2（市場支配的地位の濫用禁止）第1項第3号の規定にいう他の事業者の事業活動に対する不当な妨害とは，直接又は間接に，次の各号の一に該当する

行為をすることにより，他の事業者の事業活動を困難にする場合とする。
一　正当な理由がないのに，他の事業者の生産活動に必要な原材料の購入を妨害する行為
二　正常な慣行に比して，過度の経済上の利益を提供し又は提供することを約束して，他の事業者の事業活動に必須の人力を採用する行為
三　正当な理由がないのに，他の事業者の商品又は役務の生産，供給又は販売に必須の要素への使用又は接近を拒絶し若しくは中断し又は制限する行為
四　前3号に該当する行為のほか，不当な方法により，他の事業者の事業活動を困難にする行為であって，公正取引委員会が告示するもの。

④　法第3条の2（市場支配的地位の濫用禁止）第1項第4号の規定にいう新たな競争事業者の参入に対する不当な妨害とは，直接又は間接に，次の各号の一に該当する行為をすることにより，新たな競争事業者の参入を困難にする場合とする。
一　正当な理由がないのに，取引する流通事業者と排他的取引契約を締結する行為
二　正当な理由がないのに，既存事業者の継続的事業活動に必要な権利等を購入する行為
三　正当な理由がないのに，新たな競争事業者の商品又は役務の生産，供給又は販売に必須の要素への使用又は接近を拒絶し又は制限する行為
四　前3号に該当する行為のほか，不当な方法により，新たな競争事業者の参入を困難にする行為であって，公正取引委員会が告示するもの。

⑤　法第3条の2（市場支配的地位の濫用禁止）第1項第5号の規定にいう競争事業者を排除するための不当な取引とは，次の各号の一に該当する場合とする。
一　不当に，商品又は役務を通常の取引価格に比して低い対価で供給し又は高い対価で購入して，競争事業者を排除するおそれがあるとき。
二　不当に，取引の相手方が競争事業者と取引しないことを条件に，その取引の相手方と取引するとき。

⑥　前5項に規定する濫用行為の細部の類型及び基準は，公正取引委員会が定めて告示することができる。

第6条（価格調査の依頼）

　　公正取引委員会は，市場支配的事業者が商品又は役務の価格を不当に決定し，維持し又は変更したと認めるに足る相当の理由があるときは，関係行政機関の長又は物価調査業務を行う公共機関に対して，商品又は役務の価格に関する調査を依頼することができる。

第7条（市場支配的事業者の指定及び告示）

〈削除〉
第8条（法違反事実の公表方法）
　公正取引委員会は，法第5条（是正措置），法第16条（是正措置）第1項，法第21条（是正措置），法第24条（是正措置），法第27条（是正措置）及び法第31条（是正措置）の規定により，当該事業者〔法第27条（是正措置）においては，事業者団体（必要がある場合，関連構成事業者を含む。）〕に対して，法違反事実の公表を命じようとするときは，次の各号の事項を参酌して，公表の内容，媒体の種類及び数並びに紙面の大きさ等を定めて，これを行わなければならない。
　一　違反行為の内容及び程度
　二　違反行為の期間及び回数
第9条（課徴金の算定方法）
① 法第6条（課徴金）本文，法第22条（課徴金）本文，法第24条の2（課徴金）本文，法第28条（課徴金）第2項本文，法第31条の2（課徴金）本文及び法第34条の2（課徴金）本文において「大統領令に定める売上額」とは，当該事業者の直前の3事業年度における平均売上額（以下「課徴金賦課基準売上額」という。）をいう。ただし，当該事業年度の初日において，事業を開始して3年を経過しないときは，その事業を開始した後直前の事業年度末日までの売上額を年平均売上額に換算した額とし，また，当該事業年度に事業を開始したときは，事業を開始した日から違反行為日までの売上額を年間売上額に換算した額とする。
② その他課徴金賦課基準売上額の算定に関して必要な事項は，公正取引委員会が定める。
第9条の2（営業収益使用事業者の範囲）
　法第6条（課徴金）本文において「大統領令に定める事業者の場合」とは，商品又は役務の対価の合計額を，財務諸表等に営業収益等として記載する事業者の場合をいう。
第10条（売上額のない場合等）
　法第6条（課徴金）但書において「売上額がないとき，又は売上額の算定が困難な場合であって，大統領令に定めるとき」とは，次の各号の一に該当する場合をいう。
　一　営業を開始していないか，又は営業を中断する等により，営業の実績がないとき。
　二　事業者が，売上額算定資料の提出を拒否するか，又は虚偽の資料を提出したとき。

三　その他客観的な売上額の算定が困難なとき。
第3章　企業結合の制限及び経済力集中の抑制
第11条（特殊関係人の範囲）
　法第7条（企業結合の制限）第1項本文において「大統領令に定める特殊な関係にある者」とは，会社又は会社以外の者と次の各号の一に該当する者をいう。
一　当該会社を事実上支配している者
二　同一人関連者。ただし，第3条の2（企業集団からの除外）第1項の規定により，同一人関連者から分離された者を除く。
三　経営を支配しようとする共同の目的を有し，当該企業結合に参加する者

第12条（資産総額又は売上額の基準）
① 　法第7条（企業結合の制限）第1項但書及び法第12条（企業結合の届出）第1項において「資産総額」とは，企業結合の日が属する事業年度の直前の事業年度終了日における貸借対照表に表示された資産総額をいう。ただし，金融業又は保険業を営む会社の場合には，直前の事業年度終了日における貸借対照表に表示された資産総額又は資本金額のいずれか多い額をいう。
② 　第1項の場合において，企業結合の日が属する事業年度において新株若しくは社債の発行により資産総額が増加したときは，直前の事業年度終了日における貸借対照表に表示された資産総額にその増加額を加えた額を資産総額とみなす。
③ 　法第7条（企業結合の制限）第1項但書及び法第12条（企業結合の届出）第1項において「売上額」とは，企業結合の日が属する事業年度の直前の事業年度における損益計算書に表示された売上額をいう。ただし，金融業又は保険業を営む会社の場合には，直前の事業年度における損益計算書に表示された営業収益をいう。

第12条の2（大規模会社の基準）
　法第7条（企業結合の制限）第1項但書において「大統領令に定める規模に該当する会社」とは，資産総額又は売上額の規模が2兆ウォン以上である会社をいう。

第12条の3（特殊関係人の範囲の例外）
　法第7条（企業結合の制限）第1項第5号(1)において「大統領令に定める者」とは，第11条（特殊関係人の範囲）第3号に規定する者をいう。

第12条の4（回生が不可能な会社との企業結合）
　法第7条（企業結合の制限）第2項第2号において「大統領令に定める要件」とは，次の各号の要件を満たす場合をいう。
一　企業結合をしない場合には，会社の生産設備等が当該市場において継続して活用されることが，困難であるとき。

二　当該企業結合より競争制限性が少ない他の企業結合をすることが，困難であるとき。

第13条（産業合理化のための企業結合の要件）

〈削除〉

第14条（国際競争力強化のための企業結合の要件）

〈削除〉

第15条（持株会社の設立及び転換の届出等）

① 持株会社を設立し又は持株会社に転換した者は，法第8条（持株会社の設立及び転換の届出）の規定に基づき公正取引委員会が定めて告示するところにより，次の各号の期限までに，届出人，持株会社及び子会社の姓名又は名称，資産総額，負債総額，株主現況，株式所有現況，事業内容等について記載した届出書を，届出内容を立証する書類を添付して，公正取引委員会に提出しなければならない。

　一　持株会社を設立する場合は，設立登記日から30日以内

　二　他の会社との合併又は会社の分割を通じて持株会社に転換する場合は，合併登記日又は分割登記日から30日以内

　三　他の会社の株式取得又は資産の増減により持株会社に転換する場合は，当該事業年度終了後4月以内

② 前項の規定による届出をした者が，法第10条の2（系列会社に対する債務保証の禁止）第1項の規定による債務保証制限大規模企業集団に属する会社を支配する同一人又は当該同一人の特殊関係人に該当するときは，法第8条の3（債務保証制限大規模企業集団の持株会社の設立制限）各号の規定による債務保証の解消実績について，併せて提出しなければならない。

③ 第1項の規定による持株会社の設立の届出にあたり，設立に参加する者が2以上である場合は，共同して届け出なければならない。ただし，届出義務者のうち一名を代理人に定めて，その代理人が届け出るときは，この限りでない。

④ 持株会社であって，事業年度のうちに，所有する株式の減少，資産の増減等の事由により，第2条（持株会社の基準）第1項又は第2項の規定に該当しなくなった会社が，その旨を公正取引委員会に届け出たときは，当該事由が発生した日から，これを持株会社とはみなさない。

⑤ 前項の規定により届出をした会社は，公正取引委員会が定めるところにより，当該事由が発生した日を基準にし，公認会計士の会計監査を受けた貸借対照表及び株式所有現況を公正取引委員会に提出しなければならない。この場合において，公正取引委員会は，届出を受けた日から30日以内に，その審査結果を届出人に通知しな

ければならない。

第15条の2（ベンチャー持株会社の基準）

　　法第8条の2（持株会社の行為の制限等）第1項第2号本文において「大統領令に定める基準」とは，持株会社が所有するベンチャー企業育成に関する特別措置法第2条（定義）第1項の規定によるベンチャー企業の株式価額の合計額が，当該持株会社が所有するベンチャー子会社の株式価額の合計額の100分の50以上である場合をいう。

第15条の3（支配目的の株式所有）

　　法第8条の2（持株会社の行為の制限等）第1項第3号及び第2項において「大統領令に定める支配目的」とは，会社が，単独で又は特殊関係人〔第11条（特殊関係人の範囲）第3号の規定による者を除く。〕とともに，他の会社に対する支配関係を形成し維持し又は強化するために株式を所有する場合をいう。ただし，中小企業創業支援法により設立された中小企業創業投資会社又は与信専門金融業法により設立された新技術事業金融業者が株式を所有する行為は，これを支配目的とはみなさない。

第15条の4（金融持株会社の子会社の株式所有制限）

　　法第8条の2（持株会社の行為の制限等）第1項第4号において「金融業又は保険業と密接な関係がある等大統領令に定める基準に該当する会社」とは，次の各号の一の事業を営むことを目的とする会社をいう。

　一　金融会社又は保険会社に対する電算，情報処理等の役務の提供
　二　金融会社又は保険会社が保有する不動産その他の資産の管理
　三　金融業又は保険業と関連する調査又は研究
　四　その他金融会社又は保険会社の固有業務と直接関連する事業

第15条の5（一般持株会社の子会社による他の会社の株式所有制限）

　　法第8条の2（持株会社の行為の制限等）第2項において「当該子会社の事業内容と密接な関係がある等大統領令に定める基準に該当する会社」とは，次の各号の要件を満たす会社をいう。

　一　次の各目の一の事業を営むことを目的とすること。
　　(1)　子会社が生産した製品の販売
　　(2)　子会社が生産した製品についての維持，管理，補修等の役務の提供
　　(3)　子会社が生産した製品を主要原材料とする製品の生産又は販売
　　(4)　子会社が必要とする原材料等の供給
　　(5)　その他子会社の事業内容と直接関連する事業

二　他の会社の株式を，第15条の3（支配目的の株式所有）本文の規定による支配目的で所有しないこと。

第15条の6（持株会社の株式所有現況等の報告）
① 法第8条の2（持株会社の行為の制限等）第3項の規定により，持株会社は，公正取引委員会が定めて告示するところにより，当該事業年度終了後4月以内に，次の各号の事項について記載した報告書を，公正取引委員会に提出しなければならない。
一　持株会社及び子会社の名称，所在地，設立日，事業内容及び代表者の姓名等会社の一般現況
二　持株会社及び子会社の株主現況
三　持株会社及び子会社の株式所有現況
四　持株会社及び子会社の払込資本金，資本総額，負債総額，資産総額等財務現況
五　子会社が，前条（一般持株会社の子会社による他の会社の株式所有制限）の規定により他の会社の株式を所有する場合は，当該他の会社の事業内容，株主現況，株式所有現況及び財務現況
② 前項の規定による報告書には，次の各号の書類を添付しなければならない。
一　持株会社及び子会社の直前の事業年度における貸借対照表，損益計算書等の財務諸表（株式会社の外部監査に関する法律の規定により，連結財務諸表を作成する企業の場合は，連結財務諸表を含む。）及び財務諸表についての監査人の監査報告書（大規模企業集団に属する会社及び株式会社の外部監査に関する法律の規定による外部監査の対象となる会社に限る。）
二　子会社の株主名簿
三　前項第5号の規定による他の会社の営業報告書
③ 公正取引委員会は，前2項の規定により提出された報告書及び添付書類が十分でないときは，期間を定めて，当該書類の補正を命ずることができる。

第16条（外国人投資事業のための持株会社の設立承認等）
〈削除〉

第17条（大規模企業集団及び債務保証制限大規模企業集団の範囲）
① 法第9条（相互出資の禁止等）第1項に規定する大規模企業集団は，当該企業集団に属する国内会社の，大規模企業集団に指定される直前の事業年度の貸借対照表における資産総額〔金融業又は保険業を営む会社の場合は，資本総額又は資本金額のいずれか多い額とし，新たに設立された会社であって，直前の事業年度の貸借対照表がない場合は，指定の日における払込資本金額とする。以下，この条，第17条

の8（大規模内部取引についての取締役会の議決及び公示）及び第21条（大規模企業集団等の指定）において同じ。〕の合計額の順位が1位から30位までの企業集団とする。ただし、資産総額の合計額の順位が1位から30位までの企業集団を定めるにあたり、次の各号の一に該当する企業集団を除く。

一　金融業又は保険業のみを営む企業集団
二　金融業又は保険業を営む会社が法第2条（定義）第2号に規定する同一人である企業集団
三　政府投資機関管理基本法第2条（適用範囲）に規定する政府投資機関が法第2条（定義）第1号に規定する同一人である企業集団
四　〈削除〉
五　当該企業集団に属する会社のうち、会社整理法による会社整理手続の開始を裁判所に申し立てた会社の資産総額の合計額が企業集団全体の資産総額の100分の50以上である企業集団であって、公正取引委員会が大規模企業集団に指定する必要がないと認めるもの

② 〈削除〉
③ 〈削除〉
④ 法第10条の2（系列会社に対する債務保証の禁止）第1項に規定する債務保証制限大規模企業集団は、第1項に規定する大規模企業集団とする。

第17条の2（出資総額制限の例外）
① 法第10条（出資総額の制限）第1項第4号本文において「大統領令に定める要件」とは、次の各号に該当する場合をいう。
一　3年以上継続して行っている営業又はその営業に使用している主要な資産を、同種の営業を行う他の会社に現物出資し、株式を取得し又は所有する場合
二　3年以上継続して営業を行っている会社であって、2年以内に合併する予定である同種の営業を行っている他の会社（当該営業を1年以上継続して行っている会社に限る。）の株式を取得し又は所有する場合
三　系列会社を売却し、その代金として、当該大規模企業集団の核心事業部門の力量を強化するために、当該核心事業部門に該当する会社の株式を取得し又は所有する場合
四　3年以上継続して行っている営業又はその営業に使用している主要な資産を物的に分割し、新設される会社の株式を取得し又は所有する場合
五　営業又はその営業に使用している主要な資産を、次の各目の基準に該当する新設会社に現物出資し、当該新設会社の発行済株式総数の100分の30未満の株式を

取得し又は所有する場合
- (1) 当該営業に従事している役職員の出資持分の合計が，当該新設会社の出資者の持分のうち最大であること。
- (2) 当該新設会社は，自己の系列会社でないこと。

六 第3条の2（企業集団からの除外）第1項第2号の規定により，大規模企業集団の範囲から除外される会社から，次の各目の一の関係にある系列会社の株式を取得し又は所有する場合
- (1) 当該会社が生産した製品を販売し又は主要な原材料として製品若しくは役務を生産し，販売若しくは提供する会社
- (2) 当該会社の製品の生産に必要な原材料又は役務を生産し，販売し又は提供する会社
- (3) 当該会社の製品の生産，役務の提供等に関して，研究開発を行う会社

七 会社整理法に基づく会社整理手続若しくは和議法に基づく和議の開始を申請した会社又は財務構造が不実である会社を売却する目的で当該会社の財務構造を改善させるために実施する有償増資に伴い所有する株式に対する新株配当により，株式を取得し又は所有する場合

八 外国人投資促進法に基づく外国人投資事業のうち次の各目の基準に該当する会社の株式を取得し又は所有する場合
- (1) 外国投資者〔外国人投資促進法第2条（定義）第1項第4号(2)の規定による資本出資関係にある企業を含む。以下，この号において同じ。〕が，当該会社の発行済株式総数の100分の30以上を所有すること。
- (2) 外国投資者が，当該会社の最多の出資者であること。

九 中小企業基本法に基づく中小企業であって，次の各目の一に該当する中小企業の発行済株式総数の100分の30未満の株式を取得し又は所有する場合
- (1) 原料又は部品を主に生産し供給する中小企業
- (2) ベンチャー企業育成に関する特別措置法に基づくベンチャー企業

② 法第10条（出資総額の制限）第1項第4号但書において「大統領令に定める期間」とは，次の各号の期間をいう。
- 一 前項第1号，第3号から第6号まで，第8号又は第9号の事由により株式を取得し又は所有する場合は，当該株式を取得し又は所有した日から5年
- 二 前項第2号又は第7号の事由により株式を取得し又は所有する場合は，当該株式を取得し又は所有した日から2年

③ 大規模企業集団に属する会社は，法第10条（出資総額の制限）第1項第4号の規

定により，第1項各号の規定による株式の取得又は所有の認定を受けようとするときは，公正取引委員会の定めるところにより，申請書に，出資内訳を証する書類を添付して，これを公正取引委員会に提出しなければならない。
④　法第10条（出資総額の制限）第1項第5号本文において「大統領令に定める要件」とは，持株会社又は持株会社でない会社への転換に関して，株主総会の決議（当該会社が株式会社でないときは，定款を変更するための議事決定をいう。）がある場合をいう。

第17条の3　（社会間接資本施設関連出資の認定申請）
　〈削除〉
第17条の4　（所有分散優良会社の要件及び確認）
　〈削除〉
第17条の5　（債務保証禁止対象の除外要件）
①　法第10条の2（系列会社に対する債務保証の禁止）第1項第1号において「引き受けられる会社の債務と関連して行う保証」とは，次の各号の一に該当する場合をいう。
　一　株式譲渡又は合併等の方法により引き受けられる会社の引受け時点における債務又は引き受けられようとする債務に対して，引き受ける会社又はその系列会社が行う保証
　二　引き受けられる会社の債務を分割して引き受ける場合において，当該債務に対して，系列会社が行う保証
②　法第10条の2（系列会社に対する債務保証の禁止）第1項第3号において「企業の国際競争力強化のために必要な場合，その他大統領令に定めるところによる債務に対する保証」とは，次の各号の一に該当する場合をいう。
　一　韓国輸出入銀行法第18条（業務）第1項第1号又は第2号の規定により，資本財，その他の商品の生産又は技術の提供過程において，必要な資金を支援するために，韓国輸出入銀行が行う貸出又はこれと連携して他の国内金融機関が行う貸出に対する保証
　二　海外における建設又は産業設備の工事の遂行，輸出船舶の建造，役務の輸出，その他公正取引委員会が認める物品の輸出と関連して，国内金融機関が行う入札保証，契約履行保証，先受金還給保証，留保金還給保証，瑕疵補修保証又は納税保証に対する保証
　三　国内の新技術若しくは導入された技術の企業化又は技術開発を行うための施設若しくは機資財の購入等技術開発事業を行うために，国内金融機関から支援を受

けた資金に対する保証
四 引受引渡条件付輸出又は支給引渡条件付輸出手形の国内金融機関による買入及び内国信用状の開設に対する保証
五 次の各目の一に該当する事業と関連して，国内金融機関の海外支店が行う与信に対する保証
　(1) 外国為替取引法の規定による海外直接投資
　(2) 海外において建設を行い又は役務を提供する事業者が行う外国における建設又は役務の提供事業
　(3) その他公正取引委員会が認める外国における事業
六 会社整理法による会社整理手続の開始を裁判所に申請した会社の第三者引受と直接関連する保証
七 社会間接資本施設に対する民間投資法第4条（民間投資事業の推進方式）第1号又は第2号の規定に基づく方式により民間投資事業を営む系列会社に出資した場合であって，国内金融機関が当該系列会社に行う与信に対する保証

第17条の6（国内金融機関の範囲）
　法第10条の2（系列会社に対する債務保証の禁止）第2項第6号において「その他大統領令に定める金融機関」とは，与信先物金融業法による与信先物金融会社をいう。

第17条の7（既存債務保証解消時限の延長要件）
　〈削除〉

第17条の8（大規模内部取引についての取締役会の議決及び公示）
① 法第11条の2（大規模内部取引についての取締役会の議決及び公示）第1項の規定により大規模内部取引についての取締役会の議決及び公示を要する大規模企業集団は，第17条（大規模企業集団及び債務保証制限大規模企業集団の範囲）第1項の規定による大規模企業集団とする。
② 法第11条の2（大規模内部取引についての取締役会の議決及び公示）第1項の規定により取締役会の議決及び公示対象となる大規模内部取引行為は，取引金額が当該会社の資本金額の100分の10以上に相当する額又は100億ウォン以上のものとする。
③ 法第11条の2（大規模内部取引についての取締役会の議決及び公示）第2項の規定による公示の主要内容は，次の各号のとおりとする。
一 取引の目的及び対象
二 取引の相手方（特殊関係人が直接の取引の相手方でなくとも，特殊関係人のための取引である場合は，当該特殊関係人を含む。）

三　取引の額及び条件
四　取引の相手方との同一の取引類型の取引残額
五　前4号に準ずる事項であって，公正取引委員会が定めて告示するもの
④　法第11条の2（大規模内部取引についての取締役会の議決及び公示）第4項の規定により取締役会の議決を経ないですることのできる取引行為は，次の各号の要件を満たすものとする。
　一　約款の規制に関する法律第2条（定義）の規定に基づく約款による取引行為であること。
　二　当該会社の日常的取引分野における取引行為であること。

第18条（企業結合の届出等）
①　法第12条（企業結合の届出）第1項本文において「資産総額若しくは売上額の規模（系列会社の資産総額若しくは売上額を合計した規模をいう。）が大統領令に定める基準に該当する会社」とは，資産総額又は売上額が1,000億ウォン以上である会社をいう。
②　法第12条（企業結合の届出）第1項の規定により届出をしようとする者は，公正取引委員会が定めて告示するところにより，届出義務者及び相手方会社の名称，売上額，資産総額，事業内容並びに当該企業結合の内容及び関連市場の状況等について記載した届出書に，届出内容を証するために必要な関連書類を添付して，公正取引委員会に提出しなければならない。
③　公正取引委員会は，第2項の規定により提出された届出書又は添付書類が充分でない場合は，期間を定めて，当該書類の補正を命ずることができる。この場合において，補正に要する期間（補正命令書を発送する日及び補正された書類が公正取引委員会に到達する日を含む。）は，法第12条（企業結合の届出）第6項及び第8項の期間に参入しない。
④　法第12条（企業結合の届出）第1項第1号において「100分の20（株式上場法人又は協会登録法人の場合には，100分の15）以上を所有することとなる場合」とは，100分の20（株式上場法人又は協会登録法人の場合には，100分の15。以下，この項において同じ。）未満の所有状態において，100分の20以上の所有状態になる場合をいう。
⑤　法第12条（企業結合の届出）第5項本文において「企業結合の日」とは，次の各号の日をいう。
　一　他の会社の株式を取得する場合には，次の各目の日
　　(1)　株式会社の株式を譲り受ける場合は，株式の交付を受けた日。ただし，株式

が発行されていない場合は，株式の代金を支払った日をいい，株券の交付前又は株式の代金の全額の支払前に，合意，契約等により，議決権その他の株式に関する権利が実質的に移転しているときは，当該権利が移転した日をいう。
　(2)　株式会社の新株を有償で取得する場合には，株式の代金の払込期日の翌日
　(3)　株式会社以外の会社の持分を譲り受ける場合には，持分譲受の効力が発生した日
　二　役員兼任の場合には，役員が兼任する会社の株主総会又は社員総会において，役員の兼任が議決された日
　三　営業譲受の場合には，営業譲受の代金の支払を完了した日。ただし，契約締結日から90日を経過して営業譲受の代金の支払を完了する場合には，当該90日が経過した日をいう。
　四　他の会社との合併の場合には，合併登記日
　五　新たな会社の設立に参加する場合には，配当された株式の代金の払込期日の翌日
⑥　法第12条（企業結合の届出）第5項但書の規定による届出をした大規模会社は，届出をした後，合併の登記日，営業の譲受日又は会社の設立日までに届出事項に重要な変更があったときは，その変更事項を届け出なければならない。

第19条（企業結合届出代理人の指定等）
①　法第12条（企業結合の届出）第9項の規定による代理人の指定を受けようとする者は，会社の名称，資産総額及び売上額等について記載した申請書を，公正取引委員会に提出しなければならない。
②　公正取引委員会は，第1項の規定による申請を受けて代理人を定めたときは，その事実を当該代理人に通知しなければならない。

第20条（株式所有状況等の届出）
①　法第13条（株式所有状況等の届出）第1項及び第2項の規定による届出をしようとする者は，毎年4月末までに，次の各号の事項について記載した届出書を，公正取引委員会に提出しなければならない。ただし，新たに大規模企業集団に指定された企業集団に属する会社の場合には，指定された当該年度においては，第21条（大規模企業集団等の指定）第2項の規定による通知を受けた日から30日以内に，届出書を提出しなければならない。
　一　当該会社の名称，資本金額及び資産総額等会社の概要
　二　系列会社及び特殊関係人が所有している当該会社の株式数
　三　法第10条（出資総額の制限）第1項の規定による当該会社の純資産額，出資限

度額及び出資総額

四　当該会社の債務保証額

② 前項の届出書には，次の各号の書類を添付しなければならない。

一　当該会社の所有株式明細書

二　系列会社との相互出資状況表

三　当該会社の最終事業年度の監査報告書

四　当該会社の系列会社に対する債務保証の明細書及び最近1年間の債務保証の変動内訳

五　当該会社が系列会社から受けた債務保証の明細書及び最近1年間の債務保証の変動内訳

六　前2号及び前項第4号の内容を確認するために，法第10条の2（系列会社に対する債務保証の禁止）第2項の規定による国内機関が公正取引委員会が定める書式に従い作成した確認書

③ 法第13条（株式所有状況等の届出）第1項の規定により，大規模企業集団に属する会社は，株式取得等により，所属会社に変動事由が生じたときは，30日以内に，その変動内容について記載した届出書を，公正取引委員会に提出しなければならない。

第20条の2（債務保証状況の届出）

〈削除〉

第21条（大規模企業集団等の指定）

① 公正取引委員会は，法第14条（大規模企業集団の指定等）第1項の規定により，毎年4月1日（止むを得ないときは，4月15日）までに，第17条（大規模企業集団及び債務保証制限大規模企業集団の範囲）の基準に該当する企業集団を大規模企業集団に指定し，及び大規模企業集団に指定された企業集団が当該基準に該当しなくなったときは，これを大規模企業集団の指定から除かなければならない。

② 公正取引委員会は，第1項の規定により，大規模企業集団に新たに指定し又は指定から除くときは，直ちに，その事実を当該大規模企業集団に属する会社及び法第2条（定義）第2号の規定による当該大規模企業集団に属する会社の事業内容を事実上支配する同一人に，書面により通知しなければならない。

③ 公正取引委員会は，第1項及び第2項の規定による指定及び通知をした後，当該大規模企業集団に属する会社に変動が生じたときは，毎月1回，同一人及び当該会社に対して，変動内容を書面により通知しなければならない。

④ 法第14条の3（系列会社の編入及び通知日の擬制）において「大統領令に定める

日」とは，次の各号の一に該当する日をいう。
一　大規模企業集団の指定時に，その所属会社に編入されなければならないにもかかわらず，編入されなかった会社については，その大規模企業集団の指定及び通知を受けた日
二　大規模企業集団の指定後，その所属会社に編入されなければならないにもかかわらず，編入されなかった会社については，その大規模企業集団に属する事由が生じた日の属する月の翌月1日
⑤　第1項から第4項までの規定は，法第14条（大規模企業集団の指定等）第1項の規定による債務保証制限大規模企業集団の指定及び通知に関して，これを準用する。この場合において，「大規模企業集団」とあるのは「債務保証制限大規模企業集団」と読み替えるものとする。
⑥　第1項の規定により大規模企業集団に指定された企業集団が，次の各号の一に該当するときは，その事由が生じたときに，大規模企業集団からこれを除くことができる。
一　指定の日以降に，第17条（大規模企業集団及び債務保証制限大規模企業集団の範囲）第1項第5号の規定に該当する事由が生じたとき。
二　所属会社の変動により，当該企業集団になお属している国内会社の資産総額（直近の指定日における直前の事業年度終了日現在の貸借対照表上の資産総額とする。以下，この号において同じ。）の合計額が，直近の大規模企業集団指定日における資産総額の合計額の順位が30位である企業集団の資産総額の合計額の100分の70以下に減少したとき。

第21条の2（関係機関の範囲）
　　法第14条の4（関係機関に対する資料の確認要求等）第4号において「大統領令に定める機関」とは，証券取引法により名義書替代行業務を営む機関並びに信用情報の利用及び保護に関する法律第2条（定義）第5号の規定による信用情報集中機関をいう。

第21条の3（脱法行為の類型及び基準）
①　法第15条（脱法行為の禁止）第1項の規定により禁止される脱法行為は，次の各号の一に該当する行為をいう。
一　法第7条（企業結合の制限）第1項但書の規定による大規模会社が，会社の内部組織を利用する等企業結合以外の方法を通じて，次の各目の一に該当する行為をすることにより，一定の取引分野における競争を実質的に制限する行為
　(1)　当該行為により，当該会社の市場占拠率が次の要件に該当することとなる行

為
　　　ア　当該会社の市場占拠率が市場支配的事業者の推定要件に該当するとき。
　　　イ　当該会社の市場占拠率が当該取引分野において第1位であるとき。
　　　ウ　当該会社の市場占拠率と第2位である会社の市場占拠率との差異が，当該会社の市場占拠率の100分の25以上であるとき。
　　(2)　当該行為により，中小企業基本法による中小企業の市場占拠率が3分の2以上である取引分野において，100分の5以上の市場占拠率を有することとなる行為
　　(3)　大規模かつ必須の商品又は役務の生産に参与する行為
　二　法第10条の2（系列会社に対する債務保証の禁止）第1項の規定による債務保証制限大規模企業集団に属する会社が行う次の各目の一に該当する行為
　　(1)　法第10条の2（系列会社に対する債務保証の禁止）第2項の規定による国内金融機関に対する自己の系列会社の既存債務を免れようとすることなく，同一内容の債務を負担する行為
　　(2)　他の会社をして，自己の系列会社に対して債務保証をさせるようにする代わりに，当該他の会社又は系列会社に対して債務保証をする行為
　三　その他前2号の行為に準ずる行為であって，公正取引委員会が定めて告示する行為
②　第1項第1号の規定を適用するために，細部の基準が必要となるときは，公正取引委員会が定めてこれを告示する。この場合において，公正取引委員会は，あらかじめ，関係行政機関の長の意見を聴かなければならない。

第22条（法違反事実の公表に関する協議規定の準用）
　〈削除〉

第23条（金融業又は保険業の範囲）
　　法第8条の2（持株会社の行為の制限等）第1項第4号及び第5号，法第10条の2（系列会社に対する債務保証の禁止）第1項並びに法第11条（金融又は保険会社の議決権の制限）の規定による金融業又は保険業の範囲は，統計法第17条（統計資料の分類）第1項の規定により，統計庁長が告示する韓国標準産業分類による。

第23条の2（履行強制金の賦課，徴収等）
①　公正取引委員会は，法第17条の2（履行強制金）の規定により，履行強制金を賦課するときは，是正措置命令に定める期間の終了日の翌日から是正措置を履行した日までの期間について，これを賦課する。この場合において，履行強制金の賦課は，特別の事由がある場合を除き，是正措置命令に定める期間の終了日から30日以内に，

これをしなければならない。
② 前項の規定による是正措置を履行した日を定めるにあたり，是正措置の内容が，株式の処分である場合は，株券の交付日を，役員の辞任である場合は，当該事実の登記日を，営業の譲渡である場合は，関連不動産等についての所有権移転登記日又は登録日を，それぞれ基準とする。
③ 公正取引委員会は，第1項の規定にかかわらず，法第16条（是正措置）第1項第7号又は第8号の規定による是正措置が，毎分期，毎事業年度等期間別に，一定の義務を命ずるものであって，これを履行しない者に対して，履行強制金を賦課するときは，当該不履行期間について，これを賦課する。この場合において，履行強制金の賦課は，特別の事由がある場合を除き，措置を履行したか否かを確認することのできる日から30日以内に，これをしなければならない。
④ 公正取引委員会は，履行強制金の額を定めるにあたり，是正措置の不履行の事由，是正措置不履行により得ることとなる利益の規模等を参酌しなければならない。
⑤ 公正取引委員会は，履行強制金を賦課するときは，1日当たりの履行強制金の額（第3項の規定による履行強制金の場合は，当該不履行期間について確定した額をいう。），賦課事由，納付期限及び受納機関，異議申立方法及び異議申立期間等を明示して，書面により，通知しなければならない。
⑥ 前項の規定により通知を受けた者は，次の各号に定める期間内に，履行強制金を納付しなければならない。ただし，天災地変その他止むを得ない事由により，その期間内に履行強制金を納付することができないときは，その事由が消滅した日から30日以内に，納付しなければならない。
　一　第1項の規定による履行強制金の場合は，公正取引委員会が，履行行為が完了した日を確認した後，履行強制金の額を確定して，その納付について通知した日から30日以内
　二　第3項の規定による履行強制金の場合は，公正取引委員会が通知した日から30日以内
⑦ 公正取引委員会は，第1項の規定による履行強制金を徴収するにあたり，是正措置命令に定める期間の終了日から90日を経過しても，是正措置の履行がなお行われないときは，その終了日から起算して90日が経過した日を基準として，履行強制金を徴収することができる。
⑧ 第64条（督促）及び第64条の2（滞納処分の委託）の規定は，履行強制金の納付に関する督促及び滞納処分の委託に関して，それぞれこれを準用する。

第23条の3（議決権の行使禁止株式の指定基準）

公正取引委員会は，法第18条（是正措置の履行確保）第4項の規定により議決権を行使することのできない株式を指定しようとするときは，次の各号の順序に従い，これを指定しなければならない。
一　法第10条（出資総額の制限）第1項の規定による出資限度額を超えて，新たに取得し又は所有した株式
二　直近に取得し又は所有した株式

第4章　不当な共同行為の制限

第24条（共同行為の認可要件）

　　法第19条（不当な共同行為の禁止）第2項本文において「大統領令に定める要件」とは，第24条の2（産業合理化のための共同行為の要件）から第28条（中小企業の競争力向上のための共同行為の要件）までの規定による要件をいう。

第24条の2（産業の合理化のための共同行為の要件）

　　法第19条（不当な共同行為の禁止）第2項第1号の規定による産業の合理化のための共同行為の認可は，当該共同行為が次の各号の要件に該当する場合に限り，これをすることができる。
一　共同行為による技術の向上，品質の改善，原価の節減及び能率の増進等の効果が明らかであるとき。
二　共同行為以外の方法をもってしては，産業の合理化の達成が困難であるとき。
三　競争制限を禁止する効果よりも，産業の合理化の効果が大きいとき。

第24条の3（研究，技術開発のための共同行為の要件）

　　法第19条（不当な共同行為の禁止）第2項第2号の規定による研究，技術開発のための共同行為の認可は，当該共同行為が次の各号の要件に該当する場合に限り，これをすることができる。
一　当該研究，技術開発が産業の競争力の強化のために緊要であり，その経済的波及効果が大きいとき。
二　研究，技術開発に要する投資金額が過大であり，一の事業者をもってしては調達が困難であるとき。
三　研究，技術開発の成果が確実でないために，危険分散の必要があるとき。
四　競争制限を禁止する効果よりも，研究，技術開発の効果が大きいとき。

第25条（不況克服のための共同行為の要件）

　　法第19条（不当な共同行為の禁止）第2項第3号の規定による不況を克服するための共同行為の認可は，当該共同行為が次の各号の要件に該当する場合に限り，これをすることができる。

一　特定の商品又は役務の需要が相当の期間継続して減少し，需要に比して供給が大きく超過する状態が継続しており，今後もその状態が継続することが明らかであるとき。

二　当該商品又は役務の取引価格が相当の期間平均生産費を下回っているとき。

三　当該事業分野の相当数の企業が不況により事業活動を継続することが困難になるおそれがあるとき。

四　企業の合理化をもってしては，第1号から第3号までの事項を克服することができないとき。

第26条（産業構造の調整のための共同行為の要件）

　　法第19条（不当な共同行為の禁止）第2項第4号の規定による産業構造の調整のための共同行為の認可は，当該共同行為が次の各号の要件に該当する場合に限り，これをすることができる。

一　国内外の経済与件の変化により特定の産業の供給能力が著しく過剰な状態にあり，又は生産施設若しくは生産方法の低落により生産能率若しくは国際競争力が著しく低下しているとき。

二　企業の合理化をもってしては，第1号の事項を克服することができないとき。

三　競争制限を禁止する効果よりも，産業構造を調整する効果が大きいとき。

第27条（取引条件の合理化のための共同行為の要件）

　　法第19条（不当な共同行為の禁止）第2項第5号の規定による取引条件の合理化のための共同行為の認可は，当該共同行為が次の各号の要件に該当する場合に限り，これをすることができる。

一　取引条件の合理化により，生産能率の向上，取引の円滑化及び消費者の便益の増進に明らかに寄与するとき。

二　取引条件の合理化の内容が当該事業分野における大部分の事業者にとり技術的又は経済的に可能であるとき。

三　競争制限を禁止する効果よりも，取引条件の合理化の効果が大きいとき。

第28条（中小企業の競争力向上のための共同行為の要件）

　　法第19条（不当な共同行為の禁止）第2項第6号の規定による中小企業の競争力向上のための共同行為の認可は，当該共同行為が次の各号の要件に該当する場合に限り，これをすることができる。

一　共同行為による中小企業の品質，技術の向上等生産性の向上又は取引条件に関する交渉力を強化する効果が明らかであるとき。

二　参加事業者のすべてが中小企業者であるとき。

三　共同行為以外の方法をもってしては，大企業と効率的な競争を行い，又は大企業に対抗することが困難であるとき。

第29条（共同行為の認可の限界）

　　公正取引委員会は，第24条の2（産業の合理化のための共同行為の要件）から第28条（中小企業の競争力向上のための共同行為の要件）までの規定にかかわらず，当該共同行為が次の各号の一に該当するときは，これを認可することができない。

一　当該共同行為の目的を達成するために必要な程度を超えているとき。

二　需要者及び関連事業者の利益を不当に侵害するおそれがあるとき。

三　当該共同行為の参加事業者間において，共同行為の内容に不当な差別があるとき。

四　当該共同行為に参加し，又は脱退することを不当に制限するとき。

第30条（共同行為の認可手続等）

①　法第19条（不当な共同行為の禁止）第2項の規定により，共同行為の認可を受けようとする者は，次の各号の事項について記載した申請書を，公正取引委員会に提出しなければならない。

一　参加事業者の数

二　参加事業者の名称及び事業所の所在地

三　代表者及び役員の住所及び氏名

四　共同行為をしようとする事由及びその内容

五　共同行為をしようとする期間

六　参加事業者の事業内容

②　第1項の申請書には，次の各号の書類を添付しなければならない。

一　参加事業者の最近2年間の営業報告書，貸借対照表及び損益計算書

二　共同行為の協定又は決議書の写

三　共同行為の認可要件に適合することを証する書類

四　第29条（共同行為の認可の限界）の規定に適合することを証する書類

③　公正取引委員会は，第1項の申請を受けてこれを認可するときは，当該申請人に認可証を交付しなければならない。

④　共同行為の認可を受けた者は，認可事項を変更しようとするときは，第1項及び第2項の書類のうち，その変更事項と関連する書類に認可証を添付して，公正取引委員会に変更の申請をしなければならない。

⑤　公正取引委員会は，法第19条（不当な共同行為の禁止）第2項の規定による認可の申請を受けたときは，その申請のあった日から30日〔第31条（共同行為の認可申

請内容の公示）第3項の規定により公示するときは，30日に公示期間を加えた期間〕以内に，これを決定しなければならない。ただし，公正取引委員会は，必要があると認めるときは，30日を超えない範囲において，この期間を延長することができる。

第31条（共同行為の認可申請内容の公示）
① 公正取引委員会は，必要があると認めるときは，法第19条（不当な共同行為の禁止）第2項の規定による認可をする前に，当該申請内容を公示し，利害関係人の意見を聴くことができる。認可内容を変更するときもまた同様とする。
② 第1項の規定により共同行為の認可申請又は変更申請の内容を公示するときは，次の各号の事項を公示内容に含めなければならない。
一　申請事業者の名称及び住所
二　共同行為の内容
三　共同行為をしようとする事由
四　共同行為をしようとする期間
五　変更申請の場合にあっては，当初の認可内容の変更事項及び事由
③ 第1項の規定による公示期間は，30日以内とする。
④ 第2項の公示内容に対して意見がある利害関係人は，公示期間内に，次の各号の事項について記載した意見書を，公正取引委員会に提出することができる。
一　意見陳述人の氏名又は名称及び住所
二　意見の内容及び意見の提出事由
三　その他意見陳述に必要な事項

第32条（認可された共同行為の廃止）
① 法第19条（不当な共同行為の禁止）第2項の規定により，共同行為の認可を受けた事業者は，当該共同行為を廃止したときは，その事実を，遅滞なく，公正取引委員会に届け出なければならない。

第33条（法違反事実の公表に関する協議規定の準用）
　　〈削除〉

第34条
　　〈削除〉

第35条（申告者等に対する減軽又は免除）
① 法第22条の2（申告者等に対する減免）第2項の規定による是正措置の減軽又は免除は，次の各号の要件に該当する場合に，これをすることができる。
一　公正取引委員会が，当該不当な共同行為についての情報を入手していないか，

又は情報を入手していても充分な証拠を確保することができない状況において，申告し又は調査に協力したものであること。
二　不当な共同行為であることを立証するにあたり，必要な証拠を最初に提供したものであること。
三　不当な共同行為に対する調査が完了するときまで，協力したものであること。
四　当該不当な共同行為の主導的役割を果たしたものではなく，他の事業者に対して，不当な共同行為を強要した事実がないこと。
② 法第22条の2（申告者等に対する減免）第2項の規定による課徴金の減軽又は免除の基準は，次の各号のとおりとする。
一　次の各目の要件に該当する者については，法第22条（課徴金）の規定による課徴金額の100分の75以上を減免する。
　(1) 公正取引委員会が，当該不当な共同行為についての情報を入手していないか，又は情報を入手していても充分な証拠を確保することができない状況において申告したものであること。
　(2) 前項第2号から第4号までに該当するものであること。
二　次の各目の要件に該当する者については，法第22条（課徴金）の規定による課徴金額の100分の50以上を減免する。
　(1) 公正取引委員会が当該不当な共同行為についての充分な証拠を確保することができない状況において，調査に協力したものであること。
　(2) 前項第2号から第4号までに該当するものであること。
三　次の各目の要件に該当する者については，法第22条（課徴金）の規定による課徴金額の100分の50未満の範囲において減軽する。
　(1) 不当な共同行為の事実を申告し又は調査に協力したものであること。
　(2) 不当な共同行為であることを立証するにあたり，必要な証拠を提供したものであること。
　(3) 前項第3号及び第4号に該当するものであること。

第5章　不公正取引行為の禁止

第36条（不公正取引行為の指定）
① 法第23条（不公正取引行為の禁止）第2項の規定による不公正取引行為の類型又は基準は，別表1のとおりとする。
② 公正取引委員会は，必要があると認めるときは，第1項の規定による不公正取引行為の類型又は基準を，特定の分野又は特定の行為に適用するために，細部の基準を定めて告示することができる。この場合において，公正取引委員会は，あらかじ

め，関係行政機関の長の意見を聴かなければならない。

第37条（公正競争規約）

　　公正取引委員会は，法第23条（不公正取引行為の禁止）第5項の規定により，公正競争規約の審査を要請されたときは，審査の要請を受けた日から60日以内に，審査結果を申請人に通知しなければならない。

第38条（訂正広告等に関する協議）

　　〈削除〉

　　　　　第6章　事業者団体

第39条（事業者団体の設立届）

　　〈削除〉

第40条（事業者団体の競争制限行為の認可等）

① 法第26条（事業者団体の禁止行為）第2項の規定により，同条第1項第1号に規定する競争制限行為の認可を受けようとする事業者団体は，次の各号の事項について記載した届出書を，競争制限行為の必要性を証する書類を添付して，公正取引委員会に提出しなければならない。

一　競争制限行為をしようとする事由及びその内容

二　参加事業者の基準及び範囲

② 第24条の2（産業の合理化のための共同行為の要件）から第29条（共同行為の認可の限界）まで，第30条（共同行為の認可手続等）第3項，第4項及び第5項，第31条（共同行為の認可申請内容の公示）並びに第32条（認可された共同行為の廃止）の規定は，競争制限行為の認可に関して，これを準用する。

第41条（訂正広告等に関する協議規定の準用）

　　〈削除〉

第42条（課徴金規定の準用）

　　〈削除〉

　　　　　第7章　再販売価格維持行為の制限

第43条（再販売価格維持行為が許容される著作物）

　　法第29条（再販売価格維持行為の制限）第2項において「大統領令に定める著作物」とは，著作権法第2条（定義）の著作物のうち，関係中央行政機関の長との協議を経て，公正取引委員会が定め，出版された著作物（電子出版物を含む。）をいう。

第44条（再販売価格維持対象商品の指定手続）

① 法第29条（再販売価格維持行為の制限）第3項の規定により，再販売価格維持行為をするための商品の指定を受けようとする事業者は，次の各号の事項について記

載した申請書を，公正取引委員会に提出しなければならない。
一　事業内容
二　最近1年間の営業実績
三　対象商品の内容
四　対象商品の流通経路及び最近1年間の流通段階別販売価格動向
五　対象商品についての販売業者の組織状況
六　指定の申請事由

② 第1項の申請書には，次の各号の書類を添付しなければならない。
一　当該商品の再販売価格維持行為が一般消費者の利益を不当に害するものでないことを証する書類
二　法第29条（再販売価格維持行為の制限）第2項各号の要件に該当することを証する書類

第45条（再販売価格維持契約の届出）
〈削除〉

第46条（法違反事実の公表に関する協議規定の準用）
〈削除〉

第8章　国際契約の締結制限

第47条（国際契約の種類）
　法第32条（不当な国際契約の締結制限）第1項において「大統領令に定める国際的協定又は契約」とは，次の各号の一に該当する国際的協定又は契約（以下「国際契約」という。）をいう。
一　産業財産権導入契約
　　特許権，実用新案権，意匠権，商標権と同様の産業財産権の実施権又は使用権を導入する契約
二　著作権導入契約
　　書籍，レコード，映像又はコンピュータープログラム等の著作権を導入する契約
三　ノウハウ導入契約
　　営業秘密，その他これと類似する技術に関する権利の実施権又は使用権を導入する契約
四　フランチャイズ導入契約
　　加盟事業の形態により，加盟本部の営業標識を使用して，商品若しくは役務の提供又は事業経営の指導を目的に，加盟事業の実施権又は使用権を導入する契約

五　共同研究開発協定
六　輸入代理店契約
　　商品の輸入又は役務の導入に関して，継続して取引することを目的とする輸入代理店（物品売渡確約書発行業を除く。）契約であって，契約期間が1年以上のもの
七　合弁投資契約

第48条（国際契約の審査要請）
① 国際契約を締結しようとする者であって，法第33条（国際契約の審査要請）の規定により契約の内容についての審査を要請しようとするものは，公正取引委員会が定めて告示する審査要請書を，公正取引委員会に提出しなければならない。
② 国際契約を締結した者であって，法第33条（国際契約の審査要請）の規定により当該契約についての審査を要請しようとするものは，当該契約を締結した日から60日以内に，公正取引委員会が定めて告示する審査要請書及び当該契約書の写（翻訳文を含む。）を，公正取引委員会に提出しなければならない。契約の内容を修正し又は変更するときもまた同様とする。
③ 公正取引委員会は，第1項及び第2項の規定による審査要請を受けたときは，正当な事由がある場合を除き，審査要請を受けた日から20日以内に，その結果を審査要請人に書面により通知しなければならない。
④ 審査要請人は，審査の要請をした契約の内容が法第32条（不当な国際契約の締結制限）第1項の規定に違反する旨，公正取引委員会から通知を受けたときは，その通知を受けた日から60日以内に，関連する契約条項を修正し，再び審査の要請をすることができる。

　　　　　第9章　公正取引委員会の運営

第49条（小会議の構成）
① 法第37条の2（会議の区分）の規定により，公正取引委員会に5以内の小会議をおく。
② 公正取引委員会の委員長（以下「委員長」という。）は，各小会議の構成委員を指定し，必要があるときは，構成委員を変更することができる。
③ 委員長は，各小会議の構成委員に，特定の事件について，法第44条（委員の除斥，忌避及び回避）の規定による除斥，忌避又は回避に該当する事由があるときは，当該事件を他の小会議において審議させるようにし，又は当該事件に限り他の小会議の委員をその小会議の委員に指定することができる。

第50条（小会議の業務分掌）

委員長は，各小会議の分掌業務を指定し，必要があるときは，分掌業務を変更することができる。

第51条（委員の忌避及び回避）
① 法第44条（委員の除斥，忌避及び回避）第2項の規定により，忌避の申請をしようとする者は，委員長にその原因を明示して申請しなければならない。
② 忌避の事由は，忌避の申請をした日から3日以内に，書面により疎明しなければならない。
③ 忌避の申請があった委員は，遅滞なく，忌避の申請に対する意見書を，委員長に提出しなければならない。
④ 委員は，法第44条（委員の除斥，忌避及び回避）第3項の規定により，回避しようとするときは，委員長の許可を受けなければならない。

第52条（地方事務機構の設置）
公正取引委員会は，公正取引機能の地域的事務を処理するために，別に大統領令の定めるところにより，地方事務機構を置くことができる。

第53条（委員の手当等）
公正取引委員会の非常任委員に対しては，予算の範囲内において，手当，その他必要な経費を支給することができる。

第10章　調査等の手続

第54条（違反行為の申告方法）
法第49条（違反行為の探知，申告等）第2項の規定による申告をしようとする者は，次の各号の事項について記載した書面を，公正取引委員会に提出しなければならない。ただし，申告事項が緊急を要し，又はやむを得ないときは，電話又は口頭により申告することができる。
一　申告人の氏名及び住所
二　被申告人の住所，代表者の氏名及び事業内容
三　被申告人の違反行為の内容
四　その他違反行為の内容を明らかにする事項

第55条（公正取引委員会の調査等）
① 公正取引委員会は，法第50条（違反行為の調査等）第1項第1号の規定により，当事者等を出席させて意見を聴こうとするときは，事件名，相手方の氏名，出席日時及び場所等の事項について記載した出席要求書を，発付しなければならない。
② 法第50条（違反行為の調査等）第1項第2号の規定による鑑定人の指定は，事件名，鑑定人の氏名，鑑定期間，鑑定の目的及び内容等の事項について記載した書面

③　法第50条（違反行為の調査等）第1項第3号の規定による原価及び経営状況に関する報告，その他必要な資料の提出命令は，事件名，提出日時，報告又は提出資料等について記載した書面により行わなければならない。ただし，公正取引委員会の会議に出席した事業者等に対しては，口頭により行うことができる。

第56条（所属公務員の調査等）

①　法第50条（違反行為の調査等）第2項において「指定された場所」とは，事業者又は事業者団体の事務所若しくは事業場であって，公正取引委員会の出席要求書に指定された場所をいう。

②　法第50条（違反行為の調査等）第3項の規定による資料若しくは物件の提出命令又は提出された資料若しくは物件の領置は，証拠隠滅のおそれがあるときに限るものとする。

第57条（経費の支給）

　　公正取引委員会は，法第50条（違反行為の調査等）第1項第1号の規定により，利害関係人若しくは参考人の意見を聴き，又は同項第2号の規定により，鑑定人を委嘱したときは，当該人に対して予算の範囲内において必要な経費を支給することができる。ただし，利害関係人又は参考人の事務所若しくは事業場において意見を聴くときは，この限りでない。

第58条（是正勧告手続）

　　法第51条（違反行為の是正勧告）第1項の規定による是正勧告は，次の各号の事項について明示した書面により行わなければならない。

　一　法違反の内容
　二　勧告事項
　三　是正期限
　四　受諾するか否かを通知すべき期限
　五　受諾を拒否したときの措置

第59条（異議申立手続及び処理期間等）

①　法第53条（異議申立て）第1項の規定により異議の申立てをしようとする者は，異議申立ての対象及び内容，異議申立事由等について記載した申立書に，異議申立ての事由又は内容を証するための必要な書類を添付して，これを公正取引委員会に提出しなければならない。

②　公正取引委員会は，第1項の規定により提出された申立書及び関連書類が不備であるときは，期間を定めて，当該書類の補正を命ずることができる。この場合にお

いて，補正に要する期間（補正命令書を発送する日及び補正された書類が公正取引委員会に到達する日を含む。）は，法第53条（異議申立て）第2項の期間に，これを算入してはならない。
③　法第53条（異議申立て）第2項但書において「やむを得ない事情」とは，次の各号の一に該当する場合をいう。
　一　処分が違法又は不当であるか否かを判断するために，市場の範囲，構造，占拠率，輸出入動向等に関する調査，検討等別途の経済的分析が必要であるとき。
　二　処分が違法又は不当であるか否かを判断するために，高度の法理的分析又は検討が必要であるとき。
　三　異議申立ての審理過程において，新たな主張又は資料が提出され，これの調査に長期間を要するとき。
　四　当事者又は利害関係人等が，黙秘権を行使し，又は資料を速やかに提出しない等調査に協力しないとき。
　五　前4号に準ずる場合であって，期間の延長が避けられないとき。

第60条（是正措置命令の執行停止）
　　法第53条の2（是正措置命令の執行停止）の規定により是正措置の執行停止を申し立て又は執行停止の決定の取消しを申し立てようとする者は，申立ての趣旨及び原因について記載した申立書に，申立ての事由又は内容を疎明するために必要な書類を添付して，公正取引委員会に提出しなければならない。

　　　　第11章　課徴金の賦課及び徴収等
第61条（課徴金の賦課基準）
①　法第6条（課徴金），法第17条（課徴金），法第22条（課徴金），法第24条の2（課徴金），法第28条（課徴金），法第31条の2（課徴金）及び法第34条の2（課徴金）の規定による課徴金の種別賦課基準は，別表2のとおりとする。
②　前項の規定により算定された額は，法第55条の3（課徴金の賦課）第1項各号の事項を参酌して，これを加重し又は減軽することができる。

第61条の2（課徴金の徴収及び加算金）
①　公正取引委員会は，法第55条の3（課徴金の賦課）第1項の規定により，課徴金を賦課しようとするときは，その違反行為の種別及び当該課徴金の額等を明示して，これを納付するよう書面により通知しなければならない。
②　前項の規定により通知を受けた者は，通知があった日から60日以内に，課徴金を公正取引委員会が定める収納機関に納付しなければならない。ただし，天災地変，その他やむを得ない事由により，その期間内に課徴金を納付することができないと

きは，その事由がなくなった日から30日以内に，納付しなければならない。
③　法第55条の5（課徴金の徴収及び滞納処分）第1項の規定による加算金は，滞納された課徴金について，金融機関の延滞貸出利子率を参酌し，公正取引委員会が告示により定める率を適用して計算した額とする。

第62条（納付期限の延長及び分割納付の許容並びにその限界）
①　法第55条の4（課徴金の納付期限の延長及び分割納付）第1項において「大統領令に定める基準」とは，第9条（課徴金の算定方法）の規定による売上額に100分の1を乗じて得た額又は10億ウォンをいう。
②　法第55条の4（課徴金の納付期限の延長及び分割納付）第1項の規定による納付期限の延長は，その納付期限の翌日から1年を超えることができない。
③　法第55条の4（課徴金の納付期限の延長及び分割納付）第1項の規定により，分割納付にしようとするときは，分割された納付のそれぞれの期限の間隔は，6ヶ月を超えることができず，かつ，分割回数は，3回を超えることができない。

第63条（納付期限の延長及び分割納付の申請）
　　法第55条の4（課徴金の納付期限の延長及び分割納付）第2項の規定による納付期限の延長又は分割納付の申請は，公正取引委員会が定めた書式により行わなければならない。

第64条（督促）
①　法第55条の5（課徴金の徴収及び滞納処分）第2項の規定による督促は，納付期限経過後15日以内に，書面によりしなければならない。
②　前項の規定により督促状を発付したときは，滞納された課徴金の納付期限は，発付日から10日以内とする。

第64条の2（滞納処分の委託）
①　公正取引委員会は，法第55条の5（課徴金の徴収及び滞納処分）第3項の規定により，滞納処分に関する業務を国税庁長に委託するときは，次の各号の書類を添付した書面によりしなければならない。
　一　公正取引委員会の議決書
　二　歳入徴収決議書及び告知書
　三　納付督促状
②　国税庁長は，前項の規定により，滞納処分業務の委託を受けたときは，その事由が発生した日から30日以内に，次の各号の一に該当する事項を，公正取引委員会に書面により通報しなければならない。
　一　滞納処分に関する業務が終了したときは，その業務終了の日時その他必要な事

項

二　公正取引委員会から進行状況について通報要請があったときは，その進行状況

第64条の3（国税課税情報要求手続）

①　公正取引委員会は，法第55条の5（課徴金の徴収及び滞納処分）第4項の規定により，国税庁長に，国税課税に関する情報の提供を求めるときは，次の各号の書類を添付して書面により，これを行わなければならない。

一　公正取引委員会の議決書

二　歳入徴収決議書及び告知書

三　滞納督促状

②　国税庁長は，前項の規定による要請を受けたときは，特別の事由がない限り，30日以内に，書面により，国税課税に関する情報を提供しなければならない。

第64条の4（還給加算金の利率）

　　法第55条の6（課徴金還給加算金）の規定による還給加算金は，還給された課徴金について，金融機関の定期預金の利子率を参酌して，公正取引委員会が告示により定める率を適用して計算した額とする。

第65条（過料の賦課）

①　公正取引委員会は，法第69条の2（過料）第1項又は第2項の規定により過料を賦課するときは，当該違反行為について調査し確認した後に，違反事実，異議の方法，異議の期間及び過料の額等について書面により明示して，これを納付するよう過料賦課対象者に通知しなければならない。

②　公正取引委員会は，第1項の規定により過料を賦課しようとするときは，10日以上の期間を定めて，過料賦課対象者に口述又は書面による意見陳述の機会を与えなければならない。この場合において，指定された期日までに意見の陳述がないときは，意見がないものとみなす。

③　公正取引委員会は，過料の額を定めるにあたっては，当該違反行為の動機及びその結果等について参酌しなければならない。

第66条（施行細則）

　　この施行令の施行に関して必要な事項は，公正取引委員会がこれを定めて告示する。

　　　　附　則（1990年4月14日）

第1条（施行日）

　　この施行令は，公布の日から施行する。

第2条（処理中の事項についての経過措置）

この施行令の施行日において，従前の第34条及び第35条の規定により，市若しくは道知事が調査をしており，又は既に是正勧告をした事項については，従前の規定による。

第3条（関係法令の改正）

① 下請取引の公正化に関する法律施行令について，次のとおり改正する。

第7条第2項及び第13条に「経済企画院長官」とあるのは，「公正取引委員会」とし，第9条並びに第12条第1項及び第2項に「経済企画院長官に」とあるのは，「公正取引委員会に」とする。

② 証券取引法施行令について，次のとおり改正する。

第3条第1項第6号に「独占規制及び公正取引に関する法律施行令第5条第1項」とあるのは，「独占規制及び公正取引に関する法律施行令第7条第1項」とする。

③ 建設技術管理法施行令について，次のとおり改正する。

第51条第1項に「独占規制及び公正取引に関する法律第2条第3項」とあるのは，「独占規制及び公正取引に関する法律第2条第3号」とする。

④ 定期刊行物の登録に関する法律施行令について，次のとおり改正する。

第2条第1項に「独占規制及び公正取引に関する法律第2条第2項」とあるのは，「独占規制及び公正取引に関する法律第2条第2号」とする。

　　附　則（1993年2月20日）

第1条（施行日）

この施行令は，1993年4月1日から施行する。

第2条（関係法令の改正）

① 放送法施行令について，次のとおり改正する。

第2条第2項に「第17条本文」とあるのは，「第17条第1項本文」とする。

② 総合有線放送法施行令について，次のとおり改正する。

第2条第2項に「第17条」とあるのは，「第17条第1項」とする。

　　附　則（1995年4月1日）

第1条（施行日）

この施行令は，公布の日から施行する。

第2条（例外認定出資に関する経過措置）

この施行令の施行日において，従前の第17条の2第3号の規定により，公正取引

第4編　関係法令

委員会が既に例外として認めた出資については，従前の規定による。
第3条（適用例）
　　第17条の2第3号の改正規定は，この施行令の施行日以後に取得し又は所有した新株について，これを適用する。

　　　附　則（1997年3月31日）
第1条（施行日）
　　この施行令は，1997年4月1日から施行する。
第2条（財務諸表又は監査報告書等の提出に関する適用例）
　　第3条の2（企業集団からの除外）第4項，第17条（大規模企業集団の範囲及び債務保証制限大規模企業集団の範囲）第3項及び第17条の4（所有分散優良会社の要件及び確認）第2項の改正規定は，1998年1月1日から適用する。
第3条（産業の国際競争力強化のための出資に関する経過措置）
　　この施行令の施行日において，従前の第17条の2（産業の国際競争力強化のための出資の要件）第3号の規定により，公正取引委員会から既に認定を受けた株式の取得又は所有については，従前の規定による。
第4条（所有分散優良会社に関する経過措置）
　　この施行令の施行日における所有分散優良会社は，第17条の4（所有分散優良会社の要件及び確認）の改正規定により，公正取引委員会から所有分散優良会社として認定を受けたものとみなす。ただし，当該所有分散優良会社の要件に関しては，この施行令の施行日から3年間は，従前の規定による。
第5条（他の法令の改正）
①　電気通信事業法施行令について，次のとおり改正する。
　　第4条第1項に「独占規制及び公正取引に関する法律施行令第3条第1号から第5号まで」とあるのは，「独占規制及び公正取引に関する法律施行令第3条第1号(1)から(5)まで」とする。
②　住宅建設促進法施行令について，次のとおり改正する。
　　第42条の2第3項に「独占規制及び公正取引に関する法律第7条第1項」とあるのは，「独占規制及び公正取引に関する法律第2条第3号」とする。

　　　附　則（1998年4月1日）
　　この施行令は，1998年4月1日から施行する。ただし，第17条の2から第17条の4までの改正規定は，公布の日から施行する。

附　則（1999年3月31日）
第1条（施行日）
　　この施行令は，1999年4月1日から施行する。
第2条（再販売価格維持行為が許容される著作物に関する経過措置）
　　この施行令の施行日において，従前の規定により再販売価格維持行為が許容される著作物に関しては，第43条の改正規定にかかわらず，2002年12月31日まで，従前の規定による。
第3条（滞納された課徴金に関する経過措置）
　　この施行令の施行日において，滞納された課徴金に関しては，第61条の2第3項の改正規定にかかわらず，従前の規定による。

附　則（1999年12月31日）
この施行令は，公布の日から施行する。

附　則（2000年4月1日）
第1条（施行日）
　　この施行令は，2000年4月1日から施行する。ただし，第17条の2（出資総額制限の例外）の改正規定は，2001年4月1日から施行する。
第2条（社会間接資本施設関連出資者の債務保証に関する経過措置）
　　この施行令の施行日において，社会間接資本施設に対する民間投資法第4条（民間投資事業の推進方式）第1号又は第2号の規定による方式により民間投資事業を営む系列会社に出資した大規模企業集団に属する会社が，国内金融機関の当該系列会社に対する与信について保証をしているときは，第17条の5（新規債務保証禁止対象の除外要件）第2項第7号の改正規定による債務保証をしたものとみなす。

附　則（2001年3月27日）
第1条（施行日）
　　この施行令は，2001年4月1日から施行する。ただし，第8条（法違反事実の公表方法）の改正規定は，2001年6月1日から施行する。
第2条（持株会社に関する経過措置）
　　この施行令の施行日において，第2条（持株会社の基準）第3項の改正規定による基準に該当する会社を子会社として所有していることにより，持株会社の要件に該当することとなる会社（公正取引委員会に持株会社として届け出された会社を除

く。）は，この施行令の施行日から4月以内に，第15条（持株会社の設立及び転換の届出等）第1項の規定により，公正取引委員会に届出をしなければならない。

〔別表1〕
　　一般不公正取引行為の類型及び基準（第36条第1項関連）
1　取引拒絶
　　法第23条（不公正取引行為の禁止）第1項第1号前段において「不当に取引を拒絶する行為」とは，次の各目の一に該当する行為をいう。
　(1)　共同の取引拒絶
　　　正当な理由がないのに，自己と競争関係にある他の事業者と共同して，特定の事業者に対し取引の開始を拒絶し，又は継続的な取引関係にある特定の事業者に対し取引を中断し若しくは取引する商品又は役務の数量若しくは内容を著しく制限する行為
　(2)　その他の取引拒絶
　　　不当に，特定の事業者に対し取引の開始を拒絶し，又は継続的な取引関係にある特定の事業者に対し取引を中断し若しくは取引する商品又は役務の数量若しくは内容を著しく制限する行為
2　差別的取扱い
　　法第23条（不公正取引行為の禁止）第1項第1号後段において「不当に取引の相手方を差別して取扱う行為」とは，次の各目の一に該当する行為をいう。
　(1)　価格差別
　　　不当に，取引地域又は取引の相手方により著しく有利又は不利な価格で取引する行為
　(2)　取引条件の差別
　　　不当に，特定の事業者に対し数量，品質等の取引条件又は取引内容について著しく有利又は不利な取扱いをする行為
　(3)　系列会社のための差別
　　　正当な理由がないのに，自己の系列会社を有利にするために，価格，数量，品質等の取引条件又は取引内容について著しく有利又は不利にする行為
　(4)　集団における差別
　　　集団で特定の事業者を不当に差別的に取扱い，当該事業者の事業活動を著しく有利又は不利にする行為
3　競争事業者の排除

法第23条（不公正取引行為の禁止）第1項第2号において「不当に競争者を排除する行為」とは，次の各目の一に該当する行為をいう。
(1) 不当廉売

自己の商品又は役務を供給するにあたり，正当な理由がないのに，その供給に要する費用より著しく低い対価で継続してこれを供給し，又はその他不当に商品又は役務を低い対価で供給することにより，自己又は系列会社の競争事業者を排除するおそれがある行為

(2) 不当高価購入

不当に，商品又は役務を通常の取引価格に比し高い価格で購入して，自己又は系列会社の競争事業者を排除するおそれがある行為

4 不当な顧客誘引

法第23条（不公正取引行為の禁止）第1項第3号前段において「不当に競争者の顧客を自己と取引するように誘引する行為」とは，次の各目の一に該当する行為をいう。
(1) 不当な利益による顧客誘引

正常な取引慣行に照らして不当に又は過大な利益を提供し若しくは提供する旨申し出て，競争事業者の顧客を自己と取引するよう誘引する行為

(2) 偽計による顧客誘引

第9号に規定する不当な表示又は広告以外の方法により，自己が供給する商品又は役務の内容若しくは取引条件その他取引に関する事項について，実際のもの又は競争事業者に係るものよりも著しく優良又は有利であると顧客に誤認させ，又は，競争事業者に係るものが実際のもの又は自己のものよりも著しく不良又は不利であると顧客に誤認させることにより，競争事業者の顧客を自己と取引するよう誘引する行為

5 取引強制

法第23条（不公正取引行為の禁止）第1項第3号後段において「不当に競争者の顧客を自己と取引するよう強制する行為」とは，次の各目の一に該当する行為をいう。
(1) 抱き合わせ販売

取引の相手方に対し自己の商品又は役務を供給するにあたり，正常な取引慣行に照らして不当に，他の商品又は役務を自己又は自己が指定する事業者から購入させるようにする行為

(2) 社員販売

不当に，自己又は系列会社の役職員をして，自己又は系列会社の商品又は役務を購入し，又は販売させるように強制する行為
  (3) その他の取引強制
   正常な取引慣行に照らして不当な条件等の不利益を取引の相手方に提示し，自己又は自己が指定する事業者と取引するよう強制する行為
6 取引上の地位の濫用
  法第23条（不公正取引行為の禁止）第1項第4号において「自己の取引上の地位を不当に利用して相手方と取引する行為」とは，次の各目の一に該当する行為をいう。
 (1) 購入強制
   取引の相手方が購入する意思がない商品又は役務を購入させるように強制する行為
 (2) 利益提供の強要
   取引の相手方に対し，自己のために金銭，物品，役務その他の経済上の利益を提供させるように強要する行為
 (3) 販売目標の強制
   自己が供給する商品又は役務に関連し，取引の相手方に対し取引に関する目標を提示し，これを達成させるように強制する行為
 (4) 不利益の提供
   前3号に該当する行為のほか，取引の相手方に不利益となるよう取引条件を設定し，若しくは変更し，又はその履行過程において不利益を与える行為
 (5) 経営干渉
   取引の相手方の役職員が選任され又は解任されるにあたり，自己の指示若しくは承認を受けさせるようにし，又は取引の相手方の生産品目，施設の規模，生産量，取引内容を制限することにより，その経営活動に干渉する行為
7 拘束条件付取引
  法第23条（不公正取引行為の禁止）第1項第5号前段において「取引の相手方の事業活動を不当に拘束する条件で取引する行為」とは，次の各目の一に該当する行為をいう。
 (1) 排他条件付取引
   不当に，取引の相手方が自己又は系列会社の競争事業者と取引しないことを条件に，当該取引の相手方と取引する行為
 (2) 取引地域又は取引の相手方の制限

商品又は役務を取引するにあたり，当該取引の相手方の取引地域又は取引の相手方を不当に拘束する条件で取引する行為
8 事業活動の妨害
　法第23条（不公正取引行為の禁止）第1項第5号後段において「不当に他の事業者の事業活動を妨害する行為」とは，次の各目の一に該当する行為をいう。
(1) 技術の不当利用
　他の事業者の技術を不当に利用して，他の事業者の事業活動を著しく困難にさせる程度に妨害する行為
(2) 人力の不当な誘引又は採用
　他の事業者の人力を不当に誘引し又は採用し，他の事業者の事業活動を著しく困難にさせる程度に妨害する行為
(3) 事業所の移転妨害
　他の事業者の事業所の移転を不当に妨害し，他の事業者の事業活動を著しく困難にさせる程度に妨害する行為
(4) その他の事業活動の妨害
　前3号に該当する行為のほか，不当な方法により，他の事業者の事業活動を著しく困難にさせる程度に妨害する行為
9 〈削除〉
10 不当な資金，資産又は人力の支援
　法第23条（不公正取引行為の禁止）第1項第7号において「不当に，特殊関係人又は他の会社に対して，仮支給金，貸与金，人力，不動産，有価証券，無体財産権等を提供し，又は著しく有利な条件で取引して，特殊関係人又は他の会社を支援する行為」とは，次の各目の一に該当する行為をいう。
(1) 不当な資金の支援
　不当に，特殊関係人又は他の会社に対して，仮支給金，貸与金等の資金を著しく低く若しくは高い対価で提供し若しくは取引し，又は著しい規模で提供し若しくは取引して，過大な経済上の利益を提供することにより，特殊関係人又は他の会社を支援する行為
(2) 不当な資産の支援
　不当に，特殊関係人又は他の会社に対して，不動産，有価証券，無体財産権等の資産を著しく低く若しくは高い対価で提供し若しくは取引し，又は著しい規模で提供し若しくは取引して，過大な経済上の利益を提供することにより，特殊関係人又は他の会社を支援する行為

(3) 不当な人力の支援

不当に，特殊関係人又は他の会社に対して，人力を著しく低く若しくは高い対価で提供し，又は著しい規模で提供して，過大な経済上の利益を提供することにより，特殊関係人又は他の会社を支援する行為

〔別表2〕

違反行為別課徴金賦課基準（第61条第1項関連）

違反行為	関連法条文	課徴金賦課基準
1．市場支配的地位の濫用行為	法第3条の2	課徴金賦課基準売上額を，10億ウォン以下，10億ウォン超100億ウォン以下，100億ウォン超1,000億ウォン以下，1,000億ウォン超1兆ウォン以下，1兆ウォン超の5段階に区分し，各段階別に定める賦課比率を適用して算定した額を合計した金額以内
2．持株会社の行為制限等の違反行為	法第8条の2第1項及び第2項	法第17条第4項各号の規定による金額を，10億ウォン以下，10億ウォン超100億ウォン以下，100億ウォン超1,000億ウォン以下，1,000億ウォン超1兆ウォン以下，1兆ウォン超の5段階に区分し，各段階別に定める賦課比率を適用して算定した額を合計した金額以内
3．相互出資行為	法第9条	法第9条の規定に違反した行為により取得し又は所有した株式の取得価額を，10億ウォン以下，10億ウォン超100億ウォン以下，100億ウォン超1,000億ウォン以下，1,000億ウォン超1兆ウォン以下，1兆ウォン超の5段階に区分し，各段階別に定める賦課比率を適用して算定した額を合計した金額以内
4．系列会社に対する新規債務保証行為	法第10条の2第1項	法第10条第1項の規定に違反して行った債務保証の額を，10億ウォン以下，10億ウォン超100億ウォン以下，100億ウォン超1,000億ウォン以下，1,000億ウォン超1兆ウォン以下，1兆ウォン超の5段階に区分し，各段階別に定める賦課比率を適用して算定した額を合計した金額以内
5．〈削除〉		
6．不当な共同行為	法第19条	違反行為の期間×（同期間における関連商品又は役務の売上額）×5/100以内。ただし，入札談合において，入札契約が締結された場合は，契約金額の5/100以内。入札契約が締結されていない場合は，10億ウォン以下

7．不公正取引行為（第8号の不当な支援行為を除く。）	法第23条第1項第1号から第6号まで及び第8号	課徴金賦課基準売上額を，10億ウォン以下，10億ウォン超100億ウォン以下，100億ウォン超1,000億ウォン以下，1,000億ウォン超1兆ウォン以下，1兆ウォン超の5段階に区分し，課徴金賦課基準売上額が10億ウォン以下である場合は，課徴金賦課基準売上額の100分の2以内，10億ウォンを超える場合は，超過した各段階別追加額を合計した金額以内	
8．不当な支援行為	法第23条第1項第7号	支援金額が算出可能である場合	当該支援金額
		支援金額の算出が困難であるか又は不可能である場合	当該支援性取引規模の100分の10以内
9．事業者団体禁止行為	法第26条第1項	事業者団体の違反行為終了日が属する年度における予算額の100分の5以内	
10．事業者団体禁止行為参加行為	法第28条第2項	違反行為期間×（同期間における関連商品又は役務の売上額）×5/100以内	
11．再販売価格維持行為	法第29条	課徴金賦課基準売上額を，10億ウォン以下，10億ウォン超100億ウォン以下，100億ウォン超1,000億ウォン以下，1,000億ウォン超1兆ウォン以下，1兆ウォン超の5段階に区分し，課徴金賦課基準売上額が10億ウォン以下である場合は，課徴金賦課基準売上額の100分の2以内，10億ウォンを超えることとなる場合は，超過する各段階別追加額を合計した金額以内	
12．事業者の不当な国際契約締結行為	法第32条第1項	課徴金賦課基準売上額を，10億ウォン以下，10億ウォン超100億ウォン以下，100億ウォン超1,000億ウォン以下，1,000億ウォン超1兆ウォン以下，1兆ウォン超の5段階に区分し，課徴金賦課基準売上額が10億ウォン以下である場合は，課徴金賦課基準売上額の100分の2以内，10億ウォンを超える場合は，超過した各段階別追加額を合計した金額以内	
13．事業者団体の不当な国際契約締結行為	法第32条第1項	事業者団体の違反行為終了日が属する年度における予算額の100分の5以内	

備考： 1 各段階別賦課比率は，公正取引委員会が定めて告示する。
　　　 2 第8号において支援金額とは，法第23条第1項第7号の規定により，不当に，特殊関係人又は他の会社に対して，仮支給金，貸与金，人力，有価証券，無体財産権等を提供し又は著しく有利な条件で取引し，特殊関係人又は他の会社を支援するこ

とにより得る金額であって，公正取引委員会が定める基準により算定された額をいう。
3 第9号及び第13号の場合において，違反行為終了日が属する年度の予算額が編成されていないときは，直前の事業年度の予算額を基準とする。
4 第6号及び第10号の規定にいう関連商品又は役務の範囲は，違反行為の対象となる商品又は役務の用途及び代替可能性等を勘案して，公正取引委員会が定める。

第2章　下請取引公正化法及び同法施行令

韓国下請取引公正化法（正式名称「下請取引の公正化に関する法律」）は，公正な下請取引の秩序を確立し，親事業者と下請事業者が対等な地位で相互補完的に均衡ある発展を遂げることができるようにし，国民経済の健全な発展に貢献することを目的とする（1条）。

韓国下請取引公正化法は，1984年に制定され，独占禁止法の特別法の中では最も古い歴史をもっている。同法は，我が国下請法（正式名称「下請代金支払遅延等防止法」）と極めて類似した内容を有しており，また，いくつかの点で，韓国特有の制度もおいている。

まず，韓国下請取引公正化法は，その適用範囲について，親事業者と下請事業者間における製造委託，修理委託及び建設委託とすると定めている（2条）。これを我が国下請法と比較すれば，製造委託及び修理委託を適用範囲とする点は，日韓共通であるが，建設委託をも含む点で，その適用範囲は，韓国法の方が広いと言える。また，役務の委託取引を含まない点は，日韓両国とも共通であるが，経済のソフト化・サービス化の進展の中で，韓国では，右委託取引に対する下請法適用の必要性の有無が検討されている[1]。

次に，韓国下請取引公正化法は，我が国下請法と同様，親事業者の義務，禁止行為等について定めている。親事業者の義務は，書面の交付及び書類の保存（3条）等であり，禁止行為は，不当な下請代金の決定（4条）をはじめとする10の行為類型である（4条，5条，8条，10条，11条，12条，17条，18条，19条，20条）。

このほか，韓国下請取引公正化法は，我が国にはない下請紛争調停協議会制

度や課徴金制度を採るなど，我が国下請法に比し，膨大な法体系を有している。

一方，その運用状況についてみれば，韓国は，我が国とは比較にならない程積極的である。99年の法的措置についてみれば，前年よりかなり減少したとは言え，告発8件，是正命令32件等を数え，更にこれらを上回る警告等が行われている[2]。

違反行為の類型については，毎年，下請代金の未払いが最も多く，手形割引料の未払いがこれに続き，年度によりかなりの差異はあるものの，両者で全体の約7割程を占めている[3]。

また，下請紛争調停協議会の活動も顕著であり，毎年，かなりの調停実績を残すなど，公正取引委員会の活動を十分に補完していると言えよう[4]。

このように，韓国下請取引公正化法は，1985年の制定・施行以降今日まで，下請取引の公正化のために十分機能し，韓国経済社会の中に完全に定着してきたと認めることができる。

　（1）　韓国公正去来委員会「公正去来白書1999年版」210頁
　（2）　韓国公正去来委員会「公正去来白書2000年版」570頁
　（3）　「公正去来白書2000年版」前掲，572頁
　（4）　「公正去来白書2000年版」前掲，573頁

◎　下請取引の公正化に関する法律

第1条（目的）
　この法律は，公正な下請取引の秩序を確立し，親事業者と下請事業者が対等な地位で相互補完的に均衡ある発展をすることができるようにすることにより，国民経済の健全な発展に貢献することを目的とする。

第2条（定義）
① この法律において「下請取引」とは，親事業者が下請事業者に製造委託（加工委託を含む。以下同じ。），修理委託若しくは建設委託をし，又は親事業者が他の事業者から製造委託，修理委託若しくは建設委託を受けたものを下請事業者に再委託し，この委託（以下「製造等の委託」という。）を受けた下請事業者が委託を受けたもの（以下「目的物」という。）を製造し修理し若しくは施工し，これを親事業者に納品し若しくは引き渡し（以下「納品」という。），その代価（以下「下請代金」という。）を受領する行為をいう。

② この法律において「親事業者」とは，次の各号の一に該当する者をいう。
　一　中小企業者（中小企業基本法第 2 条第 1 項の規定による者をいい，中小企業協同組合法による中小企業協同組合を含む。以下同じ。）でない事業者であって，中小企業者に製造等の委託をする者
　二　中小企業者のうち，直前の事業年度の年間売上額（関係の法律により，施工能力評価額の適用を受ける取引の場合は，当該年度の施工能力評価額の合計額を，年間売上額又は施工能力評価額がない場合は，資産総額をいう。以下，この号において同じ。）又は常時雇傭する従業員の数が，製造等の委託を受ける他の中小企業者の年間売上額又は常時雇傭する従業員の数の 2 倍を超える中小企業者であって，当該他の中小企業者に製造等の委託をする者。ただし，大統領令に定める年間売上額に該当する中小企業者を除く。
③ この法律において「下請事業者」とは，前項各号の規定による親事業者から製造等の委託を受ける中小企業者をいう。
④ 事業者が独占規制及び公正取引に関する法律第 2 条（定義）第 3 号の規定による系列会社に製造等の委託をし，その系列会社が委託を受けた製造，修理又は施工行為の全部又は相当部分を第三者に再委託する場合，その系列会社が前項各号の一に該当しなくとも，第三者がその系列会社に委託をした事業者から直接製造等の委託を受けたものとして前項に該当するときは，その系列会社及び第三者を，それぞれこの法律による親事業者又は下請事業者とみなす。
⑤ 独占規制及び公正取引に関する法律第 9 条（相互出資の禁止等）第 1 項の規定による大規模企業集団に属する会社が，製造等の委託をし又は委託を受ける場合は，次の各号の規定による。
　一　製造等の委託をした会社が，第 2 項各号の一に該当しなくとも，これをこの法律による親事業者とみなす。
　二　製造等の委託を受けた会社が，第 3 項に該当するとしても，これをこの法律による下請事業者とはみなさない。
⑥ この法律において「製造委託」とは，次の各号の一に該当する行為を業とする事業者が，その業に伴う物品の製造を他の事業者に委託することをいう。この場合において，その業に伴う物品の範囲は，公正取引委員会が定めて告示する。
　一　物品の製造（ソフトウェア開発促進法第 2 条（定義）第 4 号の規定によるソフトウェア事業，エンジニアリング技術振興法第 2 条（定義）の規定によるエンジニアリング活動及び建築士法第 2 条（定義）第 3 号の規定による設計を含む。以下同じ。）

二　物品の販売
三　物品の修理
四　建設
⑦　前項の規定にかかわらず，大統領令に定める物品については，大統領令に定める特別市，広域市等の地域に限り，同項の規定を適用する。
⑧　この法律において「修理委託」とは，事業者が物品の修理を注文により行うことを業とし，又は自己が使用する物品についての修理を業とする場合に，その修理行為の全部又は一部を他の事業者に委託することをいう。
⑨　この法律において「建設委託」とは，次の各号の一に該当する事業者（以下「建設業者」という。）がその業に伴う建設工事の全部又は一部を他の建設業者に委託すること，又は建設業者が大統領令に定める建設工事を他の事業者に委託することをいう。
一　建設産業基本法第2条（定義）第5号の規定による建設業者
二　電気工事業法第2条（用語の定義）第3号の規定による工事業者
三　情報通信工事業法第2条（定義）第4号の規定による工事業者
四　消防法第52条（消防施設工事業の免許等）第1項の規定による消防施設工事業の免許を受けた者
五　その他大統領令に定める事業者
⑩　この法律において「発注者」とは，製造，修理又は施工を親事業者に請け負わせる者をいう。ただし，再下請の場合は，親事業者をいう。

第3条（書面の交付及び書類の保存）
①　親事業者は，下請事業者に製造等の委託をするときは，正当な事由がない限り，一定の事項を記載した書面を事前に（製造委託の場合は，下請事業者が目的物の納品のための作業に着手する前を，修理委託の場合は，下請事業者が契約に締結された修理行為に着手する前を，建設委託の場合は，下請事業者が契約工事に着工する前をいう。）下請事業者に交付しなければならない。
②　前項の書面には，下請代金及びその支払方法等大統領令に定める事項を記載し，親事業者及び下請事業者が記名捺印しなければならない。
③　親事業者及び下請事業者は，大統領令に定めるところにより，下請取引に関する書類を保存しなければならない。

第3条の2（標準下請契約書の作成及び使用）
　　公正取引委員会は，この法律の適用対象となる事業者又は事業者団体に，標準下請契約書の作成及び使用を勧奨することができる。

第4条（不当な下請代金の決定の禁止）
① 親事業者は，下請事業者に製造等の委託をするときは，不当な方法を利用して，目的物と同種又は類似のものについて通常支払われる代価より著しく低い水準で下請代金を決定し（以下「不当な下請代金の決定」という。），又は下請を受けるよう強要してはならない。
② 次の各号の一に該当する親事業者の行為は，前項の規定による不当な下請代金の決定とみなす。
　一　正当な理由がないのに，一律的な比率で単価を引き下げて下請代金を決定する行為
　二　協助要請等名目の如何を問わず，一方的に一定の金額を割り当てた後，当該金額を減じて下請代金を決定する行為
　三　正当な理由がないのに，特定の下請事業者を差別して取り扱い，下請代金を決定する行為
　四　下請事業者に，発注量等取引条件について錯誤を生じさせるようにし，又は他の事業者の見積り若しくは虚偽の見積りを示す等の方法により，下請事業者を欺瞞し，これを利用して下請代金を決定する行為
　五　親事業者が，一方的に不当に低い単価により，下請代金を決定する行為
第5条（物品等の購買強制の禁止）
　親事業者は，下請事業者に製造等の委託をするときは，その目的物の品質の維持，改善その他正当な事由がある場合を除き，自己の指定する物品，装備等を下請事業者に購入し又は使用するよう強制してはならない。
第6条（先払金の支払）
① 下請事業者に製造等の委託をした親事業者は，発注者から先払金を受領したときは，下請事業者が製造，修理又は施工に着手することができるよう，自己が受領した先払金の内容及び比率に応じ，先払金の支払を受けた日（製造等の委託をする前に，先払金を受領したときは，製造等の委託をした日）から15日以内に，先払金を下請事業者に支払わなければならない。
② 親事業者は，発注者から受領した先払金を前項の規定による期限を越えて支払ったときは，その超過期間について，公正取引委員会が定めて告示する利子率による利子を支払わなければならない。
③ 第13条（下請代金の支給等）第6項及び第8項の規定は，親事業者が第1項の規定による先払金を手形により支払う場合の手形割引料の支払及び割引率に関して，これを準用する。この場合において，「目的物の受領日から60日」とあるのは，

「親事業者が発注者から先払金を受領した日から15日」と読み替えるものとする。

第7条（内国信用状の開設）

　　親事業者は，輸出する物品を下請事業者に製造委託したときは，正当な事由がある場合を除き，委託した日から15日以内に，内国信用状を下請事業者に開設しなければならない。ただし，信用状による輸出において，親事業者が原信用状を受領する前に製造委託したときは，原信用状を受領した日から15日以内に，内国信用状を開設しなければならない。

第8条（不当な受領拒否の禁止及び受領証の交付）

① 親事業者は，製造等の委託を任意で取消し若しくは変更し，又は目的物の納品に対する受領若しくは引受けを拒否し若しくは遅延してはならない。ただし，下請事業者の責に帰すべき事由があるときは，この限りでない。

② 親事業者は，目的物が納品されたときは，その目的物の検査の前であろうとも，直ちに（第7条（内国信用状の開設）の規定により内国信用状を開設したときは，検査完了後直ちに）受領証明書を下請事業者に交付しなければならない。ただし，建設委託の場合は，検査が終了した後，直ちに当該目的物を引き受けなければならない。

③ 第1項において「受領」とは，下請事業者が納品した目的物を受け取り，事実上，親事業者の支配下におくことをいう。ただし，移転させることが困難な目的物の場合は，検査を開始した時を受領した時とみなす。

第9条（検査の基準，方法及び時期）

① 下請事業者が納品し又は引き渡した目的物に対する検査の基準及び方法は，親事業者及び下請事業者が協議して定めることとし，これは，客観的かつ公正で妥当なものでなければならない。

② 親事業者は，正当な事由がある場合を除き，下請事業者から目的物を受領した日（製造委託の場合は，既成部分についての通知を受けた日を含み，建設委託の場合は，下請事業者から工事の竣工又は既成部分についての通知を受けた日をいう。）から10日以内に，検査結果を下請事業者に書面により通知しなければならず，この期間内に通知しないときは，検査に合格したものとみなす。

第10条（不当返品の禁止）

① 親事業者は，下請事業者から目的物を受領し又は引き受けたときは，下請事業者の責に帰すべき事由がないにもかかわらず，これを下請事業者に返品（以下「不当返品」という。）してはならない。

② 次の各号の一に該当する親事業者の行為は，前項の規定による不当返品とみなす。

一 取引の相手方からの発注の取消し又は経済状況の変動等を理由に，目的物を返品する行為
二 検査の基準及び方法を不明確に定めることにより，目的物を不当に不合格と判定し，これを返品する行為
三 親事業者が供給した原資材の品質不良により，目的物が不合格と判定されたにもかかわらず，これを返品する行為
四 親事業者の原資材の供給遅延による納期遅延であるにもかかわらず，これを理由に目的物を返品する行為

第11条（不当減額の禁止）
① 親事業者は，下請事業者の責に帰すべき事由がないにもかかわらず，製造等の委託をするときに定めた下請代金を，不当に減額（以下「不当減額」という。）してはならない。
② 次の各号の一に該当する親事業者の行為は，前項の規定による不当減額とみなす。
一 委託するときに下請代金を減額する条件等を明示しないで，委託した後，協助要請，取引の相手方からの発注の取消し又は経済状況の変動等不合理な理由を挙げ，下請代金を減額する行為
二 下請事業者と単価の引下げに関する合意が成立した場合に，当該合意が成立する前に委託した部分についても，一方的にこれを遡及適用する方法により，下請代金を減額する行為
三 下請代金を現金により又は支払期日前に支払うことを理由に，過度に下請代金を減額する行為
四 親事業者における損害の発生に実質的な影響を及ぼすことのない軽微な下請事業者の過誤を理由に，一方的に下請代金を減額する行為
五 目的物の製造，修理又は施工に必要な物品等を自己から購入させ，又は自己の装備等を使用させた場合に，適正な購買代金又は使用代価以上の金額を下請代金から控除する行為
③ 親事業者は，第１項の規定による不当減額をした金額を，目的物の受領日から60日を越えて支払ったときは，その超過期間について，公正取引委員会が定めて告示する利子率による利子を支払わなければならない。

第12条（物品購入代金等の不当決済請求の禁止）
　親事業者は，下請事業者に，目的物の製造，修理若しくは施工に必要な物品等を自己から購入させ，又は自己の装備等を使用させたときは，正当な理由がないのに，当該目的物についての下請代金の支払期日の前に，購買代金若しくは使用代価の全

部若しくは一部を支払わせ，又は自己が購入し，使用し若しくは第三者に供給する条件より著しく不利な条件で支払わせてはならない。

第13条（下請代金の支払等）
① 親事業者は，下請事業者に製造等の委託をしたときは，目的物の受領日（建設委託の場合は，引受日を，納品が頻繁に行われ，親事業者と下請事業者が月1回以上税金計算書の発行日を定めた場合は，その定めた日をいう。以下同じ。）から60日以内の可能な短い期限で定めた支払期日までに，下請代金を支払わなければならない。ただし，次の各号に該当する場合は，この限りでない。
　一　親事業者と下請事業者が，対等な地位で支払期日を定めたものと認められるとき。
　二　当該業種の特殊性及び経済与件に照らして，その支払期日が正当なものであると認められるとき。
② 下請代金の支払期日が定められていないときは，目的物の受領日を，目的物の受領日から60日を越えて下請代金の支払期日が定められたときは（前項但書に該当する場合を除く。），目的物の受領日から数えて60日目となる日を，それぞれ下請代金の支払期日とみなす。
③ 製造業者が製造等の委託をした場合に，親事業者が発注者から竣工金を受領したときは下請代金を，既成金を受領したときは下請事業者が施工した分に相当する金額を，その支払を受けた日から15日（下請代金の支払期日がそれ以前に到来する場合は，支払期日）以内に，下請事業者に支払わなければならない。
④ 親事業者は，下請事業者に下請代金を支払うにあたり，親事業者が発注者から当該製造等の委託と関連して支払を受けた現金比率未満で，支払ってはならない。
⑤ 親事業者は，下請代金を手形により支払うときは，当該製造等の委託と関連して親事業者が発注者から交付を受けた手形の支払期間（発行日から満期日まで）を越える手形を交付してはならない。
⑥ 親事業者は，下請代金を手形により支払うときは，その手形は，法律に根拠をおき設立された金融機関において，割引が可能でなければならず，手形の交付日から手形の満期日までの期間についての割引料を，手形を交付する日に下請事業者に支払わなければならない。ただし，目的物の受領日から60日（第1項但書の規定により支払期日が定められたときは，その支払期日を，発注者から竣工金又は既成金を受領したときは，第3項において定めた期日をいう。以下，この条において同じ。）以内に手形を交付したときは，目的物の受領日から60日を越えた日以降満期日までの期間についての割引料を，目的物の受領日から60日以内に，下請事業者に

401

支払わなければならない。
⑦　親事業者は，下請代金を目的物の受領日から60日を越えて支払ったときは，その越えた期間について，公正取引委員会が定めて告示する利子率による利子を支払わなければならない。
⑧　第6項において適用する割引率は，市中銀行において適用される商業手形割引率を参酌して，公正取引委員会が定めて告示する。

第13条の2（建設下請契約の履行及び代金支払の保証）
①　建設委託において，親事業者は，下請事業者に，次の各号の一の区分に従い，該当金額の工事代金の支払を保証し，下請事業者は，親事業者に，契約金額の100分の10に該当する金額の契約の履行を保証しなければならない。ただし，親事業者の財務構造，工事の規模等を勘案して，保証を必要とせず又は保証が適当でないと認める場合であって，大統領令に定めるときは，この限りでない。
一　工事期間が4月以下である場合は，契約金額から先払金を控除した額
二　工事期間が4月を越える場合であって，既成部分についての代価の支払周期が2月以内であるときは，次の算式により算出した額

$$保証金額 = \frac{下請契約金額 - 契約上の先払金}{工事期間（月数）} \times 4$$

三　工事期間が4月を越える場合であって，既成部分についての代価の支払周期が2月を越えるときは，次の算式により算出した額

$$保証金額 = \frac{下請契約金額 - 契約上の先払金}{工事期間（月数）} \times \frac{既成部分についての}{代価の支払周期（月数）} \times 2$$

②　前項の規定による親事業者及び下請事業者間の保証は，現金（逓信官署又は銀行法による金融機関が発行する自己宛小切手を含む。）又は次の各号の一の機関が発行する保証書の交付による。
一　建設産業基本法による各共済組合
二　保険業法による保険事業者
三　信用保証基金法による信用保証基金
四　銀行法による金融機関
五　その他大統領令に定める保証機関
③　親事業者は，前項の規定により支払保証書を交付するにあたり，その工事期間において建設委託をするすべての工事についての工事代金の支払保証又は一会計年度に建設委託をするすべての工事についての工事代金の支払保証を，一の支払保証書の交付により行うことができる。

④ 前3項に規定するもののほか，下請契約履行保証及び下請代金支払保証に関して必要な事項は，大統領令により定める。

第14条（下請代金の直接支払）

① 発注者は，親事業者の破産，不渡り等の理由により，親事業者が下請代金を支払うことができない明白な事由がある場合等，大統領令に定める事由が発生したときは，下請事業者が製造し修理し又は施工した分に相当する下請代金を，該当下請事業者に直接支払わなければならない。大統領令に定める事由が発生したときは，発注者の親事業者に対する代金支払債務及び親事業者の下請事業者に対する下請代金支払債務は，その範囲において消滅したものとみなす。

② 前項の規定にかかわらず，下請事業者が当該下請契約と関連して賃金，資材代金等の支払を遅滞した事実を立証することができる書類を添付して，親事業者が，当該下請代金の直接の支払の中止を求めるときは，発注者は，当該下請代金を直接支払わないことができる。

第15条（関税等の還付額の支払）

① 親事業者は，輸出する物品を下請業者に製造委託した場合に，輸出用原材料に対する関税等の還付に関する特例法により関税等の還付を受けたときは，これを受けた日から15日以内に，受けた内容に応じて，これを下請事業者に支払わなければならない。

② 前項の規定にかかわらず，下請事業者に対する関税等の還付相当額の支払は，下請事業者の責に帰すべき事由がない限り，目的物の受領日から60日を越えることができない。

③ 親事業者は，関税等の還付相当額を前2項の規定に定める期限を越えて支払ったときは，その越えた期間について，公正取引委員会が定めて告示する利子率による利子を支払わなければならない。

第16条（設計変更等に伴う下請代金の調整）

① 親事業者は，製造等の委託をした後，発注者から，設計変更又は経済状況の変動等の理由により追加額の支払を受けた場合に，同一の事由により，目的物の完成に追加費用を要するときは，自己が受けた追加額の内容及び比率に応じて，下請代金を増額しなければならず，発注者から減額されたときは，その内容及び比率に応じて，減額することができる。

② 前項の規定による下請代金の増額又は減額は，親事業者が発注者から増額し又は減額された日から30日以内にしなければならない。

③ 第13条（下請代金の支払等）第7項の規定は，親事業者が第1項の追加額の支払

を受けた日から15日を越えて支払う場合の利子に関して，同条第6項及び第8項の規定は，追加額を手形により支払う場合の手形割引料の支払及び割引率に関して，それぞれこれを準用する。この場合において，「目的物の受領日から60日」とあるのは，「追加額の支払を受けた日から15日」と読み替えるものとする。

第17条（不当な代物弁済の禁止）

　　親事業者は，下請事業者の意思に反して，下請代金を物品により支払ってはならない。

第18条（不当な経営干渉の禁止）

　　親事業者は，下請取引の量を調節する方法等を利用して，下請事業者の経営に干渉してはならない。

第19条（報復措置の禁止）

　　親事業者は，自己がこの法律の規定に違反したことを，下請事業者が関係機関等に申告したことを理由に，当該下請事業者に対して，受注機会の制限，取引の停止その他の不利益を与える行為をしてはならない。

第20条（脱法行為の禁止）

　　親事業者は，下請取引と関連して，迂回的な方法により，実質的にこの法律の適用を免れようとする行為をしてはならない。

第21条（下請事業者の遵守事項）

① 　下請事業者は，親事業者から製造等の委託を受けたときは，その委託の内容を信義に従い，誠実に履行しなければならない。

② 　下請事業者は，親事業者のこの法律の規定に違反する行為に，協力してはならない。

③ 　下請事業者は，この法律の規定に基づく申告をしたときは，証拠書類等を公正取引委員会に速やかに提出しなければならない。

第22条（違反行為の申告等）

① 　何人も，この法律の規定に違反する事実があると認めるときは，その事実を公正取引委員会に申告することができる。

② 　公正取引委員会は，前項の規定による申告があり，又はこの法律の規定に違反する事実があると認めるときは，必要な調査をすることができる。

③ 　下請事業者からの親事業者の違反行為に関する申告が，公正取引委員会に受け付けられ，公正取引委員会が，この事実を親事業者に通知したときは，民法第174条による催告があったものとみなす。ただし，申告された事件が却下され若しくは棄却され又は取り下げられたときは，この限りでない。

第23条（調査対象取引の制限）

　　前条（違反行為の申告等）第2項の規定により，公正取引委員会の調査開始の対象とされる下請取引は，その取引が終了した日から3年を経過していないものに限る。ただし，取引が終了した日から3年以内に申告された下請取引の場合は，取引が終了した日から3年が経過したときにも，調査を開始することができる。

第24条（下請紛争調停協議会）

① 　大統領令に定める事業者団体は，下請紛争調停協議会（以下「協議会」という。）を設置しなければならない。

② 　協議会は，公正取引委員会又は両当事者が要請する親事業者及び下請事業者間の下請取引に関する紛争について，事実を確認し又はこれを調停する。

③ 　協議会は，紛争が調停されたときは，その結果を，調停が整わないときは，その経緯を，遅滞なく，公正取引委員会に報告しなければならない。

④ 　協議会の構成及び運営に関して必要な事項は，大統領令により定める。

第24条の2（諮問委員）

① 　公正取引委員会は，この法律による下請取引に関連する業務を遂行するために必要があると認めるときは，諮問委員を委嘱することができる。

② 　前項の規定による諮問委員の委嘱，その他必要な事項は，大統領令により定める。

第25条（是正措置）

① 　公正取引委員会は，第3条（書面の交付及び書類の保存）又は第4条（不当な下請代金の決定の禁止）から第20条（脱法行為の禁止）までの規定に違反した発注者又は親事業者に対して，下請代金等の支払，法違反行為の中止，その他当該違反行為の是正に必要な措置を勧告し，又は命ずることができる。

② 　第24条（下請取引調停協議会）第2項の規定による協議会の調停が整ったときは，特別の事由がない限り，協議会が調停した内容を，公正取引委員会が前項の規定により是正に必要なものとして講じた措置とみなす。

③ 　〈削除〉

④ 　公正取引委員会は，第1項の規定により，是正命令（第2項の規定による是正命令を除く。以下，この項において同じ。）をしたときは，是正命令を受けた事業者に対して，是正命令を受けた事実を公表することを命ずることができる。

第25条の2（供託）

　　前条（是正措置）第1項又は第2項の規定による是正措置を採るべき親事業者は，下請事業者が弁済を受けず又は受けることができないときは，下請事業者のために，弁済の目的物を供託し，その是正措置の履行義務を免れることができる。親事業者

が過失がなく下請事業者を知ることができないときもまた同様とする。

第25条の3（課徴金）
① 公正取引委員会は，次の各号の一に該当する発注者，親事業者又は下請事業者に対して，下請事業者に製造等の委託をした下請代金又は親事業者から製造等の委託を受けた下請代金の2倍を超えない範囲で，課徴金を賦課することができる。
　一　第3条（書面の交付及び書類の保存）第1項又は第2項の規定に違反して，書面を交付せず，又は虚偽の書面を交付した親事業者
　二　第3条（書面の交付及び書類の保存）第3項の規定に違反して，書類を保存しなかった者又は下請取引に関する書類を虚偽に作成し交付した親事業者若しくは下請事業者
　三　第4条（不当な下請代金の決定の禁止）から第13条の2（建設下請契約の履行及び代金支払の保証）までの規定に違反した親事業者
　四　第14条（下請代金の直接支払）の規定に違反した発注者
　五　第15条（関税等の還付額の支払等）から第20条（脱法行為の禁止）までの規定に違反した親事業者
② 独占規制及び公正取引に関する法律第55条の3（課徴金の賦課）から第55条の5（課徴金の徴収及び滞納処分）までの規定は，前項の課徴金に関して，これを準用する。

第26条（関係行政機関の長の協調）
① 公正取引委員会は，この法律を施行するために必要があると認めるときは，関係行政機関の長の意見を聴き，又は関係行政機関の長に対して調査をするための人員の支援，その他必要な協調を求めることができる。
② 公正取引委員会は，関係行政機関の長に，この法律の規定に常習的に違反する親事業者又は下請事業者に対して，入札参加資格の制限，建設産業基本法第82条（営業停止等）第1項第6号の規定による営業停止，その他下請取引の公正化のために必要な措置を採ることを求めることができる。

第27条（独占規制及び公正取引に関する法律の準用）
① この法律の規定による公正取引委員会の審議及び議決に関しては，独占規制及び公正取引に関する法律第42条（会議の議事及び議決定足数）から第45条（委員の記名及び捺印）まで及び第52条（意見陳述機会の付与）の規定を，この法律の規定による公正取引委員会の処分に対する異議申立て，訴の提起及び不服の訴の専属管轄に関しては，同法第53条（異議申立て）から第55条の2（事件処理手続等）までの規定を，それぞれ準用する。

② この法律の違反行為に対する公正取引委員会の調査，意見聴取及び是正勧告等に関しては，独占規制及び公正取引に関する法律第50条（違反行為の調査及び意見聴取等）及び第51条（違反行為の是正勧告）の規定を準用する。

③ この法律の規定による職務に従事し若しくは従事した公正取引委員会の委員若しくは公務員又は協議会において下請取引に関する紛争の調停業務を担当し若しくは担当した者に対して，独占規制及び公正取引に関する法律第62条（秘密厳守の義務）の規定を準用する。

第28条（独占規制及び公正取引に関する法律との関係）

下請取引に関して，この法律の適用を受ける事項については，独占規制及び公正取引に関する法律第23条（不公正取引行為の禁止）第1項第4号の規定を適用しない。

第29条（罰則）

第27条（独占規制及び公正取引に関する法律の準用）第3項の規定に違反した者は，2年以下の懲役又は200万ウォン以下の罰金に処する。

第30条（罰則）

① 次の各号の一に該当する親事業者は，下請事業者に製造等の委託をした下請代金の2倍に相当する額以下の罰金に処する。

　一及び二　〈削除〉

　三　第4条（不当な下請代金の決定の禁止）から第13条（下請代金の支払等）までの規定に違反した者

　四　第15条（関税等の還付額の支払）から第17条（不当な代物弁済の禁止）までの規定に違反した者

② 次の各号の一に該当する者は，1億5,000万ウォン以下の罰金に処する。

　一　第18条（不当な経営干渉の禁止）から第20条（脱法行為の禁止）までの規定に違反した者

　二　第25条（是正措置）第1項，第2項又は第4項の規定による命令に従わない者

③ 第27条（独占規制及び公正取引に関する法律の準用）第2項の規定により準用する独占規制及び公正取引に関する法律第50条（違反行為の調査及び意見聴取等）第1項第2号の規定に違反して虚偽の鑑定をした者は，3,000万ウォン以下の罰金に処する。

第30条の2（過料）

① 次の各号の一に該当する者は，3,000万ウォン以下の過料に処する。

　一　第27条（独占規制及び公正取引に関する法律の準用）第2項の規定により準用

する独占規制及び公正取引に関する法律第50条（違反行為の調査及び意見聴取等）第1項第1号の規定に違反して，正当な事由なく，出席しない者
　　二　第27条（独占規制及び公正取引に関する法律の準用）第2項の規定により準用する独占規制及び公正取引に関する法律第50条（違反行為の調査及び意見聴取等）第1項第3号又は第3項の規定による報告，必要な資料若しくは物件を提出せず，又は虚偽の報告，資料若しくは物件を提出した者
　　三　第27条（独占規制及び公正取引に関する法律の準用）第2項の規定により準用する独占規制及び公正取引に関する法律第50条（違反行為の調査及び意見聴取等）第2項の規定による調査を拒否し，妨害し又は忌避した者
② 第27条（独占規制及び公正取引に関する法律の準用）第1項の規定により準用する独占規制及び公正取引に関する法律第43条の2（審判廷の秩序維持）の規定に違反して秩序維持の命令に従わない者は，100万ウォン以下の過料に処する。
③ 第1項又は前項の規定による過料は，大統領令の定めるところにより，公正取引委員会が賦課し徴収する。
④ 前項の規定による過料処分に不服のある者は，その処分の告知を受けた日から30日以内に，公正取引委員会に異議の申立てをすることができる。
⑤ 第3項の規定による過料処分を受けた者が，前項の規定により異議を申し立てたときは，公正取引委員会は，遅滞なく，管轄法院にその事実を通報しなければならず，その通報を受けた管轄法院は，非訟事件手続法による過料の裁判を行う。
⑥ 第4項の規定による期間内に異議を申し立てず，過料を納付しないときは，国税滞納処分の例により，これを徴収する。

第31条（両罰規定）
　　法人の代表者又は法人若しくは個人の代理人，使用人その他の従業員が，その法人又は個人の業務に関して，第30条（罰則）の規定に該当する違反行為をしたときは，行為者を罰するほか，その法人又は個人に対しても，同条各項の罰金刑を科する。

第32条（告発）
　　第30条（罰則）の罰は，公正取引委員会の告発を待って，公訴を提起することができる。

第33条（過失相殺）
　　親事業者のこの法律に違反する行為に関して，下請事業者に責任があるときは，この法律による是正措置，告発又は罰則の適用をするにあたり，これを参酌することができる。

第2章　下請取引公正化法及び同法施行令

第34条（他の法律との関係）
　　中小企業の事業領域の保護及び企業間協力の増進に関する法律，電気工事業法，建設産業基本法及び情報通信工事業法の規定が，この法律に抵触するときは，この法律による。
第35条（施行令）
　　この法律の施行に関して必要な事項は，大統領令により定める。

　　附　　則
　　この法律は，公布の日から3月を経過した日から施行する。

　　附　　則（1990年1月13日）
第1条（施行日）
　　この法律は，1990年4月1日から施行する。
第2条～第5条　　　（省略）

　　附　　則（1991年12月14日）
第1条（施行日）
　　この法律は，1992年7月1日から施行する。（但書省略）
第2条～第8条　　　（省略）

　　附　　則（1992年12月8日）
第1条（施行日）
　　この法律は，1993年4月1日から施行する。
第2条（経過措置）
　　この法律の施行日において，既に下請契約が締結された下請取引に関しては，第6条，第7条，第13条及び第15条の改正規定は，適用しない。
第3条（他の法律の改正）
　　中小企業系列化促進法について，次のとおり改正する。
　　第13条の2に，「経済企画院長官」とあるのは，「公正取引委員会」とし，「独占規制及び公正取引に関する法律第15条第4号の不公正取引行為に」とあるのは，「下請取引公正化に関する法律第3条から第13条まで及び第15条から第20条までの行為に」とし，「同法第16条の規定」とあるのは，「同法第25条の規定」とする。

附　則（1995年1月5日　法律第4860号）
第1条（施行日）
　　この法律は，1995年4月1日から施行する。
第2条（経過措置）
　　この法律の施行日において，既に下請契約が締結された下請取引については，第2条，第13条第4項及び第16条第2項の改正規定にかかわらず，なお従前の規定による。

附　則（1995年1月5日　法律第4898号）
第1条（施行日）
　　この法律は，1995年7月1日から施行する。
第2条～第11条　　　（省略）

附　則（1996年12月30日）
第1条（施行日）
　　この法律は，1997年4月1日から施行する。
第2条（下請契約が締結された下請取引に関する経過措置）
　　この法律の施行日において，既に下請契約が締結された下請取引に関しては，第13条の2（建設下請契約の履行及び代金支払の保証）及び第25条の3（課徴金）の改正規定にかかわらず，なお従前の規定による。

附　則（1997年8月28日）
第1条（施行日）
　　この法律は，1998年1月1日から施行する。（但書省略）
第2条～第8条　　　（省略）

附　則（1997年12月13日）
　　この法律は，1998年1月1日から施行する。（但書省略）

附　則（1998年1月13日）
第1条（施行日）
　　この法律は，公布の日から施行する。
第2条　　（省略）

附　則（1999年2月5日）
第1条（施行日）
　この法律は，1999年4月1日から施行する。
第2条（下請契約が締結された下請取引に関する経過措置）
　この法律の施行日において，既に下請契約が締結された下請取引に関しては，第13条の改正規定にかかわらず，なお従前の規定による。

◎　下請取引の公正化に関する法律施行令

第1条（目的）
　この施行令は，下請取引の公正化に関する法律において委任する事項及びその施行に関して必要な事項について規定することを目的とする。
第1条の2（中小企業者の範囲等）
① 　下請取引の公正化に関する法律（以下「法」という。）第2条（定義）第2項第2号本文において「年間売上額」とは，下請契約を締結する事業年度の直前の事業年度における損益計算書に表示された売上額をいう。ただし，直前の事業年度に事業を開始した場合は，直前の事業年度の売上額を1年間に換算した額とし，当該事業年度に事業を開始した場合は，事業開始日から下請契約締結日までの売上額を1年間に換算した額とする。
② 　法第2条（定義）第2項第2号本文において「資産総額」とは，下請契約を締結する事業年度の直前の事業年度終了日現在における貸借対照表に表示された資産総額をいう。ただし，当該事業年度に事業を開始した場合は，事業開始日現在における貸借対照表に表示された資産総額をいう。
③ 　法第2条（定義）第2項第2号本文において「常時雇傭する従業員の数」とは，下請契約を締結する事業年度の直前の事業年度終了日現在，事業者が常時雇傭している従業員の数をいう。ただし，直前の事業年度に事業実績がなく又は当該事業年度に事業が開始された場合は，下請契約締結日現在，常時雇傭している従業員の数をいう。
④ 　法第2条（定義）第2項第2号但書において「大統領令に定める年間売上額に該当する中小企業者」とは，製造業及び卸・小売業の場合は，年間売上額が20億ウォン未満の中小企業者を，建設業，エンジニアリング活動業，ソフトウェア事業及び建築設計業の場合は，年間売上額が30億ウォン未満の中小企業者をいう。
⑤ 　法第2条（定義）第7項において「大統領令に定める物品」とは，レミコンを，「大統領令に定める特別市，広域市等の地域」とは，下請事業者の所在地を基準と

し，光州広域市，江原道，忠清北道，全羅北道，全羅南道，慶尚北道，慶尚南道及び済州道をいう。

⑥ 法第2条（定義）第9項本文において「大統領令に定める建設工事」とは，次の各号の一に該当する工事をいう。
　一　建設産業基本法施行令第8条（軽微な建設工事等）の規定による軽微な工事
　二　電気工事業法施行令第3条（軽微な工事等）の規定による軽微な工事

⑦ 法第2条（定義）第9項第5号において「その他大統領令に定める事業者」とは，次の各号の一に該当する事業者をいう。
　一　住宅建設促進法第6条（住宅建設事業者等の登録）の規定による登録業者
　二　水質環境保全法第39条（防止施設業の登録）の規定による登録業者
　三　大気環境保全法第44条（防止施設業の登録）の規定による登録業者
　四　騒音及び振動規制法第43条（防止施設業の登録）の規定による登録業者
　五　廃棄物管理法第33条（廃棄物処理施設の設計及び施工業）の規定による登録業者
　六　汚水，糞尿及び畜産排水の処理に関する法律第38条（糞尿処理施設等の設計及び施工業）の規定による登録業者
　七　エネルギー利用合理化法第51条（特定熱使用機資材）の規定による登録業者
　八　都市ガス事業法第12条（ガス施設の施工及び管理）の規定による施工者
　九　液化石油ガスの安全及び事業管理法第15条（施設の施工及び管理）の規定による施工者

第2条（書面記載事項）

　法第3条（書面の交付及び書類の保存）第2項において「大統領令に定める事項」とは，次の事項をいう。
　一　委託日及び下請事業者が委託を受けたもの（以下「目的物」という。）の内容
　二　目的物を親事業者に納品又は引渡し（以下「納品」という。）をする時期及び場所
　三　目的物の検査の方法及び時期
　四　下請代金（先払金，既成金及び法第16条の規定による設計変更等に伴う下請代金の調整がある場合は調整された額を含む。以下同じ。）並びにその支払方法及び支払期日
　五　親事業者が下請事業者に目的物の製造，修理又は施工に必要な原材料等を提供しようとするときは，その原材料等の品名，数量，提供日，代価並びに代価の支払方法及び支払期日

第2章　下請取引公正化法及び同法施行令

第3条（書類の保存）
① 法第3条（書面の交付及び書類の保存）第3項の規定により保存しなければならない下請取引に関する書類とは，法第3条（書面の交付及び書類の保存）第1項の書面及び次の書類又は事項が記載された書類（コンピューター等情報処理能力を持つ装置により，電子的形態で作成され，送受信され又は貯蔵されたものを含む。以下，この条において同じ。）をいう。
　一　法第8条（不当な受領拒否の禁止及び受領証の交付）の規定による受領証明書
　二　法第9条（検査の基準，方法及び時期）の規定による目的物の検査結果及び検査終了日
　三　下請代金の支払日，支払額及び支払手段（手形により下請代金を支払う場合は，手形の交付日，金額及び満期日を含む。）
　四　法第6条（先払金の支払）の規定による先払金及び遅延利子，法第13条（下請代金の支払等）第6項から第8項までの規定による手形割引料及び遅延利子並びに法第15条（関税等の還付額の支払）の規定による関税等の還付額及び遅延利子を支払った場合はその支払日及び支払額
　五　親事業者が下請事業者に目的物の製造，修理又は施工に必要な原材料等を提供し，その代価を下請代金から控除した場合は，その原材料等の内容，控除日，控除額及び控除事由
　六　法第16条（設計変更等に伴う下請代金の調整）の規定により下請代金を調整した場合は，その調整額及び調整事由
② 前項の規定による書類は，第6条の規定による取引が終了した日から3年間，保存しなければならない。

第3条の2（建設下請契約の履行及び代金支払保証）
① 法第13条の2（建設下請契約の履行及び代金支払の保証）第1項但書において「大統領令に定めるとき」とは，次の各号の一に該当する場合をいう。
　一　親事業者が下請事業者に建設委託をする場合であって，1件の工事の金額が3,000万ウォン以下であるとき。
　二　親事業者が，次の各目の一に該当する機関が実施する財産状態等についての評価において，公正取引委員会が定めて告示する基準以上の等級を受けたとき。
　　(1)　法第13条の2（建設下請契約の履行及び代金支払の保証）第2項第1号の規定による建設共済組合，専門建設共済組合及び業種別共済組合
　　(2)　第2項の規定による電気工事共済組合及び電気通信共済組合
　　(3)　その他公正取引委員会が指定し告示した信用評価業務を遂行する機関

三　第4条第1項第2号の規定により，発注者が下請代金を直接支払わなければならない場合
② 法第13条の2（建設下請契約の履行及び代金支払の保証）第2項第5号において「大統領令に定める保証機関」とは，電気工事共済組合法による電気工事共済組合及び電気通信工事業法による電気通信共済組合をいう。

第4条（下請代金の直接支払）
① 法第14条（下請代金の直接支払）第1項の規定により，発注者が下請事業者に下請代金を直接支払わなければならない場合は，次のとおりとする。
　一　親事業者の破産若しくは不渡りがあり又は事業に関する許可，認可，免許，登録等が取り消され，親事業者が下請代金を支払うことができなくなった場合であって，下請事業者が下請代金の直接の支払を求めるとき。
　二　発注者が下請代金を直接下請事業者に支払うこと並びにその支払方法及び手続に関して，発注者，親事業者及び下請事業者が合意したとき。
　三　親事業者が，法第13条の2（建設下請契約の履行及び代金支払の保証）第1項の規定による下請代金支払保証義務を履行せず，法第13条（下請代金の支払等）第1項又は第3項の規定により支払わなければならない下請代金の2回分以上を支払わない場合であって，下請事業者が下請代金の直接の支払を求めるとき。
② 法第14条（下請代金の直接支払）第1項の規定により，発注者が該当下請事業者に下請代金を直接支払うにあたり，発注者が親事業者に既に支払った下請代金は，これを除外する。

第5条（違反行為の申告及び通知）
① 法第22条（違反行為の申告等）第1項の規定により申告をしようとする者は，次の事項を明らかにしてしなければならない。
　一　申告者の姓名及び住所
　二　被申告者の姓名又は名称（法人である場合は，その代表者の姓名を含む。）
　三　違反行為の内容及びこれを立証することができる資料
② 公正取引委員会は，法第22条（違反行為の申告等）第3項の規定により，親事業者に，下請事業者から親事業者の法違反行為に関する申告があった旨の事実を通知するときは，申告を受けた日から14日以内に，申告者及び申告内容を明示した書面により行わなければならない。

第6条（調査対象取引の制限）
　　法第23条（調査対象取引の制限）において「取引が終了した日」とは，製造委託及び修理委託の場合は，下請事業者が親事業者に委託を受けた目的物を納品した日

をいい，建設委託の場合は，親事業者が下請事業者に建設委託した工事が完了した日をいう。ただし，下請契約が中途解約され又は下請取引が中止された場合は，解約され又は中止された日をいう。

第7条（下請紛争調停協議会の設置団体）

① 法第24条（下請紛争調停協議会）第1項の規定により下請紛争調停協議会（以下「協議会」という。）を設置しなければならない事業者団体及び各事業者団体に設置された協議会が分掌する下請取引の分野は，次のとおりとする。

事業者団体	下請取引分野
一 中小企業協同組合法による中小企業協同組合中央会	製造委託及び修理委託（ただし，ソフトウェア開発業，エンジニアリング活動業，建築設計業及び建設業における製造委託を除く。）
二 建設産業基本法による建設協会及び専門建設協会（共同設置）	法第2条（定義）第9項第1号及び第5号の規定による建設業者の建設委託及び製造委託
三 電気工事業法による韓国電気工事協会	建設委託のうち，電気工事業法による電気工事の委託
四 電気通信工事業法による電気通信工事協会	建設委託のうち，電気通信工事業法による電気通信工事の委託
五 消防法による韓国消防安全協会	建設委託のうち，消防法による消防施設工事の委託
六 韓国エンジニアリング振興協会	エンジニアリング活動の委託
七 韓国ソフトウェア産業協会	ソフトウェア事業の委託
八 大韓建築士協会	建築設計の委託
九 民法第32条の規定により設立された社団法人韓国公正競争協会	製造委託，修理委託及び建設委託

② 前項の事業者団体は，共同して協議会を設置することができる。この場合においては，公正取引委員会の承認を得なければならない。ただし，建設産業基本法による建設協会及び専門建設協会の場合は，承認を要しない。

③ 建設産業基本法による業種別工事業協会は，建設協会及び専門建設協会が共同して設置した建設下請紛争調停協議会の運営に必要な経費の一部を負担することができる。

第8条（協議会の構成）

① 協議会は，委員長1名を含む9名以内の委員により構成され，公益を代表する委員，親事業者を代表する委員及び下請事業者を代表する委員がそれぞれ同数となる

② 委員長は，公益を代表する委員の中から，協議会が選出し，当該協議会を代表する。
③ 委員の任期は，2年とし，再任することができる。
第9条（委員の委嘱）
　協議会の委員は，第7条（下請紛争調停協議会の設置団体）第1項の各事業者団体の長が委嘱し，あらかじめ，公正取引委員会に報告しなければならない。ただし，事業者団体が共同して協議会を設置しようとするときは，当該事業者団体の長が，共同して委嘱する。
第10条（公益を代表する委員の資格）
　公益を代表する委員は，下請取引に関する学識及び経験が豊富な者の中から委嘱することとし，当該委員が所属する協議会が分掌する下請取引分野の業種に属する事業を営む者又は当該業種に属する事業体の役職員は，公益を代表する委員になることができない。
第11条（協議会の会議）
① 委員長は，協議会の会議を召集し，その議長となる。
② 会議は，在籍委員の過半数の出席により開催する。
③ 委員長に事故があるときは，委員長が公益を代表する委員の中から指名する委員が，その職務を代行する。
第12条（紛争の調停等）
① 協議会は，法第24条（下請紛争調停協議会）第2項の規定により，当事者から紛争の調停の要請を受けたときは，直ちに，その内容を公正取引委員会に報告しなければならない。
② 公正取引委員会は，前項の規定により報告を受けたときは，当該紛争についての調停手続が終了するときまでは，当該紛争の当事者である親事業者に対して，法第25条（是正措置）第1項の修正を内容とする是正措置を勧告し又は命じてはならない。ただし，公正取引委員会が既に法第22条（違反行為の申告等）第2項の規定により調査を行っている事件については，この限りでない。
③ 協議会は，法第24条（下請紛争調停協議会）の規定による調停が成立したときは，調停に参加した委員及び紛争当事者が記名捺印した調停書を作成した後，その写を添付して，調停結果を公正取引委員会に報告しなければならない。
④ 協議会は，調停の要請を受けた日から60日以内に，調停が成立しないときは，調停経過及び関係書類を添付して，公正取引委員会に報告しなければならない。

⑤　協議会は，調停をするために必要があるときは，当該紛争事実の確認に必要な範囲において，調査を行い，又は紛争当事者に対して，関係資料の提出若しくは出席を求めることができ，紛争当事者は，協議会の会議に出席して，意見を陳述し又は関係資料を提出することができる。

第13条（協議会の運営細則）
　　この施行令に規定するもののほか，協議会の運営及び組織に関して必要な事項は，公正取引委員会の承認を得て，協議会が定める。

第13条の2（諮問委員）
①　法第24条の2（諮問委員）の規定により，公正取引委員会は，下請分野に関して学識及び経験が豊富な者を，諮問委員に委嘱することができる。
②　諮問委員は，公正取引委員会の要請を受けて，下請取引の公正化に関する法律の運用等に関して，意見を陳述し又は書面により意見を提出することができる。
③　諮問委員に委嘱された者に対して，予算の範囲内において，手当及び必要な経費を支給することができる。
④　この施行令に規定するもののほか，諮問委員に関して必要な事項は，公正取引委員会が定める。

第14条（供託の事実の報告）
　　法第25条の2（供託）の規定により供託をした親事業者は，遅滞なく，公正取引委員会に供託した事実を，書面により報告しなければならない。

第14条の2（課徴金賦課基準）
①　法第25条の3（課徴金）の規定による課徴金の額は，別表の基準を適用して算定する。
②　公正取引委員会は，課徴金を賦課するにあたり，事業者の事業規模及び納付能力，違反行為の程度及び回数等を参酌して，前項の規定による課徴金の額を減免することができる。
③　この施行令に規定するもののほか，課徴金の賦課に関して必要な事項は，公正取引委員会が定める。

第14条の3（準用）
　　独占規制及び公正取引に関する法律施行令第61条の2（課徴金の徴収及び加算金）から第64条の3（滞納処分の委託）までの規定は，法第25条の3（課徴金）の規定による課徴金の賦課，納付，徴収及び滞納処分等に関して，これを準用する。

第15条（過料の賦課）
①　公正取引委員会は，法第30条の2（過料）第2項の規定により課徴金を賦課する

ときは，当該違反行為について調査し確認した後，違反事実，異議申立ての方法，異議申立機関及び過料の額を書面により明示し，これを納付することを，過料処分対象者に通知しなければならない。
② 公正取引委員会は，前項の規定により過料を賦課しようとするときは，10日以上の期間を定めて，過料処分対象者に口述又は書面による意見陳述の機会を与えなければならない。この場合において，指定された期日までに意見陳述がないときは，意見がないものとみなす。
③ 公正取引委員会は，過料の額を定めるにあたり，当該違反行為の動機及びその結果等を参酌しなければならない。

　　附　則（1985年4月1日）
① （施行日）
　この施行令は，公布の日から施行する。
② （経過措置）
　第7条の専門建設協会がこの施行令により遂行する事項は，専門建設協会の設立日までに建設業法に基づき建設協会に設置された専門委員全国協議会が，これを施行する。

　　附　則（1993年2月20日）
① （施行日）
　この施行令は，1993年4月1日から施行する。
② （経過措置）
　この施行令の施行日において，既に下請契約が締結された下請取引に関しては，第1条の2の改正規定は，適用しない。

　　附　則（1995年4月1日）
① （施行日）
　この施行令は，公布の日から施行する。
② （経過措置）
　この施行令の施行日において，既に下請契約が締結された下請取引に関しては，第1条の2，第2条第4号及び第5条第2項の改正規定は，適用しない。

　　附　則（1997年3月31日）

第2章　下請取引公正化法及び同法施行令

①　（施行日）

　　この施行令は，1997年4月1日から施行する。ただし，第7条（下請紛争調停協議会の設置団体）第1項別表第2号，同条第2項但書及び同条第3項の改正規定は，1997年7月1日から施行する。

②　（下請契約が締結された下請取引に関する適用例）

　　この施行令の施行日において，既に下請契約が締結された下請取引に関しては，第1条の2（中小企業者の範囲等）第4項及び第5項，第3条の2（建設下請契約の履行及び代金支払の保証）並びに第14条の2（準用）の改正規定にかかわらず，なお従前の規定による。

　　附　則（1999年3月31日）

　　この施行令は，1999年4月1日から施行する。

別表

課徴金賦課基準（第14条の2第1項関連）

1　一般基準

(1)　課徴金の額は，当該違反行為の類型，違反金額の比率，違反行為の数及び過去の違反前歴等4種類の要素を勘案して，課徴金賦課率を定め，これを上限額（下請代金の2倍）に乗じて算定する。

(2)　課徴金算定の基準となる下請代金は，当該下請取引における契約金額（契約金額が変更されたときは，変更された契約金額をいう。）とし，契約書を作成していない場合は，下請取引において実際に発生した額とする。

2　細部算定基準

(1)　課徴金を賦課するための細部評価基準

　　ア　違反行為の類型別賦課点数

違反行為の類型（A）	賦課点数
法第19条（報復措置の禁止）又は法第20条（脱法行為の禁止）違反	100
法第3条（書面の交付及び書類の保存），法第4条（不当な下請代金の決定の禁止），法第11条（不当減額の禁止）又は法第13条の2（建設下請契約の履行及び代金支払の保証）違反	80
法第5条（物品等の購買強制の禁止），法第8条（不当な受領拒否の禁止及び受領証の交付），法第10条（不当返品の禁止），法第17条（不当な代	60

419

物弁済の禁止）又は法第18条（不当な経営干渉の禁止）違反 法第6条（先払金の支払），法第7条（内国信用状の開設），法第9条（検査の基準，方法及び時期），法第12条（物品購入代金等の不当決済請求の禁止），法第13条（下請代金の支払等），法第14条（下請代金の直接支払），法第15条（関税等の還付額の支払）又は法第16条（設計変更等に伴う下請代金の調整）違反	40

イ 違反金額の比率，違反行為の数及び過去の違反前歴別賦課点数

区　　分			賦課点数
違反金額の比率（B）	違反行為の数（C）	過去の違反前歴（D）	
20％超	4以上	過去1年間：5点超 過去3年間：8点超	100
10％超 20％以下	3	過去1年間：4点超5点以下 過去3年間：7点超8点以下	80
5％超 10％以下	2	過去1年間：3点超4点以下 過去3年間：6点超7点以下	60
5％以下	1	過去1年間：3点以下 過去3年間：6点以下	40

ウ　備考

(ｱ) 違反行為が2種類以上の類型に同時に該当する場合は，上位類型の点数を基準とする。

(ｲ) 違反金額の比率は，当該法違反事件における下請代金に対する法違反関連未支払額（申告事件の場合は申告受付日まで，職権調査の場合は職権調査計画発表日までの未支払額）の比率とする。

(ｳ) 過去1年間又は3年間（申告事件の場合は申告受付日基準，職権調査の場合は職権調査計画発表日基準），当該業体が受けた措置類型別点数（調停0.5，警告1，是正勧告1.5，是正命令2，課徴金2，告発2.5）を合計して，過去1年間又は3年間の点数が2種類の類型に同時に該当する場合は，上位類型の点数を基準とする。

(ｴ) 公正取引委員会は，大規模職権調査により摘発された違反行為については，違反金額の比率，過去の違反前歴等を勘案して，定額で課徴金を賦課することができる。

(2) (1)の細部評価基準による点数計算方法

> 点数合計（T）＝違反行為の類型の賦課点数（Ai）×0.4
> 　　　　　　　＋違反行為の比率の賦課点数（Bi）×0.2
> 　　　　　　　＋違反行為の数の賦課点数（Ci）×0.2
> 　　　　　　　＋過去の違反前歴の賦課点数（Di）×0.2

(3) 課徴金賦課額の算定
　ア (2)により計算された点数を基準にして，課徴金賦課率（％）を定める
　イ 下請代金の2倍に相当する額に課徴金賦課率を乗じて，課徴金賦課額を算定する。

第3章　約款規制法及び同法施行令

　韓国約款規制法（正式名称「約款の規制に関する法律」）は，事業者がその取引上の地位を濫用して不公正な内容の約款を作成し通用させることを防止して，不公正な内容の約款を規制し，健全な取引秩序を確立することにより，消費者を保護し，国民生活の均衡ある向上を図ることを目的とする（1条）。
　約款規制法は，独占禁止法の第1次改正と同時に制定され，その運用主体は，公正取引委員会である。
　同法は，まず，事業者の顧客に対する約款の明示及び説明義務を定め（3条），次いで，不公正約款条項についての一般原則を明らかにし（6条），更に，無効となる各種条項の内容を具体的に定めている（7条から14条まで）。
　これら不公正約款条項を内容とする契約を一定の場合において締結することは，禁止され（17条），これに違反すれば，公正取引委員会により是正措置が命じられる（17条の2第1項）。
　なお，右一定の場合に該当しない場合であっても是正勧告がなされることがあり得るが（17条の2第2項），この場合の是正勧告は，是正命令の前段階として受諾を前提として発せられる独占禁止法の是正勧告とは，性格が異なっている[1]。
　また，是正要請とは，行政官庁に対して行われるものであるが（18条1項），これは，独占禁止法及び同法の他の特別法にはない制度であり，約款規制法特

有のものである。

　ところで，約款とは，取引両当事者間の契約内容を定めるものであって，基本的には私法関係に属し，公正取引委員会がこれを規制することに疑問を挟む向きもあろうかと思われる。

　この点について，韓国公正取引委員会は，約款は一般に事業者がその優越的地位を利用して顧客に対して不利な条項を強要するおそれがあるものとして位置づけ[2]，同委員会による約款規制法の運用を妥当なものとしている。更に，韓国公正取引委員会は，約款に対する規制について，その主体により，立法的・行政的・私法的・自主的の各規制に分け，これらのうち立法的規制につき，更に個別的立法と包括的立法に分けたうえで，約款規制法は，包括的立法としてのものであるとしている。また，同委員会は，約款の性格により，抽象的内容統制と具体的内容統制との区分を設け，約款条項自体の不公正性を審査しその効力の有無を決定するのが前者であり，これは，具体的契約関係において当事者の権利義務関係を画定するための先決問題であって，単に約款条項の効力の有無を審査する後者とは，区別している。そして，前者については公正取引委員会が，後者については裁判所が，それぞれ担当するものであるとしている[3]。

　このような考え方の下に，約款規制法は，広義の独占禁止法の体系の中に属し，公正取引委員会の所管とされている。

　約款規制法に基づく是正命令，是正勧告及び是正要請の件数は，年度によりかなりの差異はあるものの，長期的にみれば，増加の趨勢にあると言ってよい[4]。また，業種別にみれば，サービス業が圧倒的に多く，中でも，不動産業，卸・小売業，金融・保険業，公共個人サービス業等が顕著である[5]。

　また，約款規制法には，約款についての審査請求制度が設けられているが（19条），その請求件数は，利害関係人，消費者等の権利意識の高揚の中で[6]，毎年大幅に増加しつつある[7]。

　　（1）　韓国公正去来委員会「公正去来白書1999年版」231頁
　　（2）　「公正去来白書1999年版」前掲，226頁
　　（3）　「公正去来白書1999年版」前掲，227頁

（4）韓国公正去来委員会「公正去来白書2000年版」567頁
（5）「公正去来白書2000年版」前掲，568頁
（6）「公正去来白書1999年版」前掲，22頁
（7）「公正去来白書2000年版」前掲，569頁

◎ 約款の規制に関する法律

第1章 総 則

第1条（目的）

　この法律は，事業者がその取引上の地位を濫用して不公正な内容の約款を作成し通用させることを防止して，不公正な内容の約款を規制し，健全な取引秩序を確立することにより，消費者を保護し，国民生活の均衡ある向上を図ることを目的とする。

第2条（定義）

① この法律において「約款」とは，その名称若しくは形態又は範囲の如何を問わず，契約の一方の当事者が多数の相手方と契約を締結するために，一定の形式により，あらかじめ作成した契約の内容となるものをいう。

② この法律において「事業者」とは，契約の一方の当事者であって，他方の当事者に約款を契約の内容とするよう提案する者をいう。

③ この法律において「顧客」とは，契約の一方の当事者であって，事業者から約款を契約の内容とするよう提案を受ける者をいう。

第3条（約款の明示及び説明義務）

① 事業者は，契約の締結にあたり，顧客に約款の内容を契約の種類に応じて一般に予想させる方法により明示し，顧客が要求するときは，当該約款の写を顧客に交付し，これを知らせるようにしなければならない。ただし，他の法律の規定により，行政官庁の認可を受けた約款であって，取引を迅速に行わせるために必要があると認めて，大統領令に定める約款については，この限りでない。

② 事業者は，約款に定められた主要な内容を，顧客が理解できるよう説明しなければならない。ただし，契約の性質上，説明が著しく困難であるときは，この限りでない。

③ 事業者は，前2項の規定に違反して契約を締結したときは，当該約款を契約の内容として主張することはできない。

第4条（個別約定の優先）

　約款に定められた事項に関して，事業者及び顧客が約款の内容と異なる合意をし

た事項があるときは，当該合意事項は，約款に優先する。

第5条（約款の解釈）
① 約款は，信義誠実の原則により，公正に解釈されなければならず，顧客により異なる解釈がなされてはならない。
② 約款の趣旨が明白でない場合は，顧客に有利に解釈されなければならない。

　　第2章　不公正約款条項

第6条（一般原則）
① 信義誠実の原則に反して公正を欠く約款の条項は，これを無効とする。
② 約款に次の各号の一に該当する内容を定めているときは，当該約款の条項は，公正を欠くものと推定する。
　一　顧客にとり不当に不利な条項
　二　顧客が契約の取引形態等諸般の事情に照らして予想することが困難な条項
　三　契約の目的を達成することができない程度に，契約に伴う本質的権利を制限する条項

第7条（免責条項の禁止）
　契約当事者の責任に関して定める約款の内容のうち，次の各号の一に該当する内容を定める条項は，これを無効とする。
　一　事業者，履行補助者又は被用者の故意又は重大な過失による法律上の責任を排除する条項
　二　相当な理由がないのに，事業者の損害賠償の範囲を制限し，又は事業者が負担すべき危険を顧客に移転させる条項
　三　相当な理由がないのに，事業者の担保責任を排除し若しくは制限し又はその担保責任に伴う顧客の権利の行使の要件を加重する条項，又は契約の目的物に関して見本が提示され若しくは品質，性能等に関する表示がある場合に，その保証された内容についての責任を排除し若しくは制限する条項

第8条（損害賠償額の予定）
　顧客に対して不当に過重な遅延損害金等の損害賠償義務を負担させる約款の条項は，これを無効とする。

第9条（契約の解除又は解約）
　契約の解除又は解約に関して定める約款の内容のうち，次の各号の一に該当する内容を定める条項は，これを無効とする。
　一　法律の規定による顧客の解除権又は解約権を排除し又はその行使を制限する条項

二　事業者に法律に規定されていない解除権又は解約権を付与し，又は法律の規定による解除権又は解約権の行使要件を緩和し，顧客に対して不当に不利益を与えるおそれがある条項

三　契約の解除又は解約による顧客の原状回復義務を，相当な理由がないのに，過重して負担させ，又は原状回復請求権を不当に放棄させるようにする条項

四　契約の解除又は解約による事業者の原状回復義務又は損害賠償義務を不当に軽減する条項

五　継続的な債権関係の発生を目的とする契約において，その存続期間を不当に短期若しくは長期とし，又は黙示の期間延長若しくは更新が可能となるように定めて，顧客に不当に不利益を与えるおそれがある条項

第10条（債務の履行）

債務の履行に関して定める約款の内容のうち，次の各号の一に該当する内容を定める条項は，これを無効とする。

一　相当な理由がないのに，給付の内容を，事業者が一方的に決定し又は変更することができるよう権限を付与する条項

二　相当な理由がないのに，事業者が履行すべき給付を一方的に中止することができるようにし，又は第三者をして代行させることができるようにする条項

第11条（顧客の権益の保護）

顧客の権益に関して定める約款の内容のうち，次の各号の一に該当する内容を定める条項は，これを無効とする。

一　法律の規定による顧客の抗弁権，相殺権等の権利を，相当な理由がないのに，排除し又は制限する条項

二　顧客に付与された期限の利益を，相当な理由がないのに，剥奪する条項

三　顧客が第三者と契約を締結することを，不当に制限する条項

四　事業者が業務上知り得た顧客の秘密を，正当な理由がないのに，漏洩することを許容する条項

第12条（意思表示の擬制）

意思表示に関して定める約款の内容のうち，次の各号の一に該当する内容を定める条項は，これを無効とする。

一　一定の作為又は不作為がある場合に，顧客の意思が表明され又は表明されていないものとみなす条項。ただし，顧客に相当の期限までに意思表示を行わないならば，意思が表明され若しくは表明されなかったものとみなすことを明確に別途告知し，又は止むを得ない事由によりこの告知をすることができないときは，こ

の限りでない。
二　顧客の意思表示の形式又は要件について，不当に厳格に制限を加える条項
三　顧客の利益に重大な影響を与える事業者の意思表示が，相当な理由がないのに，顧客に到達したものとみなす条項
四　顧客の利益に重大な影響を与える事業者の意思表示について，不当に長期の期限又は不確定期限を定める条項

第13条（代理人の責任加重）
　　顧客の代理人により契約が締結された場合に，顧客がその義務を履行しないときは，代理人にその義務の全部又は一部を履行する責任を負わせる内容の約款の条項は，これを無効とする。

第14条（訴の提起の禁止等）
　　顧客に対して不当に不利な訴の提起に関する禁止条項若しくは裁判管轄の合意条項又は相当な理由がないのに顧客に立証責任を負担させる約款の条項は，これを無効とする。

第15条（適用の制限）
　　国際的に通用している約款その他特別の事情がある約款であって，大統領令に定めるものについては，第7条から第14条までの規定の適用を，条項別又は業種別に制限することができる。

第16条（一部無効の特則）
　　約款の全部又は一部の条項が，第3条第3項の規定により契約の内容とすることができないとき，又は第6条から第14条までの規定により無効であるときは，契約は，残余の部分のみ有効に存続する。ただし，有効な部分のみでは，契約の目的を達成することができず，又は一方の当事者に不当に不利であるときは，当該契約を無効とする。

　　　　第3章　約款の規制

第17条（不公正約款条項の禁止）
　　事業者は，次の各号の一に該当するときは，第6条から第14条までの規定に該当する不公正な約款の条項（以下「不公正約款条項」という。）を，契約の内容としてはならない。
一　事業者が独占規制及び公正取引に関する法律第2条第7号の市場支配的事業者である場合
二　事業者が自己の取引上の地位を不当に利用して契約を締結する場合
三　一般公衆に物品又は役務を供給する契約であって，契約締結の緊急性及び迅速

性により，顧客が契約を締結するときに，約款の条項の内容を変更することが困難である場合
　四　事業者の契約当事者としての優越的地位が顕著であり，又は顧客が他の事業者を選択する範囲が制限されており，約款を契約の内容とすることが事実上強制される場合
　五　契約の性質又は目的上，契約の取消し，解除又は解約が不可能であり，又はこれにより顧客に著しい財産上の損害が発生する場合

第17条の2（是正措置）
① 公正取引委員会は，事業者が前条の規定に違反したときは，事業者に当該約款の条項の削除，修正等是正に必要な措置を命ずることができる。
② 公正取引委員会は，事業者が前条各号の一に該当していない場合においても，不公正約款条項を契約の内容とするときは，健全な取引秩序を確立するために，事業者に当該約款条項の削除，修正等是正に必要な措置を勧告することができる。
③ 公正取引委員会は，前2項の規定による是正に必要な措置を命じ又は勧告するにあたり必要があるときは，当該事業者と同種の事業を営む他の事業者に，同様の内容の不公正約款条項を使用してはならないことを勧告することができる。

第18条（官庁認可約款等）
① 公正取引委員会は，行政官庁が作成した約款又は他の法律により行政官庁の認可を受けた約款が第6条から第14条までの規定に違反する事実があると認めるときは，当該行政官庁にその事実を通報し，その是正に必要な措置を要請することができ，銀行法の規定による金融機関の約款が第6条から第14条までの規定に違反する事実があると認めるときは，金融監督機構設置等に関する法律により設立された金融監督院にその事実を通報し，その是正に必要な措置を取るよう勧告することができる。
② 前項前段の規定により行政官庁に是正を要請したときは，前条第1項又は第2項の規定による是正命令又は是正勧告は，これを行わない。

第19条（約款の審査請求等）
　　　約款の条項と関連して法律上の利益を有する者，消費者保護法により登録された消費者団体，韓国消費者保護院又は事業者団体は，この法律に違反するか否かに関する審査を，公正取引委員会に請求することができる。

第19条の2（標準約款の審査請求）
① 事業者又は事業者団体は，健全な取引秩序を確立し，不公正な内容の約款が通用することを防止するために，一定の取引分において標準となる約款（以下「標準約款」という。）を定めることができる。

② 事業者又は事業者団体は，公正取引委員会に，前項の標準約款の内容がこの法律に違反しているか否かに関する審査を請求することができる。

第20条（調査）

　公正取引委員会は，第17条の2第1項若しくは第2項の規定による是正のための措置を命じ若しくは勧告するために必要があると認めるとき，又は前条の規定により請求を受けたときは，約款がこの法律に違反する事実があるか否かを確認するために必要な調査をすることができる。

第21条（審査請求書の提出）

　第19条の規定による審査請求は，公正取引委員会に書面により行わなければならない。

第22条（意見陳述）

① 公正取引委員会は，約款の内容がこの法律に違反しているか否かについて審議するに先立ち，当該約款により取引した事業者又は利害関係人に対して，当該約款が審査の対象となった事実を通知しなければならない。

② 前項の規定により通知を受けた事業者又は利害関係人は，公正取引委員会の会議に出席して，その意見を陳述し又は必要な資料を提出することができる。

③ 公正取引委員会は，審査の対象となった約款が，他の法律により行政官庁の認可を得たものであり又は得なければならないものであるときは，審議に先立ち，その行政官庁に対して，意見の提出を求めることができる。

第23条（不公正約款条項の公開）

　公正取引委員会は，この法律に違反したと審議し議決した約款の条項の目録を作成し備え置き，必要があるときは，これを一般に供覧するようにすることができる。

　　第4章　第24条から第29条まで削除

　　第5章　補　則

第30条（適用範囲）

① この法律は，約款が商法第3編，勤労基準法，その他大統領令に定める非営利事業の分野に属する契約に関するものであるときは，これを適用しない。

② 〈削除〉

③ 特定の取引分野における約款について，他の法律に特別の規定があるときは，この法律の規定に優先する。

第30条の2（独占規制及び公正取引に関する法律の準用）

　この法律に基づく公正取引委員会の審議及び議決に関しては，独占規制及び公正取引に関する法律第42条から第45条までの規定を，この法律に基づく公正取引委員

会の処分に対する異議申立て，訴の提起及び不服の訴の専属管轄については，同法第53条から第55条までの規定を，それぞれ準用する。

第31条（認可の基準）

　　行政官庁は，他の法律により約款を認可し又は他の法律により特定の取引分野について設置された審査機構において約款が審査されるときは，第6条から第14条までの規定を，その審査の基準としなければならない。

第31条の2（諮問委員）

① 公正取引委員会は，この法律に基づく約款審査業務を遂行するために必要があると認めるときは，諮問委員を委嘱することができる。
② 前項の規定による諮問委員の委嘱その他必要な事項は，大統領令により定める。

第6章 罰 則

第32条（罰則）

　　第17条の2第1項の規定による命令に違反した者は，2年以下の懲役又は1億ウォン以下の罰金に処する。

第33条（両罰規定）

　　法人の代表者又は法人若しくは個人の代理人，使用人その他の従業員が，その法人又は個人の業務に関して，第32条の違反行為をしたときは，行為者を罰するほか，その法人又は個人に対しても，同条の罰金刑を科する。

第34条（過料）

① 第20条の規定による調査を拒否し妨害し又は忌避した者は，5,000万ウォン以下の過料に処する。
② 第3条第1項又は第2項の規定に違反した事業者は，500万ウォン以下の過料に処する。
③ 前2項の規定による過料は，大統領令の定めるところにより，公正取引委員会が賦課し徴収する。
④ 前項の規定による過料処分に不服のある者は，その処分の告知を受けた日から30日以内に，公正取引委員会に異議を申し立てることができる。
⑤ 第3項の規定により過料処分を受けた者が，前項の規定により異議を申し立てたときは，公正取引委員会は，遅滞なく，管轄法院にその事実を通報しなければならず，その通報を受けた管轄法院は，非訟事件手続法による過料の裁判を行う。
⑥ 第4項の規定による期間に異議を申し立てず，過料を納付しないときは，国税滞納処分の例により，これを徴収する。

第4編　関係法令

附　則
第1条（施行日）
　この法律は，1987年7月1日から施行する。
第2条（経過措置）
　この法律は，この法律の施行後に約款により初めて締結した契約分から適用する。
第3条（継続的契約に関する経過措置）
　継続的債権関係の発生を目的とする契約に関する約款により，この法律の施行後に履行された分については，この法律を適用する。

附　則（1992年12月8日）
第1条（施行日）
　この法律は，1993年3月1日から施行する。
第2条（経過措置）
　この法律の施行日において，従前の規定による経済企画院長官の是正勧告又は経済企画院長官に要請した審査請求は，この法律の規定による公正取引委員会の是正勧告又は公正取引委員会に要請した審査請求とみなす。

附　則（1997年12月31日）
第1条（施行日）
　この法律は，1998年4月1日から施行する。
第2条〜第8条　　（省略）

◎　約款の規制に関する法律施行令

第1条（目的）
　この施行令は，約款の規制に関する法律（以下「法」という。）により委任された事項及びその施行に関して必要な事項について定めることを目的とする。
第2条（約款の明示及び交付義務の免除）
① 法第3条第1項において「大統領令に定める約款」とは，次の各号の一に該当する業種の約款をいう。
　一　旅行運送業
　二　通信業
　三　電気，ガス及び水道事業
② 前項各号の業種の約款であって，事業者は，営業所に約款を備え置かなければな

らず，顧客の要請があるときは，当該約款の写を顧客に交付し，これについて理解させるようにしなければならない。

第3条（適用の制限）

　　法第15条の規定により，次の各号の一に該当する業種の約款については，法第7条から第14条までの規定を適用しない。

一　国際的に通用している運送業

二　国際的に通用している金融業及び保険業

三　輸出保険法による輸出保険

第4条（是正措置の方式）

　　法第17条の2第1項の規定による是正命令並びに同条第2項及び第3項の規定による勧告は，その内容を明示した書面により行わなければならない。

第5条（是正要請及び勧告）

① 法第18条の規定による是正に必要な措置の要請又は勧告は，その内容を明示した書面により行わなければならない。

② 法第18条の規定による是正に必要な措置の要請又は勧告を受けた行政官庁又は金融監督機構設置等に関する法律により設立された金融監督院は，その要請又は勧告を受けた日から60日以内に，公正取引委員会に書面により処理結果を通報しなければならない。

第5条の2（標準約款）

① 公正取引委員会は，法第19条の2第2項の規定により標準約款の審査請求を受けたときは，審査請求を受けた日から60日以内に，審査結果を申請人に通報しなければならない。

② 公正取引委員会は，必要があると認めるときは，標準約款を使用している事業者又は事業者団体に対して，当該約款の運用状況について報告させることができる。

第6条（証票の提示）

　　法第20条の規定により調査を行う公務員は，その権限を表示する証票を携帯し，関係人にこれを提示しなければならない。

第7条（審査請求書の提出等）

① 法第21条の規定による審査請求書には，次の各号の事項を記載して，審査請求の対象となる約款の写を添付しなければならない。

一　審査請求者の姓名及び住所

二　事業者の姓名又は商号及び住所

三　審査請求の趣旨及び理由

② 公正取引委員会は，法第21条の規定により審査請求を受けたときは，特別の事由がある場合を除き，請求を受けた日から60日以内に，審査結果を審査請求者に書面により通報しなければならない。

第8条（意見聴取等）

① 公正取引委員会は，法第22条第1項の規定により，当事者又は利害関係人に，約款が審査対象となった事実を通知するときは，これを書面によりしなければならず，公正取引委員会の会議の日時及び場所を明記しなければならない。

② 公正取引委員会は，法第22条第2項の規定により公正取引委員会の会議に出席した当事者又は利害関係人に対して，予算の範囲において，必要な経費を支給することができる。

③ 法第22条第3項の規定による行政官庁に対する意見の提出の要求は，その内容及び期限を明示した書面によりしなければならない。

第9条から第12条まで　〈削除〉

第13条（公正取引委員会の審議，議決手続等）

　法第30条の2に規定することのほか，約款についての審議，議決等に必要な事項は，公正取引委員会が定める。

第13条の2（諮問委員）

① 法第31条の2第1項の規定により，公正取引委員会は，約款に関する学識及び経験が豊富な者を，諮問委員に委嘱することができる。

② 諮問委員は，公正取引委員会の要請を受け，約款の審査に関して，公正取引委員会の会議に出席して意見を陳述し，又は書面により意見を提出することができる。

③ 諮問委員に委嘱された者に対しては，予算の範囲において，手当及び必要な経費を支給することができる。

④ この施行令に規定することのほか，諮問委員に関して必要な事項は，公正取引委員会が定める。

第14条（過料の賦課）

① 公正取引委員会は，法第32条第3項の規定により過料を賦課するときは，当該違反行為について調査し確認した後，違反事実，異議申立ての方法，異議申立期間，過料の額等について書面により明示し，これを納付することを過料処分対象者に通知しなければならない。

② 公正取引委員会は，前項の規定により過料を賦課しようとするときは，10日以上の期間を定めて，過料処分対象者に口述又は書面による意見陳述の機会を与えなければならない。この場合において，指定された期日までに意見の陳述がないときは，

意見がないものとみなす。
③　公正取引委員会は，過料の額を定めるにあたっては，当該違反行為の動機及びその結果等を参酌しなければならない。
④　その他過料の徴収手続に関して必要な事項は，公正取引委員会が定める。

　　　附　則
　この施行令は，1987年7月1日から施行する。

　　　附　則（1993年2月20日）
　この施行令は，1993年3月1日から施行する。

　　　附　則（1998年4月1日）
第1条（施行日）
　この施行令は，1998年4月1日から施行する。
第2条～第4条　　（省略）

第4章　表示広告公正化法及び同法施行令

　表示広告公正化法（正式名称「表示及び広告の公正化に関する法律」）は，商品又は役務に関する表示又は広告において，消費者を欺瞞し又は誤認させる不当な表示及び広告を防止し，消費者への正確かつ有用な情報の提供を促進することにより，公正な取引秩序を確立し，消費者を保護することを目的とする（1条）。

　表示広告公正化法は，独占禁止法の第7次改正と同時に制定され，第7次改正独占禁止法の施行から3ケ月遅れて，1999年7月1日から施行された。したがって，その歴史は，比較的新しい。同法の施行前，不当な表示・広告に対する規制は，独占禁止法に定める不公正取引行為の一類型として，同法23条1項6号及び同法施行令36条1項別表1第9項の規定により行われてきた。しかし，表示広告公正化法の施行とともに，不当な表示・広告に対する規制は，完全に同法の下に移管されることとなった。

表示広告公正化法は，我が国の景品表示法（正式名称「不当景品類及び不当表示防止法」）のうち，表示規制に関する部分に相当する。韓国において不当な景品類の提供に対する規制は，我が国の景品表示法のような特別法によるのではなく，独占禁止法に基づく特殊指定（同法23条3項，同法施行令36条2項）の一つである「景品類提供に関する不公正取引行為の類型及び基準」により行われている。

表示広告公正化法は，事業者が不当な表示又は広告を行うことを禁止するほか（3条），事業者団体が構成事業者に対して，表示又は広告の制限をすることをも禁止している（6条）。

また，同法は，大衆媒体等を通じた広告が経済や消費者の誤認等に多大な影響を及ぼしていることに鑑み，不当な表示・広告の事後的規制にとどまらず，事前予防が重要であるとして[1]，重要な表示又は広告事項の告示（4条），表示又は広告内容の実証等（5条）及び臨時中止命令（8条）の制度をおいている。このような考え方が，不当な表示・広告規制について独占禁止法による規制では不十分であるとして，特別法たる本法を制定した一因となっている[2]。

更に，表示広告公正化法制定にいたる過程では，広告の実質的製作・実施者である広告代行事業者に対して，不当な表示・広告の責任を追求することも検討されていた（法案8条）。しかし，これは，最終的には採用されず，法律からは除外された。

また，表示広告公正化法は，公正表示広告規約制度も有しており（14条），我が国における公正競争規約（景品表示法10条）の内容のうち，表示・広告に関する事項については本法により，それ以外の事項については独占禁止法（23条4項）により実施されることとなった。

このほか，表示広告公正化法は，課徴金制度（11条），損害賠償制度（12条，13条），関係行政機関の長との協議等（15条）又は協助（17条），その他の規定をおいており，総じて，我が国景品表示法より充実した内容のものとなっていると言うことができよう。

不当な表示・広告に対する規制は，表示広告公正化法施行前は，独占禁止法にいう不公正取引行為の一類型として，同法に基づき行われてきた。その事件数は，不公正取引行為の中でも最も多く，これまで，その約3分の1を占めて

きたが[(3)]，表示広告公正化法施行後の運用状況が注目されるところである。

（１）韓国公正去来委員会「公正去来白書1999年版」225頁
（２）「公正去来白書1999年版」前掲，225頁
（３）韓国公正去来委員会「公正去来白書2000年版」561頁

◎ 表示及び広告の公正化に関する法律

第１章　総　則

第１条（目的）

　この法律は，商品又は役務に関する表示及び広告において，消費者を欺瞞し又は誤認させる不当な表示及び広告を防止し，消費者への正確かつ有用な情報の提供を促進することにより，公正な取引秩序を確立し，消費者を保護することを目的とする。

第２条（定義）

　この法律において使用する用語の定義は，次のとおりとする。

一　「表示」とは，事業者又は事業者団体が，商品又は役務（以下「商品等」という。）に関する次の各目の事項を消費者に知らせるために，その商品等の容器，包装（添加物及び内容物を含む。）又は事業場等に設置した表示板に記載し若しくは貼付した文字若しくは図形又は商品の特性を表わす容器若しくは包装をいう。
　(1)　自己又は他の事業者若しくは事業者団体に関する事項
　(2)　自己又は他の事業者若しくは事業者団体の商品等の内容又は取引条件その他その取引に関する事項

二　「広告」とは，事業者又は事業者団体が，商品等に関して，前号各目の事項を，新聞，放送，雑誌その他大統領令に定める方法により，消費者に広く周知し又は提示することをいう。

三　「事業者」とは，独占規制及び公正取引に関する法律第２条第１号の規定による事業者をいう。

四　「事業者団体」とは，独占規制及び公正取引に関する法律第２条第４号の規定による事業者団体をいう。

五　「消費者」とは，事業者又は事業者団体（以下「事業者等」という。）が生産し又は提供する商品等を使用し又は利用する者をいう。

第２章　不当な表示又は広告行為の禁止等

第３条（不当な表示又は広告行為の禁止）

① 事業者等は，消費者を欺瞞し又は誤認させるおそれがある表示又は広告行為であって，公正な取引秩序を阻害するおそれがある次の各号の行為をし，又は他の事業者等をしてこれをさせてはならない。
　一　虚偽又は誇張した表示又は広告
　二　欺瞞的表示又は広告
　三　不当な比較表示又は広告
　四　誹謗表示又は広告
② 前項各号の行為についての具体的内容は，大統領令により定める。
第4条（重要な表示又は広告事項の告示）
① 公正取引委員会は，商品等又は取引分野の性質に照らし，消費者保護及び公正な取引秩序の維持のために必要な重要事項であって，その事項が表示又は広告事項に含まれない場合，それにより，次の各号の1に該当する問題が生ずるおそれが大きいと判断されるときは，その表示又は広告事項に含めさせる事項を告示することができる。ただし，他の法令において，表示又は広告をするようにされている事項は，これを除く。
　一　消費者の被害が頻繁に発生し，その被害の事後救済が困難となる問題
　二　消費者が商品等の重大な欠陥又は機能性の限界等を正確に知ることができず，その事項が購買時における選択にあたり判断に決定的影響を及ぼすこととなる問題
　三　その他公正な取引秩序を著しく阻害する問題
② 公正取引委員会は，前項の規定により告示をしようとするときは，あらかじめ，関係行政機関の長と協議しなければならず，公聴会を開催し，関連事業者団体，消費者保護法第19条第1項の規定により登録された消費者団体（以下「消費者団体」という。）等の意見を聴かなければならない。
③ 事業者等は，表示又は広告行為をするときは，第1項の規定により告示された表示又は広告事項が，含まれるようにしなければならない。
第5条（表示又は広告内容の実証等）
① 事業者等は，自己が行う表示又は広告のうち，事実と関連する事項については，これを実証することができるようにしなければならない。
② 公正取引委員会は，事業者等が第3条第1項の規定に違反するおそれがあり，前項の規定による実証が必要であると認めるときは，その内容を具体的に明示して，当該事業者等に，関連資料の提出を求めることができる。
③ 前項の規定により実証資料の提出を求められた事業者等は，提出を求められた日

から30日以内に，その実証資料を，公正取引委員会に提出しなければならない。ただし，公正取引委員会は，正当な事由があると認めるときは，その提出期間を延長することができる。

④　公正取引委員会は，商品等に関して，消費者が誤認するのを防止し又は公正な取引秩序を維持するために必要があると認めるときは，前項の規定により事業者等が提出した実証資料を備え置き，これを一般に閲覧させるようにし，その他適切な方法により，これを公開することができる。ただし，その資料が事業者等の営業上の秘密に該当し，その公開が事業者等の営業活動を侵害するおそれがあるときは，この限りでない。

第6条（事業者団体による表示又は広告制限行為の禁止）

①　事業者団体は，法令によることなくしては，当該事業者団体に加入した事業者に対して，表示又は広告を制限する行為をしてはならない。ただし，公正取引委員会が，消費者の利益を保護し又は公正な取引秩序を維持するために必要があると認めるときは，この限りでない。

②　公正取引委員会は，前項但書の規定により，事業者団体による表示又は広告制限行為を認めようとするときは，関係行政機関の長と，あらかじめ，協議しなければならない。

③　公正取引委員会は，第1項本文の規定に違反する行為があるときは，次の各号の措置を命ずることができる。
　一　当該違反行為の中止
　二　当該違反行為について定めた定款，規約等の変更
　三　その他違反行為を是正するために必要な措置

第7条（是正措置）

①　公正取引委員会は，事業者等が第3条第1項の規定に違反して，不当な表示又は広告行為をしているときは，当該事業者等に対して，その是正のために，次の各号の措置を命ずることができる。
　一　当該行為の中止
　二　法違反事実の公表
　三　訂正広告
　四　その他違反行為の是正のために必要な措置

②　前項第2号及び第3号の規定による法違反事実の公表及び訂正広告に関して必要な事項は，大統領令により定める。

第8条（臨時中止命令）

① 公正取引委員会は，表示又は広告行為が，次の各号の要件を満たすときは，事業者等に対して，当該表示又は広告行為を一時中止することを，命ずることができる。
　一　表示又は広告行為が，第3条第1項の規定に違反していると明白に疑われること。
　二　当該表示又は広告行為により，消費者又は競争事業者に回復し難い損害が生ずるおそれがあり，これを予防するため緊急の必要があると認められること。
② 消費者団体その他大統領令に定める機関又は団体は，事業者等の表示又は広告行為が，前項各号に該当すると認めるときは，書面により，公正取引委員会に，当該表示又は広告行為の一時中止を命ずるよう求めることができる。
③ 第1項の規定による命令に不服がある者は，その命令を受けた日から7日以内に，公正取引委員会に，異議を申し立てることができる。
④ 第1項の規定による命令を受けた者が，異議を申し立てたときは，公正取引委員会は，遅滞なく，ソウル高等法院に，その事実を通報しなければならず，その通報を受けたソウル高等法院は，非訟事件手続法により，裁判を行う。
⑤ 前項の規定による裁判を行うにあたり，非訟事件手続法第15条の規定は，これを適用しない。

第9条（課徴金）

① 公正取引委員会は，第3条第1項の規定に違反して，表示又は広告行為をした事業者に対して，大統領令に定める売上額（大統領令に定める事業者の場合には，営業収益をいう。以下同じ。）に100分の2を乗じて得た額を超えない範囲で，課徴金を賦課することができる。ただし，その違反行為をした者に売上額がなく又は売上額の算定が困難な場合であって，大統領令に定める事業者又は事業者団体であるときは，5億ウォンを超えない範囲で，課徴金を賦課することができる。
② 公正取引委員会は，第6条第1項本文の規定に違反して，事業者の表示又は広告行為を制限する行為をした事業者団体に対して，5億ウォンの範囲で，課徴金を賦課することができる。
③ 公正取引委員会は，第1項又は前項の規定により，課徴金を賦課するときは，次の各号の事由を参酌しなければならない。
　一　違反行為の内容及び程度
　二　違反行為の期間及び回数
　三　違反行為により取得した利益の規模等
④ 第3条第1項の規定に違反した事業者たる法人が，合併をする場合には，当該法人がした違反行為は，合併後存続し又は合併により新設される法人がした行為とみ

て，課徴金を賦課し徴収する。
⑤　第1項又は第2項の規定による課徴金の賦課基準は，大統領令により定める。

第3章　損害賠償

第10条（損害賠償責任）
①　事業者等は，第3条第1項の規定に違反して，不当な表示又は広告行為をしたことにより，被害を受けた者があるときは，当該被害者に対して，損害賠償の責任を負う。
②　前項の規定により損害賠償の責任を負う事業者等は，その被害者に対して，故意又は過失がないことを明らかにして，その責任を免れることができない。

第11条（損害賠償請求権の裁判上の主張制限等）
①　第3条第1項の規定による違反事実に対して，第7条の規定による是正措置が命じられたときは，その違反事実と関連する第10条の規定による損害賠償請求権は，第7条の規定による是正措置が確定した後でなければ，裁判上これを主張することができない。ただし，これは，民法第750条の規定による損害賠償請求の訴を制限するものではない。
②　前項本文の規定による損害賠償請求権は，これを行使することができる日から3年を経過したときは，時効により消滅する。

第4章　補　則

第12条（秘密厳守の義務）
　　この法律に基づく職務に従事し又は従事した公正取引委員会の委員若しくは公務員又はその職にあった者は，その職務上知り得た事業者等の秘密を漏洩し，又はこの法律の施行のための目的以外の用途に，これを利用してはならない。

第13条（表示又は広告を禁止し又は制限する法令の制定等における協議）
　　関係行政機関の長は，事業者等の表示又は広告を禁止し又は制限することを内容とする法令を制定し又は改正しようとするときは，あらかじめ，公正取引委員会に協議しなければならない。

第14条（表示又は広告の自律規約）
①　事業者等は，第3条第1項の規定に違反する行為を防止するため，自律的に，表示又は広告に関する規約を定めることができる。
②　事業者等は，公正取引委員会に，前項の規定による自律規約が，第3条第1項の規定に違反するか否かについて，審査を求めることができる。
③　公正取引委員会は，前項の規定により，自律規約の審査を求められたときは，審査の要請を受けた日から60日以内に，審査結果を申請人に通報しなければならない。

第15条（関係機関等の長の協助）
① 公正取引委員会は，この法律を施行するために必要があると認めるときは，関係行政機関その他の機関又は団体の長の意見を聴くことができる。
② 公正取引委員会は，この法律を施行するために必要があると認めるときは，関係行政機関その他の機関又は団体の長に，必要な調査を依頼し又は必要な資料を求めることができる。
③ 公正取引委員会は，第6条第3項又は第7条第1項の規定による命令の履行を確保するために必要があると認めるときは，関係行政機関その他の機関又は団体の長に，必要な協助を求めることができる。
④ 公正取引委員会は，金融又は保険事業者等が第3条第1項の規定に違反したと認め，職権により調査する事由があるときは，これを調査せず，金融監督委員会に通報し，金融監督委員会をして，これを処理するようにさせなければならない。
⑤ 前項の規定により通報を受けた金融監督委員会は，金融及び保険関係法令に定めるところにより，これを誠実に処理し，その結果を公正取引委員会に通報しなければならない。

第16条（独占規制及び公正取引に関する法律の準用）
① 独占規制及び公正取引に関する法律第42条から第45条まで及び第52条の規定は，この法律による公正取引委員会の業務に関して，これを準用し，独占規制及び公正取引に関する法律第53条，第53条の2，第54条，第55条及び第55条の2の規定は，この法律による公正取引委員会の処分（第8条第1項の規定による臨時中止命令を除く。）に対する異議申立て，訴の提起，不服の訴の専属管轄及び事件処理に関して，これを準用する。
② 独占規制及び公正取引に関する法律第49条の規定は，この法律の違反行為に対する探知，申告等に関して，これを準用し，独占規制及び公正取引に関する法律第50条及び第51条の規定は，公正取引委員会の調査，意見聴取及び是正勧告等に関して，これを準用する。
③ 独占規制及び公正取引に関する法律第55条の4及び第55条の5の規定は，この法律による課徴金納付期間の延長及び課徴金の徴収に関して，これを準用し，独占規制及び公正取引に関する法律第71条の規定は，第17条の罪の告発に関して，これを準用する。

第5章　罰　則

第17条（罰則）
　　　次の各号の一に該当する者は，2年以下の懲役又は1億5,000万ウォン以下の罰

第4章　表示公告公正法及び同法施行令

金に処する。
　一　第3条第1項の規定に違反して，不当な表示又は広告行為をし，又は他の事業者等にこれを行わせるようにした事業者等
　二　第6条第3項又は第7条第1項の規定による命令に応じない者

第18条（罰則）
　　第12条の規定に違反した者は，2年以下の懲役又は500万ウォン以下の罰金に処する。

第19条（両罰規定）
　　法人（法人格のない団体を含む。以下，この条において同じ。）の代表者又は法人若しくは個人の代理人若しくは使用人その他の従業員が，その法人又は個人の業務に関して，第17条の違反行為をしたときは，行為者を罰するほか，その法人又は個人に対しても，同条の罰金刑を科する。

第20条（過料）
① 事業者等が，次の各号の一に該当するときは，1億ウォン以下の過料に処し，法人又は事業者団体の役員又は従業員その他利害関係人が，次の各号の一に該当するときは，1,000万ウォン以下の過料に処する。
　一　第4条第3項の規定に違反して，告示された表示又は広告事項を含めなかった者
　二　第5条第3項の規定に違反して，実証資料を提出しなかった者
　三　第8条第1項の規定に違反して，臨時中止命令に応じなかった者
　四　第16条第2項の規定により準用する独占規制及び公正取引に関する法律第50条第1項第1号の規定に違反して，正当な事由なく，出席しなかった者
　五　第16条第2項の規定により準用する独占規制及び公正取引に関する法律第50条第1項第3号又は第3項の規定による報告若しくは必要な資料若しくは物件の提出をせず，又は虚偽の報告若しくは資料若しくは物件を提出した者
　六　第16条第2項の規定により準用する独占規制及び公正取引に関する法律第50条第2項の規定による調査を拒否し若しくは妨害し又は忌避した者
② 第16条第1項の規定により準用する独占規制及び公正取引に関する法律第43条の2の規定による秩序維持命令に応じない者は，100万ウォン以下の過料に処する。
③ 第1項又は前項の規定による過料は，大統領令の定めるところにより，公正取引委員会が賦課し徴収する。
④ 前項の規定による過料処分に不服がある者は，その処分の告知を受けた日から30日以内に，公正取引委員会に，異議を申し立てることができる。

⑤ 第3項の規定による過料処分を受けた者が，前項の規定により異議の申立てをしたときは，公正取引委員会は，遅滞なく，管轄法院に，その事実を通報しなければならず，その通報を受けた管轄法院は，非訟事件手続法により，過料の裁判を行う。
⑥ 第4項の規定による期間内に，異議の申立てをせず，過料を納付しないときは，国税滞納処分の例により，これを徴収する。

　　附　則
第1条（施行日）
　　この法律は，1999年7月1日から施行する。
第2条（是正措置，課徴金及び罰則に関する経過措置）
　　この法律施行前の従前の独占規制及び公正取引に関する法律第23条第1項第6号又は第26条第1項第5号の規定に違反した行為に対する是正措置，課徴金及び罰則の適用については，従前の規定による。
第3条（公正競争規約に関する経過措置）
　　この法律の施行日において従前の独占規制及び公正取引に関する法律第23条第4項及び第5項の規定により公正取引委員会の審査を受けている表示又は広告に関する公正競争規約は，第14条の規定により審査を受けている表示又は広告の自律規約とみなす。
第4条（他の法律の改正）
① 独占規制及び公正取引に関する法律について，次のとおり改正する。
　　第23条第1項第6号を削除し，同条第4項に「不当に顧客を誘引し又は虚偽の若しくは消費者を欺瞞し若しくは誤認させるおそれがある表示又は広告を」とあるのは，「不当な顧客の誘引を」とする。
　　第24条に「契約条項の削除，訂正広告，」とあるのは，「契約条項の削除，」とする。
　　第26条第1項第5号を削除する。
　　第27条に「行為の中止，訂正広告，」とあるのは，「行為の中止，」とする。
② 不正競争防止法について，次のとおり改正する。
　　第15条に「独占規制及び公正取引に関する法律」とあるのは，「独占規制及び公正取引に関する法律，表示及び広告の公正化に関する法律」とする。
第5条（他の法令との関係）
　　この法律の施行日において，他の法令において従前の独占規制及び公正取引に関する法律又はその規定を引用している場合に，この法律にこれに該当する規定があ

るときは，従前の規定に替えて，この法律又はこの法律の該当規定を引用しているものとみなす。

◎ 表示及び広告の公正化に関する法律施行令

第１条（目的）
　この施行令は，表示及び広告の公正化に関する法律において委任した事項及びその施行に関して必要な事項について規定することを目的とする。

第２条（広告の範囲）
　表示及び広告の公正化に関する法律（以下「法」という。）第２条第２項において「その他大統領令に定める方法」とは，次の各号の媒体又は手段を利用することをいう。
　一　ビラ，パンフレット，見本又は入場券
　二　インターネット又はＰＣ通信
　三　ポスター，看板，ネオンサイン，アドバルーン又は電光板
　四　ビデオ物，レコード，書籍，刊行物，映画又は演劇
　五　自己の商品以外の商品
　六　その他前５号に規定するものに類似する媒体又は手段

第３条（不当な表示又は広告の内容）
① 法第３条第１項第１号の規定にいう「虚偽又は誇張した表示又は広告」とは，事実と異なるように表示し若しくは広告し，又は事実を過度に誇張して表示し又は広告することをいう。
② 法第３条第１項第２号の規定にいう「欺瞞的表示又は広告」とは，事実を隠蔽し又は縮小する等の方法により，表示し又は広告することをいう。
③ 法第３条第１項第３号の規定にいう「不当な比較表示又は広告」とは，比較対象及び基準を明示せず，又は客観的な根拠がないのに，自己又は自己の商品若しくは役務（以下「商品等」という。）について，他の事業者若しくは事業者団体（以下「事業者等」という。）又は他の事業者等の商品等と比較して，優良又は有利であると表示し又は広告することをいう。
④ 法第３条第１項第４号の規定にいう「誹謗表示又は広告」とは，他の事業者等又は他の事業者等の商品等に関して，客観的な根拠がない内容により，表示し，広告し若しくは誹謗し，又は不利な事実のみを表示し，広告し若しくは誹謗することをいう。
⑤ 前４項の規定による不当な表示又は広告の細部についての類型又は基準は，公正

取引委員会が定めて告示することができる。この場合において，公正取引委員会は，あらかじめ，関係行政機関の長と協議しなければならない。

第4条（実証方法等）

① 法第5条第1項の規定により，事業者等は，表示し又は広告した内容のうち，事実と関連する事項を実証するにあたり，試験又は調査をしようとするときは，次の各号によらなければならない。

　一　実証に使用される実験又は調査の方法は，学術的に又は産業界において一般的に認定されたものである等客観的かつ妥当なものであること。

　二　試験又は調査は，法令による試験若しくは調査機関又は事業者等から独立して経営が行われている試験若しくは調査機関において，これを行うこと。ただし，法令による試験若しくは調査機関又は事業者等から独立して経営が行われている試験若しくは調査機関による試験若しくは調査が不可能であり又は適当でないと認められるときは，この限りでない。

② 前項第2号において「独立して経営が行われている試験若しくは調査機関」とは，次の各号の一に該当する試験又は調査機関でない試験又は調査機関をいう。

　一　事業者等又は事業者の系列会社（独占規制及び公正取引に関する法律第2条第3号の規定にいう系列会社をいう。）が運営する試験又は調査機関

　二　事業者等が属する企業集団の範囲（独占規制及び公正取引に関する法律施行令第3条の規定にいう企業集団の範囲をいう。）に属したことがあり，又は独占規制及び公正取引に関する法律施行令第3条の2第1項第2号の規定により，その企業集団から除外された会社が運営する試験又は調査機関

第5条（実証資料）

　法第5条第3項の規定により，実証資料を提出するにあたっては，次の各号の事項を記載した書面に，その内訳を証明する書類を添付しなければならない。

　一　実証方法

　二　試験又は調査機関の名称，代表者の姓名，住所及び電話番号（試験又は調査をする場合に限る。）

　三　実証内容又はその結果

　四　実証資料のうち，営業上秘密に該当し，公開を望まない場合は，その内容及び事由

第6条（実証資料の公開）

① 公正取引委員会は，法第5条第4項の規定により，実証資料を閲覧させ又は公開するときは，消費者の購買時の選択に必要な情報を要約し整理して，これを行うこ

とができる。
② 法第5条第4項但書において「営業上の秘密」とは，不正競争防止法及び営業秘密保護に関する法律第2条第2号の規定にいう営業秘密をいう。
第7条（事業者団体の表示又は広告制限行為の認定手続）
① 事業者団体は，法第6条第1項但書の規定により，その加入事業者に対して表示又は広告を制限するために，公正取引委員会の認定を受けようとするときは，その事由及び内容について記載した申請書を，公正取引委員会に提出しなければならない。
② 公正取引委員会は，前項の規定による申請を受けたときは，その申請日から60日以内に，これについて決定し，書面により通報しなければならない。
第8条（法違反事実の公表方法等）
① 公正取引委員会は，法第7条第1項第2号又は第3号の規定により，事業者等に対して，法違反事実の公表又は訂正広告を命じようとするときは，次の各号の事項を参酌して，公表又は訂正広告の内容及び回数，規模，媒体等を定めて，これを命じなければならない。
　一　違反行為の内容及び程度
　二　違反行為の期間及び回数
② 公正取引委員会は，前項の規定により，法違反事実の公表又は訂正広告を命ずるにあたり，当該事業者等に対して，あらかじめ，その文案等に関して，公正取引委員会と協議させることができる。
第9条（臨時中止命令の要請機関又は団体）
　法第8条第2項において「その他大統領令に定める機関又は団体」とは，次の各号の一に該当する機関又は団体をいう。
　一　電気通信事業法第53条の2第1項の規定による情報通信倫理委員会
　二　青少年保護法第45条第1項の規定による韓国刊行物倫理委員会
　三　消費者保護法第26条の規定により設立された韓国消費者保護院
　四　民法第32条の規定により設立された社団法人韓国新聞倫理委員会及び社団法人韓国広告自律審議機構
　五　その他事業者等が行う表示又は広告を審議するために他の法令により設立された機関又は団体
第10条（臨時中止命令の要請方法）
　消費者団体又は第9条各号の規定による機関若しくは団体は，法第8条第2項の規定により臨時中止命令を要請しようとするときは，次の各号の事項について記載

した要請書を，公正取引委員会に提出しなければならない。
一　消費者団体又は機関若しくは団体の名称，代表者の姓名，住所及び電話番号
二　表示又は広告行為をした事業者等の名称
三　臨時中止命令の対象となる表示又は広告の内容
四　臨時中止命令を要請する事由

第11条（臨時中止命令に対する異議申立て）
　　法第8条第3項の規定により臨時中止命令に対する異議を申し立てようとする者は，異議申立ての対象及び内容，異議申立事由等について記載した申請書に，異議申立事由又は内容について証明するときに必要となる書類を添付して，これを公正取引委員会に提出しなければならない。

第12条（課徴金算定方法）
① 法第9条第1項本文において「大統領令に定める売上額」とは，当該事業者の直前の3事業年度における平均売上額をいう。ただし，当該事業年度初日現在，事業を開始して3年が経過していない場合は，事業開始日から直前の事業年度末日までの売上額を，また，当該事業年度に事業を開始した場合は，事業開始日から違反行為日までの売上額を，それぞれ年間売上額に換算した額をいう。
② 前項の規定による課徴金賦課基準売上額の算定基準，方法その他必要な事項は，公正取引委員会が定める。

第13条（営業収益使用事業者の範囲）
　　法第9条第1項本文において「大統領令に定める事業者」とは，商品等の対価の合計額を，財務諸表等において営業収益等として記載する事業者をいう。

第14条（売上額がない場合等）
　　法第9条第1項但書において「大統領令に定める事業者又は事業者団体であるとき」とは，事業者等が次の各号の一に該当する場合をいう。
一　営業を開始しておらず又は営業中断等により，営業実績がないとき。
二　売上額算定資料を提出せず，又は虚偽の資料を提出したとき。
三　その他客観的な売上額の算定が困難であると認められるとき。

第15条（課徴金賦課基準）
① 法第9条第1項本文及び第2項の規定による課徴金の賦課基準は，別表のとおりとする。
② 前項の規定により算定された額は，法第9条第3項各号の事項を参酌して，これを加重し又は減軽することができる。
③ この施行令に規定する事項以外に課徴金の賦課に関して必要な細部基準は，公正

取引委員会が定めて告示する。

第16条（課徴金の徴収及び加算金）
① 公正取引委員会は，法第9条の規定により，課徴金を賦課しようとするときは，その違反行為の種別及び当該課徴金の額を明示して，これを納付することを，書面により通知しなければならない。
② 前項の規定により通知を受けた者は，通知があった日から60日以内に，課徴金を公正取引委員会が定める収納機関に納付しなければならない。ただし，天災地変，その他止むを得ない事由により，その期間内に課徴金を納付することができないときは，その事由が消滅した日から30日以内に，納付しなければならない。

第17条（過料）
① 法第20条第1項又は第2項の規定により過料を賦課するときは，当該違反行為につい調査し確認した後，違反事実，過料の額等を書面により明示して，これを納付することを，過料処分対象者に通知しなければならない。
② 公正取引委員会は，前項の規定により過料を賦課しようとするときは，10日以上の期間を定めて，過料処分対象者に口述又は書面による意見陳述の機会を与えなければならない。この場合において，指定された期日までに意見陳述がないときは，意見がないものとみなす。
③ 公正取引委員会は，過料の額を定めるにあたり，当該違反行為の動機及びその結果等について参酌しなければならない。

第18条（施行細則）
　この施行令の施行に関して必要な事項は，公正取引委員会が定めて告示する。

　　附　則
① （施行日）
　この施行令は，1999年7月1日から施行する。
② （他の法令の改正）
　独占規制及び公正取引に関する法律施行令について，次のとおり改正する。
　第8条に「訂正広告又は法違反事実の公表」とあるのは，「法違反事実の公表」とする。
　別表1第9号を削除する。

第4編　関係法令

〔別表〕

課徴金賦課基準（第15条第1項関連）

違反行為	関連条文	課徴金賦課基準
1　事業者等の不当な表示又は広告行為	法第3条第1項	課徴金賦課基準売上額を，10億ウォン以下，10億ウォン超100億ウォン以下，100億ウォン超1,000億ウォン以下，1,000億ウォン超1兆ウォン以下，及び1兆ウォン超の5段階に区分し，課徴金賦課基準売上額が10億ウォン以下である場合は，課徴金賦課基準売上額の100分の2以内，10億ウォンを超える場合は，超過した各段階別金額に，備考1の比率により算出した額を加算した額以内
2　事業者団体による表示又は広告制限行為	法第6条第1項	事業者団体による違反行為の終了日が属する年度の予算額の100分の5以内，この場合において，課徴金の総額は，5億ウォンを超えることができない。

備考　1　第1号の各段階別賦課比率は，公正取引委員会が定めて告示する。
　　　2　第2号の場合において，違反行為の終了日が属する年度の予算額が編成されていない場合は，直前の事業年度の予算額を基準とする。

〈資　料〉

I　法令の制定・改正経緯
  1　独占禁止法及び同法施行令
  (1)　独占規制及び公正取引に関する法律
        制定　1980年12月31日　法律第3320号
        改正　1986年12月31日　法律第3875号
        改正　1990年 1月13日　法律第4198号
              1992年11月25日　法律第4501号（エンジニアリング技術振興法）
        改正　1992年12月 8日　法律第4513号
        改正　1994年12月22日　法律第4790号
              1994年12月23日　法律第4832号（政府組織法）
        改正　1996年12月30日　法律第5235号
        改正　1998年 2月24日　法律第5528号
        改正　1999年 2月 5日　法律第5813号
              1999年 2月 5日　法律第5814号（表示及び広告の公正化に関する法律）
        改正　1999年12月28日　法律第6043号
        改正　2001年 1月16日　法律第6371号
  (2)　独占規制及び公正取引に関する法律施行令
        制定　1981年 4月 1日　大統領令第10267号
        改正　1984年 7月21日　大統領令第11475号
        改正　1987年 4月 1日　大統領令第12120号
        改正　1990年 4月14日　大統領令第12979号
        改正　1993年 2月20日　大統領令第13842号
        改正　1995年 4月 1日　大統領令第14566号
        改正　1997年 3月31日　大統領令第15328号
        改正　1998年 4月 1日　大統領令第15767号
        改正　1999年 3月31日　大統領令第16221号
        改正　1999年12月31日　大統領令第16685号
        改正　2000年 4月 1日　大統領令第16777号
        改正　2001年 3月27日　大統領令第17176号

資　料

2　下請取引公正化法及び同法施行令
　(1)　下請取引の公正化に関する法律
　　　　　　制定　1984年12月31日　法律第3779号
　　　　　　改正　1990年 1 月13日　法律第4198号（独占規制及び公正取引に関する法律）
　　　　　　改正　1991年12月14日　法律第4419号（消防法）
　　　　　　改正　1992年12月 8 日　法律第4514号
　　　　　　改正　1995年 1 月 5 日　法律第4860号
　　　　　　改正　1995年 1 月 5 日　法律第4898号（中小企業の事業領域保護及び企業間協力増進に関する法律）
　　　　　　改正　1996年12月30日　法律第5234号
　　　　　　改正　1997年 8 月28日　法律第5386号（情報通信工事業法）
　　　　　　改正　1997年12月13日　法律第5454号（政府部処の名称等の変更に伴う建築法等の整備に関する法律）
　　　　　　改正　1998年 1 月13日　法律第5507号（利子制限法廃止法律）
　　　　　　改正　1999年 2 月 5 日　法律第5816号
　(2)　下請取引の公正化に関する法律施行令
　　　　　　制定　1985年 4 月 1 日　大統領令第11676号
　　　　　　改正　1990年 4 月14日　大統領令第12979号（独占規制及び公正取引に関する法律施行令）
　　　　　　改正　1993年 2 月20日　大統領令第13844号
　　　　　　改正　1995年 4 月 1 日　大統領令第14567号
　　　　　　改正　1997年 3 月31日　大統領令第15329号
　　　　　　改正　1999年 3 月31日　大統領令第16222号
3　約款規制法及び同法施行令
　(1)　約款の規制に関する法律
　　　　　　制定　1986年12月31日　法律第3922号
　　　　　　改正　1992年12月 8 日　法律第4515号
　　　　　　改正　1997年12月31日　法律第5491号（韓国銀行法）
　(2)　約款の規制に関する法律施行令
　　　　　　制定　1987年 7 月 1 日　大統領令第12197号
　　　　　　改正　1993年 2 月20日　大統領令第13843号
　　　　　　改正　1998年 4 月 1 日　大統領令第15750号（韓国銀行法施行令）

資　　料

4　表示広告公正化法及び同法施行令
　(1)　表示及び広告の公正化に関する法律
　　　　制定　1999年2月5日　法律第5814号
　(2)　表示及び広告の公正化に関する法律施行令
　　　　制定　1999年6月30日　大統領令第16430号

II　関係規程
　1　独占禁止法
　(1)　独占規制及び公正取引に関する法律
　(2)　独占規制及び公正取引に関する法律施行令
　(3)　告示，指針等
　　①　市場支配的地位濫用行為の類型及び基準
　　②　企業結合届出要領
　　③　企業結合審査基準
　　④　持株会社関連規程に関する解釈指針
　　⑤　持株会社の設立・転換の届出及び持株会社の株式所有状況等の報告に関する要領
　　⑥　企業結合届出規定違反事件に対する過料賦課基準
　　⑦　企業結合関連是正措置不履行に伴う履行強制金賦課基準
　　⑧　共同行為及び競争制限行為の認可申請要領
　　⑨　入札秩序公正化に関する指針
　　⑩　事業者団体活動指針
　　⑪　大規模小売店業における特定の不公正取引行為の類型及び基準
　　⑫　景品類提供に関する不公正取引行為の類型及び基準
　　⑬　並行輸入における不公正取引行為の類型
　　⑭　加盟事業（フランチャイズ）における不公正取引行為の基準
　　⑮　大規模企業集団の不公正取引行為に対する審査基準
　　⑯　不当な支援行為の審査基準
　　⑰　大規模内部取引についての取締役会の議決及び公示に関する規程
　　⑱　国際契約上の不公正取引行為等の類型及び基準
　　⑲　国際契約審査要請要領
　　⑳　公正取引委員会会議運営及び事件手続等に関する規程
　　㉑　法違反事実の公表に関する運営指針

資　料

　　㉒　独占規制及び公正取引に関する法律等による利害関係人等に対する経費支給規程
　　㉓　課徴金賦課細部基準等に関する告示
　　㉔　滞納課徴金に対する加算金料率告示
　　㉕　独占規制及び公正取引に関する法律違反行為の告発に関する公正取引委員会の指針
　　㉖　公正取引委員会訴訟事件受任弁護士報酬規程
　　㉗　還給課徴金に対する加算金料率告示
　　㉘　知的財産権の不当な行使についての指針
2　下請取引公正化法
　(1)　下請取引の公正化に関する法律
　(2)　下請取引の公正化に関する法律施行令
　(3)　告示，指針等
　　①　手形による下請代金支払時の割引率告示
　　②　製造委託の対象となる物品の範囲告示
　　③　先払金等遅延支払時の遅延利子率告示
　　④　建設下請代金支払保証免除対象告示
　　⑤　下請諮問委員会委嘱及び運営に関する規程
　　⑥　下請取引公正化指針
　　⑦　下請法違反事業者に対する課徴金賦課指針
3　約款規制法
　(1)　約款の規制に関する法律
　(2)　約款の規制に関する法律施行令
　(3)　告示，指針等
　　①　約款審査諮問委員の委嘱及び運営に関する規程
　　②　約款審査手続規程
4　表示広告公正化法
　(1)　表示及び広告の公正化に関する法律
　(2)　表示及び広告の公正化に関する法律施行令
　(3)　告示，指針等
　　①　不当な表示及び広告行為の類型及び基準
　　②　住宅の表示広告に関する審査指針
　　③　環境関連表示及び広告に関する審査指針

資　　料

④　商店街等の分譲及び賃貸広告に関する審査指針
⑤　銀行等の金融商品の表示及び広告に関する審査指針
⑥　保険商品の表示及び広告に関する審査指針
⑦　受賞，認証等の表示及び広告に関する審査指針
⑧　通信販売における表示及び広告に関する審査指針
⑨　注油所等石油販売業における供給者表示に関する不公正取引行為の類型及び基準
⑩　広告の実証に関する運営指針
⑪　臨時中止命令に関する運営指針
⑫　重要表示広告事項告示
⑬　電子取引消費者保護指針
⑭　訂正広告に関する運営指針
⑮　消費者被害一括救済に関する運営指針

〈参　考〉

著者の学術論文等のうち韓国独占禁止法等に関するもの（平成13年10月１日現在）

◎　論文，研究ノート，解説等
　○科学研究費・日韓比較法文化研究会報告「東アジア文化と近代法─日本と韓国の比較研究を通して─」
　　　・日韓両国独占禁止法の比較法的検討，190頁，平成12年３月
　○経済法学会年報（有斐閣），18号・通巻40号
　　　・韓国経済力集中規制制度における新たな展開と問題点，115頁，平成９年９月
　○公正取引
　　　・韓国独占禁止法における市場支配的地位濫用規制制度，No.517，36頁，平成５年11月
　　　・韓国における独占禁止法改正の背景とその内容，No.523，40頁，平成６年５月
　　　・㈳韓国公正競争協会の発足について，No.539，60頁，平成７年９月
　　　・韓国独占禁止法における事業者団体規制〔上〕，No.542，23頁，平成７年12月
　　　　　　　　同　　　　　　　　　　〔中〕，No.543，36頁，平成８年１月
　　　　　　　　同　　　　　　　　　　〔下〕，No.544，36頁，平成８年２月
　　　・韓国独占禁止法第５次改正への動きについて，No.553，49頁，平成８年11月
　　　・韓国独占禁止法及び同法施行令の改正について〔上〕，No.559，62頁，平成９年５月
　　　　　　　　同　　　　　　　　　　〔下〕，No.560，63頁，平成９年６月
　　　・韓国財閥内系列会社間債務保証の禁止等について─韓国独占禁止法及び同法施行令改正─，No.573，59頁，平成10年７月
　　　・韓国独占禁止法の改正について─構造調整の促進と執行力の強化のために─，No.584，55頁，平成11年６月
　　　・韓国独占禁止法の改正について─財閥に対するより一層の規制強化を目的に─，No.594，56頁，平成12年４月
　　　・韓国競争政策の課題と独占禁止法の改正，No.609，41頁，平成13年７月

参　考

○国際商事法務
　・韓国独占禁止法の運用と課題〔上〕，Vol. 21, No. 8, 973頁，平成5年8月
　　　　　　同　　　　　　　〔下〕，Vol. 21, No. 9, 1101頁，平成5年9月
　・韓国独占禁止法の第3次改正〔上〕，Vol. 22, No. 4, 383頁，平成6年4月
　　　　　　同　　　　　　　〔中〕，Vol. 22, No. 5, 515頁，平成6年5月
　　　　　　同　　　　　　　〔下〕，Vol. 22, No. 6, 633頁，平成6年6月
　・韓国独占禁止法の第4次改正〔上〕，Vol. 23, No. 3, 282頁，平成7年3月
　　　　　　同　　　　　　　〔下〕，Vol. 23, No. 4, 401頁，平成7年4月
　・韓国独占禁止法における持株会社規制，Vol. 24, No. 3, 235頁，平成8年3月
　・韓国独占禁止法の第5次改正〔上〕，Vol. 25, No. 3, 241頁，平成9年3月
　　　　　　同　　　　　　　〔下〕，Vol. 25, No. 4, 375頁，平成9年4月
　・韓国独占禁止法の第6次改正，Vol. 26, No. 7, 734頁，平成10年7月
　・韓国独占禁止法の第7次改正，Vol. 27, No. 6, 648頁，平成11年6月
　・韓国独占禁止法の第8次改正，Vol. 28, No. 4, 431頁，平成12年4月
　・韓国独占禁止法の第9次改正，Vol. 29, No. 6, 684頁，平成13年6月
○商事法務
　・韓国における独占禁止法の改正について，No.903, 22頁，昭和56年4月
○北海道大学法学部論叢・北大法学論集
　・大競争時代における韓国競争政策，50巻2号，115頁，平成11年5月
　・日韓両国独占禁止法の比較法的検討，51巻6号，185頁，平成13年3月
　・不公正な取引方法に関する日韓両国独占禁止法の比較法的検討（予定）
○通商産業省中小企業庁委託調査報告・各国の物流政策を中心とした中小企業政策等
　・主要国における産業立地に関する調整措置—韓国編—，162頁，平成12年2月
○名古屋経済大学法学部論叢・名経法学
　・競争政策の主要課題と韓国の現状，4号，35頁，平成9年1月
　・韓国独占禁止法第5次改正とその内容，5号，89頁，平成9年3月
　・韓国独占禁止法施行令1997年改正とその内容—第5次改正法施行体制の確立に向けて—，6号，147頁，平成10年2月
　・大競争時代における韓国競争政策，7号，67頁，平成11年2月
　・韓国独占禁止法第6次改正とその内容，7号，133頁，平成11年2月

参　考
　　　・韓国独占禁止法第7次改正とその内容，8号，267頁，平成12年3月
　　　・韓国独占禁止法第8次改正とその内容，9号，49頁，平成13年1月
　　　・韓国独占禁止法施行令2000年改正とその内容――第8次改正法施行体制の確立に向けて――，10号，89頁，平成13年3月
　　○名古屋経済大学企業法制研究所論叢・企業法研究
　　　・韓国におけるカルテル規制の法理と運用，5号，149頁，平成5年1月
　　　・韓国独占禁止法における一般指定，第7号，99頁，平成7年3月
　　　・韓国独占禁止法における企業結合の制限及び経済力集中の抑制制度，9号，61頁，平成9年3月
　　　・韓国競争政策の内容と最近の動向，11号，35頁，平成11年3月
　　　・韓国独占禁止法施行令1998年改正とその内容――第6次改正法施行体制の確立に向けて――，11号，81頁，平成11年3月
　　　・韓国独占禁止法における更なる改正への動きについて，11号，173頁，平成11年3月
　　　・韓国独占禁止法施行令1999年改正とその内容――第7次改正法施行体制の確立に向けて――，12号，259頁，平成12年3月

◎韓国語論文
　　○名古屋経済大学企業法制研究所論叢・企業法研究
　　　・洪復基翻訳監修・無限競争時代における韓国競争政策，11号，281頁，平成11年3月

◎翻訳
　　○科学研究費・日韓比較法文化研究会報告「東アジア文化と近代法――日本と韓国の比較研究を通して――」
　　　・朴吉俊著・韓日独占禁止法と不公正取引行為に対する規制，187頁，平成12年3月
　　○北海道大学法学部論叢・北大法学論集
　　　・洪復基著・韓国独占規制法における課徴金制度，50巻2号，132頁，平成11年5月
　　　・申鉉允著・21世紀における市場秩序の変化と韓国競争法の域外適用，52巻（予定）
　　○通商産業省中小企業庁委託調査報告・各国の物流政策を中心とした中小企業政策

等
- 韓国・中小企業の事業領域の保護及び企業間協力の増進に関する法律及び関係法令，平成12年2月

○日本製薬工業協会国際委員会・研究資料
- 韓国医薬品公正競争規約，254号，3頁，平成7年10月

○名古屋経済大学法学部論叢・名経法学
- 韓国独占禁止法一般指定，3号，97頁，平成7年7月
- 韓国独占禁止法第4次改正法，3号，111頁，平成7年7月
- 韓国独占禁止法事業者団体活動指針，4号，103頁，平成9年1月
- 韓国下請取引公正化法及び同法施行令，4号，361頁，平成9年1月
- 韓国約款規制法及び同法施行令，9号，129頁，平成13年1月
- 韓国独占禁止法における不当な支援行為の審査指針，11号，平成13年（予定）

○名古屋経済大学企業法制研究所論叢・企業法研究
- 韓国独占禁止法施行令，8号，201頁，平成8年2月
- 韓国独占禁止法特殊指定(1)，9号，117頁，平成9年3月
- 韓国表示広告公正化法（案），11号，255頁，平成11年3月
- 韓国表示広告公正化法及び同法施行令，12号，357頁，平成12年3月

事項索引

<あ行>

委員長 …………………………………325
異議申立て ……………………………331
意見陳述 ………………………………330
一定の組合の行為 ……………………340
一定の取引分野 …………………268, 277
一般集中規制 …………………………293
一般不公正取引行為 …………………313
一般持株会社……………………41, 187, 280
違反行為の調査等 ……………………329
訴の提起 ………………………………331
売上額 …………………………………277
売上額のない場合等 …………………357
営業の譲受 ……………………………278
親事業者 ………………………………394
親事業者の義務 ………………………394

<か行>

外資導入法………………………………40
会社の設立への参加 …………………278
価格カルテル …………………………192
価格差別 ………………………………388
価格の同調的引上げ……………………54
価格の不当な決定，維持又は変更 …273
課徴金…30, 271, 288, 307, 312, 318, 321, 323,
　　　　395, 406, 438
課徴金還給加算金 ……………………252
課徴金の賦課及び徴収等 ……………114
課徴金賦課基準 ………………335, 392, 419
合　併 …………………………………278
過度の経済力集中の防止…………56, 266
株式所有状況等の届出 ………………285
株式の取得又は所有 …………………277
加盟事業（フランチャイズ）における不
　公正取引行為の基準 ………………313
カルテルの禁止…………………………52
関係行政機関等の長の協調 …………341
企業結合 ………………………38, 54, 100, 277
企業結合届出対象会社 ………………284
企業結合届出代理人 …………………285
企業結合の制限 ………………………277
企業結合の届出…………………………38, 284
企業構造調整 …………………………281
企業集団 …………………………………2, 267
企業体質強化策…………………………46
偽計による顧客誘引 …………………389
技術の不当利用 ………………………391
規制緩和策………………………………34
既存債務保証の解消 …………………164, 283
既存の債務保証 ………………………17, 48
供給量の不当な調節 …………………273
業種専門化政策…………………………10
業種専門家誘導施策 …………………141
行政制裁的措置 ………………………276
競争事業者の新規参入の不当な妨害 …273
競争事業者の排除 ……………………388
競争事業者の不当な排除 ……………274
競争者の不当な排除 …………………314
競争制限的法令・処分に関する協議制度
　………………………………………120
競争制限的法令の制定における協議等
　………………………………………341
競争政策強化策…………………………27
競争的環境整備策………………………45
競争を実質的に制限する行為 ……268, 277

事項索引

共同研究開発協定	43
共同行為の登録	55
共同の取引拒絶	388
金融監督委員会	21
金融取引情報要求権	33, 194
金融又は保険会社の議決権の制限	283
金融持株会社	41, 187, 280
経営干渉	390
経済企画院	55
経済力集中の抑制	1, 58, 277
景品類提供に関する不公正取引行為の類型及び基準	313, 434
系列会社	267
系列会社のための差別	388
系列会社の編入及び除外等	286
研究技術開発	306
権限の委任又は委託	341
建設委託	394
工業発展法	9, 282
硬性カルテル	192
公正競争規約	60, 312
構成事業者の事業内容又は活動の不当な制限	319
公正取引委員会	55, 62, 324
公正表示広告規約	434
拘束条件付取引	390
購入強制	390
合弁投資契約	44
子会社	267
国際契約	42
国際契約審査要請制度	42
国際契約の審査要請	323
国際契約の届出	42
国税課税情報要求権	34, 251
告　発	345, 408

＜さ行＞

最高価格の指定	52
財　閥	1, 290
財閥規制	297
再販売価格維持行為	55, 267, 320
再販売価格維持行為の適用除外	322
債務保証	283
債務保証制限大規模企業集団	15, 282
債務保証の禁止	47, 282, 301
債務保証の制限	15, 66
先払金	398
差別的取扱い	388
産業構造の調整	306
産業財産権導入契約	43
産業の合理化	306
三粉事件	52
事業活動の妨害	391
事業者	267
事業者団体	55, 267, 317
事業者団体の設立届	317
事業者の数の制限	319
事業所の移転妨害	391
事件記録閲覧複写権	195
資産総額	277
市場構造の改善	45
市場支配的事業者	3, 34, 267, 272
市場支配的事業者の推定	270
市場支配的地位の濫用	266
市場支配的地位の濫用禁止	54, 270
市場集中規制	291
市場分割	192
下請事業者	394
下請事業者の遵守事項	404
下請代金	395
下請取引	395

事項索引

下請紛争調停協議会 …………………394
資本総額 …………………………………279
事務処 ……………………………………325
諮問委員 …………………………405, 429
社員販売 …………………………………389
社会間接資本施設に対する民間資本誘致
　促進法（民資誘致法）………………10, 85
社会間接資本施設に対する民間投資法
　…………………………………………281
集団における差別 ………………………388
重要な表示又は広告事項の告示 ………436
修理委託 …………………………………394
出資限度額 ………………………………281
出資総額制限制度の廃止 ………………162
出資総額制限制度の復活 ………………218
出資総額の制限………………7, 58, 281, 299
受領証の交付 ……………………………399
主力企業 …………………………………141
純資産額 …………………………………281
小会議 ……………………………110, 325
常任委員 …………………………………325
書面の交付 ………………………………394
所有分散優良会社…………………………10
所有分散優良企業集団 ……………………2
書類の保存 ………………………………394
資料閲覧要求等 …………………………330
新規債務保証 …………………………17, 48
新規債務保証の禁止 ……………………164
新技術事業金融支援法 …………………253
申告者に対する減軽又は免除 …………146
申告者に対する減免 ……………………307
人力の不当な誘引又は採用 ……………391
製造委託 …………………………………394
世界貿易機構（ＷＴＯ）…………………82
是正勧告 …………………………………330
是正措置…270, 288, 307, 312, 318, 321, 323,
　405, 427, 437
是正措置命令………………………………30
是正措置命令の執行停止 …………113, 331
是正命令 …………………………………333
是正要請 …………………………………421
全員会議 …………………………110, 325
専担機構 …………………………………324
相互出資の禁止……………5, 58, 280, 298
租税減免規制法 ………………………9, 282
その他の事業活動の妨害 ………………391
その他の取引強制 ………………………390
その他の取引拒絶 ………………………388
損害賠償 …………………………………338
損害賠償請求訴訟 …………………………32

＜た行＞

大規模会社 ………………………102, 143, 277
大規模企業集団……………………1, 58, 280, 297
大規模企業集団の指定等 ………………286
大規模小売店業における特定不公正取引
　行為の類型及び基準 …………………313
大規模内部取引……………………19, 236, 283
大規模内部取引規程 ………………………20
大規模内部取引についての取締役会の議
　決及び公示 ………………………283, 302
大規模内部取引についての取締役会の議
　決及び公示制度 …………………19, 220
抱き合わせ販売 …………………………389
立入権限 …………………………………195
他の事業者の事業活動に対する不当な妨
　害 ………………………………………273
地方事務所 ………………………………328
中小企業創業支援法 …………………7, 253
中小企業創業投資会社 ……………………7
中小企業の競争力の向上 ………………306
著作権導入契約 ……………………………43

事項索引

適用除外 ……………………………339	不況の克服 …………………………306
同一人 ………………………………267	副委員長 ……………………………325
同一人関連者 ………………………351	不公正取引行為 ……………………312
独寡占的市場構造 ………………45, 99	不公正取引行為の禁止………………52
独寡占的市場構造の改善 …………270	不公正取引行為の類型又は基準 ……312
特殊関係人 …………………………277	不公正約款条項 ……………………426
独占規制及び公正取引に関する法律の適用が除外される不当な共同行為等の整備に関する法律(カルテル一括整理法) ……………………………………180	物価安定及び公正取引に関する法律(物価公取法) …………………………51
	物価の統制………………………………52
	物品購入代金等の不当決済請求 ……400
取締役会……………………………………19	物品等の購買強制 …………………398
取引強制 ……………………………389	不当減額 ……………………………400
取引拒絶 ……………………………388	不当高価購入 ………………………389
取引条件の合理化 …………………306	不当支援行為…………………………19
取引条件の差別 ……………………388	不当な共同行為 ……………………306
取引上の地位の不当利用 …………314	不当な共同行為の禁止………………58
取引上の地位の濫用 ………………390	不当な経営干渉 ……………………404
取引地域又は取引の相手方の制限 ……390	不当な拘束条件付取引又は事業活動妨害 ……………………………………314
＜な行＞	不当な顧客誘引 ……………………389
内国信用状 …………………………399	不当な顧客誘引又は強制 …………314
内部取引公示対象会社………19, 236, 283	不当な国際契約 ……………………323
入札談合 ……………………………192	不当な支援行為 ……………………314
ノウハウ導入契約……………………43	不当な資金, 資産又は人力の支援 ……391
＜は行＞	不当な資金の支援 …………………391
	不当な資産の支援 …………………391
排他条件付取引 ……………………390	不当な下請代金 ……………………398
罰　則………………32, 342, 407, 429, 440	不当な受領拒否 ……………………399
販売目標の強制 ……………………390	不当な人力の支援 …………………392
非常任委員 …………………………325	不当な代物弁済 ……………………404
秘密厳守義務 ………………………341	不当な取引拒絶又は差別的取扱い ……314
表示及び広告の公正化に関する法律(表示広告公正化法) …………………179	不当な表示又は広告行為の禁止 ……435
表示又は広告内容の実証等 ………436	不当な利益による顧客誘引 ………389
標準下請契約書 ……………………397	不当に ………………………………192
標準約款 ……………………………427	不当に競争を制限する行為 ………306, 319
	不当返品 ……………………………399

461

事項索引

不当廉売 …………………………389
不服の訴 …………………………331
フランチャイズ導入契約………………43
不利益の提供 ……………………390
ベンチャー企業育成に関する特別措置法
　…………………………………246
ベンチャー持株会社 …………257, 360
報復措置 …………………………404

　　　　＜ま行＞

無過失損害賠償 …………………339
無体財産権の行使行為 …………339
免責条項の禁止 …………………424
持株会社 …………23, 40, 185, 267, 279

　　　　＜や行＞

役員 ………………………………267

役員兼任 …………………………277
約款 ………………………………423
約款の審査請求等 ………………427
約款の明示及び説明義務 ………423
輸入代理店契約……………………43
与信 ………………………………268
与信専門金融業法 ………………253

　　　　＜ら行＞

濫用行為の類型又は基準 ………355
利益提供の強要 …………………390
履行強制金 ………………32, 190, 289
両罰規定 ……………345, 408, 429, 441
臨時中止命令 ……………………437

462

著者紹介──

中山 武憲（なかやま・たけのり）

昭和19年	富山県福岡町生
	小学校・中学校時代を富山市で過し
昭和38年	金沢大学附属高校卒業
昭和44年	滋賀大学経済学部卒業
同　年	公正取引委員会事務局入局
	この間2年間　通商産業省
昭和57年以降	官房，取引部，審査部の課・室長，名古屋地方事務所長等を経て
平成3年	公正取引委員会事務局退職
同　年	名古屋経済大学企業法制研究所教授
平成6年	同　　　法学部教授
	現在に至る

（著　書）

改正独占禁止法一問一答（大成出版社・共著）昭和53年
新独占禁止法の実務（商事法務研究会・共著）昭和56年
下請法100問100答（通産資料調査会・共編著）平成2年
企業結合と買収の法理（中央経済社・共著）平成4年
テキスト独占禁止法（青林書院・共著）平成7年（初版）
現代裁判法大系22巻独占禁止法（新日本法規出版・共著）平成10年

韓国独占禁止法の研究

2001（平成13）年11月20日　初版第1刷発行

著　者	中　山　武　憲	
発行者	今　井　　　貴	
	渡　辺　左　近	
発行所	信山社出版株式会社	

〒113-0033　東京都文京区本郷6-2-9-102
電　話　03（3818）1019
ＦＡＸ　03（3818）0344

印　刷　松澤印刷株式会社
製　本　大　三　製　本

Printed in Japan

©中山武憲，2001．　落丁・乱丁本はお取替えいたします。

ＩＳＢＮ-4-7972-2212-3　C3332

韓国憲法裁判所一〇年史	韓国憲法裁判所編・徐元宇翻訳者代表	一三〇〇〇円
韓国民事訴訟法	金祥洙著	六〇〇〇円
韓国司法制度入門	金洪奎著	三〇〇〇円
韓国労働法の展開	金裕盛著	二一〇〇〇円
現代韓国法入門	高翔龍著	五〇〇〇円
日韓土地行政法制の比較研究	荒秀編著	一二〇〇〇円

―― 信山社 ――

企業の社会的責任と会社法	中村一彦著	七〇〇〇円
企業承継法の研究	大野正道著	一五五三四円
中小会社法の研究	大野正道著	五〇〇〇円
企業形成の法的研究	大山俊彦著	一二〇〇〇円
商法及び信義則の研究	後藤静思著	六六〇二円
アジアにおける日本企業の直面する法的諸問題	明治学院大学立法研究会編	三六〇〇円

信山社

会社法判例の研究	中村一彦著	九〇〇〇円
会社営業譲渡の法理	山下眞弘著	一〇〇〇〇円
会社営業譲渡・譲受の理論と実際	山下眞弘著	二五〇〇円
手形・小切手法の民法的基礎	安達三季生著	八八〇〇円
金融の証券化と投資家保護	山田剛志著	二二〇〇円
国際手形条約の法理論	山下眞弘著	六八〇〇円
ドイツ手形法理論史（上）	庄子良男訳著	一三〇〇〇円

――― 信山社 ―――

手形抗弁論	庄子良男著	一八〇〇〇円
手形法小切手法読本	小島康裕著	二〇〇〇円
要論手形小切手法（第三版）	後藤紀一著	五〇〇〇円
手形小切手法入門	大野正道著	二八〇〇円
有価証券法研究（上・下）	高窪利一著	上 九七〇九円 下 一四五六三円
振込・振替の法理と支払取引	後藤紀一著	八〇〇〇円
金融の理論と実際	御室龍著	九五一五円

―――― 信山社 ――――

グローバル経済と法	石黒一憲著	四六〇〇円
企業結合・企業統合・企業金融	中東正文著	三八〇〇円
株主代表訴訟の法理論	山田泰弘著	八〇〇〇円
株主代表訴訟制度論	周劍龍著	六〇〇〇円
企業活動の刑事規制	松原英世著	三五〇〇円
会社持分支配権濫用の法理	潘阿憲著	二〇〇〇円
金融取引Q&A	高木多喜夫編	三三〇〇円

信山社

閉鎖会社紛争の新展開	青竹正一 著	一〇〇〇〇円
現代企業法の新展開〈小島康裕教授退官記念〉	泉田栄一・関 昭・藤田勝利 英 編	一八八〇〇円
企業とフェアネス	金子 晃・根岸 哲・佐藤徳太郎 監修／フェアネス研究会 編	三二〇〇円
現代企業・金融法の課題〔上・下〕〈平出慶道・髙窪利一先生古稀記念論集〉		〔上・下〕各 一五〇〇〇円
アメリカ中小企業論	寺岡 寛 著	二八〇〇円
日本型中小企業	寺岡 寛 著	二〇〇〇円

信山社

中国乗用車企業の成長戦略	陳　晋著	八〇〇〇円
現代中国の自動車産業	李春利著	五〇〇〇円
戦後日本の産業発展構造	張紀南著	五〇〇〇円
北朝鮮経済論	梁文秀著	六〇〇〇円
近代朝鮮における植民地地主制と農民運動	李圭洙著	一二〇〇〇円
米ソの朝鮮占領政策と南北分断体制の形成過程	李圭泰著	一二〇〇〇円
アメリカの中小企業政策	寺岡寛著	四八〇〇円

信山社